AF376005

# RÉPERTOIRE ARCHÉOLOGIQUE

## DE

# LA FRANCE

PUBLIÉ

## PAR ORDRE DU MINISTRE DE L'INSTRUCTION PUBLIQUE

ET SOUS LA DIRECTION

## DU COMITÉ DES TRAVAUX HISTORIQUES

ET DES SOCIÉTÉS SAVANTES

# RÉPERTOIRE ARCHÉOLOGIQUE

## DU

# DÉPARTEMENT DU MORBIHAN

RÉDIGÉ

SOUS LES AUSPICES DE LA SOCIÉTÉ POLYMATHIQUE

DE CE DÉPARTEMENT

## PAR M. ROSENZWEIG

CORRESPONDANT DU MINISTÈRE DE L'INSTRUCTION PUBLIQUE, ARCHIVISTE DU DÉPARTEMENT

# PARIS

## IMPRIMERIE IMPÉRIALE

—

M DCCC LXIII

# RÉPERTOIRE ARCHÉOLOGIQUE

## DE

# LA FRANCE.

## DÉPARTEMENT DU MORBIHAN.

### RENSEIGNEMENTS BIBLIOGRAPHIQUES

#### ET ABRÉVIATIONS.

| | |
|---|---|
| Ass. br. bull. de... | Association bretonne, bulletin de..... |
| Soc. pol. (ou) arch. | Société polymathique (ou) archéologique du Morbihan. |
| Mus. | Musée de ladite société. |
| Arch. | Archives de ladite société. |
| O. nouv. éd. | *Dictionnaire historique et géographique de Bretagne* par Ogée; nouvelle édition par MM. A. Marteville et P. Varin, 2 vol. in-4°, Rennes, 1843. |
| C. D. et alb. | *Le Morbihan, son histoire et ses monuments*, par Cayot-Delandre, 1 vol. in-8°, Vannes et Paris, 1847 (avec album). |
| Catal. | *Catalogue des monuments historiques du Morbihan*, rédigé par les soins de la Société archéologique, Vannes, 1856 (en y comprenant le Catalogue analytique donné par M. Fouquet dans son *Traité des monuments celtiques et des ruines romaines dans le Morbihan*, 1 vol. in-8°, Vannes, 1853). |

## ARRONDISSEMENT DE LORIENT.

### CANTON D'AURAY.
#### (Chef-lieu : AURAY.)

**AURAY.** *Moyen âge.* Église paroissiale de Saint-Goustant : grand et moyen appareil. Croix latine; un bas-côté au nord de la nef; chevet plat. Crochets et animaux sculptés aux pignons. Sur le pignon ouest, clocheton et flèche couverts d'ardoises. Grande porte à cintre brisé; plusieurs retraites et colonnettes; cette porte est précédée d'une arcade massive à plein cintre faisant corps avec le pignon; à gauche, porte à cintre brisé, aujourd'hui bouchée. Dimensions dans œuvre : 34 mètres sur 12 environ. 5 travées, y compris le chœur. Le chœur est séparé de la nef par une grande arcade à cintre brisé. La nef communique avec le bas-côté par une rangée d'arcades à cintre brisé, très-larges, portées sur des piliers carrés simples dont les bases élevées servent de bancs. Sur l'un des piliers on lit, en lettres gothiques formant relief, une inscription qui en occupe deux faces, et qui en fixe la date à la seconde moitié du xv⁰ siècle. Lambris sur arceaux à clefs pendantes; têtes de crocodiles aux extrémités des entraits, et sur les sablières, de chaque côté de la nef, figures humaines grossièrement sculptées. Grandes fenêtres à cintre brisé, meneaux flamboyants. Restes de vitraux, fragments divers de personnages, dessins d'architecture. Animaux sculptés à l'extérieur du chœur. Traces d'un cadran solaire gravé sur le mur. — Chapelle du Saint-Esprit (paroisse de Saint-Gildas): cette chapelle, merveilleuse par les dimensions de ses baies aujourd'hui bouchées, a été, il y a plusieurs années, distribuée intérieurement pour servir de caserne. Elle passe pour avoir appartenu à l'ordre des Templiers (O. Note de M. Marteville); celui du Saint-Esprit, de Montpellier, la garda jusqu'en 1773; elle fut confiée alors aux soins des évêques jusqu'en 1777, où elle fut réunie à l'hôpital général d'Auray (O.). Grand et moyen appareil. Forme rectangulaire. Gargouilles en pierre sur le sommet des contre-forts. Au sud, tourelle polygonale renfermant un escalier. Porche au sud, carré, voûté en pierre sur croisée d'ogives retombant sur des colonnettes à chapiteau feuillé. Plusieurs portes à cintre brisé au sud, aujourd'hui bouchées; l'une d'elles, donnant sur le porche, paraît avoir servi d'entrée principale (il n'y a pas de porte à l'ouest). Dimensions dans œuvre: 40 mètres sur 12 environ. 5 travées d'architecture. La nef est séparée du chœur par de vastes arcades portées sur des colonnettes cylindriques formant faisceau. Magnifique charpente à cintre brisé. Les fenêtres sont de vastes baies à cintre brisé, de 3 mètres sur 8 environ; celle du fond du chœur, de 6 mètres sur 12 environ, présente à l'extérieur des retraites et des colonnettes, ainsi qu'une ligne de sculptures en oves sur le mur, des deux côtés de la retombée de l'arc. Dans le mur de la cour attenante à la chapelle et qui servait autrefois de cimetière, on remarque deux baies à cintre brisé. — Chapelle de l'hôpital: portail occidental à cintre brisé, à retraites et colonnettes. Aux deux côtés, deux petits contre-forts simples; au-dessus, tour carrée en pierre surmontée d'un clocheton. Sur le larmier qui couronne la tour, inscription gothique gravée en grands caractères, mais dont plusieurs sont détériorés; elle donne la date de 1465. — Château d'Auray: pris et repris successivement pendant la guerre des deux Jeanne, ce château avait beaucoup souffert; Henri II en prescrivit la démolition en 1558, et ses débris servirent à la construction d'un fort à Belle-Île-en-Mer (C. D.). On n'en aperçoit plus que quelques larges contre-forts soutenant des arcades à cintre brisé. Il y a quelques années, avant la construction de la route, les murs s'avançaient jusqu'au milieu de la rivière du Loc. Suivant la tradition, un souterrain conduit du château à la chartreuse de

Brech. === Nombreuses maisons en bois, à pignon et étages surplombants, avec sculptures. — Dans la rue du Petit-Port, maison en bois avec une inscription lisible en partie seulement; elle fut bâtie par les soins de Jan le Livec (ce nom se trouve aussi sur une maison d'Hennebont). — Rue du Lait, maison avec traces d'inscription. === 36 pièces de monnaie, 18 en or, 18 en argent, ont été trouvées récemment à Auray: les unes sont françaises et offrent les types de Jean II et de Charles V; les autres anglaises, frappées à Londres et à York; une enfin est bretonne. Ces pièces sont aujourd'hui, les unes au mus. arch., les autres chez M. J. M. Galles, à Vannes. || *Ép. moderne.* Église paroissiale de Saint-Gildas: elle porte à l'extérieur la date de 1636. Denticules à la corniche. Gargouilles en pierre. Arcades intérieures et fenêtres à cintre brisé. — Chapelle du Père-Éternel (anciens Cordeliers) (paroisse de Saint-Gildas): stalles richement sculptées provenant de la chartreuse de Brech.

CRACH. *Ép. celtique.* Près du village de Kerglévérit, petit menhir environné de plusieurs autres renversés (C. D.). — Près de Kerven-Tanguy, menhir haut de 2 mètres, au pied duquel on a découvert un grand nombre de haches celtiques en fer (*ibid.*). — A 2 kilomètres du menhir précédent, on en voit un autre sur lequel sont tracés plusieurs arcs de cercle concentriques traversés par une ligne verticale (*ibid.*). — Menhir près du village de Kerourang (*ibid.*). — Au sud de Crach, cromlech composé de dix pierres (*ibid.*). — Près de la ferme du Beuric est un menhir renversé, de 1ᵐ,20 de longueur (*ibid.*). — Près du village de Kerglévérit dolmen formé de sept pierres verticales supportant une table de 2ᵐ,65 de long sur 2ᵐ,15 de large; hauteur totale: 1ᵐ,50 (*ibid.*). — Au sud du même village, débris de trois dolmens sur une colline nommée *Manné-Roc-Ter* (montagne des pierres redoutables) (*ibid.*). — Au hameau de Kerven-Tanguy, dolmen posé sur trois piliers; cercle tracé en creux sur la partie supérieure de la table (*ibid.*). — Au sud de Crach, demi-dolmen (*ibid.*). — Près de la ferme du Beuric, dans le champ du Rocher (*parc-er-roch*), dolmen brisé, long de 4ᵐ,50; autre dolmen enfoui; autre tout bouleversé; demi-dolmen précédé d'une allée de 6 mètres de longueur, formée de dix pierres verticales de 0ᵐ,50 de hauteur (*ibid.*). || *Ép. romaine.* Nombreux fragments de briques romaines près des ruines de la chapelle de l'Ermitage. — Traces de voie romaine sur la montagne de la Justice (M. de Keranflech). — A Rosnarho, deux pierres considérées comme bornes romaines, une arrondie au sommet, l'autre taillée en arc plein cintre (voir TRIX), toutes deux hautes de 1 mètre environ. — Dans la chapelle Saint-André, qui est datée de 1606 et n'a par elle-même rien de remarquable, un cercueil en pierre très-ancien présente une inscription où M. de La Villemarqué a vu une sentence religieuse en langue bretonne. (Voir, pour plus de détails, le *Bulletin archéologique de l'association bretonne*, Congrès de Redon, 1857 ; et le *Mémoire sur l'inscription de Lomarec*, par M. Hersart de La Villemarqué, Paris, 1858.) ‖ *Moyen âge.* Église paroissiale de Saint-Thuriau : bâtie, suivant la tradition, avec les pierres d'une ancienne maison de Templiers qui se trouvait dans la même paroisse. Une cloche en bronze, de moyenne dimension, provenant de la petite chapelle de Plaskaer aujourd'hui démolie, et à l'emplacement de laquelle on vient encore en pèlerinage, porte une inscription en relief, partie en lettres gothiques, partie en capitales romaines ; on y voit la date de 1428. — Dans la croix moderne qui avoisine l'église, on remarque une pierre sculptée qui a été rapportée et qui présente un blason échiqueté (armes de Kermadio). — A la sacristie, calice d'argent à coupe ovoïde et à large pied circulaire. — Des ruines de la chapelle de l'Ermitage on a réservé une fenêtre à cintre brisé, dont on a orné une fontaine du voisinage. — Sur le chemin du Laz à Auray, dans la lande dite *de Justice*, s'élevait une borne de granit, taillée sur ses faces, signalée en 1857 par M. de Keranflech et portant, outre le dessin d'une croix pattée surmontée d'une autre croix à double traverse, une inscription dont le sens n'a pas encore été trouvé ; un autre morceau qui la complète, trouvé à une certaine distance, lui donne une longueur de 3 mètres environ. Elle est aujourd'hui déposée au mus. arch. (don de M. Cauzique et de M^{me} Le Gouvello). — Château du Plessis-Kaer : bien conservé ; habité. Grand et moyen appareil. Le portail de la cour est à cintre brisé, avec plusieurs tores en retraite et colonnettes ; à droite, poterne à cintre brisé, aujourd'hui bouchée. Cour polygonale à larmier, contenant un large escalier de pierre. Une tourelle cylindrique de chaque côté de la porte d'entrée. Fenêtres à pignons ornés de crosses végétales et d'animaux sculptés ou bas des rampants, divisées par des meneaux en pierre. Une fenêtre de la Renaissance au-dessus du portail. Au fronton d'une des fenêtres de la maison, on lit la devise des seigneurs de Kaer. Derrière la maison, près de l'étang, on reconnaît, parmi des débris, une pierre sculptée en style flamboyant qui semble être un fragment de balustrade. A l'encoignure droite de la maison, traces d'une devise sur une pierre de tuffeau. Ce château, autrefois siége de la baronnie de Kaer, fut acquis par la famille de Robien en 1727. — Entre le hameau de Penhoët et les ruines du manoir de Rosnarho, butte artificielle de 10 mètres environ de hauteur et 150 pas de circuit à la base ; entourée d'une douve de 3 mètres de largeur, presque entièrement comblée (C. D.). — Sur le bord de la rivière d'Auray, ruines de fortifications connues sous le nom de *fort Espagnol.* La tradition l'attribue aux Espagnols qui

furent envoyés en Bretagne comme auxiliaires du duc de Mercœur, au temps de la Ligue ; mais on peut croire qu'elles sont beaucoup plus anciennes, ainsi que le pont voisin, qui porte également leur nom (C. D.). ‖ *Ép. moderne.* Château de Rosnarho : sur le mur d'une ferme, devises des Chohan. — Tout auprès, écusson à une croix ancrée (Kaer). — Sur une fontaine voisine, écusson à un cerf passant (Chohant). — Chapelle en ruines présentant à l'un des pignons ces mêmes écussons, le second au-dessus du premier.

**LOCMARIAQUER** ou **LOCMARIA-KAER**. *Ép. celtique* [1]. Près du dolmen appelé *Table de César*, magnifique menhir brisé en quatre morceaux ; il a 20 mètres de longueur (Catal.) ; son poids est estimé à plus de 250,000 kilogrammes. Ce menhir semble avoir été épannelé, et, en outre, avoir été élevé sur son extrémité la plus mince. — Non loin du bourg, près d'une maison isolée, menhir brisé (*ibid.*). — A Porher, menhir nommé *Mein Melein* (pierres jaunes) [*ibid.*]. — A Kerguelvan, menhir de 3^m,10 (*ibid.*). — A Kerpenhir, un menhir debout ; deux files de menhirs renversés (*ibid.*). — Entre Lan-Bri et la baie de Saint-Philibert, menhir de 3 mètres (*ibid.*). — Près de Kerhan est une pierre à bassins, avec des cercles concentriques creusés ; une autre pierre à bassins se trouve près de la précédente (*ibid.*). — A Pont-el-len, dolmen détruit (*ibid.*). — A Kercadoret-er-gal, dolmen bouleversé (*ibid.*). — A Coëtcourzo, dolmen ; deux tables offrant des excavations en dessous (*ibid.*). — Au Manné-Lud, beau dolmen sous un tumulus (*ibid.*). — Au nord du village de Coëtcourzo, dolmen déplacé (*ibid.*). — Entre le Manné-Lud et le bourg, dolmen dit *Table de César* ou *des Marchands* (*ibid.*). Suivant d'autres, la véritable traduction du nom breton serait : *table dans les champs.* La surface inférieure de la table de ce dolmen porte en relief une sorte de grand kelte emmanché ; la pierre de support du fond de la chambre présente aussi des sculptures qui rappellent celles de Gavrinnis en Baden. — Dans un champ, près du bourg, dolmen ruiné dit *Daul-er-Groah* ou *Table de la Vieille* (*ibid.*). — Près de la mer, dolmen nommé *Mein plat* (pierres plates) ; il présente des sculptures intérieures ; cabinet fermé complétement (*ibid.*). — A Kerhan, cinq dolmens nommés *Roch Bras* (grandes roches) (ibid.). — A Porher, dolmen ruiné (*ibid.*). — A Kerlud, dolmen de grande dimension, nommé *Roch Guerlud* (*ibid.*). — A Kernehué, dolmen renversé (*ibid.*). — A Kerroch, dolmen assez bien conservé ; autre dolmen enfoui jusqu'à la

---

[1] Ces monuments sont tellement nombreux dans cette commune que nous nous sommes contenté de les énumérer en copiant notre catalogue et en renvoyant, pour les détails, à Ogée et ses continuateurs, à Cayot-Delandre et à l'ouvrage de M. Fouquet, intitulé : *Des monuments celtiques et des ruines romaines dans le Morbihan* (1853).

table (Catal.). — A Saint-Pierre, dolmen nommé *Roch-Point-er-Vil* (rocher de la pointe de vase); table branlante (Catal.). — Entre Keraulay et Locperhet, dolmen bien conservé (*ibid.*). — A la pointe Er-Houerer, dolmen (*ibid.*). — A Kerdaniel, dolmen à demi renversé (*ibid.*). — Au Manné-Lud, tumulus (*ibid.*). — Près de la mer, du côté de Port-Navalo, Mont de César ou de la Fée (*Manné-er-hrouich*); tumulus avec deux menhirs abattus. (Voir au Mus. arch. une monnaie celtique trouvée dans cette commune.) ‖ *Ép. romaine.* Une voie romaine relie Vannes à Locmariaquer. (Voir le mémoire de M. Fouquet sur cette voie et sur ses embranchements, aux Arch. de la Soc. arch.). — Ruines de murs romains au sud-est du bourg, dites *er Castel* (le château) (Catal.). — Près de la chapelle Saint-Michel, traces d'une tour carrée (*ibid.*). — A Lan-Bri, retranchement (*ibid.*). — Au bourg, briques nombreuses; ruines d'une maison romaine découverte en 1852, enfouie en 1853, dans la cour de la maison Le Rol. (Voir le compte rendu des fouilles publié par M. Fouquet.) — Entre le Manné-Lud et le bourg, traces d'un cirque. — Ogée parle d'un grand nombre de monnaies romaines et d'objets divers qui auraient été trouvés dans cette commune au siècle dernier, mais dont on a aujourd'hui perdu les traces. (Voir au Mus. arch. de larges briques et quelques poteries provenant des fouilles faites par M. Fouquet dans la maison Le Rol, ainsi que les fragments d'une petite Vénus en plâtre et une tête de Lucine trouvés sous le dolmen *Daul er Groah* (table de la Fée), et qu'accompagnaient un petit bronze de Constantin II, une monnaie celtique et un silex de flèche.) — Une statuette en terre recueillie à Locmariaquer en 1858 appartient aujourd'hui à M. Rio, ancien recteur de Damgan. ‖ *Moyen âge.* Église paroissiale de Notre-Dame : quelques restes d'une construction romane. Au carré du transept et au chœur, grandes arcades à plein cintre sur colonnettes engagées à chapiteaux romans (fleurs, oves, entrelacs, feuillage appliqué, têtes d'animaux). Abside en cul-de-four. Au chœur, traces de blason à une croix (armes de Kaer).

PLOUGOUMELEN. *Ép. celtique.* Entre le bourg et la route de Nantes à Brest, dolmen mutilé (C. D.). — Au Rocher, grotte coudée sous un tumulus (*ibid.*). M. Bain, qui a fouillé ce monument en 1844, en a retiré des keltes, des figurines et divers autres objets (Catal.). ‖ *Ép. romaine.* La voie de Vannes à Locmariaquer traverse cette commune (C. D.). — A Pontsal, restes de retranchement, de 5 mètres environ d'élévation (*ibid.*). ‖ *Moyen âge.* Église paroissiale de Saint-Philibert et Saint-Mélaine, restaurée en grande partie à une époque moderne. Croix latine à un seul bras, au sud. Clocheton couvert d'ardoises sur le carré du transept. Au sud, porte à cintre brisé, donnant sur un porche de 1776; elle est encadrée de gros tores qui

retombent sur des colonnettes à base simple, à chapiteaux en fleurs et torsades. A l'intertransept, arcades à cintre brisé, portées sur de simples tailloirs. Petites fenêtres géminées en trilobes surmontés d'accolades, très-évasées à l'intérieur; d'autres à cintre brisé simple. A l'une des fenêtres géminées du sud, restes de vitraux où l'on voit, entre autres, un blason d'argent à une fasce de gueules chargée de trois besants d'or (armes de Pontsal). A une fenêtre du transept sud, blason parti, mutilé. A la porte du cimetière se voient deux pierres sculptées, dont on a surmonté récemment les deux piliers et dont on n'a pu nous indiquer la provenance : l'une d'elles représente une figure grossière; l'autre, un personnage en pied. Tableau d'une assez bonne exécution, représentant la naissance du Sauveur. Dans le cimetière, croix remarquable par sa forme circulaire au centre et par ses traverses géminées, en partie détruites; hauteur de 3 mètres. — Auprès du presbytère, lec'h bas, arrondi, présentant à sa surface supérieure plusieurs circonférences figurées par de petits trous équidistants. — Dans le chemin qui conduit du presbytère à Béquerel, sont deux autres lec'hs bas, arrondis. — Dans le cimetière, lec'h renversé, de 1 m,50 environ. Cette pierre porte dans le pays le nom de *pierre du Serment.* — Dans le chemin qui va du cimetière au presbytère, autre lec'h, de 1 m,60 environ hors de terre; on l'appelle aussi *pierre du Serment.* — Chapelle Notre-Dame de Béquerel : on vient en pèlerinage à cette chapelle pour avoir des nouvelles des parents éloignés. Pour cela, on balaye l'intérieur, puis on va à l'extérieur vider la fontaine ci-dessous mentionnée; il faut une heure à plusieurs personnes pour en venir à bout. Navires et autres ex-voto en cire. Grand et moyen appareil. Croix latine. Chevet plat. Contre-forts simples; quelques-uns, cependant, portent des naissances de pinacles. Crosses aux rampants des pignons et animaux sculptés aux extrémités. Portail occidental de la Renaissance; au nord, porte à anse de panier à plusieurs retraites, avec pilastres et fronton triangulaire. Dimensions dans œuvre : 19 mètres sur 6 environ. Les transepts sont séparés du chœur par des arcades, l'une à plein cintre, l'autre à cintre légèrement brisé, toutes deux à plusieurs retraites pénétrant la muraille ou de courtes colonnes cylindriques engagées. Lambris sur arceaux à clefs pendantes. Dans les transepts, entraits à têtes de crocodiles; sculptures aux sablières du transept nord : figures et animaux; un porc jouant du biniou, un autre, de la bombarde; autre animal tirant de l'arc; un homme accroupi, tenant d'une main une bouteille, de l'autre un verre; un autre homme dans une posture indécente. Fenêtres à cintre brisé; celle du fond du chœur, très-remarquable, présente plusieurs retraites à l'extérieur, avec des meneaux en trilobes et quatrefeuilles seulement (rare). Banc de pierre extérieur, au nord. Au chevet, à l'extérieur, est un enfoncement à cintre brisé, pratiqué dans le mur au-dessous de la fenêtre, qui contient les eaux d'une source intarissable, dont le trop-plein va se jeter dans un réservoir (ou *douet*) creusé tout auprès. Le chœur de cette chapelle a été élevé sur la source même, dont les eaux passent dans le pays pour avoir la propriété de guérir les maladies de la bouche. — Derrière le bois de Pontsal, butte féodale (M. de Keranflech).

PLUMERGAT. *Ép. celtique.* Près du village de Laimer, menhir haut de 3 mètres environ (O. nouv. éd.); un autre renversé, à côté. — Près du hameau de Bois-Juste, menhir renversé (*ibid.*). — A Lauvein, menhir au lieu dit *Lan-er-menhir* (Catal.). — A Coët-Sal, plusieurs pierres à bassins (M. Fouquet, *Guide des touristes dans le Morbihan*); les paysans qui ont la colique se couchent dans un de ces bassins, en invoquant saint Étienne. — Sur le bord du chemin de Sainte-Anne à Pluvigner, à 100 mètres au nord du village de Langroes, tumulus de 2 mètres de hauteur, dans une lande (C. D.). — A Meinter, sont deux petits tumulus dans une lande (Catal.). ‖ *Ép. romaine.* La voie romaine de Vannes à Hennebont traverse cette commune. — Sur la route de Vannes à Sainte-Anne, tout près de Mériadec, borne milliaire engagée dans un mur de clôture; haute de 1<sup>m</sup>,60; elle a un diamètre de 0<sup>m</sup>,50 à sa base; elle a la forme d'un cône grossièrement taillé, et présente sur l'une de ses faces quelques traces d'inscription romaine (voir aux Arch. de la Soc. arch.). Cette pierre a aussi servi de lec'h (voir plus loin). — Au sud-ouest du bourg, camp (Catal.). ‖ *Moyen âge.* Église paroissiale de Saint-Thuriau : restes d'une ancienne construction. Contre-forts très-simples, peu saillants. Sur le portail occidental, grosse tour carrée en pierre, où l'on voit une petite baie à cintre brisé; meneaux rayonnants. La nef principale est séparée des bas-côtés par des arcades à plein cintre double, portées sur des piliers carrés, flanqués de colonnes cylindriques engagées, à chapiteaux romans; têtes de clous, torsades, palmettes. Fenêtres à plein cintre; celles du chœur sont très-étroites, dimensions de 1 mètre à 3 1/2 environ. Oculus circulaire au bas-côté nord. A l'une des fenêtres du chœur, deux blasons accolés et rapportés : l'un d'azur à un chevron d'or accompagné de trois billettes de même (armes des Du Botdéru); l'autre, vairé d'argent et de gueules à trois fasces d'or. A l'extérieur, au-dessus de la porte occidentale, grossière sculpture représentant Jésus crucifié. Dans le cimetière, calvaire du xvii<sup>e</sup> siècle; dans le cimetière et aux environs, grand nombre de lec'hs peu élevés, arrondis au sommet : l'un de ceux du cimetière, taillé en outre à plusieurs faces, porte en creux sur l'une d'elles une croix pattée; sur une autre, un nom propre; sur une troisième face enfin,

inscription plus ancienne. — Chapelle de la Trinité (au bourg) : grand et moyen appareil. Forme rectangulaire; chœur polygonal; contre-forts surmontés de pinacles à chou et crosses; chou et crochets aux rampants du chœur; animaux aux extrémités. Corniche en larmier, toute couverte de figures grotesques, de blasons, de vigne et de quatrefeuilles sculptés. Gargouilles de pierre en forme d'animaux. Sur le portail occidental, petit clocheton carré surmonté d'une flèche polygonale, le tout en pierre. Portes à anse de panier et accolade à chou et crosses. A celle de l'ouest, l'accolade surmonte une anse de panier à retraites chargé de feuilles de vigne; de chaque côté, pilastres à pinacles sculptés; à droite, on voit en relief une inscription en lettres gothiques, qui fixe la date de ce portail à l'an 1485. Dimensions dans œuvre : 26 mètres sur 6 environ. Une grande arcade à cintre brisé sépare le chœur de la nef et repose, par pénétration, sur deux colonnes cylindriques engagées. Lambris sur arceaux à clefs sculptées. Têtes de crocodiles aux entraits. Grossières sculptures sur les sablières du chœur, personnages dans des positions bizarres, animaux, têtes de crocodiles; au sud, un blason d'hermines à une fasce chargée, au franc canton losangé. Fenêtres à cintre brisé; meneaux flamboyants; l'une d'elles, plus étroite, de 1 à 3 environ, est, en outre, flanquée de colonnettes. Enfeu et piscines à anse de panier et accolade avec chou et crochets, pilastres à pinacles aux côtés. Sur la balustrade en bois qui ferme le maître autel, on a gravé le nom du procureur (trésorier) en 1640, Louis Hémon. Dans un coin de la chapelle, bas-relief en pierre. Parmi les blasons sculptés à l'extérieur, on en distingue un d'hermines plein à une cotice (armes de Brécart, suivant M. Delabigne-Villeneuve). Banc de pierre tout le long des murs latéraux à l'extérieur. — Chapelle Saint-Servais (au bourg) : grand et moyen appareil. Forme rectangulaire; contre-forts simples, inachevés; crosses aux rampants du toit. Corniche-larmier. Au-dessus du portail occidental, clocheton carré surmonté d'une flèche polygonale et flanquée de pilastres à pinacles, le tout en pierre. Portes simples à plein cintre. Dimensions dans œuvre : 22 mètres sur 8 environ. Entraits à têtes de crocodiles grossièrement sculptées. Sur la sablière du nord, inscription qui apprend que la chapelle fut boisée en 1610, pendant que M<sup>re</sup> L. Le Bras était recteur de Plumergat. Fenêtres simples à cintre brisé; celle du fond du chœur très-large, aujourd'hui bouchée. Un banc de pierre fait tout le tour de la chapelle à l'extérieur. Cadran solaire sur pierre. — La présence d'une église et de deux chapelles côte à côte, dans le bourg de Plumergat, est un fait curieux sur lequel nous n'avons pu recueillir aucun renseignement. — Chapelle Notre-Dame de Gornevec : grand et moyen appareil. Forme de croix latine; chevet plat. Chou, crosses et animaux aux rampants du toit. Larmier avec sculptures; personnages, animaux, fleurons. Petit clocheton carré en pierre, un peu en avant de l'inter-transept. Au nord, porte à anse de panier; à l'ouest, porte à double baie, à laquelle on accède par des marches; les baies sont à anse de panier, séparées par un trumeau simple et encadrées dans un large et haut cintre brisé à plusieurs retraites entre lesquelles des rinceaux de vigne courent à la partie inférieure; le cintre brisé est surmonté lui-même d'une accolade à chou et crosses; pilastres à pinacles aux côtés. Dimensions dans œuvre : 17 mètres sur 5 environ. La nef est séparée du carré du transept par un large cintre brisé à plusieurs retraites pénétrant les murailles. Lambris sur arceaux à clefs sculptées; celle du milieu de l'intertransept présente un blason carré à neuf mâcles, 3, 3, 3. Entraits à têtes de crocodiles. Sablières sculptées; anges tenant des blasons unis, animaux, figures grossières. Sur la sablière du nord de la nef, date de 1543. Fenêtres à cintre brisé; meneaux flamboyants. Quelques fragments de vitraux; on distingue encore, à la fenêtre du transept nord, deux blasons : un d'argent à un arbre de sinople fruité d'or (armes de Trépézec); l'autre, écartelé aux 1 et 4 d'argent à un arbre, etc. au 2 d'azur à une fasce d'argent accompagné de trois roitelets d'or (armes de Laouenan), au 3 d'argent à trois cœurs de gueules, 2, 1. Banc de pierre tout autour de l'église à l'extérieur. Cul-de-lampe sculpté, ange présentant un blason uni. Traces de cadran solaire sur pierre. — Chapelle Saint-Michel : appareil mélangé. Forme rectangulaire; chevet plat. Petit clocheton carré, en pierre, sur le portail ouest. Portes à anse de panier; celle de l'ouest est surmontée de deux blasons : un à trois feuilles de chêne; l'autre, à un chevron accompagné de trois billettes, dans un collier d'ordre (armes des Du Botdéru). Dimensions dans œuvre : 18 mètres sur 6 environ. Lambris sur arceaux à clefs pendantes. Entraits à têtes de crocodiles. Sur la sablière du nord, date de 1589. Fenêtre du fond du chœur à cintre brisé; à cette fenêtre, fragments de vitraux à compartiments variés; personnages de 0^m,40 à 0^m,60 environ. Au sommet, un Saint Michel porte un blason écartelé : au 1, de gueules à trois fasces d'argent; au 2, d'argent aux deux épées de sable posées en sautoir, la pointe en bas; au 3, d'argent à trois fasces de gueules accompagnées de neuf merlettes de sable, 3, 3, 3; au 4, d'argent, à dix étoiles de sable; sur le tout, d'azur au chevron d'or accompagné de trois billettes de même (Du Botdéru). Piscine à anse de panier. Banc de pierre à l'extérieur, à l'ouest et au nord. A gauche de l'autel, sorte de siége creusé dans la muraille. Sur un cul-de-lampe, blason à dix étoiles, 4, 3, 2, 1. Dans un coin de la chapelle, statue de bois mutilée, de 1^m,50 environ de hauteur :

son bras droit levé semble avoir tenu une lance; sa main gauche porte un écu écartelé au 1, à dix étoiles, 4, 3, 2, 1; au 2, un lion rampant; au 3, à trois feuilles de chêne; au 4, vairé; sa tête porte une couronne ducale; son corps est revêtu d'une cuirasse à tassettes, de brassards et de cuissards. Près de la chapelle, lec'h de 1 mètre environ, taillé à quatre faces, aujourd'hui renversé. — Chapelle Saint-Mériadec : on a vu longtemps déposés sur l'autel du sud trois cailloux de quartz avec lesquels les paysans se frottaient le front pour se guérir du mal de tête (M. Fouquet, *Guide des touristes dans le Morbihan*). Petit appareil mélangé; forme rectangulaire. Clocheton carré, couvert d'ardoises sur l'intertransept. Petit porche au sud, avec un banc de pierre de chaque côté. Portes simples à cintre brisé. Dimensions dans œuvre : 17 mètres sur 6 environ. Au chœur, sur la sablière du nord, date de 1383, et écusson à une croix ancrée. Au fond du chœur, traces de fenêtre à cintre brisé; des fragments de meneaux gisant dans le cimetière. Petites fenêtres à plein cintre; l'une d'elles, au sud, est très-évasée à l'intérieur, avec des meneaux en trilobe. Le grand autel, ainsi que ceux du nord et du sud, a été habilement décoré avec des fragments de rétables richement sculptés qui proviennent des Carmes de Sainte-Anne. Deux pierres d'autel ont été déposées dans le cimetière. Piscine à cintre brisé. On voit dans le cimetière une cuve de fonts baptismaux, ou peut-être de bénitier, dont le pied a été brisé; le bord en est découpé, et toute la paroi extérieure garnie de feuillage sculpté. De chaque côté du grand autel, blason sculpté à dix billettes 4, 3, 2, 1 (Kermadio). Dans la cour du presbytère, ancienne pierre tumulaire, longue de 2 mètres, large de 0^m,60 à la tête, de 0^m,50 au pied; sur cette pierre est gravée une croix dont le sommet est figuré par une circonférence circonscrivant quatre autres circonférences d'inégal rayon. Cette pierre avait été postérieurement employée comme pierre d'autel, ainsi que l'indiquent les quatre croisettes et le trou carré pratiqué au milieu. — Près de la chapelle, à l'un des angles du cimetière, sur la route de Sainte-Anne, lec'h bas, arrondi. — Dans le cimetière même, autre lec'h arrondi, mais peu épais, et portant sur une de ses faces une croix pattée gravée en creux. — Non loin de là, sur le bord de la route, encastré dans le mur d'un champ dit *de Justice*, lec'h appelé aussi *pierre de Justice*, et qui a été auparavant borne milliaire (voir ci-dessus). — Chapelle de Langroes (ou la Vraie-Croix) : grand et moyen appareil. Forme rectangulaire; chœur polygonal; crosses aux rampants du toit. Larmier sculpté, animaux et personnages. Petite tour carrée, en pierre, sur le pignon occidental; un petit escalier bâti sur le toit, au nord, conduit à la cloche. A l'ouest, porte à plein cintre à plusieurs retraites surmontées d'une accolade à chou et crochets; pilastres à pinacles aux côtés; figure sculptée au-dessus. Au sud, porte à anse de panier à plusieurs retraites surmontées d'une accolade à chou et crosses; pilastres à pinacles aux côtés; au-dessus, deux lions tiennent un écu écartelé, aux 1 et 4 vairé, aux 2 et 3 uni; au-dessus encore, deux petites figures sculptées. Dimensions dans œuvre : 16 mètres sur 6 environ. Restes de lambris sur arceaux à clefs sculptées. Sur la sablière du nord, date de 1562. Fenêtres à cintre brisé; meneaux flamboyants; en partie bouchées. Oculus au chœur. Piscine à anse de panier surmontée d'une accolade à chou et crosses; pilastres à pinacles aux côtés. Banc de pierre à l'extérieur, au sud et à l'ouest. — Chapelle Saint-Maurice (ou de Locmaria) : calice d'argent doré en partie, à coupe ovoïde, nœud épais et large pied à huit lobes arrondis. Au-dessous de la base est gravée en capitales romaines une inscription où se trouve la date de 1597. — Près de la chapelle on voit trois lec'his bas, arrondis, dont deux assez gros.

PLUNERET. *Ép. celtique.* Près de la métairie de Kervengu, dolmen de Men-Gorroët; la table, posée sur quatre supports, a 4 mètres de longueur sur 3$^m$,50 de largeur et 0$^m$,80 d'épaisseur; hauteur totale, 2 mètres (C. D.). ‖ *Ép. romaine.* La voie romaine de Vannes à Hennebont traverse le village de Sainte-Anne (C. D.); les paysans la nomment *Hent-Conan* (le chemin de Conan) (O. note de M. Marteville). — A la pointe de Kerisper, en face de Rosnarho, les débris d'un pont romain entravent la navigation de la rivière d'Auray; on l'appelle dans le pays *pont des Espagnols*, et aussi *pont de César.* (O. notes de M. Marteville, art. *Pluneret et Crach*). — Les abords du village de Sainte-Avoye sont tout parsemés de débris de briques qui semblent indiquer qu'il a été construit sur l'emplacement d'une station romaine, destinée sans doute à défendre le passage de la rivière (O. D.). — A Kerzuhan, *Area* supportée par des briques (Catal.). — Une médaille de Gallien a été trouvée dans les ruines de Kerzuhan (*ibid.*). — Débris de briques romaines au nord du jardin du collége de Sainte-Anne (*ibid.*). ‖ *Moyen âge.* Église paroissiale de Saint-Pierre; restaurée à une époque moderne; la nef seule est très-ancienne. Grand et moyen appareil; croix latine; deux bas-côtés. Sur l'intertransept, tourelle carrée surmontée d'une flèche polygonale, le tout couvert d'ardoises. Dimensions dans œuvre : 26 mètres sur 14 environ. Cinq travées dans la nef. Celle-ci est séparée des bas-côtés par de lourdes arcades à plein cintre portées sur des piliers carrés massifs sans aucun ornement (architecture romane primitive). Au fond du chœur, fenêtre à cintre brisé, aujourd'hui bouchée; meneaux rayonnants et flamboyants mélangés. Dans le chœur, au côté nord, est

une pierre tumulaire de granit de 0$^m$,60 sur 1$^m$,80 environ; or y distingue encore la partie inférieure de la croix, d'une épée à gauche et d'un écu à droite: c'est une tombe de chevalier. La croix est terminée au bas par un blason renversé, à une fasce nouée, accompagnée de huit merlettes, 4 et 4. (Ce blason se retrouve dans la même commune, chapelle de Sainte-Avoye, et aussi à l'église paroissiale de Saint-Avé.) Cadran solaire gravé sur le mur. Deux pierres tumulaires dans le cimetière, toutes deux en granit : l'une, de 1 mètre sur 3$^m$,50 environ, a dû couvrir les restes d'un chevalier; elle présente, dessinée en creux, une croix dont la traverse et le sommet sont formés de portions de circonférences tangentes entre elles, et dont le pied se termine en double gradin; à gauche de la croix est une épée droite, la pointe en bas; à droite, un écu triangulaire uni. L'autre pierre tumulaire, de 1 mètre sur 2$^m$,50 environ, présente, gravés en creux, un personnage vêtu du costume ecclésiastique, dont on n'aperçoit plus que la partie inférieure, et, sur toute la bordure, une inscription mêlée de mots français et de mots latins en caractères du XIII$^e$ ou XIV$^e$ siècle, dont on ne distingue plus qu'un très-petit nombre. Ces deux tombes se trouvaient dans l'église paroissiale, chapelle Saint-Jean, ainsi qu'une troisième qui n'offre ni dessin ni inscription. Ces deux pierres très-curieuses, qui se trouvent à plat exposées à la pluie dans le cimetière, seraient plus avantageusement placées sur champ dans l'intérieur de l'église; peut-être pourrait-on, en prenant cette précaution, parvenir un jour à lire l'inscription que porte l'une d'elles; sinon, dans quelques années, elle sera complétement effacée. — Chapelle Sainte-Avoye : réputée construite par les Anglais. Grand et moyen appareil. Forme rectangulaire; contre-forts surmontés de pinacles de la Renaissance. Crosses aux rampants du toit. Gargouilles en pierre, en forme d'animaux. A l'ouest, tour carrée en pierre, inachevée. Une tourelle cylindrique accolée à gauche de la tour principale contient un escalier en pierre pour mener aux cloches. La tour aurait été, dit-on, détruite en partie par le tonnerre. Une autre tourelle, placée au sud, renferme aussi un escalier de pierre qui conduit sur le jubé. Des arrachements d'arceaux indiquent seuls le porche au bas de la tour. On y voit, par extraordinaire, une arcade à cintre brisé, de fausse architecture; c'est le seul de tout l'édifice. La porte occidentale est divisée par un trumeau en deux baies à anse de panier, le tout encadré d'une arcade à plein cintre, à retraites multiples et colonnettes. Le trumeau est chargé d'un cul-de-lampe soutenu par une colonnette engagée et d'un dais sans statue. Au sud, porte plein cintre, à colonnettes et retraites, avec une colonne engagée de chaque côté; surmontée d'une architrave. Au-dessus, blason mutilé à une fasce nouée, accompagnée de huit merlettes, 4, 4. Autre porte Renaissance, aussi au sud. Dimensions dans œuvre : 28 mètres sur 8 environ. Une large arcade à plein cintre sépare le chœur de la nef. Charpente remarquable par sa légèreté; arceaux et clefs pendantes. Têtes de crocodiles au milieu, et aux extrémités des entraits; sur l'un d'eux on lit la date de 1560 et le nom du charpentier Jehan le Meilleur. Quelques petites sculptures sur les sablières; celles du sud de la nef portent la date de 1557. Une inscription qui couvre les sablières des deux côtés du chœur nous apprend que la première pierre de la chapelle fut posée en 1554, et la charpente commencée en 1557; M⁰ Yves Le Thominec était alors curé de Pluneret; le maître maçon fut Pierre Blanchart, et le maître charpentier, Henri le Meilleur. Fenêtres à plein cintre; sculptures en forme de chapiteaux à la naissance des archivoltes. La fenêtre du fond du chœur, aujourd'hui bouchée, présente à l'extérieur des traces de meneaux flamboyants (transition). Au-dessus, niche à colonnettes engagées et fronton triangulaire. À la fenêtre méridionale du chœur se voit un blason carré, losangé d'or et d'azur (armes d'Auray). Une piscine du style de la Renaissance au chœur, avec colonnettes engagées, pilastres et fronton triangulaire. Jubé de la Renaissance en bois, finement sculpté, présentant douze personnages en pied sur chacun de ses côtés, dans des niches; voûté sur croisées d'ogives. Au-dessous, chancel en bois découpé en trilobes. Un banc ou prie-Dieu en bois placé près du chœur offre un blason sculpté, mutilé, surmonté d'une couronne de comte (ce blason est le même que celui qui se voit en l'église paroissiale de Saint-Pierre, même commune). De chaque côté de l'autel, niche de la Renaissance à pilastres et cul-de-lampe. À l'extérieur, banc de pierre tout autour de la chapelle; à l'ouest, ligne d'ornementation en torsade. Pierre creusée, appelée *le Bateau Sainte-Avoye*, qui passe pour avoir servi d'esquif à la sainte, lorsqu'elle vint de Cambrie en Bretagne. — Sur la route d'Auray à Sainte-Anne, croix pattée à jour, dite *Croix percée*. — Sur la route de Vannes à Auray, à l'embranchement de celle de Sainte-Anne, est une croix de Saint-Fiacre, sculptée à jour, portée sur un pied polyèdre, au sommet carré surmonté d'un petit toit aigu. La base, carrée, présente une figure à chaque angle; on remarque au chapiteau les quatre symboles évangéliques. Cette croix de Saint-Fiacre avoisinait une chapelle du même nom qui est aujourd'hui détruite. — *Ép. moderne.* Chapelle de Sainte-Anne : bâtie au XVII° siècle, sur l'emplacement d'une très-ancienne chapelle du même nom, et célèbre par les nombreux pèlerins qui la visitent de tous les points de la Bretagne. (Voir M. Cayot-Delandre, très-complet sur cette matière.)



BANGOR. *Ép. celtique.* Près du moulin de Gouch, pierre branlante en granit et menhir en quartz (Catal. imp. des mon. du Morbihan). — Dans la lande de Runélo, cromlech (*ibid.*). — A Runélo, menhir en schiste rouge, de 3ᵐ,60 de hauteur, nommé *Jean de Runélo*; autre en granit, de 7ᵐ,86, brisé, nommé *Jeanne de Runélo* (*ibid.*). — A Runédaol, dolmen en granit, ruiné (*ibid.*). — Près du moulin de Runédaol, autre dolmen de granit (*ibid.*). — Près de Runélo, sont trois galeries souterraines dites *garennes* (*ibid.*). — Dans la lande de Runélo, tombelles; en 1846, il en existait une vingtaine dans l'île; beaucoup ont été détruites (*ibid.*). || *Ép. romaine.* Armes et instruments de bronze trouvés à Calastrenne, aujourd'hui au Mus. arch., ainsi qu'un fragment d'arme en fer recueilli dans la mer, sous le Camp de César. || *Moyen âge.* Église paroissiale de Saint-Pierre : dans la construction toute récente de ce monument on a conservé quelques sculptures de l'église primitive, qui passait pour être l'ouvrage des Anglais, et la première construite à Belle-Ile. A côté d'une cloche de 1743 en est une autre plus petite et plus ancienne; on y voit, outre quelques personnages sculptés, le nom de saint Colombier et la date de 1534. On a utilisé pour la porte occidentale les piliers et les arcs de la première église. A l'extérieur, on a encastré plusieurs pierres sculptées; à savoir : au sud, un blason qui paraît être le même que celui du transept nord de l'église paroissiale de Locmaria; ici seulement, le blason tout entier a été maladroitement retourné. Au nord, une autre pierre figure un ange tenant un écusson uni; au-dessous, inscription avec la date de 1697. Au nord encore, au bras du transept, fragment de statuette en tuffeau qui semble avoir été celle d'un chevalier, car on distingue sa cuirasse à tassettes. D'autres pierres ont été de même encastrées à l'intérieur : à gauche du chœur, on lit sur l'une d'elles la date 1520; à droite, on lit sur une autre, en caractères gothiques en relief, le nom de *Richard*, suivi d'un calice dont la forme rappelle celui de Bréhardec en Questembert (base polygonale, coupe hémisphérique); le tout est encadré d'une ligne d'entrelacs. Deux autres pierres sculptées se voient encore au pignon ouest: l'une porte en relief un dessin figurant trois cercles qui se coupent entre eux perpendiculairement, et représentent peut-être une croix de consécration; l'autre, également en relief, une date que nous ne pouvons accepter, car elle est en chiffres arabes : 1011. La lecture est cependant certaine. Est-ce une date? Les nouveaux éditeurs d'Ogée n'ont pas craint de l'admettre. Un tableau de la Vierge, placé dans le transept sud, mérite quelque attention;

il passe, comme celui de Locmaria, pour être d'origine espagnole.

**LOCMARIA.** *Ép. celtique.* Un tumulus (C. D.). || *Moyen âge.* Église paroissiale de Notre-Dame : la nef, romane, a été augmentée du chœur et des transepts à l'époque gothique. Croix latine. Deux bas-côtés ; chevet plat ; contre-forts simples et peu saillants. A l'ouest, au-dessus d'un porche, tour carrée à fenêtres romanes, surmontée d'une petite flèche couverte d'ardoises. Portes à plein cintre au sud et à l'ouest. Dimensions dans œuvre : 28 mètres sur 10 environ. Dans la nef, arcades à plein cintre, portées sur des piliers carrés, massifs, à simples tailloirs. Au bras du transept nord, arcades à cintre brisé reposant, par pénétration, sur des colonnes cylindriques à base peu élevée. Fenêtres à plein cintre, hautes et étroites (romanes). Au transept nord, une fenêtre à cintre brisé. A l'intérieur du transept nord, blason sculpté. Beau tableau de la Vierge tenant l'Enfant Jésus, qu'on suppose être l'œuvre d'un grand maître espagnol.

**PALAIS (LE).** *Ép. celtique.* Beaucoup de monuments celtiques ont disparu dans cette commune, par suite de défrichements, depuis le commencement de ce siècle (N. édit. d'Og.).—A Kerspern, une de ces grottes souterraines qu'on appelle dans le pays *garennes* (Catal.). —Une autre grotte semblable près de Kerdanet (*ibid.*). — A Hœdic, deux menhirs (*ibid.*). L'un d'eux, haut de 4 mètres et dans lequel on a pratiqué une niche pour y placer une statue de la Vierge, est aujourd'hui un but de pèlerinage (N. édit. d'Og. note de M. A. de Francheville).—A Houat, menhir de 3 mètres de hauteur, à Parc-er-menhir ; dolmen à Bod-Lan-Bihan (*ibid.*). || *Ép. romaine.* On a trouvé en 1843, en creusant l'arrière-port, un vase en cuivre haut de 10 pouces et de 13 pouces de circonférence (C. D. et album). || *Moyen âge.* Dans l'île et paroisse de Houat, ruines d'une très-ancienne chapelle de Saint-Gildas. Roche percée qu'on rattache à la légende de saint Gildas. || *Moyen âge* et *ép. moderne.* Au village de Rozerières, ruines d'une construction attribuée aux moines de Quimperlé ; pan de mur et voûtes souterraines. — Citons pour mémoire la citadelle, ouvrage de Vauban, ainsi que le vaste réservoir couvert de Bellefontaine. || *Ép. moderne.* Un écu de Louis XIV, de 1660, et un jeton en or de Fouquet, de 1661, ont été trouvés il y a quelques années, ainsi qu'une pierre portant inscription de la même époque, dans les fondations inachevées du port du Palais. Ces objets ont été donnés au Mus. arch. par M. Plassiard. (Voir le Mémoire de M. Jaquemet, aux Arch. de la Soc. 1854.)

**PORT-PHILIPPE** ou **SAUZON.** *Ép. celtique.* Dans la lande de Kerlédan, deux menhirs en schiste (Catal.). — Un tumulus (C. D.). || *Ép. romaine.* Un retranchement, qui ferme l'entrée de la petite presqu'île du Morbihan.

vieux château, est attribué aux Romains (N. éd. d'Og.). || *Moyen âge.* Église paroissiale de Saint-Nicolas : il reste peu de chose de la construction primitive. Au sud est une fenêtre haute et étroite ; dimensions de 1 à 4 environ, très-évasée à l'intérieur, à cintre brisé (transition du roman au gothique). Grosse tour carrée, massive, à l'ouest, supportée par des arcades plein cintre à simples tailloirs formant porche.

CANTON DE BELZ.

(Chef-lieu : BELZ.)

**BELZ.** *Ép. celtique.* Près de Kervoen, menhir assez élevé et dolmen bouleversé (Catal.) — Au nord du village d'Er-Vélionec, menhir haut de 4 mètres et large de 1 m,80 (C. D.). — A Kernours, sur une hauteur, débris d'une grotte-aux-fées qui avait 10 mètres de longueur et 3 mètres de largeur (*ibid.*).—A Kerhuen, dolmen (*ibid.*).—A Kerlourde, dolmen renversé (*ibid.*). — A Kerlutu, dolmen bien conservé, dont la table, longue de 4 mètres, repose sur quatre supports (*ibid.*). — Plusieurs autres dolmens en ruines (*ibid.*). — A Crubelz, tumulus bien conservé : circonférence inférieure, 85 mètres ; diamètre supérieur, 11 mètres ; élévation, 4 mètres environ (*ibid.*). — Un kelte trouvé dans cette commune a été donné au Mus. arch. par M. Philippe Kerarmel, de Lorient. — On y voit aussi une hache en bronze de même provenance. || *Moyen âge.* Église paroissiale de Saint-Saturnin : reconstruite en partie en 1678 ; croix latine à un seul bras au sud. Le chœur est relié au transept par une arcade à cintre brisé et à la nef par une arcade que soutiennent deux colonnes cylindriques engagées, minces et élevées (romanes). Fenêtres hautes et étroites, à cintre brisé, dont une petite, aujourd'hui bouchée, au bras du transept (époque de transition). Au presbytère, commode en chêne, bombée sur les flancs, sculptures dorées aux encoignures ; fleurs en placage de divers bois. — Chapelle Notre-Dame (au bourg) ; grand et moyen appareil. Plan en forme de *gamma* retourné. Figures sculptées au bas des rampants du toit. Au-dessus du pignon occidental, un petit clocheton carré en pierre, très-simple. Au transept, porte à anse de panier surmontée d'une accolade, à la pointe de laquelle est un blason sculpté. Dans la nef, autres portes, aujourd'hui bouchées, à anse de panier à plusieurs retraites, surmontée d'une accolade à chou et crosses. Au-dessus de la porte occidentale, même blason que plus haut. Dimensions dans œuvre : 15 mètres sur 5 m,50 environ. Le bras du transept a 6 mètres de largeur sur 8 de profondeur. Le transept nord est relié à la nef par une grande arcade à cintre brisé à plusieurs retraites, portée, par pénétration, sur des colonnes cylindriques engagées. Les entraits, à têtes de crocodile, ont été coupés. Inscriptions sur les sablières; elles donnent, pour la boiserie, les dates de 1554 et 1562. Fenêtres très-simples, à cintre brisé; l'une d'elles est bordée d'un petit tore. — Chapelle Saint-Cado: cette chapelle, située dans une petite île autrefois déserte, passe pour avoir appartenu à un prieuré de Templiers dont les ruines se voient encore dans un jardin tout auprès. Petits moellons noyés dans le mortier. Croix latine à un seul bras, au sud. Deux bas-côtés. Abside demi-circulaire allongée; elle a été enterrée de 1$^m$,50 environ à une époque moderne. Contre-forts hauts et peu saillants. Toit très-aigu. Le rampant du nord est légèrement arqué; celui du sud est brisé en angle très-obtus. Clocheton moderne sur le pignon occidental. Au sud, vieux porche à plein cintre, massif et sans aucune ornementation, surmonté d'un pignon en pierre. Porte à plein cintre tout uni, donnant sur l'abside. Au nord, porte simple à cintre brisé; une autre semblable fait communiquer le porche avec l'intérieur. Portail occidental à anse de panier à retraites et colonnettes, surmontée d'une accolade. Dimensions dans œuvre : 16 mètres de longueur, y compris l'abside, sur 10 de largeur, y compris les bas-côtés. Trois travées jusqu'au chœur. Le chœur communique avec la nef par une arcade plein cintre reposant sur des colonnettes cylindriques engagées à chapiteaux ornés de feuillages et endentures et surmontés d'un tailloir. Entre la nef et les bas-côtés, arcades plein cintre portées sur des piliers carrés à simple tailloir. A l'extrémité des bas-côtés, fenêtres romanes longues et étroites, à plein cintre, aujourd'hui bouchées. Autre fenêtre romane plus large, également bouchée, au fond de l'abside. Une autre encore très-évasée à l'intérieur, au sud. Au pignon occidental, oculus circulaire. Dans le transept, un bloc de plusieurs pierres assemblées forme une sorte de tombe levée : c'est ce qu'on appelle dans le pays l'autel de saint Cado; d'autres disent que c'était son lit; il porte à la partie supérieure les petites croix de consécration et un enfoncement carré destiné peut-être à recevoir des reliques; aujourd'hui les habitants y viennent mettre la tête pour se guérir de la surdité ou pour la prévenir : on y entend d'habitude un petit bruit sourd, produit sans doute par le voisinage de la mer. Tribune à panneaux sculptés en flammes à jour; on y arrive par un escalier de pierre. Cadran solaire. — Entre l'île de Saint-Cado et la terre ferme, pont, ou plutôt jetée en pierre de taille, remarquable par sa solidité et sa grossière structure; ce pont, très-ancien, est large de 4 mètres et long de 100 mètres; on attribue sa construction au diable, qui aurait été la dupe de saint Cado (VI$^e$ siècle) (voir la légende racontée par M. le docteur Fouquet dans son ouvrage intitulé *Légendes, contes et chansons populaires du Morbihan*, p. 100 et suivantes). On montre sur une des pierres une empreinte attri-

buée au saint, qui est recouverte d'une petite grille en fer et surmontée d'un calvaire moderne. — Une figurine en terre cuite trouvée dans l'île de Riec a été donnée par M. Aubry de Lorient au Mus. arch. en 1853.

ERDEVEN. *Ép. celtique.* A l'est de Kerangre, groupe de menhirs (C. D.). — A 1 kilomètre sud-ouest du bourg, menhir de 4 mètres (Catal.). — Au sud-ouest et au sud du bourg, vers Kerzerho, onze alignements de menhirs. On les nomme dans le pays *Soldats de saint Cornély* (analogie avec les pierres de Carnac). Le terrain qui les porte s'appelle encore *Camp de César.* Ces pierres sont hautes de 1 mètre à 5 mètres (C. D.). — Près des alignements, deux dolmens sur un monticule. (Catal.). — A l'extrémité est des alignements, dolmen avec quatre cabinets (*ibid.*). — Au village des Sept-Saints, dolmen ruiné (*ibid.*). — A Saint-Germain, on voit un tumulus (C. D.). ‖ *Moyen âge.* Tout auprès du cimetière de l'église paroissiale, pierre épannelée et arrondie à son sommet, haute de 1$^m$,50 hors de terre. On dit dans le pays que c'était là, qu'on rendait la justice. — Chapelle de la Vraie-Croix (Langroes) : grand et moyen appareil. Forme rectangulaire; chevet plat; contre-forts à pinacles inachevés ou brisés. Crosses aux rampants du toit. Le pignon occidental, qu'on a été contraint de reculer à cause de la route, est moderne, ainsi que le clocheton qui le surmonte. Au sud, porte à anse de panier à plusieurs retraites, surmontée d'une accolade à chou et crosses et flanquée de pilastres à pinacles. Au-dessus de cette porte sont deux anges qui tiennent un blason et une devise effacés. Autre porte à anse de panier, au nord, aujourd'hui cachée. Dimensions dans œuvre : largeur, 7 mètres environ; la longueur a été modifiée récemment. Fenêtres à cintre brisé; celle du fond du chœur, aujourd'hui bouchée, est en outre surmontée, à l'extérieur, d'une accolade à chou et crochets; colonnettes, fragments de meneaux. Bénitier surmonté d'une anse de panier et d'une accolade. Banc de pierre tout autour de la chapelle, à l'extérieur. Cadran solaire gravé sur pierre.

ÉTEL (commune séparée d'Erdeven en 1851). *Ép. celtique.* Près du bourg, nombreux dolmens plus ou moins mutilés, dont un à cinq supports et un autre à sept (Catal.).

LOCOAL-MENDON. *Ép. celtique.* A Manné-er-Hloh, trois monuments celtiques couronnent trois points très-élevés : 1° roche-aux-fées ou allée couverte, aujourd'hui fort mutilée, entourée d'une enceinte de terre et de pierres; 2° roche-aux-fées bicoudée, présentant un développement total de 20 mètres environ, également mutilée; une autre grotte contiguë avait 7 mètres de longueur; 3° grotte-aux-fées complétement ruinée (C. D.). — Au sud de Loquellas, sur une petite butte, grotte-aux-fées en forme de croix latine; la galerie principale a 7$^m$,20 de longueur; les transepts, qui ne lui sont pas tout à fait perpendiculaires, ont, celui du sud, 1<sup>m</sup>,80 de long, celui du nord, 1<sup>m</sup>,20 (*ibid.*). || *Ép. romaine.* La voie de Vannes à Hennebont traverse cette commune (C. D.). || *Moyen âge.* Église paroissiale de Notre-Dame, à Mendon (autrefois chapelle) : grand et moyen appareil. Croix latine; contre-forts à pinacles crossés et trilobés : ceux qui flanquent la porte méridionale sont plus ornés que les autres; on y voit, entre autres sculptures, des animaux fantastiques. Crosses aux rampants du toit et animaux sculptés aux extrémités. Au-dessus du pignon occidental, tour carrée surmontée d'une petite flèche; le tout en bois, couvert d'ardoises. Au midi, porche carré voûté en pierre sur croisées d'ogives; de chaque côté, un banc de pierre; au-dessus sont six niches peu profondes. Le porche communique avec l'intérieur par deux baies à anse de panier à plusieurs retraites, surmontée d'une accolade à crochets; entre ces baies, trumeau à bénitier sculpté en trilobés et dais flamboyant, le tout encadré d'une arcade à cintre brisé à plusieurs retraites, surmonté d'une accolade à crosses; pilastres aux côtés; un rinceau de feuilles de vigne orne la grande arcade et chacune des baies; communication avec l'extérieur par une grande arcade brisée à plusieurs retraites, surmontée d'une accolade à chou et crochets et flanquée de pilastres à pinacles également crossés; au-dessus, pignon de fausse architecture orné encore de choux et de crochets. A l'ouest, porte à anse de panier à retraites. Au transept nord, petite porte à accolade, aujourd'hui bouchée; pilastres en colonnes torses, soutenues par des personnages; crosses à l'accolade, et, en guise de chou, une figure laissant échapper de sa bouche un rinceau. Dimensions dans œuvre : 29 mètres sur 8 environ. Les bras du transept communiquent avec la nef par de vastes arcades à cintre brisé à plusieurs retraites pénétrant des piliers polygonaux engagés à base simple. Lambris à clefs pendantes. Entraits à têtes de crocodiles et fleurons. Sculptures aux sablières; personnages dans diverses positions, feuilles, animaux; anges présentant un blason uni; on en voit cependant plusieurs armoriés : 1° un parti de Bretagne et de France; 2° un au lion rampant; 3° un au cerf passant (mêmes armes qu'à Sainte-Catherine d'Hennebont et à Inzinzac). Grandes fenêtres à cintre brisé, à colonnettes; meneaux flamboyants. Celle du fond du chœur a été bouchée. Quelques fragments de vitraux. Piscine et bénitier à accolade. Au transept nord, pinacles sur encorbellements. Au-dessous du pilier gauche de la porte extérieure du porche, on voit une pierre tumulaire que le pilier couvre en partie; elle est longue de 1<sup>m</sup>,65 et présente une croix gravée en creux, cantonnée de/circonférences concentriques. Au-dessus de la porte méridionale est un cadran solaire sur pierre. — Église paroissiale de Saint-Goal ou Gudwal (paroisse de Locoal) : restes d'une église ancienne qui servait sans doute de chapelle aux Templiers, puis aux chevaliers de Saint-Jean. Larges contre-forts simples, en talus, très-saillants. La nef était autrefois reliée à des bas-côtés par des arcades à cintre brisé, qu'on reconnaît facilement dans le mur qui les a remplacées; ces arcades reposent sur des piliers à simple tailloir; l'un des tailloirs est chargé, à l'intérieur, d'une grosse figure sculptée. M. de Keraudlech a reconnu dans cette église le tombeau de saint Goal. En creusant les fondations de la nouvelle sacristie, on trouva une monnaie de Pierre II, duc de Bretagne, et une de Louis XIII (1614); elles sont aujourd'hui déposées au Mus. arch. — Chapelle Saint-Jean (paroisse de Locoal) : appartenait aux chevaliers de Saint-Jean de Jérusalem. Moyen et petit appareil; forme rectangulaire. Petit clocheton carré en pierre sur le pignon occidental. Portes à anse de panier. Dimensions dans œuvre : 15 mètres sur 4<sup>m</sup>,50 environ. Les entraits à têtes de crocodile ont été coupés. Quelques sculptures aux sablières, animaux grossiers; inscription datant la boiserie de l'année 1621. A la fenêtre du fond du chœur, fragments de vitraux; on distingue encore le Christ et la Vierge. Piscine à accolade. — Dans la paroisse de Locoal, tout auprès de l'église, ruines de la maison des chevaliers de Saint-Jean, ancien établissement des Templiers. On ne voit plus guère que les murs de la maison reconstruite au XVII<sup>e</sup> siècle; bâtiment carré en grand et solide appareil; portes à anse de panier; large escalier de pierre avec meurtrières, dont la partie inférieure présente une ouverture circulaire; vastes cheminées; larmier, gargouilles en pierre; quelques sculptures; au-dessus de la fenêtre principale, blason d'hermines plein (Bretagne) au chef chargé de deux coquilles. Cet établissement était, lors de la Révolution, la propriété de l'abbaye de Redon; c'est à cette époque qu'il fut détruit. — Paroisse de Mendon : près du cimetière, deux pierres où lec'hs arrondies à leur sommet. Tout à côté, à la porte du presbytère, une autre pierre du même genre. — En démolissant l'ancienne église, qui se trouvait près du cimetière, on découvrit une pierre épannelée, arrondie au sommet, longue de 1<sup>m</sup>,75; elle a été brisée il y a quelques années (C. D. Noté de M. Croizer). — Paroisse de Locoal : sur le chemin de Mendon à Locoal, non loin de ce dernier bourg, grosse pierre peu élevée, arrondie à son sommet. — Dans la presqu'île du Plec, près de la chapelle Sainte-Brigitte, pierre de 1<sup>m</sup>,80 de longueur qui paraît n'avoir été plantée ni d'un bout ni de l'autre, car elle porte à l'une de ses extrémités une croix pattée gravée en creux; de l'autre, elle est arrondie. En outre, elle présente, à la surface supérieure, quelques caractères en creux. — Près du village du Plec, pierre de forme cylindrique, de 3 mètres de hauteur et 1<sup>m</sup>,90 de circonférence, connue dans le pays sous le nom de *Quéguil-Bréhet* (quenouille de Brigitte)

(C. D.). — Autre pierre, près de la précédente, appelée *Gourhet-Bréhet* (fuseau de Brigitte), longue de 0<sup>m</sup>,75, large de 0<sup>m</sup>,35 et épaisse de 0<sup>m</sup>,25. Cette pierre a été travaillée (sans doute à une époque moderne); elle porte sur l'une de ses faces l'effigie du Christ, grossièrement sculptée (C. D.). — Près de la chapelle Saint-Jean s'élevaient autrefois plusieurs grands lec'hs chargés d'inscriptions; il y a quelques années, ces pierres furent cassées, et les fragments servirent à faire des meules et des linteaux de portes (renseignement fourni par M. l'abbé Kersaho, recteur de la paroisse). — Non loin du cimetière de l'église paroissiale, lec'h de 1<sup>m</sup>,40 hors de terre, portant en relief une large croix pattée dans une circonférence, surmontée d'une petite croix gravée en creux; on l'appelle *Men-er-Menah* (pierre du moine). — Sur la route de Locoal à Mendon, lec'h appelé aussi *Men-er-Menah* (pierre du moine), haut de 2<sup>m</sup>,20 hors de terre et large de 0<sup>m</sup>,70 environ à la base; à 0<sup>m</sup>,90 du sol, rainure horizontale; bourrelet au sommet; deux croix pattées sur tige grêle, gravées en creux, l'une du côté de Locoal, l'autre du côté de Mendon; entre ces croix, de chaque côté, une ligne de sculptures verticales formant une sorte de torsade; même torsade horizontale au-dessous du bourrelet; de manière à diviser la pierre, sur sa hauteur, en quatre parties distinctes; les sculptures verticales et les croix descendent à 0<sup>m</sup>,80 du sommet. La croix qui est tournée du côté de Mendon est, en outre, accompagnée, dans le sens vertical, d'une inscription que M. de Keranflech a lue: *Crux Prostlon*, le deuxième mot étant le nom de la femme de Paskeweten, comte de Vannes de 874 à 878 (Bull. arch. de l'Association bretonne, année 1857, pages 105 et 186). — Dans la presqu'île du Plec, paroisse de Locoal, on voit plusieurs éminences de terre artificielles, longues et étroites, qu'on regarde comme des restes d'ouvrages militaires attribués aux Espagnols qui occupèrent ce pays pendant les guerres de la Ligue (C. D.). ‖ *Ép. moderne*. Chapelle Sainte-Brigitte (paroisse de Locoal) : cette chapelle, située dans la presqu'île du Plec, présente à l'intérieur, au nord, un blason sculpté en relief à une croix pattée et accompagnée, une crosse passée derrière.

**PLOEMEL.** *Ep. celtique*. Près de la chapelle Saint-Cado, dans la lande dite *le Roc'-hir*, menhir qui peut avoir 4 mètres de hauteur sur 2 de largeur environ. — A l'est du village de Saint-Laurent, menhir haut de 4<sup>m</sup>,50 (Catal.). ‖ *Moyen âge*. Chapelle Notre-Dame de Recouvrance (au bourg) : grand et moyen appareil; forme rectangulaire; contre-forts surmontés de pinacles à crochets. Crosses aux rampants du toit. Sur le point occidental, tourelle carrée avec clocheton couvert d'ardoises. Portes en anse de panier à plusieurs retraites surmontée d'une accolade à chou et crochets. La porte occidentale présente, en outre, des sculptures aux ex-

trémités de l'accolade : d'un côté, un chien; de l'autre, un personnage qui montre sa tête entre ses jambes. Dimensions dans œuvre : 25 mètres sur 7 environ. Entraits à fleurs et têtes de crocodiles. Sur la sablière du nord, inscriptions donnant pour date, à la charpente, l'année 1560, et au clocher, l'année 1563. Fenêtres à cintre brisé, meneaux flamboyants; celle du fond du chœur est surmontée, à l'extérieur, d'une accolade à crochets et flanquée de pilastres à pinacles. Quelques fragments de vitraux. Piscines à accolade. Un banc de pierre fait tout le tour de la chapelle à l'extérieur. — Chapelle Saint-Cado : moyen et petit appareil; forme rectangulaire. Au-dessus du pignon occidental, petit clocheton carré en pierre. Portes en anse de panier; il n'y en a pas à l'ouest. Dimensions dans œuvre : 15 mètres sur 5 environ. Entraits sculptés à têtes de crocodile au milieu et aux extrémités. Sur les sablières, quelques fleurs et figures. Fenêtre du fond du chœur à cintre brisé, meneaux en fleur de lis; autel en pierre dont le devant portait deux écussons en relief qui ont été mutilés. Piscine à accolade. — Chapelle Saint-Laurent : on y vient en pèlerinage pour obtenir la guérison des rhumatismes; nombreux ex-voto en cire; un navire. Grand, moyen et petit appareil; forme rectangulaire; contre-forts adhérents surmontés de pinacles à crochets. Crosses aux rampants du toit; animaux sculptés aux quatre angles. Larmier portant aussi quelques animaux sculptés. Sur le pignon occidental, clocher carré, en pierre, surmonté d'un clocheton également en pierre; un escalier extérieur, au nord, conduit à la cloche. Au sud, porte en anse de panier à plusieurs retraites et colonnettes, surmontée d'une accolade à chou et crosses; pilastres à pinacles aux côtés. Dimensions dans œuvre : 15 mètres sur 6 environ. Fenêtres à cintre brisé, avec colonnettes à l'extérieur; meneaux en fleur de lis. Au fond du chœur, une grande fenêtre, aujourd'hui bouchée, présente en outre, à l'extérieur, une accolade à chou et crochets, avec figures sculptées aux extrémités; oculus circulaire au sud. Autel en pierre offrant des traces de trois blasons sur le devant, mutilés (comme à la chapelle Saint-Cado). Piscine à anse de panier surmontée d'une accolade à chou et crochets; pilastres à pinacles aux côtés. A l'extérieur, un banc de pierre fait tout le tour de la chapelle. Cadran solaire sur pierre. — Chapelle Saint-Mécn : réputée fondée par les Templiers. Grand, moyen et petit appareil. Plan en *gamma* grec; le transept semble formé par une seconde chapelle plus petite accolée à la première. Contre-forts surmontés de pinacles à crosses. Crosses aux rampants du toit; la chapelle qui sert de transept a un toit particulier. Au-dessus du portail occidental, petite tour carrée en pierre, avec baies en anse de panier; clochetons à crochets aussi en pierre. Un petit escalier extérieur conduit à la cloche. Portes à anse de panier. Dimensions dans œuvre : 18 mètres sur 6. La nef est séparée du transept par deux arcades plein cintre à retraites portées, par pénétration, sur des colonnes cylindriques à base peu élevée, dont les deux extrêmes sont engagées. Entraits à têtes de crocodile au milieu et aux extrémités. Fenêtres à cintre brisé; l'une d'elles est à meneaux flamboyants. La maîtresse vitre présente quelques vitraux à compartiments variés et assez bien conservés; personnages de 0$^m$,80 de hauteur environ figurant le Christ, la Vierge, saint Méen; blason brisé au sommet. Piscines à accolade. Fontaine avec accolade à chou et crochets, couverte en pierre avec crosses aux rampants; deux statuettes, dont une sur le sommet au devant, une autre derrière la fontaine, dans une niche à pilastres; à l'intérieur, autre niche à accolade; de chaque côté est un blason à une croix; sculptures aux extrémités de la grande accolade: d'un côté, une figure; de l'autre, un personnage qui passe sa tête entre les jambes. On conduit en pèlerinage à cette fontaine les enfants rachitiques, pour les y tremper. — Chapelle de Locmaria : une nef et deux bas-côtés. Au-dessus du pignon oriental, un petit mur à deux baies à jour en plein cintre tient la place du clocheton. A l'ouest, porte à cintre brisé à trois retraites surmonté d'un petit pignon dont la bordure en saillie est sculptée de têtes de morts; de chaque côté, contre-forts peu épais. A l'est, trois arcades à cintre brisé, aujourd'hui bouchées, devaient faire autrefois communiquer la nef et les bas-côtés avec le chœur, qui a été détruit. La nef est reliée aux bas-côtés par de grandes arcades à cintre brisé sur piliers sans chapiteaux. Fenêtres à cintre brisé. Au milieu de la chapelle, sur une base en maçonnerie, pierre tumulaire remarquable et bien conservée, de Pierre de Broërec (xıv$^e$ siècle); longue de 3 mètres et large de 1$^m$,50, elle présente, gravée en creux, l'effigie d'un chevalier en prière, entouré de huit personnages dans l'attitude de la douleur; ses pieds reposent sur un levrier, sa tête sur un coussin. Les huit personnages sont encadrés, quatre de chaque côté, dans les compartiments égaux de deux pilastres à pinacles, reliés au sommet par une arcade à cintre brisé surmontée d'un pignon à chou épanoui et crochets; au-dessus de ce pignon, deux anges tiennent des encensoirs. Toutes ces pièces d'architecture sont richement ornées de trilobes, trèfles et quatrefeuilles. Les angles de la pierre et les pilastres sont, en outre, chargés de blasons. Enfin, une inscription également en creux borde la pierre tout autour (voir l'album de C. D.). A quelque distance de la chapelle, sur le bord de la route d'Auray à Plouharnel, croix de pierre découpée.—A Lomiquel, croix ancienne, haute de 3 mètres environ, grossièrement taillée, à bras larges et très-courts. — A côté de la chapelle Saint-Cado, près de la fontaine, pierre arrondie, ayant une

petite croix pattée gravée à son sommet. — Dans le cimetière de l'église paroissiale il y avait une pierre levée ou lec'h qui a été employée dans la construction de la tour. On l'appelait *pierre du Serment*, et devant elle se passaient les marchés. — Tout auprès de la chapelle Saint-Méen, pierre peu élevée, arrondie à son sommet, on l'appelle dans le pays *pierre du Serment*. — Aux villages de Kermelgant et de Saint-Laurent, les portes de presque toutes les maisons sont à anse de panier.

CANTON D'HENNEBONT.<br>(Chef-lieu : HENNEBONT.)

**BRANDÉRION.** *Ép. celtique.* Au sud de la route d'Hennebont à Vannes, dolmen haut de 2 mètres, composé de cinq pierres verticales supportant une table de 5 pieds de longueur sur 4 de largeur (C. D.). || *Moyen âge.* Chapelle Sainte-Anne: petit appareil mélangé. Croix latine à un seul bras, au sud; chevet plat; grosses figures au bas des rampants du toit. Dimensions dans œuvre : 21 mètres sur 5$^m$,50 environ. Des piliers carrés massifs, à base simple et peu élevée, placés de chaque côté de la nef, semblent attendre des arcades. L'unique transept est relié au chœur par deux arcades à cintre brisé et doublé, reposant au milieu sur une courte colonnette cylindrique à simple tailloir, et aux côtés, sur des piliers polygonaux engagés. Petites fenêtres hautes et étroites, très-évasées à l'intérieur, de style rayonnant; dimensions de 1 à 4 environ. Celle du fond du chœur, assez grande, à cintre brisé; meneaux flamboyants et rayonnants mélangés. Piscine trilobée. — Au nord-est de la chapelle, à l'encoignure, lec'h haut de 1$^m$,60, hors de terre, portant plusieurs croix pattées gravées en creux.

**HENNEBONT.** *Ép. romaine.* Une voie partant de Vannes aboutit à cette commune. || *Moyen âge.* Église de Notre-Dame-du-Paradis, remplaçant l'ancienne église paroissiale de Saint-Gilles-Hennebont depuis la démolition de celle-ci; bâtie de 1513 à 1530 : grand et moyen appareil; forme rectangulaire; deux bas-côtés. Chœur pentagonal. Contre-forts à pinacles ornés de crochets et d'animaux fantastiques, avec baies aveugles à anse de panier et accolade à chou et crochets; crosses aux rampants des pignons. Corniche composée de moulures rentrantes et saillantes. Gargouilles en pierre sous forme d'animaux fantastiques. Tour carrée en pierre au-dessus du portail ouest surmontée d'une flèche polygonale aussi en pierre, avec crosses aux arêtes, flanquée elle-même de clochetons. Des flèches semblables surmontent deux autres tourelles polygonales, s'élevant une de chaque côté de la tour principale, à laquelle elles sont reliées par une galerie en arc-boutant; une galerie à jour, en trilobes, couronne cette tour. Ouvertures carrées à pieds-droits saillants, reliés au sommet par un fronton triangulaire. A l'ouest, porche carré, décoré intérieurement de sculptures sur chacun de ses côtés; niches étroites et hautes (six de chaque côté), dont le sommet, en anse de panier, est couronné d'une accolade à chou et crochets flanquée de pilastres à pinacles, le tout surmonté d'un rinceau. Naissances d'arceaux pour une voûte en pierre inachevée. Communication avec l'extérieur par un portail très-élevé, à cintre brisé à plusieurs retraites, surmonté d'une accolade à chou et crochets et bordé intérieurement de festons trilobés. Portes à cintre brisé à plusieurs voussures en retraite soutenues de chaque côté par un rang de colonnettes, et surmontées d'une accolade à chou et crochets, avec pilastres à pinacles aux côtés. La porte occidentale, qui fait communiquer le porche ci-dessus décrit avec l'intérieur de la nef, est, en outre, divisée en deux baies à anse de panier surmontées d'accolades à chou et crosses; ces baies, séparées par un trumeau chargé d'un bénitier et d'un dais destiné lui-même à supporter une statue, sont encore toutes deux encadrées au sommet par une arcade à cintre brisé à plusieurs retraites, surmonté lui-même d'une accolade à chou et crosses; le tympan supérieur est divisé à jour par des meneaux flamboyants. Au nord de l'église, une porte de même style que la précédente a été bouchée. Dimensions dans œuvre : 45 mètres sur 17 environ. Quatre travées jusqu'au chœur. Arcades à cintre brisé à plusieurs retraites, portées par pénétration sur des piliers octogonaux à base simple et peu élevée. Voûtes brisées en moëllons sur croisées d'ogives; liernes et doubleaux saillants et anguleux, à clefs sculptées. Les extrémités des arcs ogives retombent sur de petits porte-à-faux sculptés en feuillage ou en figures. Les arcs de la voûte sont en pierre seulement à leur naissance, comme ceux du porche; le reste est en stuc et appartient à une époque moderne. Fenêtres à cintre brisé surmonté extérieurement d'une accolade à crochets; meneaux flamboyants, colonnettes et formerets; grandes dimensions : de 1 à 4 environ pour les fenêtres du chœur. Quelques fragments de vitraux à compartiments variés. Autel moderne, imitation du xvie siècle. Piscine à accolade. Chaire et confessionnaux modernes, habilement sculptés dans le style du xvie siècle (gothique flamboyant pour la Bretagne). Sur un des panneaux en bois de la porte occidentale, deux statuettes sculptées et mutilées. Dans le chœur, beau tableau moderne rappelant le vœu que firent les habitants d'Hennebont lors de la peste de 1697 (donné en 1807 par Mlle Mauduit). — Église paroissiale de Saint-Gilles-des-Champs (autrefois chapelle dépendant de la paroisse de Saint-Gilles-Hennebont): appareil mélangé. Plan oblong. Un seul bras de transept au nord; chevet plat. Au-dessus de la nef, un peu à l'ouest du carré du transept, petit clocher carré surmonté d'une flèche polygonale, le tout couvert d'ardoises. A l'ouest, porte simple à cintre brisé. Dimensions dans œuvre : 35 mètres sur 6 environ. Au carré du transept, colonnettes cylindriques engagées, à chapiteaux romans (volutes, treillis), à base peu élevée, offrant quelques sculptures; ces colonnettes semblent attendre des arcades. Fenêtres romanes évasées à l'intérieur, à plein cintre, hautes et étroites; dimensions de 1 à 4 ou 5. Une litre sans armoiries fait tout le tour de l'église à l'extérieur. — Chapelle Saint-Antoine (paroisse de Saint-Gilles-Hennebont): deux époques de construction; appareil mélangé; forme rectangulaire; traces d'un ancien transept au nord. Porche très-simple au sud. Porte méridionale à cintre brisé, à plusieurs retraites, formées par de gros tores. Dimensions dans œuvre : 22 mètres sur 6m,50 environ. Le transept nord était relié au chœur par une large arcade à plein cintre aujourd'hui bouchée, mais dont on voit encore le doubleau porté sur des colonnettes cylindres engagées à chapiteaux romans (feuillage). La nef est également séparée du chœur par une grande arcade plein cintre reposant sur des pieds-droits à simple tailloir. Dans le chœur, entraits à tête de crocodiles et sablières chargées de denticules, fleurons, torsades et quelques figures; le tout de 1614. Fenêtres à cintre brisé; meneaux rayonnants et flamboyants mélangés; autres fenêtres évasées à l'intérieur, à plein cintre, hautes et étroites; dimensions de 1 à 4 et à 5 (romanes). Culs-de-lampe grossièrement sculptés, représentant des animaux. Bancs de pierre des deux côtés de la nef, à l'intérieur. — Chapelle Sainte-Catherine (paroisse de Saint-Caradec-Hennebont) : moyen appareil. Croix latine à un seul bras au nord. Sur le pignon occidental, clocheton carré en pierre. Porte occidentale à cintre brisé, sans ornements, surmontée d'un blason sculpté en relief, à un cerf passant. Dimensions dans œuvre : 12 mètres sur 6 environ. La nef est reliée au transept par une arcade plein cintre, à retraites, portant sur les murs par pénétration. Fenêtres à cintre brisé; meneaux flamboyants. Piscine à trilobe; une autre à accolade. Au transept nord, au bas du rampant du pignon, animal fantastique présentant un blason uni. A l'intérieur, deux culs-de-lampe sont figurés par un ange qui tient un blason semblable à celui qui surmonte la porte occidentale. — Abbaye de la Joie : vaste enclos sur la rive gauche du Blavet. Il ne reste presque rien de l'ancienne abbaye. A l'entrée, petit pavillon avec galerie et colonnettes sur le devant, deux petites tourelles en encorbellement sur le derrière. Dans l'enclos, fontaine à laquelle aboutit un conduit voûté à cintre brisé qui va, dit-on, jusqu'à la ville. On voit dans l'une des salles de l'abbaye la statue tumulaire de sa fondatrice, Blanche de Champagne, en bois plaqué de bronze, haute de 2 mètres : elle a les mains jointes, la tête posée sur un coussin et les pieds sur un chien en pierre; sur sa ceinture est une inscription renversée, en caractères gothiques, et qui paraît incomplète. (Cette statue est aujourd'hui une propriété particulière.) — Restes de l'ancienne enceinte; portion de courtine sur le quai, avec parapet, machicoulis et maigres corbeaux à trois retraites. Du côté opposé, à l'est de la ville, porte à cintre brisé, offrant les traces d'un pont-levis et d'une herse, flanquée d'une poterne et de deux grosses tours rondes qui servent aujourd'hui de prisons; le pied de ces tours était baigné autrefois par la mer; elles sont couronnées de corbeaux et de machicoulis. Non loin de cette porte, l'enceinte offre encore, à gauche, une tourelle; à droite, une très-grosse tour talutée. Derrière l'hôtel du Commerce, éperon dit *Tour Saint-Nicolas*, dans lequel on voit un boulet engagé; le mur de cette tour a près de 5 mètres d'épaisseur à sa base. — Ruines de l'ancien château, sur une hauteur, à la rive droite du Blavet. C'est de ce château, dit-on, que Jeanne de Montfort apercevait les Anglais entrer dans la rade de Lorient. Suivant la tradition, un souterrain qui passait sous la rivière faisait communiquer le château avec la ville close. Ces ruines sont en mauvais petits moellons; les murs, formant une enceinte presque circulaire, ont une épaisseur de 1$^m$,50 environ. — Non loin du château, sous une maison, dans la rue de la Vieille-Ville, se trouve un caveau rectangulaire, de 4 mètres sur 6, voûté en pierre; cette voûte est soutenue par huit arcades plein cintre, portées au milieu sur une courte colonne cylindrique; on descend dans cette voûte par une trappe. || *Moyen âge* et *ép. moderne.* Sur la route de Vannes, à l'encoignure d'une maison en ruines, sculptures représentant la scène de l'Annonciation; on y distingue un prie-Dieu à trilobes et accolades (xv° ou xvi° siècle.) — Plusieurs maisons du xvi° siècle, en bois, ornementées, à pignons et étages surplombants. Dans la rue Neuve, maison portant la date de 1600, avec le nom *Le Livec.* Dans la rue de la Prison, maison à vastes cheminées. — Plusieurs maisons en pierre du xvii° siècle; fenêtres à pilastres et fronton triangulaire; modillons en pierre.

INZINZAC. *Ép. celtique.* Près de Brangolo, sous la racine d'un vieux châtaiguier, on a découvert, il y a quelques années, sept haches celtiques de même forme; deux d'entre elles ont été données, en 1859, au Mus. arch. par M. Philippe Kerarmel, de Lorient. || *Moyen âge.* Église paroissiale de Saint-Pierre : moyen et grand appareil au transept sud; ailleurs, simples moellons. Croix latine à un seul bras au sud; deux bas-côtés; chevet plat. Au nord, tour carrée en moellons, surmontée d'une flèche polygonale couverte d'ardoises. Porte méridionale à cintre brisé, encadrée de trois gros tores simples; celle du transept du même côté, aujourd'hui bouchée, était à accolade avec pilastres. Dimen-

sions dans œuvre : 30$^m$,50 sur 12 mètres environ. Huit travées jusqu'au chœur. La nef est séparée des bas-côtés par des arcades plein cintre, sans sculptures, portées sur des piliers carrés, massifs, surmontés d'un simple tailloir. Les arcades du nord sont, en outre, doublées. Un des piliers est flanqué de quatre colonnettes cylindriques engagées, à base peu élevée, à chapiteaux ornés de volutes et d'entrelacs. Au-dessus de ce pilier, traces d'une fenêtre étroite et à plein cintre (romane) donnant de la nef sur le bas-côté nord. Défaut d'alignement sur le côté méridional. Entre la nef et le chœur, large arcade à plein cintre surbaissé, dont le doubleau porte sur des colonnettes cylindriques engagées, à chapiteaux ornés de feuillages, de volutes et de torsades. Entre le chœur et le transept sud, arcade plein cintre, doublée, très-large, reposant sur le mur par pénétration. Arcade brisée entre le transept et le bas-côté méridional. Fenêtre du fond du chœur à cintre brisé; meneaux rayonnants et flamboyants mélangés. A cette fenêtre, traces de vitraux; on y voit encore plusieurs blasons : 1° un parti au 1, de gueules à sept macles d'or (Rohan); au 2, de gueules au lion rampant d'argent (Clissor); 2° un écartelé aux 1 et 4 d'azur à la croix engrelée d'argent; aux 2 et 3 losangés d'argent et de gueules (Spinefort); 3° un parti au 1 coupé, de Spinefort et du Houlle, au 2 d'or à deux jumelles de gueules (Boudoul). Dans le transept, enfeu à plein cintre surbaissé et piscine à trilobe et accolade. Une litre sans armoiries fait tout le tour de l'église à l'extérieur. Au-dessus de la porte du presbytère, animal fantastique présentant un blason à un cerf passant (mêmes armes qu'à la chapelle Sainte-Catherine d'Hennebont); cette sculpture provient de la démolition de l'ancienne chapelle de Lochrist (en Inzinzac). — Dans le cimetière, deux pierres tumulaires en granit, qu'on a enlevées récemment du chœur lorsqu'on l'a planchéié; leurs dimensions et leur forme les reportent à une époque assez éloignée. L'une, de 1$^m$,70 de longueur, présente, en relief, une croix pattée, ancrée et percée; l'autre, de 2$^m$,20, offre également des traces d'une grande croix en relief. Toutes deux ont une largeur de 0$^m$,80 à la tête et de 0$^m$,60 aux pieds. — A Lochrist, pont en pierre de cinq arches à cintre brisé.

LANGUIDIC. *Ép. celtique.* Entre les villages de Penhouet, de Kersulan et du Resto, trois alignements de menhirs de petites dimensions connus dans le pays sous le nom de *Soldats de Saint-Cornély;* une chapelle voisine porte ce vocable (Analogie avec les alignements de Carnac) (C. D.). — A Kerdoret, menhir engagé dans la clôture d'un champ (*ibid.*). — A Kerdanué, dans un champ, menhir à quatre faces, haut de 4$^m$,50 environ et large de 2 mètres. — Au milieu des alignements ci-dessus mentionnés, deux éminences de 24 mètres de longueur, 8 de largeur et 1$^m$,50 de hauteur environ (C. D.).

—A Kernec, butte composée d'un amas de petites pierres (C. D.). || *Moyen âge.* Église paroissiale de Saint-Pierre : différentes époques de construction. Croix latine; chevet plat. Animaux sculptés au bas des rampants du toit; chaque bras du transept a sa toiture particulière. Les transepts sont séparés de la nef et du chœur par de larges arcades à cintre brisé et doublé, les unes pénétrant les murailles, les autres portées sur des colonnettes cylindriques engagées, à base simple et chapiteaux romans fleuris (oves et entrelacs) noyés dans le badigeon. Arrachements d'arc pour une croisée d'ogives au carré du transept. Sur l'un des entraits, on voit, gravée en lettres gothiques, la date 1453. Cette date est, croyons-nous, répétée sur une des inscriptions extérieures ci-dessous mentionnées. Fenêtres à cintre brisé, meneaux flamboyants. Au transept nord, à l'intérieur, on voit sur le mur un blason sculpté en relief, à un chevron dentelé. Aux extrémités des rampants du transept sud, à l'extérieur, traces d'inscriptions en relief. Cadran solaire gravé sur le mur. — Chapelle Notre-Dame-des-Fleurs (au bourg) : grand et moyen appareil. Croix latine; chevet plat; contre-forts adhérents, très-saillants, surmontés de pinacles à crochets et sculptés sur leurs flancs en trilobes et accolades de fausse architecture. Crosses aux rampants du toit. Gargouilles en pierre, en forme d'animaux fantastiques. Sur le pignon occidental, tour carrée, plus moderne que le reste du monument, à larges ouvertures à plein cintre ornées de pilastres; surmontée d'une flèche polygonale, le tout en pierre. Cette tour repose sur une corniche faisant saillie sur le devant (comme aux chapelles de Saint-Fiacre-en-Faouët et de Kernascléden en Saint-Caradec Trégomel) par des arceaux en retraite les uns sur les autres, formant quatre compartiments. Cette base est reliée aux pinacles des deux contreforts antérieurs par une balustrade flamboyante. Au nord-ouest, tourelle polygonale en pierre, contenant un escalier, aussi en pierre, qui conduit à une tribune ci-dessous mentionnée, et reliée à la tour par un arc-boutant à plein cintre surbaissé, sur lequel un escalier à balustrades mène à la cloche (cette partie est également plus moderne). Porte occidentale à double baie en accolades; le trumeau est surmonté d'un ange portant un blason uni ou mutilé; au-dessus, grande arcade à plein cintre surbaissé à plusieurs retraites sur lequel le pignon fait saillie. Porte du transept nord à cintre brisé à plusieurs retraites et colonnettes, surmontée d'une accolade à chou et crosses, avec pilastres à pinacles aux côtés. Porte du transept sud à deux baies à anse de panier, surmontée d'une accolade à crochets; trumeau polyèdre sculpté en trilobes; les deux baies sont, à leur tour, enfermées dans une arcade à cintre brisé, surmontée elle-même d'une accolade à chou et crosses, avec pilastres à pinacles aux côtés; tous ces arcs sont à

retraites et colonnettes entre lesquelles courent des rinceaux de vigne; tympan à jour; une pierre encastrée au-dessus de cette porte présente une inscription de 1741 (sans doute époque d'une restauration), indiquant le nom du recteur, messire Le Gall de Cunfio de Ménoray, et celui du trésorier, Julien Kernen. Dimensions dans œuvre : 25 mètres sur 6$^m$,50 environ. Quatre travées d'architecture jusqu'au chœur. La nef est reliée aux transepts, de chaque côté, par deux arcades à cintre brisé à plusieurs retraites, reposant au milieu, par pénétration, sur une colonne cylindrique à base simple un peu élevée, et aux extrémités, d'un côté, sur des colonnes cylindriques engagées, de l'autre, sur des porte-à-faux fleuris. Entre le chœur et le carré du transept, grande arcade à cintre brisé à plusieurs retraites, dont chacune se prolonge jusqu'au bas par de très-minces colonnettes formant faisceau, à bases simples et petits chapiteaux feuillés. Une grande arcade semblable divise les deux travées de la nef. Ces arcades montent toutes jusqu'à la voûte. Toutes les parties de la chapelle sont voûtées en pierre sur croisées d'ogives et liernes. Belles fenêtres à meneaux flamboyants; celle du fond du chœur, à plein cintre, est aujourd'hui bouchée. Quelques fragments de vitraux. A gauche du chœur, est un enfeu à accolade avec chou et crosses, pilastres à pinacles aux côtés. Piscines à trilobes en anse de panier, surmontée d'une accolade à chou et crosses. A l'ouest, tribune en pierre offrant quatre panneaux sculptés en fausse architecture, à arcs brisés et géminés, avec petits meneaux en trilobes et quatrefeuilles. Cette galerie est soutenue par trois piliers carrés surmontés de pinacles à crochets; elle est également voûtée en pierre sur croisées d'ogives, chaque compartiment ouvert sur ses quatre côtés par des arcades brisées. Le pilier du milieu présente, à sa base, un bénitier feuillé porté sur un pied polyèdre, et à son sommet, un lutrin en pierre soutenu par un personnage sculpté; lutrins simples aux autres piliers. Culs-de-lampe et petits porte-à-faux fleuris. Niches peu profondes à trilobes surmontés d'une accolade crossée. Au transept sud, à une des retombées d'arc, petit personnage sculpté tenant un blason à un chevron, la pointe en bas (peut-être les mêmes armes qu'à l'église paroissiale, mais retournées). Au transept nord, adossé à une des colonnes, lutrin en pierre à feuillage sculpté. Dans le réduit qui sépare la voûte de la toiture, on a relégué une statue en bois, haute de 1$^m$,40, représentant un chevalier armé, la poitrine couverte de fleurs de lis; sa cuirasse à tassettes, sa coiffure en forme de toque aplatie, ses chaussures en bec-de-cane, annoncent la fin du xv$^e$ siècle ou le commencement du xvi$^e$. Son bras gauche tient un écu ovale à une croix chargée au centre d'un besant ou tourteau et cantonnée de quatre fleurs de lis. — A 2 kilomètres du bourg, sur le bord de la route de Landévant, près de Kervréhan, lec'h de 2 mètres environ de hauteur, arrondi à son sommet, qu'on a creusé postérieurement pour y implanter une croix, taillé à cinq pans, sur chacun desquels on remarque une ligne verticale en relief. — A 6 kilomètres du bourg, près de la route de Landévant à Kervili, lec'h haut de 2 mètres environ, taillé à quatre faces, enclavé aujourd'hui dans un mur de clôture; la face restée visible porte, en creux, une grande croix pattée et une inscription verticale, qui présente une grande analogie avec celle de Crach. — A Kergal-la-Vigne, dans un champ, lec'h bas, arrondi. — Château de Spinefort; il n'en reste que quelques pans de murs très-épais. — Un grand nombre de monnaies d'argent de Philippe de Valois, dites *Gros à la couronne*, ont été trouvées à Kernec. L'une d'elles a été déposée en 1858, par M. Fouquet, au Musée archéologique de la Société.

### 1ᵉʳ CANTON DE LORIENT.
( Chef-lieu : LORIENT.)

LORIENT. *Moyen âge.* Chapelle Saint-Christophe (paroisse de Kerantrech) : grand et moyen appareil. Forme rectangulaire; un bas-côté au nord, récemment restauré. Chœur polygonal; contre-forts adhérents, surmontés de pinacles ornés de crochets, dont plusieurs ont été brisés; crochets aux rampants du toit. Gargouilles en pierre au chœur. Un clocheton en pierre qui surmontait le portail occidental a été remplacé par une petite tourelle en bois. Un escalier de pierre en partie, au nord du portail ouest, conduit à la cloche. Porte occidentale à accolade à plusieurs retraites, avec chou et crochets; l'accolade est surmontée d'une arcade à plein cintre portée sur de grosses colonnes engagées qui s'élèvent jusqu'au clocheton, en formant avec le portail une sorte d'enroulement. A l'intérieur, une porte à anse de panier et accolade, avec chou et crosses, donne accès dans la tribune. Dimensions dans œuvre : 15 mètres sur 10 environ, y compris le bas-côté; trois travées d'architecture. Des piliers, ou plutôt des pans de mur, soutiennent, par pénétration, des arcades à cintre brisé à plusieurs retraites qui séparent la nef du bas-côté. Naissances d'arcs de pierre à la voûte du chœur. Lambris sur arceaux à clefs pendantes sculptées. Têtes de crocodiles aux extrémités des entraits. Figures et feuilles sculptées sur les sablières. Fenêtres à cintre brisé offrant des restes de meneaux flamboyants; celle du fond du chœur a été bouchée. Bénitier soutenu par un ange sculpté. A l'extérieur, trois culs-de-lampe, dont un, derrière le chœur, est surmonté d'un dais; les statues manquent. ‖ *Ép. moderne.* Bâtiments de l'ancienne Compagnie des Indes, qui font aujourd'hui partie des constructions du port (*Dictionnaire* d'Ogée, art. de M. Ducrest de Villeneuve).





PLOEMEUR. *Ép. celtique.* Au village de Cruguellec, menhir de 2 mètres de hauteur (C. D.). — Entre Kourégan et Kerbistoret, menhir de plus de 5 mètres de hauteur (*ibid.*). — Près de Kerroch, menhir de 2 mètres environ. Divers autres menhirs de même dimension (*ibid.*). — Près du fort dit *le Tallut*, deux menhirs de 4 mètres de longueur, dont un est renversé (*ibid.*). — Entre Saint-Bieuzy et Kerloes, menhir brisé de 5 mètres de longueur (*ibid.*). — Entre Kerroch et Penher, dolmen dont la table, longue de 3 mètres, est soutenue par trois pierres de 1 mètre de hauteur (*ibid.*). — Près de Kerpape, dolmen assez bien conservé (Catal.). — Entre Kerbistoret et Penher, tumulus de 6 mètres de hauteur, entouré d'un cromlech qui a 6 à 7 mètres de diamètre, et au sommet duquel est un dolmen dont la table a 3 mètres de longueur (C. D.). — A 1 kilomètre à l'est du bourg, tumulus de 6 mètres de hauteur et de 100 mètres de circonférence à la base, appelé *Butte à Madame;* il a été en partie fouillé en 1329; on y a trouvé un caveau en pierres sèches (*ibid.*). ‖ *Moyen âge.* Église paroissiale de Saint-Pierre et Saint-Paul : la nef, qui est la partie la plus ancienne, a 23 mètres de longueur sur 7 mètres de largeur et se compose de sept travées d'architecture formées par des arcades à plein cintre reposant sur des piliers carrés surmontés d'un simple tailloir. L'arc triomphal est à cintre brisé et retombe sur des colonnettes engagées à chapiteaux sculptés, fleurs et animaux (roman). Au chœur, colonnes cylindriques recevant, par pénétration, des arcades à plein cintre d'un côté, de l'autre, à cintre brisé. Tout le reste est moderne. La tour en pierre qui s'élève au-dessus du portail occidental porte la date de 1686. — Chapelle Notre-Dame-de-Larmor : grand et moyen appareil; croix latine, les deux transsepts peu saillants. Deux bas-côtés; celui du sud règne sur toute la longueur de la nef; chevet plat : contre-forts; quelques-uns surmontés de pinacles à crochets; crosses aux rampants du toit. Gargouilles en pierre à la tour, sous forme de figures sculptées. A l'ouest, large tour carrée, en pierre, contenant un escalier. Cette tour, postérieure au reste de la chapelle, porte à l'extérieur, en relief, la date 1615; et au-dessus, une inscription en capitales romaines relate qu'en cette même année en fut posée la première pierre. Elle est surmontée d'une flèche polygonale à crochets, également en pierre. Entre la flèche et la tour, galeries à baies géminées à plein cintre. Au nord, porche carré, voûté sur croisée d'ogives. A l'intersection des arcades, un ange tient un blason de gueules au greslier d'argent, enguiché de même (Chef-du-Bois), et une banderole portant en lettres gothiques une inscription qui fait remonter cette œuvre à l'an 1506. Statues en pierre des douze apôtres, six de chaque côté du porche; à leurs pieds, rinceaux de feuilles de vigne, et, sur leur tête, dais richement sculpté avec arcatures et accolades; chaque apôtre, outre son signe distinctif, porte une banderole où est inscrit un passage de l'Écriture sainte, en caractères gothiques. Enfin, sur le socle qui supporte chacune de ces statues on lit aussi en caractères gothiques les noms des donateurs. Le blason ci-dessus mentionné est reproduit au-dessous de la statue de saint Simon. Portes à cintre brisé surmonté d'une accolade avec chou et crochets, colonnettes, pilastres ornés de chaque côté. Dimensions dans œuvre : 41 mètres sur 10 environ. Six travées, y compris le chœur. Arcades de la nef à cintre brisé, à plusieurs retraites, portées, par pénétration, sur des colonnes cylindriques à bases ornées de simples tores. Au carré du transept et au chœur, vastes arcades à plein cintre retombant sur des faisceaux de colonnettes engagées dont quelques-unes semblent offrir des chapiteaux romans noyés dans le badigeon. Lambris sur arceaux, avec clefs pendantes au chœur. Têtes de crocodiles aux extrémités des entraits; sur l'un d'eux est le blason des Chef-du-Bois (voir ci-dessus). Sculptures sur les sablières, figures plus ou moins grimaçantes, anges présentant des blasons unis; quelques-uns armoriés : 1° un palé surmonté d'un lambel à trois pendants; et 2° écartelé aux 1 et 4 à un besant, tourteau ou coquille, surmonté d'un lambel à trois pendants, aux 2 et 3 (d'azur) à trois croix pattées (au pied fiché d'or) (Penhoët). Fenêtres à cintre brisé; la grande fenêtre du chœur, aujourd'hui bouchée. Piscine à accolade avec crochets et pilastres aux côtés. Inscriptions à l'extérieur, une au sommet du porche, les deux autres au nord de la tour. Fragments d'un cadran solaire. — Au village de Lanenec, où s'élevait autrefois le monastère de Sainte-Nennoch, on voit une auge en pierre, appelée par les habitants *le Bateau de sainte Nennoch*, et sur laquelle, suivant la tradition, la sainte serait passée d'Angleterre en Bretagne. — A Kervergant, croix de pierre relevée en 1857 par M. de Raime; elle porte, dans une inscription, la date de 1613. — Sur la route du bourg à Larmor, croix ancienne à larges bras; tout auprès, croix de 1558, plantée dans une sorte de sphère en pierre ornée d'une torsade. — De l'ancien château de Tréfaven, qui sert actuellement de poudrière, il ne reste plus qu'une tour cylindrique assez large et peu élevée, de grand et moyen appareil. — Au bourg, près de la chapelle Sainte-Anne, on remarque une maison datée de 1508. — A Kergandehuen, se voit une maison de 1546. || *Ép. moderne.* Entre le bourg et la route de Lorient à Quimperlé, sur le chemin de Quéven, un groupe de quatre bornes délimitatives datées de 1741. (Voir des bornes semblables à Vannes et à Napoléonville.)

BUBRY. *Ép. romaine.* Près de Kerorguen, retranchement (C. D.). || *Moyen âge.* Église paroissiale de Saint-Pierre : dans le cimetière, pierre tumulaire, longue de près de 2 mètres, large de 0$^m$,80 à la tête et de 0$^m$,50 aux pieds environ. On y voit, en relief, un personnage couvert d'un vêtement à larges manches, la tête posée sur un coussin; ses deux mains tiennent sur sa poitrine un instrument semblable au marteau du couvreur; à ses pieds, on en voit deux autres, une équerre, et peut-être une règle; enfin, au-dessus de ces derniers instruments, ce nom en gros caractères gothiques : *J. Leboulch.* — Près de l'église paroissiale, lec'h de 0$^m$,60 environ de hauteur hors de terre, portant deux croix pattées à tige grêle, gravées en creux. Tout auprès, autre pierre basse, taillée à quatre faces, qui pourrait bien avoir été aussi un lec'h. Elle a été creusée à son sommet, sans doute pour recevoir une croix. — Chapelle Saint-Yves : la nef est plus ancienne que le reste du monument. Un appentis, au nord, cachait jusqu'à ces dernières années une longère en petit appareil, qu'on vient de restaurer. Quant à celle du sud, elle paraît avoir été reconstruite en même temps que la tour et les transepts. Grand et moyen appareil. Croix latine; chœur polygonal; chaque face extérieure est surmontée d'un pignon. Contre-forts adhérents à pinacles crossés et ornements de la Renaissance; chou et crosses aux rampants du toit. Larmier avec animaux et ornements de la Renaissance. Animaux en gargouilles. Au-dessus du portail occidental, tour carrée avec baies de la Renaissance (à pilastres et fronton triangulaire) ou à accolade crossée, surmontée d'une flèche polygonale, dont elle est séparée par une galerie trilobée à jour; le tout en pierre. Cette tour a été construite sans goût : les baies qui surmontent le porche ne se trouvent point sur une même ligne verticale; la porte extérieure du porche ne correspond pas elle-même avec celle qui donne sur la nef; en outre, elle n'offre pour toute garantie de solidité qu'un large et épais contre-fort en talus dont on a été contraint d'étayer sa base au sud. De ce même côté, une tourelle polygonale, également à flèche, est accolée à la tour, et renferme un escalier de pierre qui conduit aux cloches; on y accède par une porte qui donne sur l'intérieur de la nef. Au premier étage de la tour est un réduit carré avec une petite ouverture sur la nef; les murs de ce réduit sont décorés d'arcades brisées en fausse architecture, et des naissances d'arcades attendent une croisée d'ogives. A l'ouest, porche plus large que profond, dont la croisée d'ogives est également inachevée. Les deux portes qu'il sépare sont élevées en arcades brisées à plusieurs retraites, au-dessus desquelles est une accolade à chou et crosses. Des autres portes, l'une, au sud, est surmontée d'un fronton triangulaire et est datée de 1589; deux autres, au sud et au nord, sont à anse de panier avec accolade à chou et crosses. Dimensions dans œuvre : 34 mètres sur 7 environ. Deux grosses colonnes cylindriques engagées, ayant un banc de pierre à leur base, semblent avoir été destinées à supporter une arcade qui eût divisé la nef en deux parties à peu près égales. Quatre autres colonnes cylindriques engagées, à simples tores à la base, reçoivent par pénétration, aux quatre angles du carré du transept, des naissances d'arcades à retraites qui eussent séparé l'intertransept des deux bras. Simple lambris à clefs pendantes sculptées. Entraits à têtes de crocodiles; sablières sculptées; frettes, animaux fantastiques, personnages dans diverses positions, figures grossières, moines faisant saillie aux quatre angles de l'intertransept : l'un d'eux porte un livre ouvert sur lequel on lit la date 1598. Fenêtres à cintre brisé; celle du fond du chœur, aujourd'hui bouchée, est surmontée, à l'extérieur, d'un blason à un sanglier (Saint-Nouay). Une autre fenêtre du chevet présente plusieurs retraites au-dessus desquelles est une accolade à chou et crosses dont les extrémités sont soutenues par des anges. Piscine à anse de panier et accolade, avec imitation grossière de chou et de pilastres. Bénitier et culs-de-lampe à feuillage sculpté. Banc de pierre à l'extérieur. Au-dessus d'une des portes du sud, blasons mutilés. — Près du village du Vieux-Saint-Yves, motte féodale de 8 mètres de hauteur environ, avec douves (C. D.). — Sur la place du bourg, grande margelle, ou plutôt cuve d'un seule pierre, de 2 mètres de diamètre et 0<sup>m</sup>,30 de profondeur environ, taillée à douze pans. Au milieu du fond, trou par lequel arrivait autrefois l'eau de la fontaine Sainte-Hélène, qui n'est pas éloignée. Au bas d'une des faces latérales, autre trou pour l'écoulement à volonté, et au bord supérieur, sorte de rigole en forme de gargouille, pour laisser échapper le trop-plein.

CALAN. *Moyen âge.* Église paroissiale de la Trinité : différentes époques de construction. Restes considérables d'une église romane. Grand et moyen appareil, sauf pour le mur méridional de la nef, qui est en petit appareil. Croix latine avec deux bas-côtés qui se prolongent jusqu'au fond du chœur; chevet plat. Sur l'intertransept, tour carrée en pierres, à baies romanes hautes et étroites, surmontée d'une flèche polygonale couverte d'ardoises. Au sud, porche, ou plutôt galerie longeant la nef, depuis le pignon occidental jusqu'au bras du transept, séparée de l'extérieur par un muret qui laisse seulement un passage devant la porte de l'église; sur ce muret s'élèvent, jusqu'à la toiture, des colonnettes cylindriques à base et chapiteaux simples; celles de l'entrée seules présentent une figure grossièrement sculptée à leur sommet; on remarque encore un

chapiteau à dentelure. A l'extrémité est de cette galerie, sur un autel, groupe sculpté en pierre, représentant la Sainte-Trinité avec une devise gothique en relief sur un phylactère. La galerie communique avec l'église par une porte carrée, basse, encadrée d'un plein-cintre formé par un gros tore. Au transept sud, porte à cintre légèrement brisé, à plusieurs retraites en tores et colonnettes à base et chapiteau simples. A l'ouest, portail nouvellement reconstruit, dans le même style que l'ancien; on l'a seulement agrandi; c'est un cintre brisé à plusieurs retraites et colonnettes, avec deux figures saillantes aux côtés; à gauche, blason à trois bandes. Dimensions dans œuvre : 30 mètres sur 8<sup>m</sup>,50 environ. Neuf travées d'architecture jusqu'au chœur, inclusivement. Les bas-côtés sont séparés de la nef par des arcades plein cintre portées sur des piliers carrés, simples, ou sur des colonnes cylindriques à simple tailloir, ou enfin sur des piliers flanqués de colonnettes engagées à chapiteau roman. Des arcades semblables, mais plus étroites, plus élevées et doublées, séparent le carré du transept de la nef, du chœur et des bras. Les collatéraux sont reliés au chœur par des arcades moins anciennes, à cintre brisé sur doubleaux, portés d'un côté sur des colonnes cylindriques à chapiteau feuillé, de l'autre, sur des piliers polygonaux à chapiteau simple. Tous les chapiteaux romans, malheureusement couverts d'une épaisse couche de badigeon, présentent des volutes, du feuillage, des entrelacs, des figures grossières. Lambris sur arceaux à clefs pendantes; l'une d'elles porte un blason. Entraits à têtes de crocodiles; sur la sablière du nord de la nef, blason à trois bandes (comme ci-dessus), et au-dessous est une inscription gothique en relief donnant la date de 1425. Au nord, petite fenêtre romane, très-évasée à l'intérieur. Autres fenêtres à cintre brisé et meneaux rayonnants; celle du fond du chœur est en partie bouchée; petite rose à six feuilles au portail occidental; au sud de la nef, une fenêtre est surmontée à l'extérieur d'un pignon à chou et crosses. Piscines à trilobe et accolade. Large bénitier d'une seule pierre, à huit pans, de 1 mètre de diamètre environ; quelques figures grossièrement sculptées font saillie à l'extérieur; cuve haute de 0<sup>m</sup>,40 environ; point de pied. Cadran solaire. — Près du cimetière, deux lech's bas, arrondis. — Au village de Kerandiot, trois lech's arrondis : un qui est entré dans la construction d'un mur; un autre renversé à côté; le troisième, remarquable par ses dimensions, 2 mètres de diamètre et 1<sup>m</sup>,50 de hauteur environ, au pied d'un très-vieux chêne. (C'est un des cas, extrêmement rares, où nous ayons trouvé ces sortes de pierres ailleurs qu'au voisinage d'une chapelle.)

INGUINIEL. *Moyen âge.* Chapelle de Locmaria : quelques restes d'une ancienne construction. Grand et moyen appareil; forme de croix latine; chevet plat;

chou, crosses et animaux aux rampants du toit. Au transept sud, une porte à cintre brisé, aujourd'hui bouchée, conduisait, par un escalier de pierre, sur un jubé qui n'existe plus. On voit au sud, à l'extérieur, des fragments de sculptures d'une ancienne porte à accolade avec chou et crosses et pilastres à pinacles. A droite de cette porte, blason à deux pals, un lion brochant sur le tout (qui est Jégado), avec supports, cimier et devise gothique en relief. Dimensions dans œuvre : 23 mètres sur 5<sup>m</sup>,50 environ. Entre la nef et le chœur, colonnes cylindriques engagées recevant, par pénétration, des naissances d'arcades qui eussent voûté le carré du transept sur croisée d'ogives et l'eussent séparé de la nef et des bras. Fenêtres à cintre brisé, meneaux flamboyants. Au nord de la nef, petite fenêtre à cintre brisé et trilobe, très-évasée à l'intérieur. Piscine à trilobe et accolade avec crosses et pilastres. Un cul-de-lampe grossièrement sculpté représente un personnage en robe, la tête couverte d'une toque, au milieu de deux animaux à chacun desquels il tient une patte pour la faire toucher à celle de l'autre. Banc de pierre intérieur dans les transepts. Une planche abandonnée dans le transept nord, et dont on ignore la destination primitive, porte une inscription gothique avec la date de 1468.

LANVAUDAN. *Moyen âge.* Tout auprès de l'église paroissiale, lec'h bas, arrondi, creusé postérieurement à son sommet.

PLOUAY. *Ép. romaine.* Autour de la chapelle Sainte-Anne, retranchement circulaire de 150 mètres de circonférence avec douves et parapets (C. D.). — A Kernouen, vaste enceinte fortifiée (Catal.). ‖ *Moyen âge.* Église paroissiale de Saint-Ouen : au sud, porche carré communiquant avec l'extérieur par une arcade à cintre plein ou légèrement brisé; surmonté d'un pignon à chou et crosses et flanqué de contre-forts à pinacles crossés. Portes à cintre brisé à plusieurs retraites et colonnettes. Six travées d'architecture, y compris le chœur. Ces travées sont formées par des arcades brisées à doubleaux portés sur des colonnettes cylindriques à chapiteau simple, engagées dans des piliers carrés à simple tailloir. Les piliers sont remplacés, près du chœur, par des colonnes cylindriques à base élevée. Au sud, fenêtre à cintre brisé simple. — Près de l'église paroissiale, à l'un des coins de la place qui servait autrefois de cimetière, lec'h bas, arrondi. — Chapelle Notre-Dame-des-Fleurs : grand et moyen appareil; forme rectangulaire. Le mur septentrional offre, à l'extérieur, des traces d'arrachements et des naissances d'arcs qui semblent annoncer une construction inachevée. De ce côté, l'appareil est plus petit. Chœur polygonal; crosses aux rampants du toit. Larmier à plusieurs retraites. A l'ouest, clocheton carré en pierre. Porte occidentale à cintre brisé à plusieurs retraites. Porte méridionale à

anse de panier, à plusieurs retraites, surmontées d'une accolade avec chou et crosses et pilastres destinés à supporter des statues (il n'en reste qu'une, mutilée). Dimensions dans œuvre : 18 mètres sur 6 environ. Deux colonnes cylindriques engagées dans les murs latéraux, flanquées chacune de deux colonnettes de même, semblent attendre une arcade qui eût divisé la nef en deux parties presque égales. Autres colonnettes, une de chaque côté du chœur. Les sablières portent quelques sculptures grossières : figures, animaux, personnages. Fenêtres à cintre brisé : la plus grande est à meneaux flamboyants; celle du fond du chœur a été bouchée. Piscine à plein cintre et trilobe. Bénitier à accolade. Quelques sculptures de la Renaissance à l'extérieur : niches, personnages en cartouches, culs-de-lampe. Au-dessus de la porte méridionale, à l'extérieur, inscription gothique en relief, commençant par une date : l'an 145.. — Chapelle de Locmaria : forme rectangulaire; chou, crosses et animaux aux rampants du toit. Clocheton carré à l'ouest. Porte septentrionale à anse de panier, au-dessus de laquelle est une inscription gothique, en relief, donnant la date de 1543. Porte à cintre brisé à l'ouest. Dimensions dans œuvre : 16 mètres sur 6 environ. Entraits à têtes de crocodiles. Quelques figures grossièrement sculptées sur les sablières. Fenêtres à cintre brisé : celle du chevet, à meneaux flamboyants. Fragments de vitraux à la fenêtre du fond du chœur; compartiments variés; personnages de 0<sup>m</sup>,50 de hauteur environ.

QUISTINIC. *Ép. romaine.* Près de Poblay-le-Ners, retranchement à peu près circulaire, de 45 mètres de diamètre environ, appelé *En douez* (la douve) (C. D.). ‖ *Moyen âge.* Chapelle de Locmaria : grand et moyen appareil. Forme de croix latine; chevet plat; contre-forts adhérents, surmontés de pinacles à crochets; crosses aux rampants du toit. Gargouilles en pierre à la tour, sous forme d'animaux. Au-dessus du portail occidental, tour carrée avec flèche polygonale à crochets et galerie, flanquée au sud d'une tourelle cylindrique renfermant un escalier qui conduit de l'intérieur de la nef à la cloche; le tout en pierre. Porte occidentale à plein cintre, à plusieurs retraites, surmontées d'une accolade à chou et crosses; aux côtés, pilastres à ornements de la Renaissance, reliés au sommet par un fronton triangulaire dans le milieu duquel on voit la date 1574. Au sud, porte à anse de panier à retraites, surmontées d'une accolade à chou et crosses; au-dessus, tympan bouché en partie, surmonté lui-même d'un cintre brisé à plusieurs retraites; au-dessus encore, accolade à chou et crochets; pilastres à pinacles aux côtés. Dimensions dans œuvre : 25 mètres sur 6 environ. La nef est séparée du carré du transept par une grande arcade à cintre brisé, à plusieurs retraites, pénétrant des colonnes cylindriques engagées. Naissances d'arcades pour croisées d'ogives au carré et aux bras du transept. Banc de pierre à la base des colonnes. Fenêtres à cintre brisé; celle du fond du chœur, à meneaux flamboyants, surmontée d'une accolade à chou et crosses à l'extérieur, en partie bouchée aujourd'hui. A cette dernière fenêtre, vitraux à compartiments variés, personnages de $0^m,50$ environ. Piscine à trilobe et accolade. Bénitier à accolade avec chou et crosses, pilastres à pinacles. Banc de pierre à l'extérieur. Sur une des pierres qui pavent la nef, traces d'une inscription gothique, en relief, portant la date de 1488. Dans une porte bouchée, au nord, on a encastré à l'extérieur une pierre, sur laquelle est une inscription en capitales romaines. On voyait autrefois près de la chapelle un cercueil de granit; il a été brisé. — Près de la route de Baud à Guémené, motte, en forme conique, de 20 mètres de diamètre et 4 mètres de hauteur environ (C. D.). — Près du Glayo, restes de fortification (*ibid.*) [1].

### CANTON DE PLUVIGNER.

( Chef-lieu : Pluvigner. )

BRECH. *Ép. celtique.* Près de Brégoharne, dolmen en ruine (C. D.). — A Kerhouarin, dolmen en ruine (*ibid.*). — Près du moulin du pont de Brech, roche suspendue qu'on a quelquefois considérée comme une pierre branlante. || *Ép. romaine.* La voie romaine de Vannes à Hennebont traverse cette commune (C. D.). — A Saint-Dégan, deux camps, un de chaque côté de la voie (*ibid.*). — Près du Cranic, débris romains (Catal.). || *Moyen âge.* Église paroissiale de Saint-André : quelques restes d'ancienne construction. Plan carré, chevet plat. Au sud, contre-fort simple, élevé et peu saillant. Six travées d'architecture. La nef est séparée des bas-côtés par des arcades plein cintre doublées, portées sur des colonnettes engagées dans des piliers carrés, à chapiteaux romans (perles, fleurs, feuillages, animaux, figures humaines grossières). Fenêtres à cintre brisé; celle du fond du chœur, très-large, a été bouchée. — Dans le cimetière, pierre tumulaire figurant en relief un prêtre qui tient un calice à coupe ronde. Croix de pierre à pied polyèdre, au sommet carré, surmonté d'un pignon : ce sommet sculpté représente, d'un côté, le Christ, de l'autre, la mise au tombeau; à l'une des faces latérales, le martyre de saint André. — Près du cimetière de l'église paroissiale, lec'h bas, arrondi. — Chapelle Saint-Jacques : appareil mélangé, et dans quelques parties, grand et moyen appareil. Forme rectangulaire; chevet plat. Clocheton carré en pierre sur le portail occidental. Au sud, porte simple à cintre brisé.

A l'ouest, porte à cintre brisé, à plusieurs retraites et colonnettes, surmontée d'une accolade avec chou et crosses; pilastres à pinacles aux côtés; rinceaux de feuilles de vigne dans les retraites. Au-dessus, des anges portant des blasons mutilés et une banderole avec une inscription gothique en relief où l'on distingue la date 1464. Dimensions dans œuvre : 17 mètres sur 5 environ. Fenêtres à cintre brisé; celle du fond du chœur a été bouchée. A l'une des fenêtres, fragments de meneaux dans le style flamboyant. Piscines à cintre brisé et trilobe. Banc de pierre à l'intérieur. — Chapelle Saint-Cado : grand et moyen appareil. Forme rectangulaire; chevet plat. Animaux sculptés au bas des rampants du toit. Clocheton carré, en pierre, sur le portail occidental. Portes à anse de panier surmontée d'une accolade à crochets. Celle de l'ouest est encadrée dans un cintre brisé, le tout avec retraites et colonnettes; pilastres élevés portant des personnages sculptés. Dimensions dans œuvre : 18 mètres sur 5 environ. De chaque côté de la nef, près de l'autel, des colonnes appliquées, semblent avoir été destinées à supporter une arcade. Fenêtres à cintre brisé; celle du fond du chœur, très-large, a été bouchée. Piscine à accolade. Deux culs-de-lampe sculptés : l'un présente ces bandelettes entrelacées; l'autre, un ange qui tient un blason uni. — Chapelle Notre-Dame de Trévérec : grand et moyen appareil. Forme rectangulaire; chevet plat. Contre-forts inachevés. Crosses et animaux fantastiques aux rampants du toit. Larmier sculpté; figures et animaux. Sur le pignon ouest, clocheton carré avec flèche en pierre; un escalier extérieur, au sud, conduit à la cloche. Portes à plein cintre; celle du sud est surmontée d'un fronton triangulaire et flanquée de pilastres dans le goût de la Renaissance; dans le fronton, blason parti d'hermines à deux fasces et d'un losangé; le même blason se voit au-dessus de la porte du nord. Portail occidental en arc légèrement brisé, à plusieurs retraites; pilastres aux côtés; niche au-dessus; à gauche, un homme qui montre sa tête entre ses jambes. Dimensions dans œuvre : 15 mètres sur 6 environ. Lambris sur arceaux à clefs pendantes. Entraits à têtes de crocodiles. Sur la sablière du nord, inscription avec la date 1585. Fenêtres à plein cintre; celle du fond du chœur a été bouchée. Piscine à coquille surmontée d'une accolade de mauvais goût. Banc de pierre à l'extérieur. — A la Chartreuse, restes de cloître et cellules du XIIe siècle. — Sur le bord de la route de Plouharnel, près d'Auray, maison seigneuriale de Kerdrain : grand et moyen appareil; porte et fenêtres à accolade; corniche-larmier; animaux sculptés aux extrémités. — Près d'Auray, à la jonction des routes de Lorient et de Pluvigner, moulin *du Ballon*, en pierre : grand et moyen appareil, fortement taluté, divisé en deux étages, dont le supérieur surplombe par le moyen de corbelets; porte en anse de panier, sur-

---

[1] Quoique nous ayons classé ces deux monuments parmi ceux du moyen âge, il se pourrait que le premier fût un tumulus celtique et le second l'ouvrage des Romains.

montée d'une accolade; au-dessus, niche vide; entre la porte et la niche, traces d'un blason sur tuffeau, mutilé ainsi que la devise qui l'accompagnait; quelques pierres portent des signes d'appareillage. ‖ *Ép. moderne.* Chapelle Saint-Quirin (et par corruption Saint-Guérin): cette chapelle, de 1676, peut attirer l'attention par les armoiries qu'on y trouve. A l'extérieur, au-dessus du portail occidental, blason parti au 1 à dix billettes, au 2 émanché, surmonté d'une couronne de marquis. A l'intérieur, aux fenêtres: 1° d'azur à dix billettes d'argent, 4, 3, 2, 1, surmonté d'une couronne de marquis; 2° parti au 1 d'azur à trois mains d'argent, au 2 coupé, au 1 losangé d'argent et de gueules, au 2 d'azur à une croix d'argent; 3° d'azur à trois mains d'argent; 4° parti au 1 d'azur à trois mains d'argent, au 2 coupé, au 1 d'or, au lion rampant d'azur, au 2 d'or à trois fasces ondées d'azur; 5° écartelé au 1 d'or au lion rampant d'azur, au 2 losangé d'argent et de gueules, au 3 d'or à trois fasces ondées d'azur, au 4 d'azur à la croix d'argent. — Mentionnons seulement, comme ne rentrant point dans notre cadre, le monument élevé à la Chartreuse en l'honneur des victimes de Quiberon et celui du Champ-des-Martyrs. — Sur le bord de l'ancienne route de Sainte-Anne à Auray, non loin du Champ-des-Martyrs, une croix moderne en a remplacé une plus ancienne au lieu même où mourut Charles de Blois, en 1364, dans le combat livré à Jean de Montfort.

CAMORS. *Ép. celtique.* Près de Kerguélen, menhir de 3ᵐ,50 de hauteur, 1ᵐ,80 de largeur et 0ᵐ,70 d'épaisseur à la base (C. D.). — Dans la forêt de Camors, deux menhirs, l'un appelé *Menhir-Bras* (grand menhir), de 2ᵐ,90 de hauteur et 1ᵐ,50 de largeur; l'autre, *Menhir-Bihan* (petit menhir), de 1ᵐ,80 de hauteur et 0ᵐ,80 de largeur (C. D.). — Dans un bois de pins dépendant de la forêt de Floranges, canton de l'Armoirie, quatre menhirs: l'un, très-gros, a 2ᵐ,30 de hauteur; un autre a 2ᵐ,80; le troisième, 2ᵐ,70; le quatrième, 2 mètres. Ces quatre pierres sont désignées dans le pays sous le nom de *Bornes* (*ibid.*). — Dans la même forêt, canton de la Croix-Blanche, menhir de 2ᵐ,30 de hauteur, de forme quadrangulaire (*ibid.*). ‖ *Moyen âge.* Chapelle Saint-Goal (ou Gudwal): bénitier à coupe creusée en quatrefeuille, avec deux figures sculptées sur la partie antérieure. — Près du moulin de la Motte, ruines très-étendues appelées *Porh-Houet-er-Sâleu* (Cour du bois des Salles); une partie était complétement entourée d'un étang; on reconnaît encore facilement les jetées qui le traversaient pour donner accès au château. Ce ne sont, d'ailleurs, partout que des substructions. Suivant la tradition, ce château aurait été détruit au vi⁴ siècle par saint Gildas, en punition des crimes du prince de Comorre, son possesseur, qui a servi de type au personnage de *Barbe-Bleue* (voir dans C. D. la légende du sire de Comorre). — Entre Kerfraval et Tallen, motte féodale haute de 9ᵐ,50, ayant 120 mètres de circonférence à la base et environ 55 mètres au sommet, bien fortifiée par une large douve et par sa position naturelle. On appelle ces ruines *Tourel-tal-len* (tour près de l'étang), et la tradition en fait une ancienne habitation de Templiers (C. D.). — Non loin des ruines du château de Comorre, la maison qu'occupe actuellement le maire de Camors présente des portes et des fenêtres à anse de panier; suivant la tradition, cette maison aurait été habitée par des moines rouges (Templiers). On voit tout auprès des restes de fourches patibulaires. — Dans la partie ouest de la forêt de Floranges, grosse pierre haute de 1ᵐ,30, dont le sommet, taillé en facette horizontale triangulaire, portait autrefois une plaque métallique aux armes du seigneur de Camors (C. D.). ‖ *Ép. moderne.* Dans l'église paroissiale, tombeau d'un comte de Lannion (1695).

LANDAUL. *Ép. romaine.* La voie romaine de Vannes à Hennebont traverse cette commune (C. D.). ‖ *Moyen âge.* Église paroissiale de Sainte-Marie-Magdeleine: restes de la construction primitive. Au sud, porte à plein cintre à trois retraites, dont une reposant sur des pieds droits, à simple chapiteau, et une autre sur des colonnettes cylindriques engagées, à chapiteau roman (oves et bâtons rompus). Le transept sud (le seul qui existe) est séparé de la nef par deux arcades à cintre brisé, portées aux deux extrémités sur de simples tailloirs et au milieu sur une courte colonne cylindrique aussi à simple tailloir. Large cube de pierre servant de bénitier, dont la coupe, creusée en quatrefeuille, est aujourd'hui déformée. — Une vieille pierre tumulaire, sculptée en relief, sert aujourd'hui de barrière à l'une des entrées du cimetière; on y distingue encore une croix cantonnée de portions de circonférences. Cette pierre a environ 1ᵐ,50 de long sur 0ᵐ,50 de large. — Chapelle de la Vierge (au bourg): grand et moyen appareil. Forme rectangulaire. Contre-forts adhérents, surmontés de pinacles à crochets, ornés de trilobes en fausse architecture. Crosses, figures et animaux aux rampants du toit. Animaux servant de gargouilles à la tour. Sur le pignon occidental, tour plus moderne que le reste du monument, carrée, en pierre, avec flèche de même. En outre, une tourelle cylindrique, communiquant avec l'intérieur de la nef, renferme un escalier qui aboutit lui-même à un autre escalier de pierre pratiqué sur le toit, au nord, et conduisant à la cloche. Portes à anse de panier, surmontées d'une accolade à crosses; celle du sud, à plusieurs retraites, est flanquée de pilastres auxquels des anges en prières servent de pinacles. Le chou de l'accolade est remplacé par deux anges qui tiennent un blason écartelé; au-dessus, on voit le Christ avec des traces d'inscription gothique en relief; à gauche, autre inscription de même où l'on distingue encore la date 145... Le portail ouest présente deux baies à anse de panier, à retraites, surmontées chacune d'une accolade à crosses et séparées par un trumeau au-devant duquel un pilier polyèdre, à chapiteau feuillé, était destiné à supporter une statuette. Un tympan, aujourd'hui bouché, sépare les accolades du sommet d'une arcade brisée, à plusieurs retraites, qui encadre le tout, et est surmonté lui-même d'une accolade à chou et crosses. Des rinceaux de vigne et de feuilles de chêne courent dans les retraites des anses de panier et de la grande arcade brisée; pilastres à pinacles aux côtés. Dimensions dans œuvre : 18 mètres sur 6 mètres environ. Lambris sur arceaux à clefs sculptées. Entraits à têtes de crocodiles. Sablières sculptées : animaux, figures, personnages dans des positions bizarres; anges tenant des blasons, dont un parti de trois fleurs de lis (France) et d'hermines plein (Bretagne). Fenêtres à cintre brisé; meneaux flamboyants. Celle du fond du chœur a été bouchée; à son sommet extérieur, deux anges tiennent un blason uni ou effacé. Fragments de vitraux à compartiments variés; personnages de 0$^m$,40 environ. Piscines à anse de panier et accolade accompagnées d'inscriptions gothiques en relief reproduisant des passages de la Bible en partie illisibles, à cause du badigeon qui les couvre. Banc de pierre à l'extérieur. On distingue des traces de peintures sous le badigeon. Restes de cadran solaire sur pierre. — Chapelle Saint-Mamert : à l'intérieur, cercueil de granit avec couvercle en dos d'âne; 2 mètres de longueur environ, 0$^m$,50 de largeur à la tête et 0$^m$,30 aux pieds. Ce cercueil, qui renferme quelques ossements, a été trouvé au pied du grand lec'h voisin, ci-dessous décrit. — Dans le cimetière de l'église paroissiale, lec'h de 1 mètre de hauteur, taillé en forme de pyramide tronquée, à quatre faces, dont chacune présente en creux une croix de forme différente. Cette pierre est connue dans le pays sous le nom de *Pierre main-lève.* — Autre lec'h bas, arrondi, à l'une des issues du cimetière. — Un autre, semblable au précédent, a été renversé pour servir de base à l'un des angles de la sacristie de l'église paroissiale. — A un coin de la chapelle Saint-Mamert, à Langonbras, lec'h bas, arrondi. — Auprès de la même chapelle, lec'h haut de 2 mètres environ, taillé à quatre faces, en forme de pyramide, et le sommet arrondi. Sur l'une des faces, on voit une croix ancrée et une inscription gravées en creux; quelques lettres de l'inscription manquent à droite, par suite d'une mutilation de la pierre.

LANDÉVANT. *Ép. romaine.* Débris romains autour du bourg (Catal.). La voie romaine de Vannes à Hennebont traverse cette commune (C. D.). || *Moyen âge.* Église paroissiale de Saint-Martin. Rebâtie entièrement

en 1834. On a conservé de l'ancienne église quelques sculptures d'animaux, qu'on voit aujourd'hui encastrées à l'extérieur du mur septentrional, et des fragments d'inscription en caractères gothiques, qui heureusement portent des dates, mais qu'on a placés sans nul ordre, et même en partie à l'envers, au-dessus de la porte méridionale. Quatre pierres ainsi conservées proviennent de deux inscriptions différentes et donnent les dates 1413 et 1422. On voit aussi trois tableaux assez remarquables de la primitive église. Une partie des anciennes sablières sculptées se trouve chez M. Couppé, aubergiste du bourg. Elles sont couvertes d'animaux fantastiques et de figures humaines; une banderole tenue par des anges porte, en caractères gothiques, une inscription qui apprend que le clocher fut achevé en 1512 par François Lorans. Toutes les sculptures, en bois ou en pierre, ont été lors de la démolition de l'église, vendues au détail, brûlées ou détruites. — Dans le cimetière, pierre abandonnée, chargée de sculptures fleuries et qui doit avoir appartenu à l'ancienne église, et lec'h de 1$^m$,40 environ hors de terre, portant en creux une croix pattée. — Chapelle de Locmaria : la construction de cette chapelle est attribuée dans le pays aux Templiers. — Restauration en 1638. Appareil mélangé. Forme de croix latine; chevet plat. Au transept sud, petite porte à cintre brisé simple, aujourd'hui bouchée. Dimensions dans œuvre : 24 mètres sur 6 environ. Chaque transept est séparé du carré par deux arcades en cintre brisé, à doubleau, formé par de gros tores reposant au milieu sur une courte colonnette cylindrique, à base simple, et chapiteau formé de plusieurs tores soutenant un tailloir chargé de figures grossières, et aux extrémités sur des colonnettes cylindriques engagées. Une arcade semblable, mais plus large, s'ouvre entre la nef et le carré. Enfin, le carré n'est séparé du chœur que par des colonnettes; l'arcade manque. Au sud, fenêtre à plein cintre, évasée à l'intérieur; au fond du chœur, grande fenêtre à cintre brisé et meneaux rayonnants. Restes de vitraux à cette dernière fenêtre; on y voit encore trois blasons : 1° d'hermines plein (Bretagne); 2° de sinople à trois aigles éployées d'or; 3° de gueules à la croix d'hermines, ancrée d'or (Kaer). Dans chaque transept, un autel carré, en pierre; celui du nord, flanqué aux deux arêtes antérieures d'une colonne cylindrique engagée avec une torsade au chapiteau. Piscine à trilobe, entourée d'un gros tore à cintre brisé et colonnettes. — Chapelle Saint-Nicolas : on y vient en pèlerinage, le troisième dimanche d'août, pour la guérison des douleurs. Forme rectangulaire, chevet plat. Têtes d'animaux sculptées au bas des rampants des pignons. Clocheton carré, en pierre, au-dessus de la porte occidentale. Dimensions dans œuvre : 10 mètres sur 5 mètres environ. Têtes de crocodiles aux extrémités des entraits.

Sablières ornées de quelques fleurs et d'une dentelure dans toute la longueur.

PLUVIGNER, *Ép. romaine*. Près de Mané-Gouif, restes de retranchement (*C. D.*). — Au sud de Kerbernard, retranchements avec hauts parapets (*ibid.*). — A 250 mètres environ de Kerbernard, sur le bord est de la route de Baud à Pluvigner, retranchement elliptique (*ibid.*). — Près de Kerchero est un retranchement circulaire appelé *Tourel-Kercheren* (*ibid.*). — Près de Kervic, retranchement ruiné (*ibid.*). — Au nord-ouest de la lande de Kerrec, retranchement appelé *Tourel-Lavadec* (*ibid.*). — Au nord du Moustoir, retranchement circulaire (*ibid.*). ‖ *Moyen âge*. Église paroissiale de Saint-Guignier : restaurée à différentes époques, elle offre cependant quelques restes de la construction primitive. Grand et moyen appareil; chevet plat. Crosses aux rampants du toit. Larmier avec figures et animaux sculptés. Au nord, porte à cintre légèrement brisé, à plusieurs retraites, surmontée d'une accolade à chou et crosses; pilastres à pinacles aux côtés. Entraits à têtes de crocodiles. Fleurons sur les sablières; celle du nord de la nef porte en relief une inscription gothique qui donne la date 1545. Fenêtres à cintre brisé, à retraites et colonnettes. Cadran solaire gravé sur le mur. — A quelque distance du bourg, fontaine de Saint-Guignier, à cintre brisé, avec des traces de blason et d'inscription gothique en relief sur des pierres, sans doute rapportées, car la fontaine actuelle ne paraît pas remonter au delà du XVII<sup>e</sup> siècle. — Dans la bibliothèque de la fabrique se trouve une Bible in-f°, sortie des ateliers de Robert Estienne, 1540, avec gravures sur bois. — Chapelle Notre-Dame des Orties (au bourg) : ancienne église paroissiale; elle touche l'église actuelle et communique avec elle par la sacristie. Plusieurs époques de construction. Suivant la tradition, il y aurait eu non loin de cette chapelle un couvent de Templiers. Grand et moyen appareil; signes d'appareillage. Petit appareil aux transepts. Croix latine; transepts peu profonds et plus anciens que le reste du monument. Chevet plat. Contre-forts peu saillants aux transepts. Animaux et figures humaines au bas des rampants du toit; au pignon sont les blasons ci-dessous décrits. Portes à cintre brisé, à plusieurs retraites, avec colonnettes à base simple et chapiteau feuillé, surmontées d'une accolade à chou et crosses avec pilastres à pinacles aux côtés. Dimensions dans œuvre : 80 mètres sur 10 environ; mais ce n'est pas la longueur primitive, la nef ayant été coupée à l'ouest par la route. La nef est séparée du carré du transept par trois arcades, une grande et deux petites, à cintre brisé avec doubleau, portées sur des piliers polygonaux, flanqués de colonnettes cylindriques engagées, à chapiteau simple. Des arcades semblables séparent les deux transepts du carré. De chaque côté du chœur,

deux arcades plein cintre, aujourd'hui bouchées, sont portées sur des colonnes cylindriques, à l'une desquelles on distingue encore un chapiteau à figure humaine. Lambris sur arceaux à clefs pendantes. Entraits à têtes de crocodiles. Sablières sculptées (fleurons, figures plus ou moins grimaçantes). Au nord du chœur, inscription gothique en relief donnant la date 1426. Traces d'inscription à la sablière nord de la nef. Fenêtres à cintre brisé, à retraites; meneaux flamboyants. Celle du fond du chœur, aujourd'hui bouchée, très-haute; dimensions de 1 à 3 environ. Aux transepts, fenêtres géminées, à simple trilobe. Piscine à trilobe surmontée d'une accolade avec chou et crosses; pilastres à pinacles aux côtés. Bénitier carré creusé en quatre-feuille; support carré, massif, très-bas. Culs-de-lampe et porte-à-faux sculptés; figures; feuillage; blason semé d'hermines (qui est Bretagne) au chef, chargé de deux coquilles. Les arcades présentent des blasons peints, dont un au lion rampant. Traces d'inscription peinte à l'arcade du transept sud. Cadran solaire. — Chapelle Notre-Dame de la Miséricorde : grand et moyen appareil. Croix latine à un seul bras; au nord, tellement rapproché du fond du chœur que le plan général est presque celui d'un gamma grec retourné. Contre-forts simples, inachevés. Crosses aux rampants du toit. Larmier sur lequel on remarque, au-dessus d'une des portes du sud, deux figures grossièrement sculptées. Sur le portail occidental, clocheton carré surmonté d'une flèche, en pierre. Portes à plein cintre. Dimensions dans œuvre : 18 mètres sur 7 environ. Entraits à têtes de crocodiles. Sablières grossièrement sculptées (figures, animaux, fleurons, rinceaux); celle du nord porte sur banderole une inscription qui indique que la chapelle fut commencée en 1600 et boisée en 1603. Fenêtres à cintre brisé; celle du fond du chœur est aujourd'hui bouchée. La tribune actuelle semble avoir été construite avec les débris d'un jubé; on y voit les douze apôtres sculptés, et sur les *fragments* de chancel qui la supportent, des lambeaux d'inscriptions, entre autres la date 1623. Banc de pierre extérieur, au sud et à l'est. Cadran solaire gravé sur pierre avec la date 1600. — Chapelle Saint-Fiacre : restaurée en 1640. Croix latine à un seul bras, au sud. Clocheton carré, en pierre, sur le pignon du transept. Portes à plein cintre et à cintre brisé. Dimensions dans œuvre : 18 mètres sur 6 environ. Le bras du transept est relié à la nef par deux arcades à cintre plein ou légèrement brisé, à plusieurs retraites, formées par de gros tores; portées aux deux extrémités sur des colonnettes cylindriques engagées, à chapiteau simple, et au milieu sur un faisceau de quatre colonnettes de même, ayant pour chapiteau commun un simple tailloir autour duquel on lit, en caractères gothiques, en relief, une inscription donnant la date 1453. Fenêtres à cintre brisé; meneaux flamboyants; celle du fond du chœur est aujourd'hui bouchée. Une petite fenêtre, très-étroite, a été de même bouchée dans le pignon occidental. Dans le transept, rétable en bois, remarquable par ses sculptures, d'ornementation flamboyante; dais au-dessus des personnages; ce rétable est en plusieurs morceaux. Banc de pierre à l'extérieur du transept. — Chapelle Saint-Mériadec : restes d'une ancienne construction. Moyen et petit appareil. Portes à anse de panier. Au-dessus du portail occidental, traces de blason avec support. Dimensions dans œuvre : 15 mètres sur 5 environ. Entraits à têtes de crocodiles. Sablières sculptées : figures, animaux fantastiques, personnages dans différentes positions, blason à un quadrupède allumé, colleté, couronné et armé de gueules. La sablière du nord porte sur une banderole une inscription gothique en relief contenant, avec la date de 1549, le nom de Bertrand de Broel, abbé de Lanvaux. Litre unie sur la longère du nord, à l'extérieur. — Chapelle Saint-Michel : construction en petits moellons. Forme rectangulaire. La nef est séparée du chœur par une arcade à plein cintre surbaissé, portée sur des piliers carrés, à simple tailloir. Fenêtres étroites et hautes; dimensions de 1 à 3 et 3 1/2 environ, évasées à l'intérieur, à plein cintre et à trilobe. — Chapelle Saint-Bieuzy. Dans le cimetière qui touche la chapelle, croix de pierre à pied polyèdre, dont le sommet carré représente d'un côté le Christ, de l'autre la Vierge tenant l'Enfant-Jésus, à côté de Saint-Jean-Baptiste, le tout surmonté d'un pignon à crochets, percé en trilobe; le chapiteau qui couronne le pied est orné de denticules. — À la porte de la mairie, lec'h renversé, de 1 mètre de longueur environ; suivant la tradition, cette pierre était autrefois sur la place *Main-Lève*, et, devant elle, le bailli faisait *lever la main* et jurer fidélité au seigneur. — Dans l'ancien cimetière, près de l'église paroissiale, lec'h, aujourd'hui renversé et brisé, de 1<sup>m</sup>,90 de long. — Au coin du même cimetière, lec'h de 1<sup>m</sup>,10 environ hors de terre, présentant une croix pattée, gravée en creux. — Non loin de là, d'autres lec'hs bas et arrondis, debout ou renversés. — Près de la chapelle Saint-Bieuzy, dans le cimetière, lec'h bas, arrondi. — Près de Coët-Magouer, motte féodale appelée *En dourel* (C. D.). — Près de Castellec, fortification (*ibid.*). — À Coh-Castel (Vieux-Castel), ruines d'un château féodal (*ibid.*).

### CANTON DE PONTSCORFF.

(Chef-lieu : PONTSCORFF.)

**CAUDAN.** *Moyen âge.* Chapelle Notre-Dame de Trescoët : deux époques de construction. Grand et moyen appareil aux transepts et au chœur; appareil mélangé à la nef. Forme de *tau* grec. Le chœur et les transepts sont plus élevés que la nef. Au transept méridional,

porte à cintre brisé à deux tores. Au sud de la nef, porte à accolade du xvii<sup>e</sup> siècle. Dimensions dans œuvre : 18 mètres sur 4<sup>m</sup>,50 environ. Le carré du transept est séparé de la nef et des bras, par de grandes arcades plein cintre à plusieurs retraites en tores portés sur des colonnettes cylindriques engagées à chapiteau simple. Au sud de la nef, petite fenêtre à plein cintre, évasée à l'intérieur. Au chœur et aux transepts, fenêtres brisées à meneaux rayonnants; celle du fond du chœur, très-belle, est en partie bouchée. Fragments de vitraux à cette dernière fenêtre. Piscines à cintre brisé et trilobe. On voit en plusieurs points, à l'extérieur, un blason sculpté à un lion rampant (Du Pou). Un banc de pierre est à l'intérieur. — Chapelle Notre-Dame de Vérité. On amène les enfants en pèlerinage à cette chapelle, pour les guérir de la fièvre. Grand et moyen appareil. Forme rectangulaire, un bas-côté au nord. Contre-forts adhérents, dont les pinacles ont été brisés. Crosses et animaux aux rampants du toit. Clocheton carré en pierre au-dessus du portail occidental. Au sud, porte à anse de panier surmontée d'une accolade à chou et crosses, avec pinacles aux côtés. À celle de l'ouest, l'accolade est remplacée par un fronton triangulaire. Dimensions dans œuvre : 15 mètres sur 10 environ, y compris le bas-côté. Quatre travées d'architecture. La nef est séparée du bas-côté par de grandes arcades brisées à retraites reposant par pénétration sur des colonnes cylindriques à base simple. Fenêtres à cintre brisé, à meneaux flamboyants. Celle du fond du chœur, très-grande, est en partie bouchée. Piscines et bénitier à accolade. Un jubé en bois sculpté, où l'on voit en relief les statues des apôtres, sert aujourd'hui de tribune. Anciens petits tableaux du chemin de la croix, sculptés en pierre. Banc de pierre à l'extérieur. — Chapelle Saint-Yves. Cette chapelle passe pour avoir appartenu aux Templiers. Partie en appareil mélangé, partie en grand et moyen appareil. Forme de *tau* grec. Clocheton carré en pierre sur le portail ouest. Portes à cintre brisé avec ou sans retraites. Dimensions dans œuvre : 18 mètres sur 6 environ. Les transepts sont séparés du chœur par de larges arcades à cintre brisé à plusieurs retraites, portées par pénétration d'un côté sur la muraille, de l'autre sur des colonnes cylindriques engagées à base en simple tore. Les extrados des arcades sont inachevés; sur celle du sud, on voit deux blasons sculptés dont un seul lisible (à cause du badigeon qui couvre l'autre) : à dix besants ou tourteaux 4, 3, 2, 1. Fenêtres à cintre brisé. Celle du fond du chœur a conservé ses meneaux flamboyants. Dans le transept nord, oculus circulaire avec meneaux formant une rose à six feuilles. Piscines à cintre brisé et trilobe. Bancs de pierre à l'intérieur. — Chapelle Saint-Guénaël. Restes d'une très-ancienne construction. Appareil mélangé. Forme rectangulaire; chevet plat. Clocheton

Morbihan.

4

carré en pierre, sur le portail ouest. A l'ouest, porte à cintre brisé simple. Dimensions dans œuvre : 15 mètres sur 4$^m$,50 environ. Petites fenêtres à plein cintre, très-étroites et très-évasées à l'intérieur. Au fond du chœur, fenêtre à cintre brisé et meneaux flamboyants. — Près de la chapelle de Locunel, lec'h bas, arrondi. C'est à cette pierre, suivant la tradition du pays, que saint Guénaël venait prier. — Près de la chapelle Saint-Guénaël, lec'h bas, arrondi, qu'on a fait entrer dans la construction d'une des maisons du village.

CLÉGUER. *Moyen âge*. Église paroissiale de Saint-Géran : restes d'une ancienne construction. Au sud, porte à cintre brisé, à retraites en tores. Cinq travées d'architecture. La nef est séparée des bas-côtés par des arcades plein cintre, dont une à doubleau, portées sur des piliers carrés à simple tailloir; les dernières arcades à l'est sont à cintre brisé à doubleau et retombent sur des colonnes cylindriques à base et à chapiteau simples. — Chapelle Notre-Dame de Bonne-Nouvelle. Deux époques de construction : aux pignons est et ouest, moyen et petit appareil; appareil mélangé pour le reste. Forme rectangulaire. Chevet plat. Les contre-forts du portail occidental sont très-élevés. Le larmier du sud porte un blason au milieu d'une inscription gothique; traces d'inscription aussi sur le larmier du nord. Petit clocheton carré en pierre au-dessus du portail occidental; une inscription indique une restauration postérieure. Au sud, porte à cintre légèrement brisé, à plusieurs retraites formées par des tores retombant sur des colonnettes à chapiteaux feuillés. A l'ouest, autre porte à cintre brisé. Dimensions dans œuvre : 16 mètres sur 5 environ. Fenêtre du fond du chœur à cintre brisé, aujourd'hui bouchée. Au sud, fenêtre haute et étroite, à plein cintre, très-évasée à l'intérieur; dimensions de 1 à 4 environ (roman). Dans un coin de la chapelle, on a déposé une statue de pierre, haute de plus de 2 mètres; elle couvrait, suivant la tradition, une tombe dans la chapelle des chevaliers de Saint-Jean, à Pontscorff: elle représente une femme, les mains jointes, la tête posée sur un coussin et entourée d'une sorte de bandeau qui lui descend sur les épaules; une aumônière est suspendue à sa ceinture. Cadran solaire sur le clocheton.

GESTEL. *Moyen âge*. Chapelle Notre-Dame de Kergornet. Les nourrices viennent en pèlerinage à cette chapelle le 1$^{er}$ mai pour demander la grâce d'avoir du lait et de le conserver (voir le docteur Fouquet, *Légendes du Morbihan*). Grand et moyen appareil. Forme de croix latine; chevet plat. Chou, crosses et animaux ou personnages aux rampants du toit. Au nord, porche carré voûté en pierre sur une croisée d'ogives dont les extrémités sont soutenues par des figures en guise de porte-à-faux. Banc de pierre de chaque côté. Au transept sud, porte à cintre brisé, à retraites et colonnettes simples. Le porche communique avec la nef par une porte à cintre brisé à plusieurs retraites et colonnettes à chapiteaux feuillés, surmontée d'une accolade à chou et crosses; pinacles aux côtés; au-dessus, trois culs-de-lampe supportent de vieilles statues de bois : l'un des culs-de-lampe est sculpté en figure dont la bouche laisse échapper des rinceaux; une autre représente une grosse tête grimaçante avec des doigts qui en dilatent démesurément la bouche, les narines et les yeux; communication avec l'extérieur par un cintre brisé, à plusieurs retraites et colonnettes, surmonté d'une accolade et de deux animaux présentant chacun un blason, l'un à 2 bandes de vair (Du Vergier), l'autre à 2 barres de vair (sans doute le même que le précédent, retourné par fantaisie). Dimensions dans œuvre : 5 mètres de largeur environ. La nef a été agrandie dans sa longueur. Une seule petite colonnette à base et chapiteau simples, au transept sud. Lambris sur arceaux à clefs pendantes. Les entraits à têtes de crocodiles ont été coupés. Sablières grossièrement sculptées (fleurons, figures, animaux); celle du nord du chœur porte une inscription gothique en relief effacée en partie, fixant la date de la boiserie à l'année 1464. Fenêtres à cintre brisé, meneaux flamboyants; celle du fond du chœur a été bouchée en partie. Restes de vitraux à compartiments variés; personnages de 0$^m$,40 environ; édifices à ornementation flamboyante. A la fenêtre du transept nord, blasons : 1° de gueules à 2 bandes vairées d'argent et d'azur (Du Vergier); 2° d'argent à un croissant de gueules en pointe. Piscine à trilobe et accolade. Bénitier à anse de panier et accolade. — Près de la chapelle Notre-Dame de Kergornet, un lec'h arrondi a été creusé à son sommet pour servir de bénitier; un autre porte une croix pattée gravée en creux. Tous deux sont aujourd'hui renversés. Un troisième a été employé dans la base d'un mur voisin.

GUIDEL. *Ép. celtique*. Près de la chapelle Saint-Fiacre, menhir haut de 5 mètres que le diable aurait planté lui-même (C. D.). — Près du moulin de la Saudraie, menhir de 5 mètres fort large (*Guide* du docteur Fouquet). — A 300 mètres nord-est du bourg, dans un champ nommé *Parc-Menhir*, menhir haut de 4$^m$,50 environ (Catal.). — Au Palméro, dolmen près duquel les poulpiquets vont danser leurs rondes de nuit, à ce que disent les paysans (C. D.). — A Cautus, petit dolmen (*Guide*, etc.). — Près de Kerhouard, dolmen (Catal.). ‖ *Ép. romaine*. A Kerbastic, débris romains (*ibid.*). ‖ *Moyen âge*. Sur le bord de la route de Guidel à Saint-Maurice de Carnoët, à l'emplacement d'une ancienne croix, lec'h bas, arrondi. — A l'ouest de Saint-Michel, vis-à-vis de Saint-Maurice, butte féodale (*Guide* du docteur Fouquet).

PONTSCORFF. *Moyen âge*. Église paroissiale de Saint-Aubin, en Lesbins. Restes d'une église de 1610. Réparations en 1747. Porche au sud. Au chœur, arcades à cintre brisé, portées sur des colonnes cylindriques à chapiteau simple. Fenêtres à cintre brisé. M. le curé faisant restaurer la sacristie, en 1855, découvrit du côté du transept méridional une fenêtre géminée à cintre brisé, à trilobes, seule trace d'une ancienne construction. — Dans le cimetière, belle pierre tumulaire, longue de 2 mètres et large de 1 mètre environ, présentant à la bordure une inscription gravée en creux en capitales romaines : c'est la tombe de messire Jean Pezron, sieur de Pénelan, mort en 1557. — Au bourg, dans la rue du *Temple*, restes de l'ancienne chapelle Saint-Jean, qui a été vendue à la Révolution comme bien national et fait aujourd'hui partie de la brasserie de M. Bois. Cette chapelle appartenait aux chevaliers de Saint-Jean de Jérusalem, qui avaient un hôpital à Pontscorff. Forme rectangulaire; deux bas-côtés. Il y avait autrefois, sur le côté septentrional, un grand portail avec un porche. Trois travées d'architecture. Colonnes cylindriques (dont on n'aperçoit plus les bases, le dallage ayant été exhaussé pour le service de la brasserie) recevant par pénétration des arcades à plein cintre à deux retraites. A l'une des extrémités, l'arcade repose sur une colonnette engagée à petit chapiteau formé de moulures simples. Sculptures mutilées sur les sablières; on reconnaît encore des animaux et des personnages couchés horizontalement, tenant entre eux un blason uni, des rinceaux de feuilles de vigne, etc. Il reste à l'est, pour éclairer la nef et les bas-côtés, de larges fenêtres à plein cintre. || *Moyen âge et ép. moderne.* A une maison de la place, colonne cylindrique surmontée de grosses figures humaines en guise de chapiteau. — Tout auprès, maison du xvii<sup>e</sup> siècle, en pierre, avec larmier et denticules; belles fenêtres carrées à pilastres ornés, surmontées de frontons triangulaires ou en demi-cercles; inscriptions en capitales romaines.

QUÉVEN. *Ép. celtique.* Près de Kerdehoret, menhir de 5 mètres de haut environ sur 2 mètres de large à sa base (O. Note de M. Marteville). — Au Manne-guen est un dolmen bouleversé (Catal.). — Près de Kerhor, découverte, en 1822, de vases en terre contenant des cendres et de coins en cuivre dont chacun renfermait un petit lingot de plomb, le tout symétriquement disposé sous un énorme bloc de granit. (Arch. de la Société; note de M. Ch. de Fréminville.) || *Moyen âge.* Chapelle Saint-Éloi (au bourg). En grande partie restaurée à une époque moderne. Forme de croix latine; chevet plat. Au transept sud, porte à cintre brisé avec tore et colonnettes simples. Une porte semblable, symétrique avec la première, a été bouchée au transept nord. Au carré du transept, arcades plein cintre avec doubleau et retraites, portées sur des colonnettes cylindriques engagées, à base et chapiteau simples. Fenêtres à cintre brisé; meneaux à trilobes et quatrefeuilles seulement (rare); au transept sud, sont deux oculus circulaires

percés de baies rayonnantes à 4 ou à 6 feuilles. Piscine et bénitier à trilobe. A l'extérieur du transept sud, mascarons et petite sculpture en trilobes et quatrefeuille. Les ondulations du terrain clos qui entoure la chapelle semblent annoncer qu'il y a eu là autrefois un cimetière. Un puits qui avoisine l'église paroissiale présente quelques pierres encastrées qui portent des fragments d'inscriptions gothiques en relief; ces inscriptions pourraient provenir de la chapelle Saint-Éloi. — Chapelle de la Trinité. Moyen et petit appareil. Croix latine; deux bas-côtés. Animaux et personnages sculptés au bas des rampants du toit. Clocher et flèche en pierre, de 1771, au-dessus du portail occidental, qui est de la même époque. Dimensions dans œuvre : 21 mètres sur 12 environ. Quatre travées d'architecture jusqu'au chœur. Piliers cylindriques à base simple, peu élevée, supportant par pénétration des arcades à cintre brisé très-ouvert, à plusieurs retraites; l'une des arcades est à plein cintre. Lambris à clefs pendantes. Têtes de crocodiles aux extrémités des entraits. Les sablières sculptées offrent des blasons unis, des têtes grimaçantes, des animaux dont plusieurs tenant une banderole. Au fond du chœur, fenêtre à cintre brisé et meneaux flamboyants. Plusieurs statues de saints en pierre. Deux cadrans solaires. — Chapelle Notre-Dame de la Rosée ou Saint-Nicodème. Restaurée au xviii<sup>e</sup> siècle. Forme rectangulaire. Portes à anse de panier, avec pilastres; au-dessus de celle du sud, date de 1578. Fenêtres à cintre brisé; meneaux flamboyants. — Sur le bord de la route de Lorient à Quimperlé croix Morion, ancienne, à bras pattés, haute de 1<sup>m</sup>,50 environ. || *Ép. moderne.* Église paroissiale de Saint-Pierre et Saint-Paul : dans le cimetière, croix prismatique en pierre, à deux traverses chargées de statuettes figurant le Christ, la Vierge, les apôtres, etc. en tout, seize personnages adossés deux à deux. Sur une des faces du pied on lit ces mots, gravés en capitales romaines : I MARIA.

## CANTON DU PORT-LOUIS.
### (Chef-lieu : Le Port-Louis.)

GROIX. *Ép. celtique.* A Saint-Sauveur, menhir haut de 6 mètres, renflé à son milieu (C. D.). — Au sud-ouest du moulin de Kergatouarn, menhir renversé, de 5 mètres de longueur, renflé pareillement à son milieu (*ibid.*). — A l'est de Kerloret, autre menhir renversé, de 5 mètres de longueur (*ibid.*). — A l'est de Kermarec, menhir renversé, de 5 mètres de longueur (*ibid.*). — A l'est de Quelhuit, menhir renversé et enfoui en partie (*ibid.*). — A 200 mètres environ au nord du bourg, dans le vallon de Stampédel, dolmen dont la table a 3<sup>m</sup>,80 dans sa plus grande longueur (*ibid.*). — A l'est du Mené, près du Port-Mélite, roche-aux-fées de 5 mètres de longueur sur 2 mètres de largeur environ, formée de treize pierres verticales entièrement recouvertes par deux tables (C. D.). — Restes d'une autre roche-aux-fées au sud-est de la précédente (*ibid.*). — Autres débris de grottes-aux-fées au sud-est du village de Locmaria, au sud-est du village de Kerlard, au nord-ouest du Moustéro, à l'ouest de Kermario et au sud-ouest de Kerloret (*ibid.*). — Au sud de Kervédan, tumulus de trente pas de circonférence à la base et de 1<sup>m</sup>,50 d'élévation, surmonté d'un menhir haut de 1<sup>m</sup>,20 environ (*ibid.*). — A l'ouest du Moustéro, tumulus haut de 4 mètres environ, et dont la base a soixante et quinze pas de circonférence; il semble avoir été fouillé (*ibid.*). ‖ *Ép. romaine.* Au sud-ouest de Kervédan, restes de fortifications appelées tantôt *Fort de Kervédan*, tantôt *Camp des Romains.* Leur origine est encore douteuse (*ibid.*).

KERVIGNAC. *Ép. celtique.* Près de la route d'Hennebont à Landévant, à une lieue d'Hennebont environ, beau dolmen, à chambre circulaire, sans allée. — A Lopriac, dolmen ruiné (C. D.). — Près de l'ancien manoir de Kermadio, dolmen ruiné, sous lequel on a trouvé une urne en terre rougeâtre, grossièrement ciselée, d'environ 8 pouces de hauteur : elle était remplie de cendres; on y trouva encore deux petits vases oblongs, en terre grise; ils avaient 4 pouces de longueur, 2 de largeur et 1 de hauteur (*ibid.*). ‖ *Ép. romaine.* On a découvert dans le bois de Kerballay des briques romaines et des fragments de poterie (*ibid.*). ‖ *Moyen âge.* Chapelle Notre-Dame (au bourg) : grand et moyen appareil. Croix latine; chevet plat. Contre-forts adhérents, à pinacles croisés ; ceux de la porte occidentale sont chargés de sculptures gothiques et Renaissance réunies. Chou et crosses aux rampants du toit. Larmier sculpté en partie, au sud, de petites têtes au-dessous desquelles on voit une sorte de scie ou de dentelure en relief. Gargouilles en pierre, à la tour. A l'ouest, tour carrée en pierre, flanquée de quatre énormes contre-forts et surmontée d'une flèche en pierre reconstruite récemment (l'ancienne a été abattue par la foudre en 1833); entre la tour et la flèche, galerie sculptée à jour en quatrefeuilles. Deux tourelles polygonales s'élèvent une de chaque côté de la tour; l'une d'elles contient un escalier de pierre qui conduit aux cloches. Sur la tour, lignes d'ornementation en denticules. A l'ouest, porche carré, communiquant avec l'extérieur par une baie à plusieurs retraites et avec l'intérieur par une porte à cintre brisé, aussi à plusieurs retraites, dont la dernière est surmontée d'une accolade à chou et crochets. Niches carrées de la Renaissance, de chaque côté du porche. Portes des transepts à anse de panier à retraites, surmontée d'une accolade à chou et crosses, avec pilastres à pinacles aux côtés. Porte occidentale très-haute à plein cintre, à plusieurs retraites, dont la première, à l'intérieur, est sculptée en dentelures de

mauvais goût, et la supérieure, en crosses; de chaque côté, piliers élevés simulant des faisceaux de colonnettes et réunis au sommet par une sorte d'arc ou de fronton triangulaire chargé de petits traits horizontaux en guise de sculptures. On voit encore au sommet de cette porte un chevalier en ronde bosse, tout armé et en pied; au-dessus de sa tête est un blason à trois coquilles dans un collier d'ordre (Lopriac). Sur le tympan, quatre niches carrées, puis un Christ, la Vierge et plusieurs saints, le tout également en ronde bosse; le pied de la croix est couvert, comme l'arc dont nous avons parlé plus haut, de stries horizontales. Tout ce portail est d'un goût déplorable. Dimensions dans œuvre : 22 mètres sur 7 environ. Les transepts sont séparés du chœur par des arcades à cintre brisé, à plusieurs retraites, pénétrant des piliers polygonaux à base simple. Lambris sur arceaux à clefs pendantes. Têtes de crocodiles aux extrémités des entraits; et en leur milieu, petits ornements, entre autres, une croix pattée. Sculptures grossières sur les sablières, représentant des figures humaines, des animaux, des têtes, de la bouche desquelles s'échappent des rinceaux, des blasons unis, dont quelques-uns ont la forme allemande, des animaux fantastiques, de la vigne; sur les sablières du chœur, banderoles chargées d'inscriptions gothiques en relief, en lettres très-hautes et toutes contournées; date au nord : 1562. Sur la sablière du transept sud, blason parti. Fenêtres à cintre brisé et meneaux flamboyants. Au fond du chœur, fenêtre aujourd'hui bouchée, très-large, avec colonnettes à l'extérieur, meneaux en forme d'arcs plein cintre, superposés en grand nombre les uns aux autres. Piscines à anse de paniers et accolade. Bénitier à accolade. Culs-de-lampe sculptés en fleurs ou personnages. Au-dessus de la porte du transept nord, à l'extérieur, niche de la Renaissance. A celle du transept sud, blason mutilé, au chef chargé de trois coquilles, dans un collier d'ordre (voir ci-dessus). A l'extérieur, au sud, au-dessus de la porte du chœur, inscription gothique en relief indiquant que la chapelle a été commencée en 1553. — Chapelle Saint-Laurent : cette chapelle passe pour avoir appartenu aux Templiers. On y vient en pèlerinage demander la guérison des difformités du corps. Appareil irrégulier. Croix latine; chevet plat; figures humaines grossièrement sculptées au bas des rampants du toit. Clocheton carré, en pierre, au-dessus de la porte occidentale. Portes à cintre brisé. Dimensions dans œuvre : 21 mètres sur 5 environ. Fenêtres à cintre brisé et meneaux rayonnants. Quelques fragments de vitraux. — Chapelle Notre-Dame-de-la-Clarté ou de Locadour (Saint-Amadour) : deux époques de construction. Grand et moyen appareil. Appareil mélangé au transept. Forme de *gamma* grec retourné, avec une petite sacristie polygonale à l'aisselle de la nef et du bras. Contre-forts inachevés; crosses et animaux ou personnages aux rampants du toit. Animaux servant de gargouilles à la tour. Sur le portail occidental, clocheton carré en pierre, à baies en anse de panier et accolade, flanqué de quatre pinacles à crochets. Un escalier de pierre, sur le toit au nord, conduit à la cloche. Porte méridionale à anse de panier, avec traces de blason au-dessus; porte occidentale à anse de panier à plusieurs retraites surmontées d'une accolade à chou et crosses; pilastres à pinacles aux côtés. Porte à plein cintre au transept. Dimensions dans œuvre : 18 mètres sur 6 pour la nef; 9 mètres de profondeur sur 4$^m$,50 de largeur pour le transept. Celui-ci est séparé du chœur par une large arcade à cintre plein ou légèrement brisé, à retraites, portée, par pénétration, sur des colonnes cylindriques engagées. Fenêtres à cintre brisé; celle du fond du chœur, aujourd'hui bouchée, présente encore des meneaux rayonnants. Banc de pierre à l'intérieur. — Chapelle de Lojean (*Locus Johannis*) : portes à cintre brisé simple. Fenêtre du fond du chœur géminée; les deux baies à plein cintre et trilobe, très-étroites et très-évasées à l'intérieur; dimensions de 1 à 4 environ. Fragments de vitraux. — Dans le cimetière de l'église paroissiale, pierre peu élevée, arrondie et creusée à son sommet, taillée sur ses flancs de manière à présenter quatre faces à arêtes adoucies. — A la chapelle Saint-Laurent, tout auprès de la porte occidentale, à gauche, deux pierres peu élevées, arrondies et amincies régulièrement à leur sommet (voir la pierre de Saint-Cado, commune de Nostang). — Près de la chapelle de Locadour, au coin d'une maison du village, lec'h bas, arrondi. — Dans le bois de Coëtmado, autrefois Coëtmadeuc, motte féodale de 120 mètres de circonférence environ à la base, soit 40 mètres de diamètre. On y rencontre une grande quantité de pierres, simples moellons. Une douve très-profonde l'entoure de toutes parts. Ce lieu s'appelle encore aujourd'hui *Ercastel*. M. Lecorre, secrétaire de la mairie, y a trouvé récemment, sous une légère couche de terre, une pierre taillée en forme de parallélipipède, qui semble avoir servi de console à une maison du XVII$^e$ siècle; sur le devant de cette console est un petit personnage sculpté en relief jusqu'à mi-corps, en guise de modillon; sur une des faces latérales sont gravées quelques capitales romaines. — De nombreuses monnaies baronnales furent trouvées à Kervignac, il y a quelques années (Bull. de l'Ass. br.); plusieurs petites monnaies en argent, de saint Louis, d'autres du duc de Bretagne Conan II et d'Étienne, comte de Guingamp (C. D.).

**MERLÉVÉNEZ.** *Ép. romaine.* Restes de constructions gallo-romaines à Portanguen. ‖ *Moyen âge.* Église paroissiale de Notre-Dame de Joie : construction attribuée aux Templiers; grand et moyen appareil; granit très-friable, avec quelques parties romanes en simples moellons. Forme de croix latine, deux bas-côtés; chevet plat.

Contre-forts simples, adhérents, peu saillants; quelques-uns, en outre, très-élevés (romans). Toit très-aigu. Gargouilles en pierre à la tour seulement, en forme de têtes d'animaux. Tour octogonale en pierre sur le carré du transept, à baies géminées, hautes et étroites, terminées en trilobes; ces baies sont alternativement aveugles et ouvertes. La tour est surmontée d'une flèche octogonale, aussi en pierre, avec des semblants de baies, colonnettes détachées et-grêles, supportant un fronton triangulaire avec trilobe et trèfle à jour; une balustrade en quatrefeuilles, à jour, couronne la tour au pied de la flèche. A la tour est accolée une petite tourelle cylindrique, renfermant l'escalier en pierre. D'après Cayot-Délandre, la tour primitive étant tombée, celle que nous voyons aujourd'hui aurait été construite en 1533. Porte occidentale à anse de panier, surmontée de plusieurs arcades massives, à cintre brisé, et formant quatre retraites, sans autre ornement qu'un simple tailloir. La retraite supérieure, seule, est ornée d'une ligne de quatrefeuilles et repose sur des pilastres à chapiteaux romans ornés de feuillage. Au sud, porte à plein cintre, surmontée de quatre arcades en retraite, un peu brisées, portées sur des pilastres à tailloirs avec figures humaines grossières, en guise de chapiteaux; l'une des arcades est endentée. Le tout est surmonté d'une rangée de figures qui se présentent d'une manière plus ou moins bizarre; figures aussi aux côtés. Autre porte à plein cintre, ornée de deux gros tores simples, reposant sur de courtes colonnettes cylindriques engagées à chapiteaux feuillés. Dimensions dans œuvre : 38 mètres sur 12 environ. Six travées jusqu'au chœur. Arcades très-élevées à cintre brisé, supportées par des piliers flanqués de colonnettes cylindriques engagées à chapiteaux romans noyés dans le badigeon (feuillages, animaux, personnages dans des positions grotesques); l'un de ces chapiteaux représente le martyre de saint Laurent. Les bases des piliers sont un peu élevées et sans ornement; l'une d'elles, seulement, présente une patte aux quatre coins. Les colonnettes qui donnent sur l'intérieur de la nef sont plus élevées que les autres, et même que les arcades; au transept sud, arcades plein cintre en fausse architecture, portées sur des colonnettes cylindriques engagées, à figures humaines grossières, en guise de chapiteaux. Au chœur, lambris sur arceaux. Le carré du transept est voûté en pierre sur arcs ogives, avec des pendentifs aux quatre coins. Aux extrémités des arceaux qui supportent le lambris du chœur, on voit des blasons : un à trois hermines (Bretagne); un à trois fleurs de lis (France); un à sept mâcles 3, 3, 1; un à dix billettes, 4, 3, 2, 1 (de Kermadio); un à trois besants ou tourteaux; un à trois croissants; un vairé. La plupart de ces blasons sont plusieurs fois répétés. Sur une des sablières du chœur, on lit, en caractères gothiques en relief, la date de la charpente : 1410. Têtes de crocodiles aux entraits du chœur; écussons armoriés au milieu : l'un d'eux, écartelé aux 1 et 4 losangé; aux 2 et 3, à la croix engrêlée d'argent. Fenêtres romanes, longues, étroites, à plein cintre; évasées à l'intérieur. Au transept et au chœur, fenêtres à cintre brisé, meneaux rayonnants et flamboyants mélangés; celle du fond du chœur, fort grande, est aujourd'hui bouchée. A l'extérieur, sur le mur des bas-côtés, et correspondant aux piliers de l'intérieur, portions de colonnettes demi-cylindriques, sans base ni chapiteau, soutenues seulement par de grosses figures grimaçantes. Cadran solaire. — Tout auprès de l'église paroissiale, au chevet, on voit, dans le chemin, des fondations qui passent pour être celles d'une ancienne maison de Templiers.

NOSTANG. *Ép. celtique.* En 1848, M. de Keridec découvrit à Bodic-er-chal, près de la rivière d'Étel, un beau monument celtique composé de quatre barrows en croix, flanqués d'un dolmen; chaque barrow est traversé par une galerie aboutissant elle-même à une sorte de chambre. || *Ép. romaine.* La voie de Vannes à Hennebont traverse cette commune (C. D.). — Près du bourg, établissement gallo-romain remarquable (voir dans C. D. la description détaillée qu'en donne M. de Keridec). — Près du Vieux-Nostang, retranchement nommé *Castel-Mané-er-houed*, formant un parallélogramme d'environ 100 mètres de contour; les parapets ont 5 mètres d'élévation. — A l'est et au sud, autres retranchements de Mané-Hastel et Kerfresec (C. D.). — Nombreux fragments de briques romaines sur toute la commune. || *Moyen âge.* Chapelle Légevin (autrefois Lochevin ou Lockevin) (Notre-Dame) : cette chapelle est connue dans le pays sous le nom de *la Mère de Notre-Dame-de-Quelven* (voir en Guern). On y va en pèlerinage pour la guérison de la fièvre. Grand et moyen appareil. Forme rectangulaire. Chœur polygonal. Contre-forts surmontés de pinacles inachevés. Crosses et animaux sculptés aux rampants du toit; corniche offrant deux lignes de sculptures, l'une en torsades et l'autre en denticules. Gargouilles en pierre à la tour. Au-dessus du portail occidental, tour carrée en pierre, à arcades plein cintre, en fausse architecture, faisant saillie sur le devant. Cette tour en porte une seconde polygonale, surmontée elle-même d'une flèche aussi polygonale; autre tourelle polygonale accolée au sud, et contenant l'escalier, le tout en pierre. Au nord et au sud, portes à anse de panier; celle du sud est, en outre, encadrée d'un gros tore, flanquée de pilastres sculptés et surmontée d'une ligne de denticules et d'un fronton triangulaire. A l'ouest, porte à cintre brisé, à plusieurs retraites, sans chapiteaux; accolade à chou et crosses au sommet, pilastres à pinacles aux côtés. Dimensions dans œuvre : 16 mètres sur 6 environ. Les entraits ont été coupés. Sablières sculptées à figures humaines, fleurs, dentelures

et denticules. Au sud, fenêtre à cintre brisé à plusieurs retraites aux pieds-droits, surmontée à l'extérieur d'une accolade avec chou, crosses et figures aux extrémités. Dans le chœur, deux fenêtres à plein cintre ou légèrement brisées; le tout à meneaux flamboyants. Deux oculus circulaires, un au nord, l'autre au sud. Piscines à plein cintre, ornées de torsades et denticules. Banc de pierre tout autour, à l'extérieur. Cadran solaire. — Chapelle de Locmaria : cette chapelle passe pour avoir été une succursale de l'église des Templiers de Merlévenez. On y va en pèlerinage pour obtenir la guérison des bestiaux. Grand et moyen appareil. Plan en *tau* grec; le bras du nord servant de sacristie. Le chœur est légèrement incliné vers le nord, de manière à faire avec la nef un angle très-obtus. Deux contre-forts simples et adhérents, soutenant la poussée de l'arc triomphal et du clocheton. Il y a une différence de hauteur entre la nef et le reste du bâtiment. Au-dessus de l'arcade intérieure qui sépare le chœur de la nef, sorte de clocheton en pierre à deux baies, longues et étroites, à plein cintre. Porte occidentale à cintre légèrement brisé, à retraites formées par de gros tores à base simple, et sans chapiteau. Porte méridionale également à cintre brisé, avec tore. Dimensions dans œuvre : 18 mètres sur 5 environ. Le chœur est séparé de la nef par une grande arcade à cintre brisé et doublé, portée sur des piliers polygonaux engagés à base et chapiteau simples, et du transept sud par une arcade plein cintre, reposant sur de courtes colonnettes cylindriques engagées, à chapiteaux dépourvus d'ornements. Fenêtres à cintre brisé; meneaux rayonnants. Sur la fenêtre du fond du chœur, traces de vitraux; on a conservé au sommet quelques écussons : l'un porte d'hermines plein (armes de Bretagne); un autre, d'azur au chevron d'argent accompagné de trois billettes d'or; un autre, parti d'hermines plein (Bretagne) et d'azur à trois fleurs de lis d'or (France); un autre, parti de gueules et de sinople. Près de la porte de la sacristie, un petit bénitier présente un écusson sculpté à trois fasces ondées. Un banc de pierre fait tout le tour de la chapelle à l'intérieur. On a déposé dans la sacristie deux vieilles statues en bois, dont une de la Vierge, de plus de 1 mètre de hauteur. — Près de la fontaine dite *de Saint-Cado*, non loin de la chapelle du même nom, lec'h s'élevant de 1 mètre environ hors de terre et aminci régulièrement à son sommet. — Tout auprès de l'église paroissiale, lec'h bas, arrondi. — Dans le jardin du presbytère, lec'h bas, arrondi. — Près de la chapelle Saint-Thomin, lec'h bas, arrondi. — Au sud-ouest de la chapelle Légevin, lec'h arrondi au sommet, haut de 1 mètre environ au-dessus du sol, et présentant sur ses flancs plusieurs croix pattées sculptées en creux, dont deux entourées chacune d'une circonférence. — Au bourg, maison qui peut remonter au xvi<sup>e</sup> siècle; sur la façade, poutre portant quelques sculptures; montants en pierre dont l'un offre un blason sculpté en relief, à un chevron accompagné de trois billettes, sans doute le même qu'on trouve à la chapelle de Locmaria, même commune.

PLOUHINEC. *Ép. celtique.* Près du moulin de Kerousine, alignements de menhirs, de 1$^m$,40, terminés par deux menhirs de 3 à 4 mètres (O. Note de M. Marteville). — A Kerhoé, petit cromlech dit *le Chaudron du diable* (*ibid.*). — Près du moulin du Gueldro, alignements (Catal.). — Au nord-est de Kerfourcher, menhir (*ibid.*). — Au sud de Kervelhué, cinq ou six menhirs (*ibid.*). — Au nord de Manné-Kersine, menhir (*ibid.*). — A Magouer, menhir (*ibid.*). — Au nord de Manné-Kersine, dolmen (*ibid.*). — A Kerhoé, trois petits dolmens (O. Note de M. Marteville). — A Kervelhué, tumulus de 4 mètres de hauteur, tronqué à son sommet (C. D.). || *Ép. romaine.* Près du Vieux-Passage, fortification romaine (*ibid.*). || *Moyen âge.* Église paroissiale de Saint-Pierre et Saint-Paul : croix latine; deux bas-côtés. Têtes sculptées au bas des rampants du toit. Clocheton sur le carré du transept. Au sud, porche à pignon communiquant avec l'extérieur par une arcade plein cintre, doublée d'un gros tore qui repose sur des colonnettes cylindriques engagées, à chapiteau et base simples. Au portail ouest, inscription avec la date 1630, et traces d'un blason en relief deux fois répété, à une fasce, accompagnée en chef de trois besants ou tourteaux. La nef, seule partie ancienne, a 20 mètres de long sur 11 de large environ, y compris les bas-côtés. Six travées d'architecture jusqu'au chœur. Arcades à cintre brisé, d'autres à plein cintre, portées sur de courts piliers massifs, sans autre ornementation qu'un tailloir à l'imposte. Dans le mur qui sépare la nef du bas-côté septentrional, petites fenêtres longues et étroites, très-évasées à l'intérieur. — On voit au presbytère, sur une pierre encastrée dans le mur de la cour et provenant de l'ancienne maison, une inscription datée de 1682. — Chapelle Notre-Dame de Grâce (au bourg): grand et moyen appareil. Forme rectangulaire; un bas-côté septentrional; chevet plat. Contre-forts avec pinacles inachevés. Crosses aux rampants des pignons. Au-dessus du portail occidental, un clocher moderne a remplacé l'ancien qui était tombé. Porte méridionale à anse de panier, à plusieurs retraites, surmontée d'une accolade à chou; de chaque côté, colonnette cylindrique engagée, interrompue à la hauteur de l'anse de panier. Dimensions dans œuvre : 25 mètres sur 10 environ. Cinq travées d'architecture. Arcades à cintre brisé, à plusieurs retraites, portées par pénétration sur des colonnes cylindriques à base simple et peu élevée. Sablières sculptées; personnages et rinceaux. Celle de gauche porte, sur une banderole tenue par des anges, une inscription en caractères gothiques qui apprend que la boiserie fut faite par Fiacre Laurens et achevée en 1519. Les entraits ont été coupés. Têtes de crocodiles dans le bas-côté. Fenêtres à cintre brisé; celles du nord ressortent du toit en formant pignons avec crosses aux rampants; celle du fond du chœur avec meneaux flamboyants, aujourd'hui bouchée. Au sud, fenêtre à anse de panier (rare). Piscine à anse de panier. Sur le mur méridional, à l'extérieur, est une inscription en relief, en lettres gothiques, qui fixe le commencement de la construction de la chapelle à l'année 1511.

PORT-LOUIS (LE). *Ép. romaine.* Débris romains dans les environs de la ville (Catal.). — Traces d'un établissement romain à Penrun-Locmalo. Quelques poteries fines qui en proviennent se voient aujourd'hui au Mus. arch. || *Moyen âge.* Chapelle Saint-Pierre [1] : grand et moyen appareil. Forme rectangulaire; un bas-côté au nord; chevet plat. Contre-forts adhérents, surmontés de pinacles. Crosses aux rampants du toit. Sur le portail occidental, tour carrée en pierre, massive, faisant saillie sur le pignon, à l'extérieur et à l'intérieur; elle est inachevée, et surmontée d'un clocheton couvert d'ardoises; elle est, en outre, flanquée d'une tourelle polygonale en pierre, contenant un escalier très-étroit, également en pierre. Porte occidentale à anse de panier, à plusieurs retraites, encadrée dans un plein cintre massif, à pilastres. Porte méridionale à anse de panier et accolade à chou et crosses; pinacles aux côtés; aux deux extrémités de l'accolade, figures sculptées : l'une d'elles représente un homme qui montre sa tête entre ses jambes. Dimensions dans œuvre : 13 mètres de longueur sur 11$^m$,50 environ de largeur, y compris le bas-côté. Trois travées d'architecture. La nef est séparée du bas-côté par de larges arcades à cintre brisé, portées par pénétration sur des colonnes cylindriques à base simple et peu élevée. Lambris sur arceaux à clefs pendantes. Entraits à têtes de crocodiles et portant en leur milieu des traces de blasons. Quelques sculptures aussi sur les sablières : figures humaines, animaux, blasons; parmi ces derniers, on en distingue : 1° un à deux clefs en sautoir; 2° un à un quadrupède assis; 3° un à un pélican, accompagné en bande d'un annelet et d'une croisette; 4° un à une ancre en pal, accompagnée en bande d'une croisette et d'un annelet. Au sud, fenêtre à cintre brisé et oculus circulaire. A l'extérieur, de chaque côté du cadran solaire, traces de blason mutilé. A l'intérieur, statue en bois de saint Élisée, qui passe pour être d'origine espagnole, et aurait été trouvée dans la mer au commencement du XVII$^e$ siècle. A l'extérieur, sur le mur méridional, est gravée la date 1553. Cadran solaire de 1640. | *Moyen âge et Ép. moderne.* Dans la ville, Grande-Rue, maison de 1599, avec une inscription rappelant la prise du Port-Louis, alors

---

1. Cette chapelle vient d'être démolie tout récemment.

appelé *Blavet*, par le duc de Mercœur, en 1590. — Sur une maison voisine, inscription de 1656. — Mentionnons seulement la citadelle, construite au xviie siècle, ainsi que les fortifications.

RIANTEC. *Ép. celtique.* Près du village de Kerpréhet, dolmen dont la table repose sur deux supports (O. Note de M. Marteville). || *Ép. romaine.* Nombreuses monnaies romaines trouvées dans des vases, à la presqu'île de Gâvre, entre autres une de Constantin et une de Dioclétien, aujourd'hui au Mus. arch. || *Moyen âge.* Église paroissiale de Sainte-Radegonde : restes d'une ancienne construction. Forme rectangulaire ; deux bas-côtés. Au sud, porte à cintre brisé donnant sur un porche. Dimensions dans œuvre : 25 mètres sur 12 environ. Six travées d'architecture jusqu'au chœur. La nef est séparée des bas-côtés par des arcades à cintre brisé reposant sur de courtes colonnes cylindriques, à base un peu élevée et chapiteaux en simples tores. Les entraits ont été coupés. — Chapelle de la Trinité : grand et moyen appareil ; plan rectangulaire, chevet plat. Petit clocheton carré, en pierre, à l'ouest. Porte occidentale à cintre brisé surmonté d'une accolade à plusieurs retraites et colonnettes ; au-dessus, blason à une fasce accompagnée de huit besants ou tourteaux, 4 et 4. Dimensions dans œuvre : 16 mètres sur 6 environ. Fenêtres à cintre brisé, meneaux rayonnants. La grande fenêtre du fond du chœur a été bouchée. Fragments de vitraux. Piscine à accolade. — Chapelle Saint-Gildas de Gâvre : restes d'une chapelle romane. Forme rectangulaire ; deux bas-côtés. Dimensions dans œuvre : 15 mètres sur 8 environ, y compris les bas-côtés. Quatre travées d'architecture. Arcades plein cintre portées sur des piliers carrés, à simple tailloir. — Non loin de la chapelle, fontaine de Saint-Gildas, voûtée en pierre ; on y descend par dix-sept marches, également en pierre.

SAINTE-HÉLÈNE. *Moyen âge.* Au coin du cimetière, lec'h d'environ 1m,20 hors de terre ; trou au sommet.

### CANTON DE QUIBERON.
#### (Chef-lieu : Quiberon.)

CARNAC. *Ép. celtique.* Du Ménec à la rivière de la Trinité, onze alignements de menhirs, de 4 à 5 mètres de hauteur en moyenne, s'étendent sur une longueur de 1,500 mètres ; ces pierres, au nombre de plusieurs milliers, tendent à disparaître de jour en jour par l'emploi qu'en font les habitants (voir les ouvrages d'Ogée et de Cayot-Delandre). La tradition fait de ces pierres une armée de païens, ainsi transformés par la puissance de saint Corneille, qu'ils poursuivaient ; la légende ajoute qu'à une certaine nuit de l'année, ces pierres vont se baigner à la mer. (Voir, aux Arch. de la Soc., le plan des alignements, donné par M. Jaquemet.)

— A Kerlescant, vaste cromlech, à peu près carré, de 80 mètres de côté environ (C. D.). — A Coët-Cougan, menhir surmonté d'une croix (Catal.). — A Crucuny, menhir (*ibid.*). — Route de Quiberon, menhir de 2m,50 (*ibid.*). — Autres menhirs divers, mutilés. — A Kerlescant, près du mont Saint-Michel, dolmen à plusieurs chambres, qui a été fouillé par M. de Keranflech. — A Kerlagat, dolmen où a été trouvée une virole en or (Mus. arch.). — Du bourg au Ménec, dolmen surmonté d'une croix, dit *Cruz-Motten* (Catal.). — Route d'Auray à Carnac, dolmen à trois tables et sept supports (*ibid.*). — Au nord du château du Laz, dolmen bouleversé, de 22 mètres de longueur (*ibid.*). — Autres dolmens divers, mutilés. — A Kerlescant, tumulus de près de 100 mètres de longueur (C. D.). — Au sud des alignements du Ménec, galgal haut de 8 mètres et long de 80, connu sous le nom de *mont Saint-Michel.* La fouille de ce monument, commencée en 1862, a eu pour premier résultat la découverte d'une grotte de 2 mètres de largeur sur 1 mètre de hauteur environ, renfermant, dans un mélange de terre et de cendre, des ossements calcinés, une quarantaine de celtes en jade et en trémolithe, des grains de colliers, etc. (Voir ces objets au Mus. arch. et aux Arch. les Mémoires de MM. René Gallos, G. de Closmadeuc et F. Malaguti.) — Au Monstoir, tumulus surmonté d'un menhir. — A Crucuny, tumulus. — Chez un aubergiste de Carnac, on peut voir un marteau celtique en jade découvert sous un dolmen en cette commune (M. Fouquet, *Guide dans le Morbihan*). || *Ép. romaine.* A Cloucarnac, sorte de camp romain avec cinq ou six buttes (M. de Keranflech). || *Moyen âge.* Chapelle Saint-Guénolé : le long du mur méridional de l'ancienne chapelle, au village de Coetatouss, on voit une pierre tumulaire de 2 mètres environ de longueur, 0m,60 de largeur à la tête et 0m,80 aux pieds. Elle passe dans le pays pour avoir recouvert le tombeau de saint Guénolé ; mais, loin de la vénérer, on l'enfouit sous des monceaux de terre et de broussailles. — Tout auprès, au même village, s'élève une croix de pierre, portant en relief une autre croix pattée. — A Kermalvézin, ruines d'un manoir de la fin du xvie siècle ; fenêtres surmontées d'un demi-cercle chargé de sculptures Renaissance (losanges, circonférences, palmettes, etc.). || *Ép. moderne.* Église paroissiale de Saint-Corneille ou Cornély : datée de 1639 ; on y amène les bestiaux pour les préserver de l'épizootie. On voit à la sacristie un ostensoir fort bien travaillé, qui peut être du xvie siècle.

PLOUHARNEL. *Ép. celtique.* De Corcono à Sainte-Barbe, nombreux menhirs (Catal.). — Route de Plouharnel à Erdeven, trois menhirs (*ibid.*). — Au nord et près du bourg, trois dolmens dans une butte (voy. le Mémoire de M. Philippe Kéramel aux arch. de la Soc.). — A Corcono, l'un des plus beaux dolmens du déparment; la table, de 4 mètres de long sur 6 de large, est supportée par [illegible] de plus de [illegible] mètres de hauteur, [illegible] sur chaque côté de la longueur [illegible] de largeur. Quelques pierres éparses au de[illegible] avoir formé une allée couverte. (Dessin [illegible] l'album de G. D.) — Au Cosquer, dolmen à trois [illegible] et huit supports (Catal.) — Chez M[illegible] Le Bail, aubergiste au bourg, collection de keltes et de divers objets en métal, dont un collier ou carcan d'or, provenant de la fouille des dolmens ci-dessus désignés. — Au Mus[illegible] [illegible] fragments de poteries [illegible] [illegible] [illegible] rectangulaire. Contre-[illegible], piédroits et pinacles simples. Crosses [illegible]-à-chou aux rampants des pignons. Clocher carré en pierre au-dessus de la porte occidentale. De chaque côté, un clocheton en pierre avec escalier. Portes à accolade, ornées de chou et crosses; colonnettes aux côtés. Deux animaux sculptés à la porte occidentale. Dimensions dans œuvre: 12 mètres sur 7 environ. Entraits sculptés. Fenêtres à cintre brisé et meneaux flamboyants. Tableau en albâtre richement sculpté, de 0m,40 [illegible] 0m,65 représentant l'arbre de Jessé; on voit encore des traces [illegible] de ce bas-relief au[illegible] [illegible] grand [illegible] à [illegible] (forme [illegible]), chevet plat. Crosses et animaux sur rampants du toit. Gargouilles en pierre à la tour. Sur le portail occidental, tour carrée, en pierre, surmontée d'une petite flèche à crochets. Une tourelle polygonale accolée au nord contient l'escalier qui conduit à la cloche. La tour fait saillie sur le pignon ouest en formant à sa base une [illegible] de porche en cintre brisé. Portes à anse de panier.

ou à cintre brisé, à plusieurs retraites, avec accolade à chou et à crosses. Dimensions dans œuvre: 19 mètres sur 6m,50 environ. Fenêtres à cintre brisé; celle du fond du chœur est en partie bouchée. Piscine à trilobe et anse de panier. Banc de pierre à l'extérieur. — Près du cimetière, se voit un lec'h renversé et mutilé, de 1 mètre environ. — Tout auprès, autre lec'h bien conservé, de 2m,50 environ hors de terre; 0m,60 de diamètre au pied et 0m,30 au sommet, représentant un cône tronqué parfait. — Au bourg, non loin de la maison de M[illegible] Le Bai[illegible], est une pierre levée taillée sur ses arêtes, représentant, sur une de ses faces, une croix pattée gravée en creux, et sur une autre une croix semblable surmontée d'une croisette. On a couronné postérieurement cette pierre d'un fragment de croix trilobée.

QUIBERON. *Ép. celtique.* À la pointe sud-ouest de la presqu'île, menhir (Catal.). — À la côte sud-ouest, cromlech détruit (ibid.). — À l'ouest du Manné-Meur, menhir de 3 à 5 mètres (ibid.). — Au Manné-Meur, dolmen ruiné (C. D.). ‖ *Moyen âge.* Église paroissiale de Locmaria: restes d'une église romane; quatre grosses colonnes cylindriques, à base peu élevée, surmontées d'un large tailloir carré, au-dessous duquel court une ligne de billettes. — Dans le cimetière est un bénitier [illegible] 0m,70 environ de côté, avec niche demi-circulaire au milieu de chaque face latérale [illegible] toujours à la c[illegible] la côte [illegible] presqu'île [illegible] d'un couvent de Templiers connu sous le nom de Saint-Clément (C. D.).

SAINT-PIERRE (séparé de Quiberon en 1858). *Ép. celtique.* Près du bourg, six beaux menhirs alignés (C. D.). ‖ *Ép. moderne.* Le fort Penthièvre, construit au XVIIe siècle.

———•———

# ARRONDISSEMENT DE NAPOLÉONVILLE.

## CANTON DE BAUD.

### (Chef-lieu : Baud.)

BAUD. *Ép. celtique.* Près du moulin de Kernars, [illegible] de la chapelle de Saint-Adrien, deux menhirs, [illegible] mètres de haut sur 2m,70 de large, l'autre de [illegible] (C. D.). ‖ *Ép. romaine.* La voie romaine de [illegible] à Carhaix traverse cette commune (ibid.). — Près de [illegible] Manné, retranchement (ibid.). — Au nord du taillis de [illegible]taigné, retranchement carré de 165 mètres de contour (C. D.). — Près de Kermestre, retranchement dit *En douez* (la douve), de 55 à 60 mètres de diamètre (ibid.). — Dans la presqu'île formée par le Blavet et l'Évet, restes de fortifications (ibid.). — Près des ruines du château de Quinipily, statue en granit dite *Vénus de Quinipily*, à côté d'une vaste cuve, également en granit (voir dans C. D. et album la description, son histoire et les diverses explications auxquelles elle a donné lieu). Placée primitivement sur la montagne de Castennec [illegible], cette statue portait alors le nom de *Groac'h-ar-Gward* (femme de la Garde), sans doute à cause de celui d'une métairie voisine devenue aujourd'hui, par corruption, *la Coarde*. Elle fut, en 1696, transportée au château de Quinipily et retaillée en partie. ‖ *Moyen âge*: Chapelle Notre-Dame de la Clarté (au bourg) : grand et moyen appareil. Forme rectangulaire ; deux bas-côtés. Le chœur est polygonal. Contre-forts adhérents, à pinacles crossés et figures grossières. Crosses aux rampants des pignons. Animaux formant gargouilles sur les contre-forts. Tour en pierre faisant saillie sur le côté nord, surmontée d'une flèche aussi en pierre, avec crosses et galeries : relativement modernes ; elle communiquait autrefois avec la nef. Portes à cintre brisé ou anse de panier, à plusieurs retraites, surmontées d'une accolade à chou et crosses ; pilastres à pinacles aux côtés. Dimensions dans œuvre : 22 mètres sur 12 environ. Trois travées d'architecture jusqu'au chœur exclusivement. Hautes arcades à cintre brisé, à plusieurs retraites, pénétrant des piliers polygonaux à base simple. Naissances d'arcs pour croisée d'ogives au chœur. Lambris très-élevé, à clefs pendantes. Entraits à têtes de crocodiles. Sablières sculptées : moines dévorés par des animaux fantastiques ; personnages dans des positions bizarres ; animaux liés deux à deux par le cou ; anges en prières ou présentant des blasons unis. Sur la sablière du bas-côté septentrional, on lit : LAN : 1625. Fenêtres à cintre brisé, à plusieurs retraites ; large formeret autour de celles du chœur, pignonnées à l'extérieur ; celle de l'ouest est encadrée dans un pignon à chou et crosses de fausse architecture. Bénitier posé sur une courte colonnette cylindrique engagée, avec un trou sur un des côtés pour l'écoulement de l'eau à volonté. — Près du presbytère, fontaine dite *de la Clarté* : on y vient en pèlerinage, le 2 juillet, pour se guérir des maux d'yeux ; plein cintre surmonté d'une accolade à chou et crosses dans un pignon également à crochets ; statuette mutilée de chaque côté ; le cintre et les crosses indiquent ici le XVIIe siècle. — Chapelle Saint-Adrien : cette chapelle passe pour avoir appartenu aux *moines rouges* (Templiers). On y vient en pèlerinage pour se guérir de la colique. C'est dans l'une des fontaines signalées ci-dessous qu'on puise le remède ; si cela ne suffit pas, on se frotte le ventre avec une petite pierre arrondie placée ordinairement à l'entrée. Si le malade ne peut se transporter jusqu'à la chapelle, on envoie du moins sa chemise à la fontaine : le col et les manches vont-ils au fond de l'eau ; il est perdu ; tout surnage-t-il au contraire, le malade sera guéri. Grand et moyen appareil. Forme de croix latine. Chœur très-enterré à l'extérieur. Contre-forts surmontés de pinacles à crosses et ornés de trilobes en fausse architecture. Crochets aux rampants du toit. Clocheton carré couvert d'ardoises sur le pignon occidental. Portes à cintre brisé, ou anse de panier, ou accolade. Dimen-

sions dans œuvre : 21 mètres sur $6^m$,50 environ. Deux colonnettes cylindriques, au chœur, semblent attendre une arcade. Lambris sur arceaux à clefs pendantes. Entraits à têtes de crocodiles et écussons unis. Sablières sculptées : animaux, feuillages, figures, personnages dans des positions grotesques, ange présentant un blason écartelé aux 1 et 4 à trois mâcles, aux 2 et 3 à trois billettes (Baud et Kerméné). Fenêtres à cintre brisé ; meneaux flamboyants. Au-dessus de la porte occidentale, petite fenêtre très-étroite, à trilobe, évasée à l'intérieur. Restes de vitraux à compartiments variés et fragments de devises gothiques ; à la fenêtre du transept nord, blason d'argent au lion rampant d'azur, allumé de gueules ; au chœur, on distingue d'une part l'Annonciation, de l'autre plusieurs écussons : 1° d'hermines plein (Bretagne) ; 2° d'argent à la croix engrelée de sable (Cadoudal) ; 3° d'argent à 5 fasces de gueules (de Lantivy ou de Rimaison) ; 4° parti au 1 de Lantivy ou Rimaison, au 2 d'azur à la tour d'argent ; 5° d'azur à 7 mâcles d'or. Piscine à accolade, à chou et crosses ; pilastres à pinacles aux côtés. A gauche du chœur, restes d'un jubé en bois offrant les figures des apôtres grossièrement sculptées, sans doute très-postérieur à la construction de la chapelle. Tribune en bois de la même époque, à animaux et personnages. Culs-de-lampe et dais sculptés en feuillages et trilobes. Au sommet du pignon est, à l'extérieur, un écusson sculpté, à 7 mâcles (voir ci-dessus). Sur le pignon ouest, à l'extérieur, traces d'une inscription gothique en relief. Trois fontaines, deux au dedans, une au dehors de la chapelle : celle-ci, à cintre brisé, à retraites formées par de gros tores, est surmontée d'une croix de pierre à base ornée de trilobes, et dont le sommet présente, au-dessus d'un chapiteau à têtes d'anges, la Vierge et le Christ sous un petit pignon à crochets ; à l'intérieur, statue en bois de saint Adrien, sous la figure d'un guerrier. — Chapelle Saint-Barthélemy : forme de croix latine. Fenêtres à cintre brisé simple ; une circulaire à meneaux flamboyants. Restes de vitraux : d'une part, un Christ ; de l'autre, un écusson d'hermines plein (Bretagne) au chef d'argent, à tourteaux ou coquilles de gueules. — Chapelle Saint-Thuriau : au fond du chœur, fenêtre à cintre brisé et meneaux en trilobes ; fragments de vitraux ; quelques écussons : 1° d'hermines plein (Bretagne) au chef d'argent, à coquilles ou tourteaux de gueules ; 2° parti au 1 d'or à l'aigle éployée à 2 têtes de gueules, au 2 coupé au 1 de sable à la croisette d'or, au 2 d'argent à la coquille ou tourteau de gueules ; le tout surmonté d'une couronne de comte. — Sur le chemin du Pont-Augan, croix moderne, dont la base, plus ancienne, porte quelques sculptures en relief : on distingue, entre autres, une fleur de lis et un instrument qui peut figurer une paire de ciseaux ; on voit tout à côté les fragments de la croix primitive. — Une ferme située à peu de distance du bourg passe pour occuper l'emplacement d'un ancien établissement de Templiers; elle a gardé le nom de *prieuré*. On n'y trouve plus rien qu'un bénitier encastré dans un mur; il est carré, massif, haut de 0$^m$,80 et large de même. Dans une maison voisine, on voit, au grenier, quatre statues de bois, hautes de 1$^m$,20, qui, dit-on, proviennent de ce prieuré. — Près de la métairie de Coët-er-Houarn (Bois de la Garde) est une motte féodale appelée *er Hastel* (le Château); 80 mètres de circonférence, 3 mètres de hauteur (C. D.).

BIEUZY. *Ép. celtique*. Au sud de Keroret, menhir de 4 mètres de hauteur (C. D.). — Au nord du bourg, dolmen dit *En-tri-mein* (les trois pierres), dont la table a 2$^m$,70 de long sur 2 mètres de large (*ibid.*). || *Ép. romaine*. La voie de Rennes à Carhaix traverse cette commune (*ibid.*). — A la pointe de Castennec, près de la ferme de *la Coarde*, deux colonnes milliaires gisent à terre; elles paraissent avoir eu toutes deux une forme cylindrique, mais elles ont été taillées dans leur longueur : l'une a 2 mètres, l'autre 1$^m$,80 environ, sans compter la partie qui était plantée dans le sol. La plus petite porte des traces d'une inscription tronquée; on y distingue encore, quoique frustes, les lettres : IMPCAE.... TDVM.... NOI.... Ces deux pierres avaient été creusées à leur sommet pour recevoir une croix, ce qui ne les a pas préservées de la mutilation. La partie de la borne qui contenait le reste de l'inscription sert aujourd'hui de linteau de porte à la ferme, et a été retaillée complétement. Par bonheur, M. de Penhouet y avait précédemment relevé ce qui suit : IMP·CAES· C·VIBIO·TREBONIANO C·XII·V·F·AVGVS· IMP·CAES·C·XIII·T·D·V·MORORVM·.... ANO·III·AVG. Ces bornes se trouvent à l'emplacement d'un ancien camp dit *de la Garde*. On y ramasse un grand nombre de briques à rebords. On y a trouvé des fers de lance en bronze, des monnaies romaines, dont une de Nerva, donnée par M. Jaquemet au Mus. arch. en 1859, et d'autres débris de même origine. Là était la station de *Sulis* (C. D.). — Au château de Kerven, traces d'un établissement romain (*ibid.*). || *Moyen âge.* Église paroissiale de Saint-Bieuzy : additions en 1781. Chœur polygonal à trois faces, chacune à pignon orné de crochets, avec contre-forts surmontés d'une sorte de clocheton Renaissance de mauvais goût et gargouilles figurées par des personnages ou des animaux. Porche carré au sud, communiquant avec l'intérieur par une porte à anse de panier, à retraites, surmontée d'une accolade à chou et crosses et flanquée de colonnettes à pinacles, l'une striée, l'autre réticulée, et avec l'extérieur, par une arcade plein cintre, également à retraites, pénétrant des colonnes cylindriques engagées. Au-dessus de cette arcade, deux anges présentent chacun un écusson : 1° parti au 1 à 4 fasces (Rimaison),

au 2 à 10 étoiles (Kervéno); 2° parti au 1 à 4 fasces, au 2 à un lion rampant. au sud, autre porte à anse de panier, à retraites, avec accolade à chou et crochets. Sablières sculptées : animaux fantastiques liés par le cou; autres avalant des personnages, quelques figures; à droite du chœur, inscription gothique en relief avec la date 1560. Vitraux très-bien conservés et récemment réparés. aux trois fenêtres du chœur, compartiments variés, personnages de 0$^m$,50 à 0$^m$,60 environ. A la fenêtre du milieu, la Passion et l'ensevelissement de Jésus-Christ; au bas, fragment d'inscription; au sommet, quelques écussons : 1° d'argent à 5 fasces de gueules (Rimaison); 2° de gueules à 7 mâcles d'or, 3, 3, 1 (Rohan); 3° de gueules au lion rampant d'or. A la fenêtre de droite, fragment d'inscription. A celle de gauche, plusieurs scènes de la vie de Jésus-Christ et de sa passion; au bas, inscription en capitales romaines. L'écusson de Rimaison est plusieurs fois répété à l'extérieur; au transept nord, il est avec supports, encadré d'ornements Renaissance, et il surmonte une pierre inclinée sur laquelle on lit une inscription gravée en capitales romaines et la date 1561. Grande analogie entre cette inscription et celle du moulin de Rimaison (voir plus loin). — Une maison voisine de l'église présente une fenêtre de la Renaissance et le blason à 4 fasces; elle servait peut-être autrefois de presbytère. — A peu de distance, fontaine en pierre, plein cintre à retraites, surmonté d'une accolade et d'un pignon à chou et crosses; niche offrant en cul-de-lampe l'écusson à 5 fasces. — Chapelle de la Trinité : grand, moyen et petit appareil. Forme rectangulaire. Au sud, porte plein cintre à plusieurs retraites et colonnettes; à l'ouest, porte à cintre brisé, à retraites, et accolade à chou. Lambris à clefs pendantes. Entraits à têtes de crocodiles; sculptures grossières aux sablières (personnages, figures, animaux). Au chœur, fenêtre à cintre brisé et meneaux flamboyants; autre, petite, à trilobe seulement. A l'extérieur du chœur, blason sculpté, écartelé aux 1 et 4 à 5 mâcles, aux 2 et 3 à 2 fasces : peut-être faut-il y voir une représentation incomplète des écussons de Rohan et de Rimaison (voir l'église paroissiale de Saint-Bieuzy). — Près de Castennec, sur le bord du Blavet, amas énorme de rochers au-dessous desquels une grotte naturelle est masquée par une petite chapelle. C'est là, suivant la tradition, qu'était l'ermitage de saint Gildas et de saint Bieuzy, son disciple. On a conservé tout auprès une pierre sonnante de moyenne grandeur, au moyen de laquelle, en la frappant d'une autre pierre semblable, les saints appelaient les fidèles des environs aux exercices pieux. Cette pierre rend, en effet, un son qui imite, à s'y méprendre, celui d'une cloche, et qui doit s'entendre à une assez grande distance. — Non loin de la grotte de Saint-Gildas se trouve une autre grotte beaucoup plus petite, également sur le bord du Blavet. — Presque à l'entrée et aux deux côtés du chemin qui conduit au bourg, en partant de la route de Locminé à Guémené, deux petits lec'hs, bas, arrondis, ont été apportés et déposés vis-à-vis l'un de l'autre. — Château de Rimaison : il n'en reste que des ruines qui accusent une construction de la Renaissance, et qui méritent encore de fixer l'attention ; quelques pans de murs couverts de lierre, de vastes cheminées, dont une avec des cariatides pour pilastres ; des bases de tourelles cylindriques ; des portes et portails à plein cintre, ornés de colonnes et de mascarons : le tout offre un aspect grandiose. On peut encore reconnaître en partie la distribution de ce magnifique château. Outre le mur d'enceinte, dont quelques parties sont debout, on retrouve à l'intérieur plusieurs corps de logis servant autrefois de communs ; le pigeonnier ; des salles encore closes, dallées de larges pierres ; la chapelle, qui a conservé des baies à anse de panier ; une piscine à accolade et deux écussons, qu'on voit d'ailleurs en plusieurs endroits du château et dans presque tous les villages et monuments des environs : 1° d'argent à 4 ou 5 fasces de gueules (armes de Rimaison) ; 2° parti au 1 de Rimaison, au 2 au lion rampant. Plusieurs des sculptures du château ont été transportées il y a quelques années, par l'acquéreur de ces ruines, à une ferme voisine, au village de Kerdanet ; on y retrouve entre autres, encastrées dans le mur et mutilées, deux cariatides provenant des salles ci-dessus mentionnées. — A un kilomètre environ du château, sur le Blavet, beau moulin de Rimaison, solidement bâti en pierre, de grand et moyen appareil, avec larmier, portes à anse de panier et à plein cintre, fenêtres à fronton et pilastres Renaissance, personnages sculptés et l'écusson à cinq fasces plusieurs fois répété. Au bas des rampants de l'un des pignons on voit en saillie, d'un côté, un homme nu et couché, tenant un bâton comme pour battre l'étang ; de l'autre, une femme, également nue, se couvrant pudiquement de la main droite. Le même pignon porte, sur une pierre encastrée et inclinée, une inscription en capitales romaines avec la date 1550. — Il reste très-peu de chose des ruines de l'ancien château de Castennec ; elles sont traversées par la route de Locminé à Guémené. — Ruines du château de Kerven, à l'emplacement de fortifications romaines (C. D.).

GUÉNIN. *Ép. romaine.* La voie de Rennes à Carhaix traverse cette commune (C. D.). — Au village du Dosten, sur le bord de la route de Guénin à Locminé, colonne milliaire presque cylindrique, haute de 1<sup>m</sup>,50 et large de 0<sup>m</sup>,80. A 0<sup>m</sup>,50 du sommet, une profonde rainure horizontale fait le tour de la pierre. On l'avait surmontée d'une croix. — A Kerival, fortification rectangulaire (C. D.). — Entre Pengovéro et Kerguestenen, retranchement (*ibid.*). — A Lomiquel et à Keralhaud, débris considérables de briques (*ibid.*).

‖ *Moyen âge.* Chapelle Notre-Dame du Manné-Guen (Mont-Blanc) : isolée au sommet de la montagne qui porte ce nom ; elle est en contre-bas du sol. Restaurée en 1751. Grand et moyen appareil. Forme de croix latine. Chœur polygonal. Crosses aux rampants du toit. Larmier à retraites. Sur l'intertransept est une tour carrée avec flèche en ardoises. Sur le portail occidental, campanile carré, en pierre, formé par quatre colonnes qui supportent un petit dôme. Au sud, porte à anse de panier, à plusieurs retraites, surmontée de feuillages et d'arabesques. A l'ouest, porte plein cintre encadrée dans un entablement et plusieurs sculptures Renaissance, personnages en cartouches, animaux, colonnettes cannelées soutenant des anges en prières ; au-dessus, écusson écartelé plusieurs fois répété. Dimensions dans œuvre : 24 mètres sur 6 environ. Lambris à clefs pendantes ; celle du carré du transept est figurée par un ange qui tient un écusson uni. Entraits à têtes de crocodile. Celui du transept sud porte une inscription donnant la date 1604. Sablières sculptées à la nef : figures grossières, denticules, enroulements, animaux liés par le cou ; au nord, inscription en capitales romaines ; dates de 1577 et noms des charpentiers Guillaume et Jacques Thébault. Au-dessus, écusson écartelé comme plus haut. Au sud, fenêtre à cintre brisé, simple. Banc de pierre à l'extérieur. — Près du bourg, sur le chemin qui conduit à la route de Baud, croix de pierre mutilée, offrant des sculptures en creux et en relief sur ses différentes faces ; losanges, cercles, croix pattées. ‖ *Ép. moderne.* Près de la chapelle Notre-Dame du Manné-Guen, puits de 1705, récemment restauré, avec une inscription curieuse.

MELRAND. *Ép. romaine.* La voie de Rennes à Carhaix traverse cette commune (C. D.). ‖ *Moyen âge.* Chapelle de Locmaria : grand et moyen appareil. Forme de croix latine. Contre-forts surmontés de pinacles à chou et crosses ; animaux fantastiques à ceux du pignon sud. Crochets aux rampants des pignons. Animaux en gargouilles à la tour. A l'ouest, grande tour carrée, en pierre, flanquée de hauts contre-forts, divisée en deux étages et surmontée d'une flèche polygonale, également en pierre, et ornée de crochets ; la flèche est elle-même flanquée de quatre clochetons à baies trilobées. Une galerie en balustres couronne la tour, qui présente en outre, en sculpture, des mascarons et un écusson à 10 molettes, 4, 3, 2, 1, dans un collier d'ordre. Baies de la tour et de la flèche à trilobes ou à plein cintre avec fronton triangulaire et pilastres Renaissance. Une tourelle polygonale accolée au sud contient un escalier de pierre qui conduit à la cloche. Au-dessous de la tour, porche carré avec des naissances d'arcs pour une voûte, communiquant avec l'intérieur par une porte à anse de panier et accolade à chou et crosses, et avec l'extérieur par une grande

arcade en cintre brisé, à plusieurs retraites, surmonté
d'une accolade et d'un faux pignon et flanqué de pilastres à pinacles, le tout orné de choux et de crochets.
Au sud de la nef, porte à anse de panier et accolade. Au
transept sud, portail à deux baies, à anse de panier,
à retraites et accolade à crosses; petit pilier polygonal au-devant du trumeau, et, au-dessus, écusson à
10 mâcles, 3, 3, 3, 1, le tout encadré d'une arcade
brisée, à retraites, surmontée d'une accolade et d'un
faux pignon à crochets; animal fantastique en guise de
chou; aux côtés, pilastres à pinacles ornés de crosses
et de faux trilobes; tympan à meneaux flamboyants, à
jour. Dimensions dans œuvre : 26 mètres sur 6 environ.
Deux colonnettes cylindriques engagées, au chœur, semblent attendre une arcade. Lambris à clefs pendantes.
Entraits à têtes de crocodiles. Quelques fleurons sur les
sablières. Têtes saillantes aux quatre angles de l'intertransept. Fenêtres à cintre brisé; meneaux flamboyants.
La fenêtre du transept nord est ornée à l'extérieur de
pilastres et d'une accolade à chou et crosses. Au chœur
et dans les transepts, vitraux bien conservés, à compartiments variés; personnages de 0^m,40 à 0^m,50 environ; devises gothiques et en capitales romaines. La
fenêtre du chœur représente, en douze tableaux, à
partir du bas, toute la vie de Jésus-Christ; malheureusement, un retable de 1680 masque le bas et le haut,
ou peut-être a-t-on sacrifié une partie des vitraux pour
encadrer ceux qui restent dans le retable. A la fenêtre
du transept nord, arbre de Jessé, avec cette inscription
au bas, à gauche: YVON. JAN. A celle du transept sud
on voit, au milieu d'édifices d'architecture Renaissance,
l'Annonciation, le Christ mort dans les bras de sa mère,
et, dans un compartiment de droite, un seigneur et sa
femme agenouillés; chacun d'eux porte son écusson sur
son vêtement : le seigneur, d'azur au sautoir d'or, sa
femme, de sable au lion rampant d'argent. Ces écussons se trouvent reproduits au sommet de la même
fenêtre et surmontés d'un autre de gueules à 9 mâcles
d'or (Rohan). Dans le tympan du portail du transept
sud, représentation du Jugement dernier : d'un côté,
les élus glorifiant le Seigneur; de l'autre, les maudits
tourmentés par des démons. On y remarque encore
deux petits écussons, dont un écartelé aux 1 et 4 losangés d'argent et de gueules, aux 2 et 3 d'or à trois fasces
de sable. Piscines à accolade et à anse de panier. Bénitier carré, d'une seule pierre de 0^m,60 de côté environ, posé sur une autre pierre de même taille; la cuve
ordinaire est remplacée par neuf compartiments, dont
un carré au centre et huit sur la bordure en forme de
trapèzes, ceux-ci communiquant avec le compartiment
principal par des orifices inférieurs. Chaire en bois
sculpté, de la Renaissance; arabesques et figures dans
des cartouches. Cadran solaire sur ardoise, de 1661.
— A peu de distance de la chapelle, fontaine ayant la

forme d'un édicule à plein cintre, à retraites, surmonté
d'une accolade à chou et crosses et d'un pignon également à crochets; Christ au sommet, statuettes aux côtés,
sur des colonnettes. Au haut du pignon, écusson à dix
molettes (comme ci-dessus) avec la date 1574. — Chapelle Saint-Fiacre : grand et moyen appareil. Forme
rectangulaire. Contre-forts inachevés. Sur le milieu de
la nef, clocheton en ardoises. Portes à cintre brisé,
à retraites; celle de l'ouest est, en outre, surmontée
d'une accolade et flanquée de pilastres, le tout à chou
et crosses. Dimensions dans œuvre : 26 mètres sur 8.
Fenêtres à cintre brisé; meneaux flamboyants. Au sud,
deux oculus circulaires, dont un à meneaux flamboyants.
Restes de vitraux à devises gothiques; la fenêtre du chœur
est en grande partie masquée. Piscines à accolade. Bénitier exactement semblable à celui de la chapelle de Locmaria (même commune). Jubé de bois à panneaux
sculptés en flammes et trilobes à jour; on y monte par
un escalier de pierre; il est supporté par un chancel, également sculpté à jour, en trilobes, et orné de quelques
fleurons et pilastres à pinacles; les panneaux de l'ouest
sont décorés d'assez bonnes grisailles, représentant les
douze apôtres. — Près de la chapelle, fontaine à anse de
panier surmontée d'un pignon à crochets, flanquée sur
l'arrière de deux autres plus petites et plus modernes.
— Près du confluent de la Sarre et du Blavet, grotte
de 10 pieds environ de profondeur, creusée dans le roc.
C'était, suivant la tradition, l'ermitage de saint Riva-
lain. Dans les temps de sécheresse on s'y rend en pèlerinage pour obtenir de la pluie par l'intercession du
saint (C. D.).

PLUMÉLIAU. *Ép. romaine.* La voie de Rennes à
Carhaix traverse cette commune (C. D.). ‖ *Moyen âge.*
Chapelle Saint-Nicodème : grand, moyen et petit appareil. Forme de croix latine; chevet plat; un bas-côté
au nord. Contre-forts surmontés de pinacles ornés de
trilobes, accolades et crochets. Chou et crosses aux
rampants du toit. A l'ouest, vaste tour carrée, en
pierre, surmontée d'une autre tour polygonale qui
supporte elle-même une flèche sculptée à jour, le tout
orné de clochetons avec personnages et animaux en gargouilles; baies à trilobes ou à plein cintre et accolade
avec pilastres et pignon triangulaire; à chaque étage,
galerie flamboyante, à jour; luxe d'ornementation :
crosses végétales, mascarons, niches à coquilles; hauts
contre-forts. Tourelle polygonale accolée au sud de la
tour carrée et tourelle cylindrique accolée de même au
sud de la tour polygonale du deuxième étage; toutes
deux renferment un escalier de pierre qui conduit à la
cloche. Clocheton en ardoises sur le carré du transept:
il renferme une cloche, à laquelle on n'arrive qu'en
rampant avec peine à travers les combles; elle est en
bronze, de moyenne grandeur, et porte une inscription
gothique avec la date 1597. Sous la tour, porche carré,

flanqué de hautes arcades brisées en fausse architecture d'entre lesquelles s'échappent des naissances d'arcs pour une croisée d'ogives; à droite, on accède à l'escalier des tours par une porte dont le linteau, le fronton et les pilastres offrent les sculptures de la Renaissance. Le porche communique avec l'extérieur par une grande arcade à cintre brisé, à plusieurs retraites, festonné de trilobes à jour et surmonté d'une accolade et d'un faux pignon; pilastres à pinacles aux côtés; le tout à chou et crosses. Communication avec l'intérieur de la chapelle par deux baies à anse de panier, à retraites, surmontées chacune d'une accolade à chou et crosses et séparées par un trumeau orné d'un dais à sculptures Renaissance; le tout encadré dans un large cintre brisé surmonté (comme à l'extérieur) d'une accolade et d'un faux pignon; tympan à jour, à meneaux flamboyants. Au transept nord, porte à anse de panier, à retraites; au transept sud, portes à cintre brisé, à retraites et colonnettes, avec accolade à chou et crosses, pinacles aux deux côtés. Dimensions dans œuvre : 26 mètres sur 9 mètres environ. La nef est séparée du bas-côté par deux arcades à cintre brisé, à plusieurs retraites, pénétrant des piliers polygonaux, à base simple. Lambris à clefs pendantes, sculptées; celle de l'intertransept est figurée par un ange qui tient un blason uni. Les entraits, à têtes de crocodiles, ont été coupés. Sablières sculptées : anges et personnages divers, fleurons, rinceaux, écussons unis, figures grimaçantes. Fenêtres à cintre brisé; meneaux flamboyants à celle du transept sud; un oculus circulaire éclaire le bas-côté. Piscine à accolade, à retraites et colonnettes avec chou, crosses et pinacles aux côtés. Dans le transept nord, tribune en pierre supportée par des arcades plein cintre et voûtée sur croisées d'ogives; les arcades, à retraites, reposent par pénétration sur des colonnettes cylindriques au-devant desquelles sont engagés des piliers polygonaux chargés d'ornements Renaissance (coquilles, losanges, circonférences, fleurons, roues, figurines). Au-dessus d'un autel en pierre placé entre la nef et le bas-côté, écusson que l'on voyait encore sur d'anciens vitraux, aujourd'hui détruits. Dans le chœur, ex-voto de deux figurines de bœuf adossées au mur, sur un cul-de-lampe : allusion à une légende qui concerne la construction de l'église. Dans le bas-côté, sur une banderole tenue par des anges et personnages, inscription gothique en creux, donnant pour l'achèvement de la chapelle la date 1539. Extérieurement, une inscription, indiquant les additions faites à l'édifice, en 1649, par Leralle, architecte du temps de Nicolazo, recteur. — Maison à sculptures Renaissance (fenêtre et cheminée) accolée au chœur et attenant à la sacristie. L'enceinte extérieure de la chapelle est ornée de piliers monumentaux qui peuvent être du XVIIe siècle. — Tout auprès de la chapelle se trouvent deux fon-

taines : une de 1790, l'autre de 1608; cette dernière, très-remarquable, se compose de trois corps, les deux extrêmes en retraite sur celui du milieu. Chacun d'eux est à pignon orné de crosses, animaux, trilobes, personnages, et flanqué de clochetons à sculptures Renaissance; ils sont à plein cintre, à retraites chargées de rinceaux et surmontées d'une accolade à chou et crosses. Des inscriptions modernes se lisent sur un des pilastres du milieu. Enfin, à l'intérieur de chaque compartiment est une niche avec quelques sculptures : au milieu, c'est saint Nicodème, ayant d'un côté un bœuf; de l'autre un homme et une femme; à gauche, saint Gamaliel avec un personnage en prières et un autre qui conduit son porc; à droite, saint Abibon entre deux personnes, d'une à cheval, l'autre priant. Les habitants du pays se lavent la tête et les mains dans l'eau de cette fontaine pour se préserver des maladies épidémiques. (Voir le dessin de la fontaine et celui de la chapelle dans l'album de Cayot-Delandre.) — Chapelle Sainte-Anne : cette chapelle, située très-près de celle de Saint-Nicodème, est encore appelée par les habitants : *le Cloître*. Grand et moyen appareil. Forme de croix latine; chevet plat. Contre-forts inachevés; deux d'entre eux présentent chacun un écusson : 1° à l'ouest, à un sautoir cantonné de 4 billettes (de Langle); 2° au transept nord, parti au 1 d'hermines à 3 chevrons, au 2 à un sautoir chargé de billettes. Larmier orné de quelques fleurons et animaux. Au transept sud, porte plein cintre à plusieurs retraites formées par des tores; à celui du nord, porte à anse de panier; une semblable au sud de la nef; à l'ouest, porte à cintre brisé, à retraites en tores et colonnettes, avec une figure de chaque côté et un écusson au-dessus, à 5 fasces (Rimaison). Dimensions dans œuvre : 23 mètres sur 7 environ. Lambris à clefs pendantes, sculptées; celle de l'intertransept est un ange qui tient un écusson uni. Entraits à têtes de crocodiles. Sablières sculptées : anges présentant des écussons unis, personnages dans diverses positions, animaux fantastiques, religieux et religieuses faisant saillie aux quatre angles du carré du transept. Fenêtres à cintre brisé; meneaux flamboyants; oculus circulaire au nord. Restes de vitraux; à la fenêtre du fond du chœur, en partie bouchée, concert céleste, anges jouant de divers instruments. — Chapelle Saint-Nicolas des Eaux : grand, moyen et petit appareil. Forme de croix latine; chevet plat. Contre-forts adhérents à pinacles sculptés, crosses et faux trilobes. Chou et crosses aux rampants du toit. Animal en gargouille au transept nord. Clocheton en ardoises sur le carré du transept. Au sud de la nef, porte à cintre brisé, à plusieurs retraites, surmontées d'une accolade à chou, crosses et pinacles (actuellement masquée par une misérable chaumière qu'on a accolée à la chapelle). Au transept sud, porte à cintre brisé, à retraites, colonnettes et rinceaux ; à celui du nord, porte à anse de panier et accolade à crochets. A l'ouest, portail à deux baies, à anse de panier, à retraites, surmontées chacune d'une accolade à chou et crosses et séparées par un trumeau orné d'un dais sculpté, le tout dans une grande arcade à cintre brisé, surmonté lui-même d'une accolade et flanqué de pilastres à pinacles; tympan sculpté à jour, en flammes et trilobes. Dimensions dans œuvre : 25 mètres sur 8 environ. Piliers cylindriques engagés aux quatre angles de l'intertransept. Lambris à clefs sculptées ; celle du carré du transept est un ange tenant un écusson uni. Entraits à têtes de crocodiles. Sculptures aux sablières : anges, personnages dans diverses positions, figures grimaçantes, animaux, fleurons ; au sud du chœur, inscription gothique en creux donnant la date de la boiserie, 1524, et le nom du charpentier, Jehan Layec. Fenêtres à cintre brisé, meneaux flamboyants ; celle du fond du chœur est en partie bouchée. Traces d'un oculus circulaire au nord. Fragments de vitraux. Piscines à accolade et à anse de panier. Large bénitier d'une seule pierre, de forme cylindrique, diamètre de 1 mètre environ ; cuve taillée en quatrefeuilles ; point de pied. Niches à culs-de-lampe. Petit cadran solaire sur pierre. || *Ép. moderne.* Église paroissiale de 1696.

### CANTON DE CLÉGUÉREC.

(Chef-lieu : Cléguérec.)

CLÉGUÉREC. *Ép. celtique.* Entre le Gouvello et Bod-er-Mohet, menhir haut de 4 mètres (C. D.). — Sur un chemin nommé *Hent-er-bé* (chemin du Tombeau), conduisant du village de Bod-er-Barz à celui du Gouvello, à l'angle d'un champ appelé *Parc-er-bé* (champ du Tombeau), grotte-aux-fées, presque entièrement en ruines, connue sous le nom de *Ty-en-Torriganet* (Maison des Nains) (C. D.). — A Bod-er-Mohet, autre grotte-aux-fées de 24 mètres de longueur, avec des compartiments intérieurs : on l'appelle *Campren-en-Torriganet* (Chambre des Nains); elle est mutilée. — Dans la lande de Bieuzent est un tumulus de 30 mètres de diamètre à la base (G. D.). — Dans la lande du Reste, autre tumulus de même diamètre (*ibid.*). || *Ép. romaine.* Au nord de Kervéno, retranchement presque circulaire, de 60 à 66 mètres de diamètre (*ibid.*). — Il y en avait un autre près de Kerguerno, qui a été détruit (*ibid.*). || *Moyen âge.* Chapelle de Locmaria : crosses et animaux aux rampants du toit. Portes à anse de panier. Fenêtres à cintre brisé et meneaux flamboyants. A l'extérieur, au sud, inscription en relief, en capitales romaines, avec la date 1578. — Chapelle Saint-Jean : crosses aux rampants du toit. Portes à anse de panier. Fenêtres à cintre brisé et meneaux flamboyants. Vitraux en partie conservés à la fenêtre du chœur; compartiments variés, personnages de 0$^m$,40 à 0$^m$,50 ; légendes gothiques ; représentation de différentes scènes de la vie de saint Jean-Baptiste. — Chapelle Saint-Morvan (ou Malvan). Cette chapelle, située près de la route de Napoléonville à Rostrenen, est sans apparence ; elle a été restaurée en 1693. Cercueil dit *de saint Morvan*, placé au milieu de la nef, forme ovoïde allongée ; sa longueur est de 2$^m$,30 ; couvercle en biseau ; à l'intérieur, la place de la tête légèrement accusée par le ciseau. On introduit les enfants dans ce cercueil par une cassure du couvercle pour les guérir de la colique ou pour les faire marcher de bonne heure. — Tout auprès, sur le bord de la route, une pierre quadrangulaire, haute de 1$^m$,60 environ, porte, sur la face tournée vers la chapelle, une croix en relief à croisillons légèrement pattés.

MALGUÉNAC. *Moyen âge.* Église paroissiale de Saint-Pierre et Saint-Paul. Restes d'une ancienne construction. Cloche en bronze de moyenne grandeur, avec inscription gothique et la date 1478. La nef est reliée aux bas-côtés par des arcades à cintre brisé à plusieurs retraites pénétrant des piliers cylindriques. Au chœur, fenêtres à cintre brisé, meneaux rayonnants et flamboyants mélangés. Quelques fragments de vitraux où l'on distingue encore plusieurs écussons : 1° de gueules à 7 macles d'or 3, 3, 1 (Rohan), seul et allié à d'autres écussons mutilés; 2° d'azur à une fleur de lis d'or. Piscine à trilobe et accolade. Dans le cimetière, deux pierres tumulaires longues de 2 mètres environ, larges de 0$^m$,50 à la tête, 0$^m$,40 aux pieds, portent, l'une en creux, l'autre en relief, une croix dont le sommet est formé par quatre circonférences d'égal rayon ; ces tombes passent pour être celles des seigneurs de Botives (nom d'un village voisin). Tout à côté, croix de pierre qui nous paraît être du XVI$^e$ siècle ; elle a été brisée, mais on voit encore sur les quatre faces de la base des personnages grossièrement sculptés figurant quelques scènes de la Passion. — Chapelle Saint-Gildas : restes d'une ancienne construction. Entraits à têtes de crocodiles. Fenêtre à cintre brisé et meneaux flamboyants. Quelques sculptures grossières à l'intérieur et à l'extérieur : personnages et animaux. Statue en pierre de saint Gildas, haute de 1 mètre environ, ouvrage grossier qui peut être moderne. Grand coffre en chêne, long de 2 mètres, large de 0$^m$,80 et haut de 1 mètre environ, avec des sculptures Renaissance sur la face principale divisée en quatre panneaux accolades à chou et crosses ; animaux fantastiques, anges et saints parmi lesquels saint Gildas et sainte Véronique.

NEULLIAC. *Ép. romaine.* Sur la lande des Quatre-Vents, retranchement carré de 72 mètres sur 60 mètres (G. D.). || *Moyen âge.* Chapelle Notre-Dame de Carmès : additions et restaurations modernes. Au sud, tour carrée en pierre flanquée de hauts contre-forts à retraites et surmontée d'une flèche en ardoises, baies hautes et étroites à plein cintre; elle est accolée d'une tourelle partie polygonale, partie cylindrique, renfermant l'escalier. Au-dessous de la tour, porche carré, avec lambris sur croisée d'ogives en bois dont les retombées sont soutenues par des anges dont un présente un blason. Communication avec l'intérieur par une porte à cintre brisé à plusieurs retraites et colonnettes, avec l'extérieur par un arc également brisé à retraites entre lesquelles courent des rinceaux de vigne et de chêne; ces retraites sont, en outre, surmontées, à l'extérieur, d'une accolade à chou et crosses, avec pinacles aux côtés, posés sur des colonnettes cylindriques réticulées en guise de pilastres; au-dessus, écusson mutilé. Fenêtres à cintre brisé. — Chapelle du Moustoir: portes à cintre brisé simple. Fenêtres à cintre brisé et meneaux flamboyants. Au-dessus de l'autel, sorte de dais ou baldaquin de bois sculpté en flammes à jour. — Au Porzo, ruines de fortification féodale, de 105 mètres de long sur 62 mètres de large (C. D.).

SAINT-AIGNAN. *Moyen âge.* Église paroissiale de Saint-Aignan: quelques restes d'une architecture flamboyante au porche et aux fenêtres. — Près de Corboulo, restes de fortifications avec une butte artificielle de 120 mètres environ de circonférence à la base; la tradition prétend que ce lieu fut habité par des *moines rouges* (Templiers) (C. D.). — A Castel-Finans, ruines de retranchement, grande analogie avec la position de Castennec en Bieuzy; légende de sainte Trifine (*ibid.*).

SAINTE-BRIGITTE. *Moyen âge.* Ruines du château des Salles, qui appartenait autrefois à la maison de Rohan. On ramasse dans les environs une grande quantité de pierres ayant la forme de mâcles; ce serait l'origine des armes de cette famille.

SEGLIEN. *Ép. romaine.* La voie de Rennes à Carhaix traverse cette commune (C. D.). — Sur cette voie, non loin de la chapelle Saint-Germain, borne milliaire renversée, mutilée, tronquée dans sa hauteur; elle a la forme d'un cylindre de 0$^m$,70 de diamètre environ. — Près de la chapelle Saint-Jean, au village du Logeo, borne milliaire coupée en deux parties dans sa hauteur; forme cylindrique, diamètre de 0$^m$,60 à 0$^m$,70. (Suivant un usage répandu dans le pays, on se sert de ces deux fragments appliqués l'un sur l'autre pour broyer le mil.) — Près de la chapelle Saint-Zénon, plusieurs fragments de pierre cylindrique, de 0$^m$,60 environ de diamètre, nous semblent provenir également d'une borne milliaire. — Autre tronçon semblable aux précédents, au village de Coëtanfao. — Près de Toulaou-Brohet, retranchement rectangulaire de 75 mètres sur 50 mètres (C. D.). — Près de Roscadet, autre retranchement (*ibid.*). || *Moyen âge.* Église paroissiale de Notre-Dame de Lorette: additions de la Renaissance. A l'ouest, tour carrée ornée d'une ligne de denticules.

Au sud, porche carré; douze niches, six de chaque côté; communication avec l'intérieur et l'extérieur par une arcade plein cintre à retraites; de chaque côté, à l'extérieur, colonnettes cannelées à chapiteau en volutes; pignon flanqué de clochetons Renaissance et orné, comme la tour, d'une ligne de denticules. Porte occidentale à cintre brisé à retraites. Lambris à clefs pendantes. Entraits à têtes de crocodiles; sablières grossièrement sculptées: figures, personnages, animaux, chasses, écusson à 1 fleur de lis (armes de Coëtanfao). Fenêtres à cintre brisé. Cadran solaire de 1640. Ossuaire avec ouvertures à anse de panier. — Chapelle de Locmaria-Coëtanfao. Grand, moyen et petit appareil. Forme de croix latine. Contre-forts inachevés. Chou et crosses aux rampants du toit. A l'ouest, tour carrée en pierre, surmontée d'une flèche polygonale à crochets et flanquée, au sud, d'une tourelle, également polygonale, contenant un escalier pour aller à la cloche; baies hautes et étroites à plein cintre bordé d'un tore; animaux en gargouilles. Au-dessous de la tour, porche communiquant avec l'extérieur par une arcade à cintre brisé à retraites surmontées d'une accolade à chou et crosses; pilastres à pinacles aux côtés; écussons au sommet (voir plus loin). Portes à cintre brisé. Dimensions dans œuvre: 25 mètres sur 6 mètres environ. Des piliers, aux angles du chœur, étaient destinés à recevoir des arcades. Entraits à têtes de crocodiles; écussons à 1 fleur de lis, unie soit à des mâcles (Coëtanfao), soit à une croix dentelée. (On retrouve ces dernières armes à la chapelle Saint-Laurent en Silfiac.) Sablières sculptées grossièrement: figures humaines, animaux, rinceaux de vigne. Fenêtres à cintre brisé et meneaux flamboyants. Restes de vitraux, compartiments variés, personnages de 0$^m$,50 environ, légendes gothiques, édifices de la Renaissance. A la fenêtre du chœur, divers traits de la vie de la Vierge; écussons au sommet, dont un écartelé aux 1 et 4 échiqueté d'or et de gueules, aux 2 et 3 d'azur à 1 fleur de lis en chef et 2 mâcles en pointe d'or (Coëtanfao). A la fenêtre du transept nord, saint Roch et Jésus crucifié; au sommet, l'écusson de Coëtanfao dans un collier d'ordre. A la fenêtre du transept sud, écusson écartelé au 1 d'argent à 5 fasces de gueules, au 2 de Coëtanfao, au 3 vairé d'argent et d'azur, au 4 d'argent au croissant de gueules, sur le tout d'hermines (Bretagne), au chef de gueules chargé de 3 fleurs de lis d'or. Piscine à accolade avec chou, crosses et pinacles. Culs-de-lampe chargés des écussons ci-dessus mentionnés. — Chapelle Saint-Jean. Grand, moyen et petit appareil. Forme de croix latine. Crosses et animaux aux rampants du toit. Sur le pignon occidental, tourelle carrée et flèche polygonale en pierre; un escalier extérieur conduit à la cloche. Portes à anse de panier ou à plein cintre à retraites. Entraits à têtes de crocodiles. Sablières grossièrement sculptées: figures, personnages, animaux. Fenêtres à cintre brisé et meneaux flamboyants. Fragments de vitraux. Piscine à cintre brisé. — Chapelle Saint-Germain. Forme de croix latine. Contre-forts inachevés. Crosses aux rampants du toit. Portes à anse de panier; celle de l'ouest est, en outre, surmontée d'une accolade à chou et crosses, le tout compris dans une arcade à cintre brisé à plusieurs retraites au-dessus desquelles est encore une accolade; pilastres à pinacles aux côtés. Colonnes cylindriques engagées aux quatre angles du carré, destinées à recevoir des arcades. Entraits à têtes de crocodiles. Sablières sculptées : animaux, personnages, enroulements. Les fenêtres sont à cintre brisé et meneaux flamboyants. Quelques fragments de vitraux. Piscines à trilobe ou à anse de panier avec accolade. — Près de la chapelle Saint-Zénon, croix de pierre portant en creux une autre croix pattée.

SILFIAC. *Ép. celtique.* Près du Moustoir, menhir de 4<sup>m</sup>,50 de hauteur, appelé *Quéguil en diaul* (Quenouille du diable) (C. D.). ‖ *Moyen âge.* Chapelle Saint-Laurent. On vient en pèlerinage à cette chapelle pour obtenir la guérison des maux de pieds; on se les lave dans une petite fontaine située dans la chapelle même. Grand et moyen appareil. Forme de croix latine. Contre-forts adhérents, à retraites. Ceux du chœur sont ornés chacun d'une niche à dais sculpté en trilobe, accolade et pinacles; en guise de cul-de-lampe, d'une part on voit un homme riant et unissant la patte d'un lièvre à celle d'un chien, de l'autre un écusson mutilé tenu par le bec d'un oiseau. Crosses aux rampants du toit. Clocheton carré en pierre sur le portail occidental. Une tourelle polygonale, également en pierre, s'élève au sud du pignon ouest, et renferme un escalier qui conduit à un autre pratiqué sur le toit jusqu'à la cloche. Portes à cintre brisé à plusieurs retraites surmontées d'une accolade à chou, crosses et pinacles. Dans le chœur, porte à anse de panier. Dimensions dans œuvre : 21 mètres sur 6 mètres environ. Des piliers polygonaux, aux quatre angles de l'intertransept, étaient destinés à recevoir des arcades. Entraits à têtes de crocodiles, au chœur. Quelques figures sculptées sur les sablières. Fenêtres à cintre brisé; meneaux rayonnants et flamboyants mélangés. Oculus circulaire au transept sud. Restes de vitraux; quelques écussons : 1° de gueules à une croix dentelée d'argent; 2° d'azur à une fasce d'hermines; 3° de gueules à 9 mâcles d'or (Rohan). Piscines à trilobe et accolade; à celle du chœur, l'accolade est à plusieurs retraites, avec chou, crosses, pilastres à pinacles et rinceau de vigne dans les retraites. Au transept sud, à l'extérieur, deux niches jumelles à culs-de-lampe sculptés en feuilles de vigne et dais à trilobe et accolade; écusson des Rohan plusieurs fois répété. Dais et culs-de-lampe également ornés à l'intérieur. Cadran solaire. Dans l'intérieur de la chapelle,

près de l'autel du transept septentrional se trouve la fontaine ci-dessus mentionnée; elle est particulièrement dédiée à saint Nodez.

CANTON DU FAOUËT.

(Chef-lieu : LE FAOUËT.)

BERNÉ. *Ép. celtique.* Près de Kerlivio-Pont-Ulaire, menhir haut de 4<sup>m</sup>,50 (C. D.). ‖ *Ép. romaine.* Près de Zinsec, retranchement circulaire de 320 mètres de circonférence (C. D.). ‖ *Moyen âge.* Chapelle Saint-Talbot (ou Saint-Herbaud). Grand et moyen appareil. Forme de croix latine. A l'ouest, petite tour carrée en pierre surmontée d'une flèche flanquée de quatre clochetons et des symboles des évangélistes; on y accède par un escalier extérieur au nord. Porte occidentale à plein cintre à retraites, avec accolade à chou et crosses et pilastres à pinacles. Porte à cintre brisé, au transept sud. Dimensions dans œuvre; 18 mètres sur 5 environ. Quatre colonnes cylindriques, à base simple, engagées aux angles de l'intertransept, étaient destinées à recevoir des arcades. Entraits à têtes de crocodiles. Sablières grossièrement sculptées : figures humaines, écusson à 9 besants (Malestroit, puis Pontcallec). Fenêtres à cintre brisé et meneaux flamboyants. Traces de vitraux. Piscines à accolade. Tribune en bois de 1665, présentant un écusson composé de neuf blasons : 1° à neuf besants (Pontcallec); 2° à neuf mâcles (Rohan); 3° à trois pots; 4° au lion rampant; 5° à trois merlettes surmontées de trois quintefeuilles; 6° fascé; 7° à deux chevrons; 8° au chef chargé d'un lambel; 9° à trois pals, ou palé. Culs-de-lampe sculptés en feuilles de vigne et de chêne. — Chapelle Saint-Germain. Grand et moyen appareil. Forme rectangulaire. Petites fenêtres à cintre brisé et trilobe; celle du chœur plus grande, à meneaux flamboyants. Au sud, à l'extérieur, écusson sculpté, au chef chargé d'un lambel. — Près de la route du Faouët à Guémené, ruines du moulin de Kernenec; il est très-élevé, tout en pierre; il a 5 mètres de diamètre, y compris l'épaisseur de sa muraille, qui est de 1 mètre. Un escalier de pierre conduit au premier étage, qui surplombe à l'extérieur. ‖ *Ép. moderne.* Église paroissiale de Saint-Brewin : construction de 1666 et reconstructions postérieures (1772). Grand et moyen appareil. Au-dessus du pignon occidental s'élève une tour carrée en pierre avec flèche polygonale à crosses, flanquée de quatre clochetons reliés par des frontons triangulaires; la tour fait saillie sur la face principale à l'aide de quatre consoles à retraites (imitation de Saint-Fiacre et de Kernascleden); aux angles, on remarque les symboles des quatre évangélistes. On arrive à la cloche par un escalier de pierre extérieur au nord. A l'ouest se voit une porte à anse de panier surmontée d'une accolade à chou et crosses; pilastres à pinacles aux côtés.

FAOUËT (LE). *Moyen âge.* Église paroissiale de Notre-Dame du Rosaire : restaurations en 1743. Grand et moyen appareil. Forme de croix latine; deux bas-côtés. Chœur polygonal. A l'ouest, tour carrée en moellons, amortie en ardoises; baies en trilobe. Un escalier de pierre, placé à l'intérieur de l'église, au sud, conduit à la cloche. Au-dessous de la tour, porche carré, communiquant avec l'intérieur par une arcade à cintre brisé à plusieurs retraites et tores portés sur de simples tailloirs. Autre porche également carré, au sud, communiquant avec l'intérieur par une arcade à cintre brisé à retraites et colonnettes, surmonté d'une accolade à chou et crosses, pinacles aux côtés; avec l'extérieur, par un plein cintre aussi à retraites et accolade; pignon à crochets. Dimensions dans œuvre : 28 mètres sur 12 environ, y compris les bas-côtés. Six travées d'architecture. La nef est reliée aux bas-côtés par de vastes arcades à cintre brisé doublées, portées par pénétration sur des piliers cylindriques et polygonaux de deux en deux, à base haute. Lambris très-élevé, à clefs pendantes. Entraits à têtes de crocodiles. Fenêtres à cintre brisé, meneaux rayonnants et flamboyants mélangés. Traces de vitraux. Piscines à trilobe et accolade. Au sud de la tour, ossuaire avec porte à anse de panier et baies à trilobe; mais les pierres trilobées paraissent avoir été encastrées postérieurement à la construction primitive. — Chapelle Saint-Fiacre : c'était la chapelle principale de la commanderie de Saint-Jean du Faouët; elle passe pour être la sœur de celle de Kernascleden en Saint-Caradec Trégomel, bâtie vers le milieu du xvᵉ siècle. Grand et moyen appareil. Forme de croix latine; un bas-côté au nord. Contre-forts adhérents, surmontés de pinacles à chou et crosses, et flanqués de quatre clochetons semblables. Choux, statuettes, crochets et animaux aux rampants du toit. Gargouilles en pierre à l'ouest. Au-dessus du portail occidental, tour carrée en pierre, surmontée d'une flèche polygonale à crochets; cette flèche est supportée par huit colonnes cylindriques séparées par des baies à plein cintre et flanquée de quatre clochetons que relient des frontons triangulaires à ornements flamboyants. La tour est couronnée d'une galerie à meneaux en flammes à jour, soutenue en avant de la face principale par de petites arcatures en saillie les unes sur les autres. De chaque côté s'élève une tourelle polygonale à flèche et galerie flamboyante; celle du sud, un peu en retraite sur celle du nord (ce qui est disgracieux), contient un escalier de pierre qui conduit à la cloche. Une galerie, également flamboyante, réunit chacune des tourelles à la tour. Au sud, porche carré à pignon voûté en pierre sur croisée d'ogives; de chaque côté, niches pour les apôtres, dont les statues manquent, avec culs-de-lampe et dais sculptés (rinceaux, trilobes et accolades); communication avec l'extérieur par une arcade plein cintre

à bordure en trilobes à jour surmontée d'une accolade à chou et crosses, avec l'intérieur par deux baies à cintre brisé séparées par un trumeau à dais et bénitier, le tout encadré d'un autre cintre brisé à retraites et colonnettes; rinceaux dans les retraites. Les portes, à cintre brisé à retraites et colonnettes à base simple et chapiteau sculpté, sont surmontées d'une accolade à chou et crochets, avec pilastres aux côtés; l'une d'elles est, en outre, ornée de rinceaux. Dimensions dans œuvre : 30 mètres de longueur sur 11 environ de largeur à la nef et 6 mètres au chœur. Cinq travées d'architecture. Arcades très-larges, légèrement brisées, à retraites, reposant par pénétration sur des colonnes cylindriques à base simple et peu élevée; au chœur, les retraites des arcades se terminent en faisceau de colonnettes. Grandes arcades en fausse architecture au chœur et dans les transepts. Lambris sur arceaux à clefs pendantes. Des naissances d'arcs en pierre au chœur, ainsi qu'au carré et aux bras du transept, indiquent qu'on avait eu l'idée d'une voûte en pierre sur croisées d'ogives. Entraits à têtes de crocodiles et figures humaines. Sablières également sculptées : animaux, figures grimaçantes, anges présentant des écussons unis. Fenêtres à cintre brisé; meneaux rayonnants et flamboyants mélangés. Au sud du chœur, oculus circulaire à meneaux flamboyants. Au bas-côté nord, petite fenêtre à quatrefeuille et trilobes seulement. Enfin, à une fenêtre du sud, meneaux rayonnants en rose. Une fenêtre du nord de la nef présente, à l'extérieur, un pignon qui fait symétrie à celui du porche. Au-dessus de la porte occidentale, de petites baies à accolade à chou et crochets sont aujourd'hui bouchées. Vitraux bien conservés à presque toutes les fenêtres; panneaux à compartiments variés; personnages de 0ᵐ,40 à 0ᵐ,70; fonds d'architecture Renaissance; quelques mutilations dans les panneaux supérieurs qui portaient des écussons. Au fond du chœur, différentes scènes de la passion et de la résurrection du Sauveur. Au transept nord, la naissance du Christ, la visite d'Élisabeth, la Circoncision, etc. Au fond du transept sud, concert des anges; et au-dessous, divers traits de la vie de saint Fiacre dont chaque tableau est expliqué par une inscription gothique. La même fenêtre porte une inscription en capitales romaines, avec la date 1552 et le nom de l'ouvrier Pierre Androuet. A une autre fenêtre du transept sud, martyrs et divers personnages de l'Écriture sainte : le nom de chacun est indiqué sur un phylactère en lettres gothiques; sculptures en anse de panier et accolade; traces d'une inscription. Dans la nef, à une fenêtre du sud, on remarque un chevalier coiffé d'un casque, et au bas, inscription en capitales romaines avec la date 1557. A une fenêtre du nord, concert d'anges, et au-dessous, l'enfance du Christ; on lit en bas : 155.. Parmi les écussons qui se voient au sommet de tous ces vitraux, il en est un d'argent à cinq fusées de gueules accolées en fasce (Bouteville), plusieurs fois répété. A l'autel gauche de la nef, retable en pierre, grossièrement sculpté, représentant le martyre de saint Sébastien; ornementation en quatrefeuilles. Piscines à accolade à retraites, avec chou, crosses et pilastres; quelques-unes plus ornées, trilobe, encadrement de rinceaux de vigne. Riche jubé en bois sculpté à jour, surmontant un chancel qui sépare la nef de l'intertransept. Du côté de la nef, on voit au milieu du jubé le Christ et les deux larrons; au pied de la croix du Sauveur se tiennent la Vierge et saint Jean; au-dessous, cinq arcades en accolade sont terminées par des anges à leur partie inférieure; d'autres anges et personnages divers, d'innombrables rinceaux, ornent également l'intrados de ces arcades, au-dessus desquelles dix panneaux, découpés aussi en accolade et sculptures flamboyantes, offrent le monogramme du Christ et plusieurs anges en prières. On lit aux arcades inférieures deux inscriptions en lettres gothiques, entre autres la date 1480 et le nom de l'ouvrier Olivier le Loergan. Du côté du chœur, dix nouveaux panneaux, sculptés en flammes et trilobes, présentent à la partie supérieure des animaux et des ornements fleuris; et au-dessous, comme du côté opposé, mais avec moins de richesse dans le travail, s'ouvrent cinq grandes accolades chargées d'anges et de personnages. Le jubé repose sur deux rangées d'arcatures en cintre brisé et de croisées d'ogives à clefs pendantes; le tout porté par un chancel également en bois finement sculpté à jour en flammes et trilobes. Au centre est une large porte, et de chaque côté trois compartiments en accolade à chou et crosses comme la porte; celle-ci seule a été entièrement achevée; elle est chargée de rinceaux de vigne, de figures, et flanquée de pilastres à statuettes, parmi lesquelles on reconnaît saint Fiacre. La bordure supérieure du chancel présente des rinceaux, des figures grimaçantes, des moines dans diverses postures, des animaux fantastiques, et enfin la scène du renard et des poules. On montait autrefois sur le jubé par un escalier placé dans le transept sud (voir l'album de C. D.). Banc de pierre à l'intérieur, tout autour de la chapelle et aux piliers de l'intertransept. Culs-de-lampe sculptés. Nombreux fragments de statues, sans doute celles des apôtres qui étaient au porche; l'une d'elles porte un écusson à trois fasces (Le Rousseau); parmi ces fragments on remarque deux statuettes, une représentant un chevalier, une autre sainte Catherine qui tient de la main droite une épée et de la gauche une roue. Sur une colonne de l'intertransept, écusson à trois bandes (Prévost). Dans la nef, niche avec dais sculpté en trilobes et accolades. Autres niches sculptées à l'extérieur, aux contre-forts; à l'une d'elles on voit un homme qui mord la queue d'un chien, à une autre un gros personnage qui réunit deux pattes, celle d'un chien et celle d'un lièvre. (On trouve

cette sculpture à plusieurs chapelles.) Écussons unis ou mutilés. — Chapelle Sainte-Barbe: élevée sur des rochers qui bordent l'Ellé, elle a été rendue accessible à l'aide de larges escaliers en pierre à balustres d'une époque relativement moderne. Grand et moyen appareil. Le maître-autel seul fait une saillie polyédrale au nord-est; le reste du monument a la forme d'un rectangle dont le plus grand côté se dirige du sud-est au nord-ouest. Contre-forts épais, adhérents à la muraille, à simples retraites et pinacles inachevés. Aux extrémités du toit, épis en forme de tiare surmontée d'une petite croix. Double larmier. Petite tourelle polygonale en pierre au nord-ouest de la chapelle. Une construction carrée extérieure, et formée de quatre piliers couverts d'un toit en ardoises, contient la cloche. Au sud-ouest, deux portails. Chacun se compose d'une double baie à anse de panier, surmontée d'une accolade à crochets, avec colonnettes simples : à l'un d'eux, le trumeau est chargé d'un bénitier sculpté; à l'autre, on voit un piédestal et un dais, mais la statue manque; en outre, à chaque portail, les deux baies sont encadrées d'une arcade à cintre brisé à plusieurs retraites surmontées d'une accolade à crosses; pilastres aux côtés; tympan sculpté à jour en flammes et trilobes. Dimensions dans œuvre : 16 mètres sur 5 environ. Quatre piliers cylindriques engagés, à base simple, reçoivent par pénétration de grandes arcades à cintre brisé à retraites. Voûte en pierre sur croisée d'ogives. Sur les arcs ogives, anges sculptés présentant un blason; tous les écussons ont été grattés : sur l'un d'eux, cependant on distingue trois pommes de pin versées, surmontées d'un lambel à cinq pendants (Talhouët). D'autres statuettes en pierre ornent encore les arcades. Fenêtres à cintre brisé et meneaux flamboyants. Restes de vitraux anciens, mais tellement détériorés qu'on distingue difficilement les personnages, dont les plus grands ont 0<sup>m</sup>,80 environ, se détachant sur des fonds d'architecture Renaissance; compartiments variés; traces d'inscriptions gothiques; divers traits de la vie de sainte Barbe; la Vierge tenant l'enfant; écusson d'azur à un château d'or (Coëtquénan). Piscines à anse de panier et accolade. Sculptures sur panneaux de bois formant tribune : on y remarque des animaux de toute espèce, un renard portant un livre ouvert sur le dos et poursuivant une poule, quelques personnages, un moine étendant les bras, deux autres présentant une tête de mort, des hommes montrant leur tête entre leurs jambes, un ange jouant de la viole, un autre de la harpe; le tout entremêlé d'ornements fleuris, grappes de raisin, etc. Ces panneaux sont soutenus par des anges portant des blasons qui ont été mutilés : on en distingue cependant encore deux, dont un à cinq fusées accolées en fasce (Bouteville); on voit aussi ces armes sous un cul-de-lampe. L'autre blason est parti de Bouteville et de trois fasces (Le Rousseau). Plusieurs culs-de-lampe ornementés; les statues ont disparu; on en voit encore une dans un coin de la chapelle : c'est une femme debout, la main gauche posée sur un livre, peut-être sainte Barbe. Sur un des culs-de-lampe on lit une inscription en lettres gothiques fixant la construction de la chapelle à l'année 1489. Une petite chapelle moderne, dédiée à saint Michel, est reliée à Sainte-Barbe par un des escaliers en pierre. — Chapelle Saint-Sébastien. Grand et moyen appareil. Forme de croix latine. Chœur polygonal. Contre-forts adhérents, surmontés de pinacles à crochets. Gargouilles figurées par des personnages et des animaux au-dessus des contre-forts. A l'ouest, clocheton en pierre, carré, à jour, avec des crochets aux rampants et un escalier en pierre au dehors pour arriver à la cloche; baies carrées et à plein cintre. Portes à plein cintre surmonté d'une accolade avec crochets et chou; de chaque côté, un petit pilastre avec chapiteau à volute et figure humaine. Dimensions dans œuvre : 26 mètres sur 8 environ. Quatre piliers cylindriques au carré du transept. Lambris à clefs pendantes. Entraits à têtes de crocodiles. Les sablières sont chargées de sculptures curieuses : personnages dans diverses positions, animaux fantastiques, fleurs, inscriptions donnant les dates de 1600 et de 1608, avec le nom de Gabriel Brenier comme sculpteur de la boiserie; on remarque, entre autres sculptures, le martyre de saint Sébastien, la scène du renard et des poules (comme à Saint-Fiacre et à Sainte-Barbe), une chasse au sanglier, enfin une sorte de danse macabre composée de dix personnages, hommes et femmes, conduits par le diable au son du biniou; aux quatre angles du carré du transept, des anges sortent tout entiers de la sablière. Fenêtres à cintre brisé avec traces de meneaux. Oculus circulaire au sud. Quelques fragments de vitraux; on y distingue encore un écusson d'or à cinq fusées de gueules. On voit encore le même blason traversé par une cotice d'azur, non loin du précédent. A l'intérieur, deux culs-de-lampe sont figurés par des personnages grotesques dont on ne voit que la partie supérieure; l'un entr'ouvre son vêtement, l'autre se serre le ventre, tous deux comme malades et ayant envie de vomir. A l'extérieur, sur le mur qui ferme le transept nord, inscription en relief encadrée d'entrelacs; elle apprend que la chapelle fut commencée en 1598. || *Moyen âge* et *Ép. moderne.* Dans la ville, rue du Château, maison avec porchet; la poutre supérieure, soutenue par une colonnette cylindrique, est ornée d'une ligne de petits modillons et porte la date 1656, avec des chevaux sculptés aux deux extrémités. Quelques autres maisons, les unes en bois, à pignon et porchet, les autres en pierre, avec fenêtres à pilastres et à fronton triangulaire ou en arc de cercle.

GUISCRIFF. *Ép. celtique.* Près de la chapelle Saint-Jean, menhir de $5^m,50$ (C. D.). — A l'est de Kerviniou, dolmen qui n'a plus que quatre supports sur six qu'il avait autrefois (C. D.). || *Moyen âge.* Église paroissiale de Saint-Pierre : restaurée en 1670. Grand et moyen appareil. Forme de croix latine; deux bas-côtés. Chou, crosses et animaux aux rampants du toit. Dimensions dans œuvre : 33 mètres sur 14 environ. Sept travées d'architecture. Piliers polygonaux à base simple et peu élevée, recevant par pénétration de hautes arcades à cintre brisé. Au-dessus du chœur, lambris à clefs pendantes. Les sablières du chœur offrent quelques sculptures : figures humaines, animaux, ornements fleuris. Fenêtres à cintre brisé et meneaux flamboyants : celle du fond du chœur est très-grande; celles des murs latéraux sont simplement brisées. Plusieurs tombes avec des écussons détériorés. — Chapelle Saint-Antoine : il y a trois pardons (assemblées) par an à cette chapelle. Grand et moyen appareil. Croix latine. Contre-forts avec pinacles inachevés. La tour, abattue, il y a quelques années, par la foudre (qui tomba le même jour sur la chapelle de Saint-Urlo en Lauvénégen), a été reconstruite en pierre dans la forme primitive; elle est carrée, surmontée d'une flèche et flanquée de quatre clochetons ornés de crochets, avec des personnages et animaux formant gargouilles. On arrive à la cloche par un escalier de pierre extérieur. Portes à anse de panier, sans ornements; celle de l'ouest est surmontée d'un blason. Dimensions dans œuvre : 20 mètres sur 5 environ. Lambris sur arceaux formant croisée d'ogives au carré du transept, aux quatre coins duquel des figures sculptées font saillie. Fenêtres à cintre brisé et meneaux flamboyants. Le vitrail du fond du chœur fut brisé en même temps que le clocher. Dans les transepts, retables de 1686, remarquablement sculptés. — Chapelle Saint-Maudé[1] : grand et moyen appareil. Croix latine. Au chevet de l'église, deux contre-forts adhérents, surmontés d'animaux, sans pinacles. Portes simples à cintre brisé. Dimensions dans œuvre : 20 mètres sur 5 environ. Les entraits du chœur et du transept sont chargés, aux extrémités, de têtes de crocodiles et, au milieu, d'anges portant des banderoles sans inscriptions. Sablières en partie ornées de figures humaines et de feuillage. Fenêtres à cintre brisé; celle du fond du chœur est surmontée, à l'extérieur, d'un pignon à crochets. A cette même fenêtre, il reste deux panneaux qui représentent Jésus tombant sous sa croix et la Résurrection. Au milieu de quelques restes de vitraux, dans la petite fenêtre du chœur, côté du midi, écusson d'azur au chef d'or chargé de trois coquilles de gueules. Deux statues en granit; l'une, haute de $0^m,70$ environ, paraît avoir été encastrée primitivement dans un des murs de la chapelle : elle représente saint Maudé ayant la crosse d'une main et un livre de l'autre; inscription

---

[1] Nous devons la description de cette chapelle, que nous n'avons point vue, à M. l'abbé Kerdaffret, alors professeur au séminaire de Vannes.

gothique à la base. L'autre, de 1ᵐ,4o environ, placée dans le transept méridional, à droite de l'autel, figure un personnage retenant des deux mains ses entrailles qui s'échappent de son ventre ouvert; il est coiffé d'une toque plate. — Chapelle Saint-Éloi : on vient en pèlerinage, le 24 juin, baigner les chevaux dans la fontaine. Chevaux de bois en *ex-voto.* Grand et moyen appareil. Croix latine. Contre-forts adhérents, surmontés de pinacles à chou et crosses. Au sud, porte à anse de panier, pilastres et accolade à crochets; à la place du chou, ange tenant une banderole avec inscription gothique. Autres portes à cintre brisé, à retraites et colonnettes. Dimensions dans œuvre: 23 mètres sur 6 environ. Fenêtres à cintre brisé et meneaux flamboyants; celle du fond du chœur est surmontée, à l'extérieur, d'un écusson d'hermines plein (Bretagne). Une petite statue en bois représente saint Éloi tenant une jambe de cheval, et à côté de lui on voit un cheval qui n'en a que trois. Des sculptures de chaque côté du chœur figurent, l'une un dragon, l'autre un limaçon; de la bouche de ce dernier s'échappe un ruban portant une inscription gothique, où se lisent le nom du sculpteur Macé et la date 1501 ou 1550.

, LANVÉNÉGEN. *Moyen âge.* Église paroissiale de Saint-Cognogan (ancienne chapelle tréviale de Guiscriff) : quelques additions modernes. Grand et moyen appareil. Forme rectangulaire; deux bas-côtés prolongés jusqu'au fond du chœur. Crosses et animaux aux rampants du toit. A l'ouest, tour carrée en pierre, surmontée d'une flèche polygonale à crosses, flanquée de quatre clochetons reliés par des frontons triangulaires; aux angles, les symboles des évangélistes. La tour est, en outre, ornée d'arcades en fausse architecture, de mascarons et de denticules; on y accède par un escalier de pierre extérieur, au nord. Porche carré au sud, communiquant avec l'intérieur par une arcade à anse de panier, avec l'extérieur par une porte à cintre brisé à retraites. Porte occidentale à anse de panier avec accolade à chou et crosses et pilastres à pinacles. Six travées d'architecture. Piliers cylindriques ou polygonaux, à base simple, recevant par pénétration des arcades à cintre brisé à retraites. L'une des colonnes porte une inscription gothique en relief fixant la construction de cette église à l'année 1508. Entraits à têtes de crocodiles. Figures grossièrement sculptées sur les sablières. Fenêtres à cintre brisé et meneaux flamboyants. Une fenêtre au nord présente, à l'extérieur, un pignon symétrique avec celui du porche. Restes de vitraux à compartiments variés, personnages de 0ᵐ,6o environ, fonds d'architecture à anses de panier et accolades; on voit à la fenêtre principale divers traits de la vie et de la passion de Jésus-Christ. Au chœur, dais sculpté en trilobe et accolade. Cadran solaire sur ardoise, de 1550; les heures y sont indiquées en caractères gothiques. —

Chapelle Saint-Urlo. Grand et moyen appareil. Forme de croix latine. Chevet plat. Crosses aux rampants du toit. A l'ouest, tour carrée en pierre, avec flèche polygonale à crosses, flanquée de quatre clochetons que relient des frontons triangulaires sculptés en flammes à jour; aux angles, les symboles des quatre évangélistes. Un escalier extérieur, au nord, conduit à la cloche. Portail occidental formé de deux baies à plein cintre encadrées d'une arcade légèrement brisée et surmontée d'une accolade à chou et crosses; pinacles aux côtés. Autres portes à cintre brisé avec ou sans accolade. Dimensions dans œuvre : 23 mètres sur 5 environ. Entraits à têtes de crocodiles. Sablières grossièrement sculptées : rinceaux, enroulements; personnages en saillie aux quatre angles de l'intertransept. Fenêtres à cintre brisé et meneaux flamboyants. Quelques fragments de vitraux avec devises gothiques. Tribune en bois de 1712. Cadran solaire sur ardoise, de 1603. Tout près de la chapelle, pierre levée de 1 mètre environ hors de terre, qui a été sculptée à une époque postérieure et qui peut avoir été un lec'h; on l'avait creusée au sommet pour y planter une croix.

MESLAN. *Moyen âge.* Église paroissiale de Notre-Dame. Grand et moyen appareil, Forme de croix latine, deux bas-côtés. Crosses et animaux aux rampants du toit. A l'ouest, tour carrée en pierre, surmontée d'une petite flèche polygonale à crosses, flanquée de quatre clochetons que relient des frontons triangulaires. Un escalier de pierre au nord de la tour conduit à la cloche. Au sud, porche carré surmonté d'un pignon à chou et crosses, communiquant avec l'intérieur par une arcade à cintre brisé à retraites, avec accolade à chou et crosses, pinacles aux côtés; avec l'extérieur, par un plein cintre également à retraites et accolade; au-dessus, écusson uni. Aux côtés du porche, à l'intérieur, petites sablières ayant chacune une inscription en capitales romaines en relief, tenue par des animaux : on y apprend que cette église a été refaite en 1577. Porte occidentale à deux baies en plein cintre à retraites, encadrées d'une grande arcade également à plein cintre. Au sud, porte à anse de panier. Dimensions dans œuvre: 28 mètres sur 11 environ, y compris les bas-côtés. Sept travées d'architecture. La nef est reliée aux bas-côtés par de grandes arcades à cintre brisé à plusieurs retraites pénétrant des colonnes cylindriques à base simple. Lambris à clefs pendantes. Entraits à têtes de crocodiles. Quelques figures grossièrement sculptées sur les sablières. Au sud, fenêtres à cintre brisé avec pignon extérieur. Au nord, deux fenêtres hautes et étroites, évasées à l'intérieur; à l'ouest, petite fenêtre semblable, à plein cintre et trilobe. On a relégué dans un coin du cimetière un bénitier d'une seule pierre, sans pied, de 1 mètre de diamètre environ; il présente huit faces égales à l'extérieur, et sa cuve est taillée à huit lobes qui se correspondent. Au-dessus de la fenêtre du chœur, à l'extérieur, se voit un écusson.

**PRIZIAC.** *Moyen âge.* Église paroissiale de Saint-Bého. Restes de deux époques de construction. Forme de croix latine; deux bas-côtés. Clocher en ardoises au-dessus du carré du transept. Porte occidentale à cintre brisé à retraites et accolade. Arcades à cintre brisé simple; celles de l'intertransept sont en plein cintre, à retraites formées par de gros tores; ces arcades reposent sur des colonnes cylindriques engagées à chapiteaux romans (entrelacs, figures grossières, lignes contournées); malheureusement la plupart de ces chapiteaux ont été retaillés et sont aujourd'hui unis. Fenêtres à cintre brisé et meneaux flamboyants; celle du fond du chœur est aujourd'hui bouchée. Au sud, fenêtre géminée à trilobes aigus, bouchée en partie. Cadran solaire de 1600. Dans le cimetière, fragments de calvaire en granit avec traces d'inscriptions gothiques et lec'h aujourd'hui renversé, ayant la forme d'un cône régulièrement taillé (comme celui de Plouharnel), haut de 3 mètres, large de 0<sup>m</sup>,50 à la base, de 0<sup>m</sup>,40 à la tête environ, creusé postérieurement au sommet, qui a dû recevoir une croix. Suivant la tradition du pays, cette borne était un canon sur lequel saint Bého serait venu d'Angleterre. — Chapelle Saint-Nicolas (voir dans C. D. le détail des réjouissances qui signalaient jadis le pardon de cette chapelle). Grand et moyen appareil. Forme de croix latine. Contre-forts inachevés. Crosses et animaux aux rampants du toit. A l'ouest, clocher et flèche en pierre, de construction récente; une petite tourelle polygonale au sud, reliée à la tour par une galerie sculptée en flammes à jour, contient l'escalier. Porte occidentale à cintre brisé à retraites; pilastres aux côtés; les autres portes sont à anse de panier ou accolade. Au sud, oculus circulaire à meneaux flamboyants. Dimensions dans œuvre : 22 mètres sur 5 environ. Des piliers cylindriques à base simple, engagés aux angles de l'intertransept, étaient destinés à recevoir des arcades. Entraits à têtes de crocodiles. Figures grossièrement sculptées sur les sablières; on y trouve la date 1580 (que nous croyons lire aussi en dehors, au-dessus du portail ouest). Fenêtres à cintre brisé et meneaux flamboyants. Restes de vitraux à compartiments variés; personnages de 0<sup>m</sup>,60 environ, fonds d'architecture Renaissance mélée d'anses de panier et d'accolades; quelques traits de la vie de saint Nicolas. Piscines à anse de panier et accolade. Un jubé et un chancel en bois assez élégamment sculptés séparent la nef de l'intertransept. Le jubé est divisé de chaque côté en trois travées, qu'indiquent des arceaux à pendentifs figurés de deux en deux par des anges; fresques dans les compartiments, anges tenant des banderoles où se lisent des passages de l'Écriture sainte en capitales romaines. Au-dessus, du côté du chœur, se voient les douze apôtres dans des niches sépa-

rées par des cariatides; du côté de la nef, diverses scènes de la vie de saint Nicolas sont reproduites sur neuf panneaux séparés de même, le tout entremêlé d'ornementations de la Renaissance. Le chancel présente des colonnettes à chapiteaux en volutes, arabesques et mascarons. — Au bourg, près de l'église, maison en pierres de grand et moyen appareil; fenêtres et cheminée à ornements de la Renaissance; porte à plein cintre, et à côté portail semblable, aujourd'hui bouché, au-dessus duquel est gravée une inscription avec la date 1579. — Près de l'étang de Priziac, non loin de Kervenach, ont été trouvées, en 1860, environ deux mille monnaies carolingiennes.

### CANTON DE GOURIN.

(Chef-lieu : Gourin.)

**GOURIN.** *Ép. celtique.* Au nord de Kerbiguet, menhir de 4 mètres de hauteur; deux autres renversés à côté (C. D. art. Guiscriff.) — Près du manoir de Men-Guyonett, dolmen en ruines (Catal.). — Près du même manoir, petite butte (*ibid.*). || *Ép. romaine.* Non loin de Quistinit, retranchement dont les parapets sont détruits en partie (C. D.). — Près de la chapelle Sainte-Julienne, retranchement (Catal.). || *Moyen âge.* Église paroissiale de Saint-Pierre et Saint-Paul : terminée vers 1500. Grand et moyen appareil. Forme rectangulaire; deux bas-côtés. Chœur polygonal. Contre-forts adhérents à simples retraites, surmontés de clochetons à crochets. Crosses aux rampants du toit, avec animaux aux extrémités. Traces d'une ancienne tour; le portail ouest et le clocher qui le surmonte sont modernes (1745). Porche de 1676. Portes à anse de panier ou à cintre brisé; la principale est surmontée d'une accolade ornée de crochets et d'un chou épanoui. La porte qui conduisait à l'escalier de l'ancienne tour, au sud, est à cintre brisé à plusieurs retraites avec colonnettes et petits chapiteaux. Dimensions dans œuvre : 39 mètres sur 16 environ. Sept travées d'architecture. Les bas-côtés sont reliés à la nef par des arcades à cintre brisé portées par pénétration sur des piliers polygonaux à base simple et peu élevée; deux d'entre eux offrent, en guise de chapiteaux, des figures, des animaux, des volutes qui ont été rapportés. Deux grandes arcades isolent la travée du milieu, au-dessus de laquelle s'élevait la tour primitive. Voûte de la nef en plein cintre; blocage. L'abside, sur croisée d'ogives, présente à la clef un blason mutilé supporté par deux lions. Entraits à têtes de crocodiles aux extrémités. Restes de sablières avec figures sculptées. Fenêtres à cintre brisé; formerets et meneaux flamboyants; fenêtres du sud pignonnées à l'extérieur avec chou, crosses et animaux; celle qui surmonte la porte méridionale offre des meneaux rayonnants. Fragments dépareillés de vitraux. Au nord de l'église, il y avait autrefois deux enfeux qui ont été bouchés. Cadran solaire. Des fragments de sculptures en bois du XVI<sup>e</sup> siècle, découpées à jour, et dont on ignore la destination première, ont été donnés par M. Le Mauguen, curé de Gourin, au mus. arch. — Chapelle Notre-Dame-des-Victoires (au bourg): bâtie en 1509, restaurée en 1830. Le portail occidental est surmonté de l'ancien clocheton en pierre sur lequel est posé un petit lièvre sculpté; la tradition rapporte que cet animal faisait trébucher tous ceux qui passaient dans le cimetière, à la place occupée aujourd'hui par la chapelle. — Chapelle Saint-Nicolas : construction du XV<sup>e</sup> siècle. Grand et moyen appareil. Plan rectangulaire; un bas-côté au nord. Chœur polygonal. Contre-forts décorés de niches à culs-de-lampe et dais flamboyants; les pinacles manquent. Chou et crosses aux rampants du toit. Des animaux forment gargouilles au-dessus des contre-forts. Clocheton carré en pierre surmonté d'une flèche à crochets; on y accède par un petit escalier de pierre pratiqué sur la toiture. Portes à cintre brisé à plusieurs retraites et colonnettes, accolade et pilastres à crochets. Dimensions dans œuvre : 20 mètres sur 9 environ. Cinq travées d'architecture. Piliers polygonaux à base simple et peu élevée, recevant par pénétration des arcades à cintre brisé à plusieurs retraites. Les entraits, à têtes de crocodiles, ont été coupés; ils gisent à terre. Figures humaines sculptées sur les sablières; on y remarque plusieurs blasons qu'on retrouve au-dessus des piliers sur l'extrados des arcades, et parmi lesquels on distingue encore celui de la famille du Trancher, plusieurs fois répété : (d'or) au croissant (de gueules) accompagné de trois étoiles (de même). Fenêtres à meneaux flamboyants, pignonnées et flanquées de colonnettes. Fragments de vitraux. Piscine à anse de panier. Bénitiers pratiqués dans le mur et supportés par une petite colonnette engagée. — Chapelle Notre-Dame de Consolation, à Moustérien. Grand et moyen appareil. Plan rectangulaire; deux bas-côtés. Contre-forts avec pinacles inachevés. Portes à cintre brisé; au sud, porte à anse de panier, à retraites, colonnettes, accolade et pilastres à chou et crosses. Au-dessous de l'accolade, blason uni. Dimensions dans œuvre : 15 mètres sur 9 environ. Quatre travées d'architecture. Piliers polygonaux à base simple et peu élevée. Naissances d'arcades au chœur. Fenêtres à cintre brisé et meneaux flamboyants ; celle du fond du chœur porte à ses deux meneaux verticaux les statues en pierre de saint Pierre et de saint Jean-Baptiste. Vitraux à compartiments variés: personnages de 0$^m$,60 à 0$^m$,80. Sur la fenêtre du fond, scène de crucifiement; au-dessus, écussons brisés. Aux côtés de l'autel, culs-de-lampe et dais sculptés. — Chapelle Saint-Hervé: grand et moyen appareil. Forme de croix latine; chevet plat. Contreforts adhérents à la muraille; aux deux côtés de la porte

occidentale, ils présentent une niche où manque la statue, avec dais festonnés en trilobes et culs-de-lampe formés par une figure grotesque; celle de gauche est un homme qui passe la tête entre ses jambes. Tour carrée en pierre au-dessus de la porte occidentale, à baies divisées par des meneaux de style flamboyant; quelques marches en pierre au-dehors forment escalier pour arriver à la cloche. Flèche en pierre également à jour, avec crochets aux rampants. Porte occidentale à plein cintre surmontée d'une accolade avec chou, crochets et colonnettes. Dimensions dans œuvre: 17 mètres sur 7 environ. Entraits à têtes de crocodiles; sablières sculptées en partie d'enroulements, fruits, figures grimaçantes. Fenêtres à cintre brisé et meneaux flamboyants. Restes d'anciens vitraux où l'on distingue des armoiries et les personnages de 0$^m$,80 de hauteur environ, se détachant sur des fonds d'architecture du XV<sup>e</sup> et du XVI<sup>e</sup> siècle; panneaux à compartiments variés: la fenêtre du fond du chœur est divisée en trois tableaux: au milieu, la scène du crucifiement; à droite, un personnage tenant la crosse, et sous les pieds duquel on lit quelques lettres d'une inscription française; à gauche, saint Hervé ayant d'une main un bâton et un chapelet, de l'autre un loup en laisse, suivant la légende. La fenêtre de droite est divisée en deux compartiments: à gauche, un guerrier, la main sur son cimeterre; sous ses pieds, inscription en lettres gothiques fixant la date du vitrail à l'an 30 (sans doute 1530); à droite, la Vierge assise tenant l'enfant Jésus; sur la fenêtre de gauche, saint Yves tenant la crosse. Les trois fenêtres précédentes portent au sommet l'écusson : d'argent à cinq fusées de gueules accostées en fasce (Bouteville); à l'une des fenêtres latérales, ce blason est crossé; à la fenêtre de gauche, autre écusson : d'argent à un croissant de gueules chargé en abîme d'un écu d'or à trois tourteaux de gueules et au quartier de même. Les deux fenêtres latérales portent le blason parti de Bouteville et du dernier. — Chapelle Saint-Guénolé : il ne reste d'ancien que le clocheton et la fenêtre de l'abside, en style flamboyant. — Chapelle Saint-Philibert: plan basilical terminé par trois absides qui forment le trèfle; charpente remarquable. On baigne les enfants dans la fontaine voisine pour leur donner des forces. — Château de Kerbiguet : le mur d'enceinte est en ruines, ainsi que la partie la plus ancienne du château. La maison, de la Renaissance, sert aujourd'hui de ferme. Porte de la cour, à plein cintre, avec une poterne plein cintre à gauche; au-dessus, restes de corbelets et de mâchicoulis. Ce portail était sans doute surmonté d'un écusson qui gît à terre tout auprès : (d'argent) au chêne (de sinople), au franc canton (d'argent) chargé de trois fusées rangées (de gueules), (surmontées de trois roses de même) (famille de Guéguen). Une salle basse communique avec la cour par quatre arcades plein cintre portées sur de grosses et courtes colonnes cylindriques dont la base et le chapiteau sont indiqués par de simples tores ; une ligne de corbelets surmonte cette arcade ; une porte plein cintre avec pilastres donne accès dans la maison par un large escalier de pierre. Grandes cheminées de pierre, dont une de 2ᵐ,3o de largeur sur 5 mètres de hauteur ; pilastres sculptés dans le style de la Renaissance. Traces d'un blason peint (le même que ci-dessus). Les murs de la salle principale, qui sert aujourd'hui de grenier, sont chargés de fresques avec des inscriptions, tantôt en caractères gothiques, tantôt en capitales romaines ; malheureusement l'enduit grossier qui les porte s'est détaché en plusieurs endroits, et ne laisse plus voir que quelques fragments de tableaux : le siége de Bétulie, le sacrifice d'Abraham, la visite de la reine de Saba à Salomon, Samson ; à côté de l'histoire sainte, la mythologie : Hercule tuant un lion, le festin de Bacchus. A l'extérieur, au-dessus d'une fenêtre, on distingue une inscription gravée en creux, en capitales romaines. Dans la cour, puits de 3 mètres de largeur environ, bord à bord, dont la margelle octogonale est d'une seule pierre et présente sur ses faces extérieures diverses sculptures, circonférences, losanges, figures humaines. Non loin de là, se voit un vaste colombier bâti en pierre de grand et moyen appareil, de 8 mètres de diamètre environ, y compris les murs, qui sont très-épais. Au-dessus de la porte, blason en relief (le même que ci-dessus) avec la date 1564 et une devise imitée de l'Écriture sainte. La famille de Guéguen, ou Guégant, possédait cette seigneurie. — Au lieu dit *la Motte*, motte féodale dont la base a 80 mètres environ de diamètre, le plateau 20 mètres, et dont la hauteur moyenne est de 4ᵐ,5o (M. l'abbé Kerdaffret).

LANGONNET. *Ép. celtique.* Au sud du bourg, sur la métairie du Bodéro, menhir de plus de 4 mètres de hauteur (C. D.). — Dans la lande qui touche aux montagnes Noires, à l'extrémité de la commune, deux petits menhirs (*ibid.*). — Dans la vallée, en face du manoir de Karven, table de dolmen (*ibid.*). — Près du même manoir, sur la route du bourg à l'ancienne abbaye, tumulus (*ibid.*). ‖ *Ép. romaine.* Près de Kercastello, retranchement (*ibid.*). — A Guernegal-Castel, ruines romaines considérables (*ibid.*). ‖ *Moyen âge.* Église paroissiale de Saint-Pierre et Saint-Paul : grand et moyen appareil. Forme de croix latine, deux bas-côtés, chevet plat. Contre-forts inachevés. Crosses et animaux aux rampants du toit. Cloche de 1605. Porche carré au sud, à pignon, communiquant avec l'intérieur par une arcade à anse de panier surbaissée avec accolade à chou, crosses et pilastres à pinacles ; avec l'extérieur, par un cintre légèrement brisé à plusieurs retraites surmonté d'une accolade de même. Porte à anse de panier au sud du chœur. Portail occidental à deux baies en anse de panier à retraites, séparées par un trumeau simple, et surmontées chacune d'une accolade à chou et crosses, le tout dans un cintre brisé à plusieurs retraites, et au-dessus encore une accolade et un faux pignon ; pilastres à pinacles aux côtés ; tympan à jour de style flamboyant ; traces d'écussons. Dimensions dans œuvre : 32 mètres sur 12 environ, y compris les bas-côtés. Huit travées d'architecture jusqu'au chœur exclusivement. Arcades, les unes à cintre brisé à plusieurs retraites pénétrant des piliers cylindriques ou polygonaux, les autres à plein cintre étroit retombant sur des piliers figurés par quatre colonnettes cylindriques formant faisceau. Ces dernières sont ornées de chapiteaux romans, feuillages, figures grossières, palmettes, lignes contournées ; l'un des chapiteaux offre en relief l'inscription, *Jesus Nazarenus rex Judeorum*, en caractères très-anciens. Aux quatre angles de l'intertransept, colonnes modernes très-épaisses et de fort mauvais goût élevées pour supporter la tour, également moderne. Entraits à têtes de crocodiles. Sablières de 1662, à modillons et denticules. A l'extrados des arcades romanes, petites fenêtres évasées sur la nef. Autres fenêtres à cintre brisé et meneaux rayonnants et flamboyants mélangés. Dans le bas-côté nord, oculus circulaire à meneaux flamboyants. Une des fenêtres du sud présente, à l'extérieur, un pignon à chou, crosses et animaux, avec la date 1662. Fragments de vitraux à la fenêtre du fond du chœur. Bénitiers à accolade. Dans un coin du cimetière sont de vieux fonds baptismaux d'une seule pierre, à huit pans, cuve circulaire, 1 mètre de diamètre environ. Cadran solaire de 1703. Au sud de l'église, ossuaire à baies en plein cintre et trilobes. Près de l'église, fragments d'une croix de pierre. Dans le cimetière, lec'h quadrangulaire, de 1ᵐ,5o de hauteur environ, creusé postérieurement au sommet. — Église paroissiale de la Trinité : grand et moyen appareil. Forme de croix latine. Chœur polygonal. Contre-forts adhérents, surmontés de pinacles inachevés ; ceux du chevet sont ornés de niches à dais et culs-de-lampe. Animaux formant gargouilles au chevet. Tour inachevée sur le portail ouest. Au sud, porche de 1742. Portail méridional à deux baies à anse de panier séparées par un trumeau en colonne striée, le tout encadré d'une porte à cintre brisé à plusieurs retraites chargées de rinceaux de vigne et de raisins, feuilles de chêne et feuilles de chou. Même ornementation autour des baies à anse de panier. Au-dessus des deux baies, une ligne de sculptures en feuilles de chou ; au milieu, deux chiens mordent un personnage qui surmonte la colonne striée du trumeau. Le tympan est plein ; au milieu, niche avec dais sculpté ; de chaque côté, un ange tenant une banderole sans inscription ; le tout encore surmonté d'une accolade à crosses, chou et pilastres. A l'ouest, portail semblable, mais plus grand et inachevé ; la niche est remplacée par un ange portant un écusson uni. Portes du chœur à anse de panier et accolade à chou et crosses; colonnes striées. Dimensions dans œuvre : 3o mètres sur 6 environ. Lambris sur arceaux à clefs pendantes très-nombreuses, les arceaux étant très-rapprochés. Entraits à têtes de crocodiles au milieu et aux extrémités; elles sont quelquefois remplacées, au milieu, par des ornements fleuris ou par des anges qui portent une banderole sans inscription. Sablières sculptées : anges ou personnages sortant à demi et jouant de divers instruments, ou portant soit une croix, soit une banderole; rinceaux bien fouillés; deux lions qui mordent leur queue et tiennent entre eux un blason à une coupe ou calice (comme sur les vitraux); autre blason à un rencontre de bœuf (id. aux vitraux) présenté par deux personnages; singe, oiseau et animaux divers; une chasse au loup, figures humaines, etc. Sur la sablière du transept sud, inscription en capitales romaines donnant la date 1568 et le nom de l'ouvrier P. Poulichet. Fenêtres à cintre brisé et à meneaux flamboyants; elles présentent à l'extérieur un pignon aigu à chou et crosses, avec animaux sculptés. Beaux vitraux à presque toutes les fenêtres; malheureusement plusieurs panneaux ont disparu, et le reste est négligé et menace ruine. Compartiments variés, fonds d'architecture Renaissance; personnages de diverses grandeurs. La fenêtre du fond du chœur présente une généalogie de la famille de David. Au bas, fragment d'inscription en capitales romaines. Au sommet, plusieurs blasons : 1° d'argent à cinq fusées de gueules rangées en fasce (Bouteville); 2° d'azur à un rencontre de bœuf d'or; et 3° d'azur à une coupe d'or. D'autres fenêtres, au chœur, représentent les différentes scènes de la Passion; au bas de l'une d'elles est le nom de P. Androuet avec la date 157.. (voir au Faouët). Au transept sud, à une fenêtre, Vie de saint Jean-Baptiste en douze tableaux; à une autre, la Transfiguration. Au transept nord, le Jugement dernier. Dans la nef, trois fenêtres offrent, en divers tableaux, le Mariage de la Sainte Vierge, l'Annonciation, la Visitation, l'Adoration des mages, Jésus enseignant les docteurs, la Descente du Saint-Esprit sur les apôtres, l'Assomption de la Vierge, etc. etc. Enfeux à anse de panier à plusieurs retraites surmontées d'une accolade à crochets et chou épanoui; pilastres et colonnettes striées avec une torsade aux chapiteaux; on y remarque un blason sculpté. Piscines à anse de panier et accolade avec chou, crochets, colonnettes striées et pilastres fleuris. Au bénitier est sculpté un ange qui tient un blason uni. Culs-de-lampe à figures humaines ou ornements fleuris. A d'autres, on voit des personnages dans de bizarres positions : un moine entraînant un homme d'une main et tenant sa jambe de l'autre; un autre s'efforçant de rapprocher l'un de l'autre un homme et un animal.

Dans le chœur, niches avec culs-de-lampe et dais richement sculptés. Les panneaux de bois des portes sont sculptés en ornements fleuris. Celle qui donne sur la sacristie offre un personnage dans une niche. Sur le mur du transept nord, à l'intérieur, longue inscription en caractères gothiques en relief, mentionnant des bulles d'indulgence, dont une de 1500; l'église y est désignée sous le nom de chapelle de la Trinité de Bezver. Cadran solaire. (Voir aux Arch. de la Soc. le mémoire de M. l'abbé Kardaffret sur cette église.) — Abbaye de Langonnet, aujourd'hui occupée par l'institution de plein exercice de Sainte-Marie : il ne reste de la construction primitive qu'une salle voûtée en pierre sur arcades à cintre brisé et croisées d'ogives reposant sur de courtes colonnettes cylindriques à chapiteau feuillé; cette salle ouvre sur une cour par une porte flanquée de chaque côté de deux baies jumelles, le tout à cintre brisé en lancette, à plusieurs retraites formées par des tores qui retombent en colonnettes à base et chapiteau feuillé; chacune des doubles baies est, en outre, encadrée dans une arcade également brisée. — Au manoir de Karven, non loin de la route du bourg à l'ancienne abbaye, à peu de distance du tumulus indiqué plus haut, motte féodale, au milieu d'un marécage (C. D.).

PLOURAY. *Ép. celtique.* Dans un champ nommé *En Erhuennau d'Endias*, dolmen couvert d'une seule table de 3ᵐ,2o de longueur sur 3 mètres de largeur (C. D.). ‖ *Ép. romaine.* La voie de Rennes à Carhaix traverse cette commune (*ibid.*). — A Er hoh Castel est un petit retranchement de forme circulaire et de 24 mètres de diamètre (*ibid.*). — A Lann-Poupéric, camp de forme elliptique de 100 mètres sur 6o (*ibid.*). — A Lanner-Motennou, autre camp elliptique de 80 mètres sur 5o (*ibid.*). — Entre Kerniguès et Kergazal, dans la lande dite *Er hoh Castel* (le vieux château), retranchement circulaire de 4o mètres de diamètre (*ibid.*). ‖ *Moyen âge.* Église paroissiale de Saint-Yves : modillons et denticules à la corniche. Au sud, porche carré de 1687, voûté en pierre sur arceaux parallèles; six niches de chaque côté avec dais à ornementation de la Renaissance; communication avec l'intérieur de l'église par deux portes à anse de panier et accolade; bénitier de 1688 devant le trumeau; avec l'extérieur, par une arcade plein cintre surmonté d'un fronton triangulaire reposant sur des pilastres cannelés. Portes à anse de panier ou accolade. Fenêtres pignonnées en fronton triangulaire ou arc de cercle; deux d'entre elles portent la date 1666; au nord, fenêtre à meneaux flamboyants. Enfeux à anse de panier et accolade. Écussons sculptés à l'extérieur. Dans le transept nord, pierre encastrée portant en relief une inscription gothique avec la date 1486. — Chapelle Saint-Maudé : grand et moyen appareil. Forme rectangulaire. Animaux au bas des rampants du toit. Un escalier en pierre extérieur, au nord, conduit à la cloche. Portes à accolade ou anse de panier. Portail occidental à deux baies en anse de panier à retraites, séparées par un trumeau chargé d'un bénitier et d'un cul-de-lampe mutilé; le tout dans un cintre brisé à plusieurs retraites, surmonté d'une accolade à chou et crosses; pilastres aux côtés. Dimensions dans œuvre : 18 mètres sur 7 environ. Sablières grossièrement sculptées : figures, personnages, animaux. Fenêtres à cintre brisé et meneaux flamboyants. Restes de vitraux à compartiments variés, personnages de o<sup>m</sup>,6o à o<sup>m</sup>,8o, fonds d'architecture Renaissance, devises gothiques; à une fenêtre du sud, saint Germain. Piscines à accolade. — Chapelle Notre-Dame de Lorette : au sud, porte à anse de panier. Rinceaux sur les sablières. Fenêtres à cintre brisé et à meneaux flamboyants. — Entre le village de la Garenne et la rivière d'Ellé, butte artificielle qui a pu servir de base à un donjon; elle a 2o mètres de diamètre et 2<sup>m</sup>,5o de hauteur (C. D.). — Dans la lande dite *Lann-er-Motennou*, à l'extrémité d'un camp romain ci-dessus mentionné, entre un courtil nommé *Couarhec-er-Hastel* et un champ appelé *Parc-er-Hastel*, motte féodale de 15 mètres de diamètre et de 3 de hauteur (*ibid.*).

ROUDOUALLEC. *Ép. celtique.* Dans la section E du cadastre, pierre à bassins creusée de o<sup>m</sup>,16 sur une de ses faces (Catal.). — Près de cette pierre, dolmen détruit (C. D.). ‖ *Ép. romaine.* Deux retranchements dans la section B du cadastre (*ibid.*). — A l'est de Stang, fortification circulaire dite *Castel-Vouden* (*ibid.*). ‖ *Moyen âge.* Église paroissiale de Notre-Dame de Lorette : grand et moyen appareil. Croix latine; deux bas-côtés. Chœur polygonal. Contre-forts adhérents, surmontés de pinacles à crochets et ornés de niches avec dais et culs-de-lampe. Crosses aux rampants du toit et animaux offrant des blasons unis. Tour de 1772 sur le pignon ouest. Portes à cintre brisé avec colonnettes, pilastres et accolade à chou et crosses. Dimensions dans œuvre : 23 mètres sur 12 environ. — Six travées d'architecture, y compris le chœur. Piliers polygonaux, à base simple, recevant par pénétration des arcades à cintre brisé. Entraits à têtes de crocodiles, restaurés en partie en 1729. Figures humaines et écussons unis sur les sablières. Fenêtres à cintre brisé et meneaux flamboyants, surmontées extérieurement de pignons à crochets. Fragments de vitraux. Quelques figures humaines sont appliquées aux murs en guise de culs-de-lampe.

SAINT (LE). *Moyen âge.* Église paroissiale de Saint-Samuel : grand et moyen appareil. Croix latine; deux bas-côtés; l'église primitive n'en avait qu'un; chœur plus long que la nef. Porche au sud; arcade à plein cintre surmontée d'une accolade à chou et crosses. Dimensions dans œuvre : 32 mètres sur 9 environ. Arcades à plein cintre ou à cintre brisé, peu élevées, portées sur de courts piliers polygonaux à simple tailloir. Quelques chapiteaux grossièrement sculptés (fleurs, deux animaux n'ayant qu'une même tête). On voyait autrefois au carré du transept quatre gros piliers avec de petits bancs de pierre à la base. Entraits à têtes de crocodiles. Sablière sculptée au transept sud : personnages, animaux, entre autres deux lions tenant l'écusson de Guéguen (d'argent) au chêne (de sinople), au franc canton (d'argent) chargé de trois fusées (de gueules) (voir en Gourin, château de Kerbiguet). Fenêtres à cintre brisé et meneaux flamboyants. Dans le chœur, groupe en bois représentant sainte Anne tenant la Sainte-Vierge, qui porte à son tour l'enfant Jésus. Quelques tableaux sur toile, assez anciens, ornent le chœur; ils représentent Notre-Dame de Grâce, la naissance du Christ et l'adoration des bergers, saint Samuel. L'ossuaire a été décoré de meneaux à trilobes rapportés. Dans le cimetière, croix de pierre dont la partie inférieure est assez remarquable. — Chapelle Saint-Adrien : restaurée en 1821. On envoie les enfants à Saint-Adrien pour les guérir de la colique; nombreuses offrandes de poulets. Grand et moyen appareil. Plan rectangulaire. Chou, crosses, animaux et personnages aux rampants du toit. Clocheton carré en pierre auquel on arrive par un petit escalier extérieur aussi en pierre. Figures humaines sculptées sur les côtés. Portes à anse de panier ou à cintre brisé à retraites, colonnettes, pilastres, accolade à chou et crosses. A gauche d'une des portes du nord, cul-de-lampe figuré par un homme qui passe sa tête entre ses jambes. Dimensions dans œuvre : 18 mètres sur 6 environ. Entraits à têtes de crocodiles. Fenêtres à cintre brisé et meneaux flamboyants. Auprès de la chapelle, croix de pierre avec accolade, relevée en 1821.

CANTON DE GUÉMENÉ.

(Chef-lieu : GUÉMENÉ.)

GUÉMENÉ. *Moyen âge.* Château de Guémené : abandonné, en grande partie ruiné. Fortifié, vastes douves devenues prairies. Pont-levis oblique par rapport à l'entrée; il a fait place à un pont ordinaire. Grand portail à plein cintre surmonté d'une accolade à chou et crochets; pilastres à pinacles aux côtés. A l'autre extrémité du pont-levis, porte avec poterne défendue par un pavillon à gauche; autres portes à cintre brisé. Neuf tours, dont trois carrées; grand et moyen appareil, grand diamètre; contre-forts. Les murs, hauts autrefois de 2o mètres environ, offrent une épaisseur de 2<sup>m</sup>,5o à 3 mètres; couloirs et escaliers à vis dans les courtines. On a trouvé les traces d'un souterrain allant jusque sous l'ancienne église collégiale. Un autre souterrain aurait conduit à Cravial en Lignol, à une lieue environ, où étaient les écuries du prince; mais ce n'est qu'une tra-

dition populaire. Fenêtres carrées, à croisées de pierre, deux fois plus hautes que larges. Meurtrières. Restes de grandes cheminées, dont les chambranles ont près de 4 mètres de longueur, avec pieds-droits cannelés, et frise sculptée en palmettes. Il reste un devant d'autel et un fragment de porte ou de fenêtre de la chapelle. De gros piliers carrés, surmontés de colonnes cylindriques, formaient autrefois, au nombre de quatorze, dont la plupart sont encore debout, une galerie en hémicycle autour d'une cour transformée aujourd'hui en jardin. Dans un des pavillons se voit, bien conservée, une petite chambre de bains dallée, avec des conduits d'eau ou de chaleur et deux réservoirs; elle est voûtée en pierre sur croisée d'ogives, avec figures sculptées aux quatre angles; baie aveugle à linteau sur consoles. Ce château était, avant 1789, la propriété des Rohan-Guémené. Construit sans doute vers la fin du xve siècle, ou dans les premières années du xvie, sur l'emplacement d'un plus ancien, assiégé à plusieurs reprises pendant les guerres de la Ligue, à la suite desquelles il fut démantelé, le château de Guémené fut en partie restauré au milieu du xviiie siècle, ainsi que l'indiquait une inscription gravée sur la corniche d'une des grosses tours rondes, et dont les fragments, qui gisent dans les douves, portent la date 1755. On voit dans le jardin plusieurs boulets de granit, de 0m,50 de diamètre environ; on en a trouvé un grand nombre dans un souterrain du château; ils doivent dater de l'époque de sa reconstruction. || *Moyen âge* et *Ép. moderne.* Dans la ville, quelques maisons du xvie et du xviie siècle, à pignons, consoles, portes à anse de panier et accolade.

LANGOËLAN. *Ép. celtique.* A l'est de la Villeneuve, roche-aux-fées nommée *Ty-en-Torriganet* (Maison des nains) (C. D.). — Au nord de Kergoët, ruines de dolmen (*ibid.*). — Au nord de la Villeneuve, pierre à bassins (Catal.). || *Ép. romaine.* La voie romaine de Rennes à Carhaix traverse cette commune (C. D.). — Au sud du Merzer, retranchement circulaire d'environ 50 mètres de diamètre (*ibid.*). — A l'est de Penfao, retranchement dit *Er-hoh-Castel* (le vieux château), de 50 mètres de diamètre (*ibid.*). || *Moyen âge.* Église paroissiale de Saint-Barnabé : grand et moyen appareil; forme de croix latine; chevet plat; contre-forts surmontés de clochetons à crochets; chou, crosses et animaux aux rampants du toit. Sur le pignon occidental, clocher avec flèche en pierre, restauré en 1716. La flèche, polygonale, est ornée de crochets et percée de baies à meneaux flamboyants; animaux aux angles de la base. Un escalier extérieur, au sud, conduit à la cloche. Au sud, porche à pignon carré, voûté en lambris à clefs pendantes, avec sablières ornées d'enroulements et de personnages bizarres; communication avec l'intérieur par une porte à anse de panier et accolade à crochets, et avec l'extérieur par une arcade à cintre brisé, à

retraites, pénétrant la muraille. Au sud, porte à anse de panier. Quatre colonnes cylindriques, aux angles de l'intertransept, étaient destinées à recevoir des arcades. Entraits à têtes de crocodiles. Fenêtres à cintre brisé et meneaux flamboyants. A la fontaine qui avoisine l'église on a encastré une pierre portant un blason entouré d'un fragment de devise gothique. — Chapelle de Locmaria : restaurations et additions du xviiie siècle. Grand et moyen appareil; forme rectangulaire; contre-forts inachevés. Sur le pignon ouest, clocheton carré avec flèche polygonale en pierre, ornée de crochets; baies à linteau sur consoles. Un escalier extérieur, au nord, conduit à la cloche. Porte occidentale à anse de panier et accolade à crosses, encadrées dans une arcade à cintre brisé, surmontée elle-même d'une autre accolade, le tout à retraites; pilastres à pinacles aux côtés. Fenêtres à cintre brisé et meneaux flamboyants. — Chapelle Saint-Hervé : grand et moyen appareil; forme rectangulaire; contre-forts inachevés. Petit clocheton en pierre sur le pignon ouest. Portes à cintre brisé ou à plein cintre, avec retraites, surmontées d'une accolade à crosses. Fenêtres à cintre brisé et meneaux flamboyants. Piscine à trilobe et accolade, avec colonnettes et retraites ornées d'un rinceau de vigne; deux quatre-feuilles au-dessus de l'accolade.

LIGNOL. *Ép. celtique.* A l'est de la chapelle Saint-Hervé, deux tumulus, l'un de 45 mètres de circonférence et 1m,20 de hauteur, l'autre élevé d'environ 3 mètres et ayant 120 mètres de tour (C. D.). || *Moyen âge.* Église paroissiale de Saint-Pierre : restaurations en 1639 et en 1666. Grand et moyen appareil au transept; plan dans la forme d'un *gamma* grec retourné; deux bas-côtés. Au transept, contre-forts adhérents, à pinacles sculptés. Toit très-aigu, à rampants légèrement concaves; crosses aux pignons. Tour à l'ouest, de 1639. Porche carré à pignon, au sud, communiquant avec l'intérieur par une arcade à cintre brisé à plusieurs retraites, en tores et colonnettes à chapiteau feuillé; avec l'extérieur, par une arcade également à retraites. Autre porte à cintre brisé, au sud. Arcades à cintre brisé et doublé retombant sur de courts piliers cylindriques ou polygonaux, dont les chapiteaux diffèrent tous les uns des autres; la plupart sont simples. L'un d'eux, cependant, est orné de feuillage et de têtes d'animaux; un autre offre une baguette en torsade. Restes de colonnettes romanes engagées. Fenêtres à cintre brisé et meneaux flamboyants. Traces de fenêtres étroites, évasées à l'intérieur (romanes). Restes de vitraux dans le transept; compartiments variés; personnages de 0m,40 environ; arbre de Jessé, le Crucifiement, etc. Traces de litre extérieure. Cadran solaire de 1614. — Chapelle Saint-Yves : cette chapelle passe pour avoir été bâtie par les Templiers. Grand et moyen appareil. Forme de *tau* grec renversé,

c'est-à-dire qu'au milieu d'une nef rectangulaire s'appuie, au nord, une aile plus longue que la nef. Contreforts dont l'un surmonté d'une statuette de la Vierge. Crosses et animaux aux rampants du toit. Au-dessus du pignon occidental, tour carrée faisant saillie de toutes parts sur des arceaux en consoles et entourée d'une galerie flamboyante à jour; chaque face est pignonnée; au-dessus s'élève une flèche polygonale, flanquée de quatre clochetons; le tout est orné de crochets; animaux aux angles en guise de gargouilles; un escalier de pierre extérieur, au nord, conduit à la cloche. A l'ouest, porte à plein cintre à plusieurs retraites, surmontées d'une accolade avec chou et crosses; pilastres à pinacles aux côtés. Autres portes à anse de panier avec ou sans accolade. Dimensions dans œuvre : 12 mètres sur 5 environ; le transept, de même largeur que la nef, a 17 mètres environ de longueur. Il est relié à la nef par une arcade plein cintre à simples tailloirs. Lambris à clefs pendantes. Entraits à têtes de crocodiles. Sablières grossièrement sculptées : figures humaines, animaux fantastiques liés par le cou, personnages couchés présentant des écussons unis, enroulements. Restes de fenêtres hautes et étroites, très-évasées à l'intérieur. Deux petites fenêtres jumelles à cintre brisé et trilobes; dimensions de 1 à 4 et 4 1/2 environ. Fragment d'un retable en bois sculpté, du xviᵉ siècle. Piscine à accolade à retraites, chou, crosses et pinacles. Traces de litre extérieure.

LOCMALO. *Ép. romaine.* La voie de Rennes à Carhaix traverse cette commune (C. D.). — Au sud du bourg, dans un champ nommé *Parc-coh-Castel* (champ du vieux château), traces d'un retranchement (*ibid.*). — A l'est de Kerbellec, retranchement quadrilatéral de 60 mètres sur 50 (*ibid.*). — Au nord de Lez-Maëc, retranchement considérable de 420 mètres de contour (*ibid.*). || *Moyen âge.* Église paroissiale de Saint-Malo : restaurations modernes. Sur le pignon occidental, tour carrée en pierre, avec contre-forts adhérents et animaux en gargouilles; rang de denticules; clocheton polygonal, également en pierre; une tourelle cylindrique accolée au côté sud contient l'escalier. Cloche avec inscription gothique en relief, où est la date 1571. Sur la face principale, porte plein cintre à plusieurs retraites, avec pilastres et entablement de la Renaissance, donnant accès sur un porche. Autre porte à anse de panier surmontée d'une accolade à crochets. Lambris à clefs pendantes. Entraits à têtes de crocodiles. Sablières sculptées : figures, animaux, personnages. Fenêtres à cintre brisé; une petite à trilobe. Bénitier polygonal à pied chargé de sculptures Renaissance (carrés, losanges, circonférences). — Chapelle Notre-Dame-de-Grâce : grand, moyen et petit appareil. Sa forme est une croix latine; contre-forts simples, adhérents, peu élevés. Portes à cintre plein ou brisé, à retraites. La nef est

séparée du chœur par une grande arcade à cintre brisé, à plusieurs retraites, pénétrant la muraille. Lambris sur arceaux à clefs pendantes. Entraits à têtes de crocodiles. Sablières très-grossièrement sculptées : figures, personnages, animaux. Fenêtres à cintre brisé et meneaux flamboyants. Figures faisant saillie aux angles de l'intertransept. — A Coët-Nouzic, dans un champ, ont été trouvées des balles en plomb du poids d'environ 70 grammes (C. D.).

PERSQUEN. *Moyen âge.* Église paroissiale de Saint-Adrien : porche carré au sud, qui communique avec l'extérieur par une arcade plein cintre à gros tore et colonnettes; avec l'intérieur, par un cintre brisé bordé de même. Restes de fenêtres à cintre brisé et meneaux; petite fenêtre haute et étroite, à cintre brisé et trilobe. Cloche avec inscription gothique donnant la date 1523. Ossuaire de 1662. — Chapelle Saint-Maudé : contre-forts peu élevés. Petit clocheton carré en pierre sur le pignon ouest. Fenêtre à cintre brisé et meneaux flamboyants; autres fenêtres à plein cintre; étroites et très-évasées à l'intérieur. Fragments de vitraux; on reconnaît encore un écusson parti au 1 d'argent à cinq fusées de gueules, au 2 coupé au 1 d'hermines à deux chevrons de gueules, au 2 échiqueté d'or et de gueules. Piscine à cintre brisé. || *Moyen âge* et *Ép. moderne.* Chapelle Saint-Vincent : écusson d'azur à trois poirés d'or, accompagnées d'une fleur de lis d'argent, avec supports et couronne de comte (Pérenno). — Non loin de la chapelle, sur le chemin du Pénesty, croix de pierre fleuronnée et percée de chaque côté.

PLOËRDUT. *Ép. celtique.* A l'ouest de Kerfandol, deux tumulus de forme ovoïde : l'un, haut de 2ᵐ,25, a pour diamètres 36 mètres et 30; l'autre, haut de 1ᵐ,75, a pour diamètres 28 mètres et 20 (C. D.). || *Ép. romaine.* La voie romaine de Rennes à Carhaix traverse cette commune (C. D.). — Au nord de Coet-Even, enceinte circulaire de 80 mètres de contour, connue sous le nom de *Castel-Coet-Even* (*ibid.*). — Au nord de Quénépazan, retranchement elliptique de 100 mètres sur 85 (*ibid.*). — Au sud-ouest du taillis de Beloste, enceinte rectangulaire de 70 mètres sur 35 (*ibid.*). — Dans la lande de Lochrist, retranchement carré de 70 mètres de côté (*ibid.*). — Entre Coacren et Porh-Loscant, fortification quadrilatérale de 80 mètres sur 70 (*ibid.*). — A Lestrévédan, retranchement de 60 mètres sur 50 (*ibid.*). || *Moyen âge.* Église paroissiale de Saint-Pierre : diverses époques de construction. Des additions et restaurations du xviⁱᵉ et du xviiⁱᵉ siècle dénaturent complétement la forme de cette église, qu'avoisine un if séculaire. Grand et moyen appareil; deux bas-côtés, bras de transept au sud. A l'ouest, tour carrée massive, en moellons, avec amortissement en ardoises; restaurée et consolidée à une époque moderne. Au sud, porche carré communiquant avec l'intérieur par une arcade à cintre brisé à plusieurs retraites, avec l'extérieur par un plein cintre. Au-dessous de la tour, à l'ouest, porte basse à cintre brisé à plusieurs retraites, donnant sur un autre porche carré qui communique lui-même avec l'intérieur par une porte semblable. Au transept sud, porte à anse de panier surmontée d'une accolade à chou et crosses, avec animaux aux extrémités. Dimensions dans œuvre : pour la nef seulement, 18 mètres sur 6 environ ; huit travées d'architecture. Les bas-côtés sont reliés à la nef par des arcades étroites à plein cintre, avec ou sans doubleau, portées sur des colonnes cylindriques flanquées de deux en deux de colonnettes engagées ; chapiteaux romans différant tous les uns des autres, abaques simples, volutes, billettes, oves, bâtons rompus, lignes contournées, entrelacs, palmettes, échiquetés, animaux. Les bases ne sont plus apparentes. Naissances d'arcs en pierre pour une voûte au transept sud. Entraits à têtes de crocodiles. Sablières sculptées : personnages, animaux, enroulements. A l'extrados des arcades, fenêtres romanes donnant sur les bas-côtés ; hautes, étroites, à plein cintre, très-évasées sur la nef. Dans le transept sud, fenêtre à cintre brisé, avec traces de meneaux. Dans le même transept, enfeu à anse de panier et accolade, avec crosses et pilastres à pinacles. Piscine à accolade à retraites. Cadran solaire. — Dans le cimetière, fragments d'une ancienne croix de pierre. Fragments d'une autre croix sur la route de Guémené, à quelque distance du bourg. — Chapelle Notre-Dame de Crénénan : elle passe pour avoir appartenu aux Templiers. Grand et moyen appareil : forme rectangulaire. Au nord, porte à anse de panier et accolade. Au sud, porte à cintre brisé à retraites et colonnettes ; au-dessus, sont des figures grossièrement sculptées. Dimensions dans œuvre : 26 mètres sur 8. Deux gros piliers cylindriques à animaux et personnages : l'un d'eux présente, en outre, un rang de perles ; simple tore à la base. Lambris entièrement couvert de peintures du xvii⁰ siècle, d'un assez bel effet, représentant l'histoire de la Vierge. Entraits à têtes de crocodiles. Sablières sculptées : personnages, animaux, chasse, etc. on remarque, entre autres, un âne jouant de la cornemuse, un poisson prêt à avaler un cheval, deux femmes poursuivant un chat qui a volé une saucisse, etc. et une inscription donnant le nom de l'ouvrier, Jean Le Bourois, et la date 1652. Fenêtres à cintre brisé, avec traces de meneaux ; celle du fond du chœur, masquée à l'intérieur par un grand tableau, présente extérieurement une riche contexture de meneaux rayonnants. Culs-de-lampe sculptés. Non loin de la chapelle, fontaine en pierre, plein cintre à retraites et pignon à crosses. — Chapelle de Lochrist : additions et restaurations de 1686. Deux bas-côtés. Au chœur, pignon à chou et crosses, avec un écusson sculpté au sommet, à un lion rampant. Au sud, portes à cintre

brisé et accolade. Dimensions dans œuvre : longueur de la nef, 14 mètres environ ; largeur, 10 mètres avec les bas-côtés. Trois travées d'architecture. Arcades, d'un côté à plein cintre, de l'autre à cintre brisé, reposant sur des piliers à simple tailloir. Entraits à têtes de crocodiles. Sablières sculptées : figures, personnages, animaux, enroulements. Au nord sont des restes de fenêtres romanes, hautes, étroites, très-évasées à l'intérieur. Au chœur, fenêtre à cintre brisé, meneaux en fleur de lis. On a déposé dans le bas-côté sud un retable en pierre en six morceaux, grossièrement sculpté, représentant le baptême du Christ et sa passion, ainsi qu'un cul-de-lampe où se voient deux anges en prières. Bénitier octogonal à cuve circulaire, de 1701. Litre unie à l'extérieur. — Non loin de la chapelle, croix de pierre offrant d'un côté le Christ, de l'autre, la Vierge et l'Enfant ; têtes d'anges aux côtés, accolades à jour au-dessus ; feuilles de vigne au chapiteau. Fontaine de 1734. — Sur le bord du chemin de Guémené, à 1 kilomètre environ de Ploërdut, lec'h bas, arrondi, aujourd'hui renversé ; on reconnaît facilement la partie qui était en terre. — Entre Kerfandol et le Hengaër, motte féodale de 5 mètres de hauteur sur 80 mètres de circonférence (C. D.).

SAINT-CARADEC-TRÉGOMEL. *Moyen âge.* Église paroissiale de Saint-Caradec : il ne reste de l'ancienne église que le portail ouest, à cintre brisé, à plusieurs retraites et colonnettes, avec accolade, chou, crosses et pinacles. — Dans le cimetière, croix de pierre mutilée, de 1709. — Chapelle Notre-Dame de Kernascléden : grand et moyen appareil. Forme de croix latine, avec cette particularité que le transept coupe l'édifice par le milieu ; un bas-côté au nord de la nef, deux bas-côtés au chœur. Contre-forts adhérents, surmontés de pinacles à chou et crochets ; niches vides, culs-de-lampe et dais sculptés à jour. Chou et crosses aux rampants du toit. Rinceau de vigne et quelques animaux sur le larmier. Galerie rayonnante au-dessus de la corniche des deux côtés du chœur. Personnages et animaux en gargouilles. A l'ouest, tour carrée en pierre surmontée d'une flèche polygonale à crochets, dont elle est séparée par une galerie flamboyante faisant saillie sur le devant à l'aide de quatre arcatures en retraite (comme à Saint-Fiacre du Faouët) ; baies à linteau sur consoles ; clochetons aux quatre angles reliés par des frontons triangulaires sculptés en flammes et faux trilobes. A gauche de la tour, un peu en arrière, une tourelle polygonale, de même architecture, contient un escalier qui aboutit à un autre escalier extérieur conduisant aux cloches. La plus ancienne cloche, qui est de 1689, porte l'écusson à neuf mâcles des Rohan. Deux porches, un de chaque côté du transept sud : celui de droite, peu profond, voûté sur croisée d'ogives à clef pendante ; de chaque côté, une statue de saint, avec cul-de-lampe et dais sculptés ;

communication avec l'extérieur par un cintre légèrement brisé, bordé d'une dentelure en trilobes et surmonté d'une accolade à chou et crochets; avec l'intérieur, par deux baies un peu brisées, séparées par un trumeau chargé d'un bénitier et d'un double dais, le moins élevé servant également de cul-de-lampe et supportant la statue de sainte Catherine; ces deux baies sont encadrées d'un cintre brisé à plusieurs retraites et colonnettes; tympan plein; rinceaux de vigne dans les retraites. Le porche de gauche est plus grand et plus soigné que le précédent, à pignon aigu bordé extérieurement d'une dentelure trilobée et surmonté d'un clocheton, avec figures de monstres au bas des rampants; ce porche, de forme rectangulaire, se compose de deux travées voûtées en pierre sur croisées d'ogives à clefs pendantes; il est décoré de douze niches, six de chaque côté, avec culs-de-lampe et dais sculptés en trilobes et accolades avec pinacles; chacun des apôtres, dont les statues remplissent les niches, porte ses attributs distinctifs. Communication du porche avec l'extérieur par un plein cintre surmonté d'un linteau : le tout est encadré d'une arcade à cintre brisé à plusieurs retraites, avec colonnettes à base simple et chapiteau sculpté, les retraites ornées de rinceaux de vigne et surmontées elles-mêmes d'une accolade à chou et crochets; communication avec l'intérieur par un cintre brisé semblable au précédent; au-dessus, deux culs-de-lampe supportant des statuettes. Toutes les portes ressemblent, avec plus ou moins de richesse dans les sculptures, à celles que nous venons de décrire. Dimensions dans œuvre : 3o mètres sur 9 environ. Sept travées d'architecture. Arcades à cintre brisé, de largeur variable, à retraites et colonnettes à base simple et petit chapiteau feuillé; ces colonnettes masquent des piliers quadrangulaires. Au chœur, les arcades reposent par pénétration sur des colonnes cylindriques à base peu élevée, marquée par un simple tore. Voûtes en pierre sur doubleaux et croisées d'ogives à clefs pendantes, celles-ci quelquefois remplacées par des écussons unis, qui tous ont dû être peints, car l'on en trouve encore deux qui portent des traces certaines de peinture. La voûte et l'extrados des arcades du chœur offrent, du reste, de superbes fresques, qui ont été remises à nu après avoir été couvertes de badigeon. La même opération a été faite avec succès à la voûte du transept nord, et tout porte à croire que, continuée pour le reste de l'édifice, elle produirait un semblable résultat. Les fresques du chœur représentent, en autant de tableaux qu'il y a de divisions formées par les ogives et les doubleaux, les différentes scènes de la vie de la Sainte-Vierge et de celle de Jésus-Christ; celles du transept offrent un concert d'anges psalmodiant et jouant de divers instruments. Fenêtres à cintre brisé, dont quelques-unes à retraites et colonnettes; meneaux flamboyants; la grande fenêtre du fond du chœur offre, en outre, des quatrefeuilles. Au-dessus de la porte occidentale, rose rayonnante avec trilobes et quatrefeuilles, à plusieurs retraites encadrées d'une arcade plein cintre, ornée d'un rinceau de vigne; au nord de la nef, rose flamboyante; au fond du transept sud, grande rose rayonnante et flamboyante. Quelques fragments de vitraux à légendes gothiques; on reconnaît encore un écusson d'argent à trois fasces de sable. Dans le transept nord, ancien autel sculpté en trilobes et accolades; on voit à terre, dans la nef, un retable sculpté en accolades et ornements flamboyants, qui semble provenir de cet autel. Une table d'autel, longue de 3 mètres et ornée d'un rinceau de vigne à la bordure, est également abandonnée dans la nef. Nombreuses piscines à trilobes, accolades et pilastres; celle du chœur est encadrée de rinceaux de vigne. Bénitier circulaire à pied polyèdre, chargé de trilobes et d'animaux. A l'extérieur, nombreuses traces de blasons unis ou mutilés; le chœur et le côté sud sont beaucoup plus chargés de sculptures que le reste de l'édifice (voir l'album de C. D.). A l'intérieur, plusieurs culs-de-lampe, dont quelques-uns brisés, ornés de feuillages et portant, sous dais à jour, des statues, saint Laurent et son gril, saint Michel terrassant le dragon; cette dernière a pour support un moine. Dans le chœur, beau tableau représentant la Vierge et l'Enfant, rapporté de Rome et donné à la chapelle par M. Duportal, capitaine de vaisseau. Sur le mur septentrional du chœur, inscription gothique en relief, moitié latine, moitié française, et qui donne pour la construction de la chapelle les dates 1453 et 1464, avec les noms des maîtres maçons P. et J. Le Bail. Cadran solaire sur ardoise. (Voir le rapport sur cette chapelle fait, au nom de la Société archéologique, par M. Ch. de Fréminville, et la décision ministérielle qui la classe parmi les monuments historiques; arch. de la Soc. 1857.) — Dans le cimetière, calvaire de la même époque que la chapelle : d'un côté le Christ, de l'autre la Vierge tenant l'Enfant; au-dessus, petit toit aigu avec chou et crochets. A la base, qui forme tout à la fois autel et retable, sont sculptées différentes scènes de l'Écriture, avec rinceau et colonnettes.

SAINT-TUGDUAL. *Moyen âge.* Église paroissiale de Saint-Tugdual : cloche de 1615. A côté de l'église, croix de pierre avec la date 1704, sans doute celle d'une restauration, car le socle paraît plus ancien; il est chargé de bas-reliefs représentant le baptême du Christ et plusieurs scènes de la Passion; traces d'une inscription. — Chapelle du Croisty (Maison de la Croix): chapelle principale de la commanderie de Saint-Jean-du-Croisty, qui a certainement ici remplacé les Templiers. Un moulin, situé à 2 kilomètres environ de la chapelle, se nomme *moulin du Temple*, et les paysans de toute cette portion du pays appellent encore la terre

*doar-Tampl* (terre de Templiers). Vieil if dans le cimetière. Grand et moyen appareil; forme de tau grec;
chœur peu profond; contre-forts inachevés; crosses et
animaux aux rampants du toit. À l'ouest, tour carrée
autrefois en pierre, aujourd'hui en ardoises; on y accède par un escalier extérieur au nord. Porche carré au
sud; sablières sculptées sur les côtés; communication
avec l'intérieur par une arcade à anse de panier, surmontée d'une accolade à retraites, chou, crosses et pinacles; avec l'extérieur, par un plein cintre pénétrant
la muraille. Une arcade semblable relie le porche sur la
gauche avec l'ossuaire. Portail cintre brisé avec accolade à chou et crochets; pilastres à pinacles aux côtés;
celle de l'ouest, ornée d'un rinceau de vigne dans les
retraites, est en outre surmontée d'une niche à dais
sculpté. Dimensions dans œuvre: 20 mètres sur 6 environ. Des colonnes cylindriques, à base et chapiteau
simples, engagées aux angles de l'intertransept, étaient
destinées à recevoir des arcades. Lambris sur arceaux
à clefs pendantes. Entraits à têtes de crocodiles. Sablières grossièrement sculptées: enroulements, personnages, animaux, chasse, homme unissant la patte d'un
chien à celle d'un lièvre. Au transept sud, inscription
gothique en relief sur une banderole tenue par des
[illegible] date 155[.]
[illegible] meneaux
[illegible] et flamboyants mélangés. Restes
de vitraux à compartiments variés; personnages de
0<sup></sup>m,50 environ; au chœur, le baptême du Christ, le
crucifiement, divers traits de la vie de saint Jean-
Baptiste, devises gothiques; écusson au sommet. Au
maître-autel, fragment de retable en bois, de la Renaissance, représentant six des apôtres sous des dais.
Piscine à cintre brisé; autre à trilobe et accolade. Restes
[illegible] de la Renaissance; colonnettes à volutes,
[illegible] Auges en [illegible] lampe.
[illegible] colonnettes
à volutes [illegible]
Grand et [illegible]
[illegible] fond. Chœur [illegible] qui communique [illegible]
au chœur, le chœur est remplacé par une statuette. Sur
le pignon ouest, clocheton carré, avec petite flèche
polygonale en pierre; baies à arcature surbaissée; gargouilles, pinacles à crochets aux quatre angles. On
monte à la cloche par un escalier extérieur au sud.
Portail à cintre brisé, à retraites en anse de panier,
avec accolade à chou, crosses et pinacles. Dimensions
[illegible] mètres sur 5 environ. Des piliers poly-
[illegible] aux angles de l'intertransept, étaient
destinées [illegible] des arcades. Sablières grossièrement
sculptées [illegible] et animaux. Fenêtres à cintre
brisé et meneaux flamboyants; celle du sud de la nef
présente extérieurement un pignon flanqué de pina-

cles. Dans le transept sud, oculus circulaire à meneaux
flamboyants, aujourd'hui bouché. Restes de vitraux à
compartiments variés, personnages de 0<sup></sup>m,50 environ;
à la fenêtre de la nef, scène de l'Annonciation avec
devises gothiques, saint Christophe portant l'Enfant
Jésus, etc. Au chœur, écusson écartelé aux 2 et 4 d'argent à trois hures de sangliers de sable, aux 1 et
3 d'azur au lion ailé d'argent; au transept nord, autre
écusson. Piscines à accolade. Bénitier monolithe, de
0<sup></sup>m,80 de diamètre environ, à huit pans, sans pied;
deux figures grossièrement sculptées à la partie antérieure, cuve à neuf compartiments (grande analogie
avec les bénitiers de Locmaria et de Saint-Fiacre en
Melrand). Culs-de-lampe sculptés. Restes de litre extérieure. Une pierre encastrée à l'extérieur du transept
nord, et tenue par un ange, porte une inscription
gothique en creux qui fixe la construction de la chapelle
à l'année 1540. Cadran solaire sur ardoise.

## CANTON DE LOCMINÉ.

### (Chef-lieu: Locminé.)

**LOCMINÉ.** *Moyen âge.* Église paroissiale de Saint-
Sauveur, augmentée de la chapelle Saint-Colomban ou
Saint-Goulin. Restaurations modernes. Grand et moyen
appareil. Murs talutés. Forme rectangulaire; augmentée au nord d'une [illegible] chapelle de même [illegible]. Contre-forts adhérents, surmontés de pinacles à chou et
crochets, crées de sculptures [illegible]. Chou, crosses
et animaux aux rampants des pignons. Gargouilles en
pierre, têtes d'animaux. Au-dessus du portail occidental, tour carrée surmontée d'une flèche polygonale, le
tout en pierre. Blasons mutilés présentés par des anges
à la naissance de la tour. Porche; aux impostes des
voussures, anges sculptés présentant des blasons mutilés. Aux portes, restes d'accolades avec chou et crochets;
à la chapelle du nord, porte à cintre brisé à plusieurs
[illegible]
[illegible]
Celle du fond du chœur de l'église, très grande, est
aujourd'hui bouchée. Dans la chapelle septentrionale,
vitraux à compartiments variés, bien conservés; personnages de 0<sup></sup>m,50 environ, représentant en plusieurs
tableaux la vie de saint Colomban, expliquée par des
légendes en caractères gothiques. Large bénitier en
forme de grande cuve prismatique à 7 faces, cuve de
0<sup></sup>m,80 de diamètre sur 0<sup></sup>m,50 de hauteur, portée sur
une courte et grosse colonne cylindrique; de l'un des
[illegible] se détache un blason: au sautoir [illegible]
4 billettes (de Langle). Traces de blasons [illegible]
au sud de l'église, et au-dessus [illegible] de la
chapelle septentrionale. Cadran [illegible]. Au
nord de l'église, chapelle dite particulièrement *chapelle*

de Saint-Colomban, dont la description a été donnée avec celle de l'église elle-même, à laquelle elle est reliée par une large arcade moderne. Sous cette chapelle sont deux caveaux dans lesquels on enfermait, il n'y a pas encore longtemps, les aliénés, pour la guérison desquels on invoque saint Colomban.—Chapelle de la Vierge : grand et moyen appareil. Murs talutés. Croix latine à un seul bras, au nord. Contre-forts adhérents, surmontés de pinacles à crosses et chou. Crosses aux rampants du toit. Larmier sculpté en feuillage, animaux et raisins. Tour carrée en pierre, peu élevée, sur le transept. Porte occidentale à anse de panier surmontée d'une accolade avec crosses, chou et personnages sculptés dans une position bizarre; ornements de feuilles de vigne et de chêne, de raisins et de glands. Dimensions dans œuvre : 12 mètres sur 8 mètres environ. Au nord, grande arcade à cintre brisé à plusieurs retraites pénétrant des colonnes cylindriques engagées; naissances d'arcs pour une croisée d'ogives. Les entraits à têtes de crocodiles ont été coupés. Fenêtres à cintre brisé et meneaux flamboyants. Celle du fond du chœur a été bouchée en partie; elle est surmontée, à l'extérieur, de traces de blason. Il y a quelques fragments de vitraux; compartiments à dessins variés. Piscine à trilobe et accolade; autre à anse de panier et accolade à chou, crosses et pilastres. Anges en prières formant culs-de-lampe. Cadran solaire gravé sur le mur. ‖ *Moyen âge* et *Ép. moderne*. Dans la ville, nombreuses maisons du XVI<sup>e</sup> siècle, en bois, à pignon et étages surplombants; l'une d'elles occupée par la famille Leconte, près de l'hôtel du Cheval Blanc, porte une inscription sur le pilier de pierre qui la borde à droite : on y voit la date 1586, avec le prix du froment et du seigle à cette époque; à côté, date de 1632. — Une autre maison, de la même époque que la précédente, est chargée de sculptures grossières: personnages en pied, animaux, fleurons, etc. — Maisons du XVII<sup>e</sup> siècle avec inscriptions; une, entre autres, de 1688 avec le prix du seigle. — D'autres enfin ne portent qu'une date : 1632, 1666, 1682, 1692, etc. — Maisons du XVIII<sup>e</sup> siècle, aussi avec inscriptions.

MORÉAC. *Ép. celtique*. Près de la chapelle Saint-Jean, menhir d'environ 2 mètres de hauteur (C. D.). ‖ *Ép. romaine*. Sur la lande de Moréac, près de Boï-Coët, restes d'un retranchement important (*ibid.*).— Découverte, en 1852, d'une amphore et d'instruments en fer (Catal.). ‖ *Moyen âge*. Chapelle Saint-Ivy : deux époques de construction. Petit appareil. Forme de croix latine. Chœur polygonal. Portes simples à cintre brisé ou anse de panier. Dimensions dans œuvre : 15 mètres sur 6 mètres environ. Au transept nord, deux colonnes cylindriques engagées, ornées de figures au-dessous d'un simple tailloir, étaient destinées à supporter une arcade. Lambris sur arceaux à clefs pendantes. Dans les transepts, entraits à têtes de crocodiles. Sablières sculp-

tées : figures, anges tenant des écussons unis ou des banderoles. Sur la poutre qui remplace l'arcade ci-dessus mentionnée, inscription gothique en creux indiquant que le bois de la chapelle fut fait par Jehan Le Layec en 1545. Fenêtres romanes, dimensions de 1 à 4 environ; une fenêtre à cintre brisé et meneaux en fleur de lis. Fragments de vitraux. Grand bénitier de forme hémisphérique, sans pied, à coupe circulaire; o<sup>m</sup>,40 de hauteur sur o<sup>m</sup>,80 de diamètre environ. — Chapelle Sainte-Anne : offre deux époques de construction. Petit appareil irrégulier. Forme rectangulaire. Portes à cintre brisé simple surmonté d'une voussure en petit appareil. Dimensions dans œuvre : 16 mètres sur 6 mètres environ. Au fond du chœur, fenêtre à cintre brisé et meneaux rayonnants. Autre fenêtre haute et étroite, aux dimensions de 1 à 3 et demi, à plein cintre, très-évasée à l'intérieur (romane). Bénitier formé d'un bloc de granit sphérique, sans pied; cuve circulaire, o<sup>m</sup>,50 de hauteur sur o<sup>m</sup>,70 de diamètre environ. — Sur le chemin de Moréac à Locminé, deux croix de pierre au sommet carré représentant le Christ d'un côté, la Vierge de l'autre, avec un petit pignon au-dessus.

MOUSTOIRAC. *Ép. celtique*. Près de Kermarquer, terre de la Boulaye, menhir haut de 6<sup>m</sup>,65 et large de 1<sup>m</sup>,60 environ; on y remarque gravées en relief deux espèces de crosses ou de houlettes. — Au Boiskér, près de la Boulaye, menhir haut de 6<sup>m</sup>,60, large de 3 mètres et épais de 1<sup>m</sup>,80 environ. — Au Resto, sur la lande du Mené, menhir haut de 3<sup>m</sup>,60. — A Kerrio, dolmen ruiné. — Au Resto, dolmen du champ de Kermorvan. — Dans la lande de Kerigo, grotte-aux-fées longue de 20 mètres, large de 2<sup>m</sup>,50 environ. — Dans la lande du Resto, tumulus découvert en 1856 par M. de La Fruglaye; ce tumulus renfermait deux dolmens : le plus grand a une table de 5<sup>m</sup>,50 de longueur sur 4 mètres de largeur, supportée par quatre piliers en maçonnerie grossière. On voit à côté neuf autres pierres sans supports, de fortes dimensions. Le tumulus, de 50 mètres de diamètre environ, recouvre en outre une grande quantité d'excavations qui sont sans doute des tombeaux. (Voir le mémoire de M. de La Fruglaye aux arch. de la Soc.) — Sur la lande de Penhoët, au Resto, une pierre à cuvettes. — Sur la terre de la Boulaye, près du bois du Cerf, pierre cannelée, haute de 3 mètres, large de 6 mètres et épaisse de 1<sup>m</sup>,70. (Les pierres à cuvettes sont très-nombreuses dans la commune.) — Sur la lande de Penhoët, au Resto, roche branlante en forme de champignon. — Objets trouvés dans le dolmen de la lande du Resto : couteau en silex, de o<sup>m</sup>,25 de longueur sur o<sup>m</sup>,03 de largeur; fragment de kelte en jade; kelte entier, de o<sup>m</sup>,10 de longueur; un poignard en fer, de o<sup>m</sup>,13; un grain de collier en terre cuite. (Tous ces objets ont été donnés au Mus. arch. par M. de La Fruglaye.) ‖ *Ép. romaine*. La voie de Rennes à Carhaix traverse cette commune. — A Kerbernard était un camp romain dont on voit encore trois parapets parallèles, d'une longueur de 120 mètres environ (découvert par M. de La Fruglaye). — Substructions romaines, près de Kerbernard. — Médaille romaine trouvée sous un dolmen, près du Resto (chez M. de La Fruglaye).— Fragments de briques à rebords, de vases en poterie vernissée, de verre, d'armes et d'instruments en fer; un poids en granit : le tout provenant de Kerbernard. — 7 vases funéraires provenant du Resto (voir la description aux arch. de la Soc.). Ces différents objets ont été trouvés et donnés au Mus. arch. par M. de La Fruglaye. || *Moyen âge.* Église paroissiale de Sainte-Barbe : grand et moyen appareil. Forme de croix latine. Chevet plat. Contre-forts à pinacles inachevés et ornements en feuilles de vigne et raisins. Crosses et animaux aux rampants du toit. A l'ouest, tour, porche et porte, de 1774. Porche carré au sud; quelques sculptures grossières sur bois de chaque côté. Porte à anse de panier à retraites surmontée d'une accolade à chou et crosses; pinacles reposant sur des figures humaines. Dimensions dans œuvre : 27 mètres sur 6$^m$,50 environ. Entraits à têtes de crocodiles; sur l'un d'eux, au transept sud, écusson. Sablières grossièrement sculptées : fleurons, denticules, enroulements, figures humaines; dans le chœur, inscription. Fenêtres à cintre brisé et meneaux en fleurs de lis; celle du fond du chœur est masquée par la sacristie. Fragments de vitraux. Près du porche, dans le cimetière, on a enterré en partie un large bénitier polygonal en pierre. A l'intérieur, sur le mur septentrional, poissons sculptés, deux en sautoir et deux autres posés parallèlement, mais en sens contraire l'un de l'autre. Dans le transept sud, une pierre tumulaire porte un écusson au sautoir cantonné de 4 billettes (de Langle). Cadran solaire. — Dans le cimetière, lec'h en granit grossier, de 0$^m$,75 environ de hauteur hors de terre. — Sur le bord de la route de Vannes à Locminé, dans la lande de Kerbedic, se voit une croix de pierre mutilée qui semble moderne, mais qui a dû en remplacer une plus ancienne, car la base présente d'un côté une sorte de roue sculptée, de l'autre une inscription gravée, en capitales romaines renfermant la date 1556. — A Quistinic, butte féodale; on y a détruit récemment quatre tourelles reliées entre elles par des courtines; douves profondes.

MOUSTOIR-RÉMUNGOL. *Moyen âge.* Église paroissiale de Saint-Gorgon : restes d'une ancienne construction. Croix latine. Lambris à clefs pendantes. Entraits à têtes de crocodiles. Sablières à figures et fleurons grossièrement sculptés. Au transept sud, fenêtre à cintre brisé; meneaux en fleur de lis; fragments de vitraux. Quelques sculptures de l'ancienne église encastrées à l'extérieur de la nouvelle. — Chapelle Notre-Dame-des-Fleurs : entraits à têtes de crocodiles. Fenêtre du chœur, à cintre brisé, meneaux en fleur de lis. Vitraux à compartiments variés; personnages de 0$^m$,40 environ, figurant la naissance et la mort du Sauveur; au sommet, trois blasons : le prem'er écartelé aux 1 et 4 d'azur à une tour d'argent, aux 2 et 3 d'or à un lion rampant d'azur; le même blason se retrouve à une petite fenêtre du sud. Les deux autres écussons présentent les mêmes armes, mais avec des alliances. — Chapelle Saint-Laurent : restaurations en 1717. Il ne reste de la construction primitive qu'une fenêtre au chœur, à cintre brisé, avec meneaux en fleur de lis et fragments de vitraux.

NAIZIN. *Ép. romaine.* A l'ouest du Guernoën, sont deux retranchements carrés d'environ 60 mètres de côté : ce lieu se nomme *le Camp*; on y trouve des briques romaines en assez grand nombre (C. D.).

PLUMELIN. *Ép. celtique.* Tout près de la chapelle Saint-Quidy, petit menhir renversé. || *Ép. romaine.* La voie romaine de Rennes à Carhaix traverse cette commune (C. D.). — Au sud de Bot-Coët, à 1,500 mètres de la voie, deux retranchements (*ibid*). || *Moyen âge.* Église paroissiale de Notre-Dame de la Fosse (paroisse de la Chapelle-Neuve) : grand et moyen appareil. Forme rectangulaire. Chœur polygonal. Contre-forts surmontés de pinacles à ornements rectilignes de la Renaissance. Les trois pans du chevet sont ornés de pignons à crosses. Larmier à plusieurs retraites. Gargouilles en pierre aux contre-forts. Tour de 1700, sur le pignon occidental, carrée, surmontée d'une flèche polygonale et flanquée d'une tourelle qui renferme l'escalier; le tout en pierre. Porche au-dessous de la tour. Portes à anse de panier, avec pilastres et fronton triangulaire chargés d'ornements de la Renaissance. Dimensions dans œuvre : 24 mètres sur 7 mètres environ. Lambris à clefs pendantes. Entraits à têtes de crocodiles. Sablières sculptées : figures humaines, enroulements, denticules, fleurons; inscription gravée en caractères, partie gothiques, partie romains. Fenêtres à cintre brisé, à plusieurs retraites intérieures et extérieures. Une sacristie de 1660 cache une fenêtre au fond du chœur. Restes de vitraux; blasons mutilés. A l'extérieur, ligne de sculpture en torsade; niches de la Renaissance et traces d'écussons au chevet. Cadran solaire, et au-dessous, inscription avec la date 1576. Fontaine de 1698. — Chapelle de Locmaria (paroisse de la Chapelle-Neuve) : appareil mélangé; le chœur a été reconstruit en grand et moyen appareil. Forme de croix latine. Portes à cintre brisé simple ou anse de panier. Entraits à têtes de crocodiles; quelques fleurons sur les sablières. Petites fenêtres hautes et étroites, très-ébrasées à l'intérieur; autres à cintre brisé. A la fenêtre du fond du chœur, fragments de vitraux parmi lesquels on distingue deux écussons, dont un d'hermines à une fasce de gueules chargée de 3 besants d'or. Piscine à accolade et trilobe aigu. —

Chapelle Saint-Quidy (paroisse de Plumelin) : traces d'ornementation flamboyante de la dernière époque aux rampants du toit, à la piscine et à la fenêtre du chœur ; porte à anse de panier ; entraits à têtes de crocodiles, aujourd'hui coupés. Petite cloche en bronze, portant une inscription très-fruste en caractères gothiques, où se trouve la date 1533, à côté d'un écusson à un chevron accompagné de 3 billettes (du Botdéru). ‖ *Ép. moderne.* A Bot-Coët, deux statues d'Hercule en granit, hautes de 2 mètres, ont été trouvées dans les décombres du château du Quinipily, à peu de distance de Baud, où elles servaient probablement de cariatides ; l'une d'elles porte sur un cartouche la devise de la famille de Languéouez.

RÉMUNGOL. *Moyen âge.* On voit dans le cimetière de l'église paroissiale une croix de pierre au sommet carré, représentant d'un côté le Christ, de l'autre la Vierge ; petit pignon aigu au-dessus ; anges aux angles. Près de l'église, fontaine à plein cintre à retraites surmontées d'une accolade avec chou, crosses et figures aux extrémités ; au-dessus, pignon également à chou et crosses, flanqué de deux colonnettes cylindriques supportant chacune une statuette ; à l'intérieur de la fontaine, autre statuette mutilée sur un cul-de-lampe figuré par un ange qui tient un écusson uni.

### CANTON DE NAPOLÉONVILLE.

(Chef-lieu : NAPOLÉONVILLE.)

GUELTAS. *Moyen âge.* Église paroissiale de Saint-Gildas : dans un champ voisin de l'église, on montre des pierres sur lesquelles ou devant lesquelles, suivant la légende, saint Gildas venait s'agenouiller. Croix latine. Porche à l'ouest ; de chaque côté, une colonne cylindrique engagée, à base et chapiteau simples. Porte à l'ouest, à cintre brisé, à retraites et colonnettes. Autre porte à anse de panier surmontée d'une accolade que terminent des anges tenant chacun un écusson uni. Au carré du transept, larges arcades à cintre brisé, à retraites, pénétrant des colonnes cylindriques engagées, à base simple. Au transept sud, entraits à têtes de crocodiles. Au chœur, grande fenêtre à cintre brisé et meneaux rayonnants et flamboyants mélangés, aujourd'hui bouchée. Vitraux aux fenêtres des transepts ; compartiments variés ; personnages de 0$^m$,30 à 0$^m$,40 de hauteur ; à une fenêtre du nord, on voit un chevalier et une dame en prières, avec des banderoles portant une inscription gothique ; au-dessus, la Passion. Dans le transept méridional, retable dont la partie supérieure est sculptée à jour, en style flamboyant, et la bordure découpée en trilobes ; de ce retable pendent onze angelots, dont l'un porte un écusson chargé de mâcles, et les autres les différents instruments de la Passion. — Dans le cimetière, croix de pierre moderne offrant sur un de ses côtés les neuf mâcles des Rohan dans un collier d'ordre.

GUERN. *Ép. romaine.* La voie de Rennes à Carhaix traverse cette commune (C. D.). — Dans le cimetière de la chapelle de Lomeltro, colonne en granit, cylindrique, haute de 1$^m$,60 environ hors de terre et de 0$^m$,60 de diamètre. — Dans le même cimetière est une autre colonne de même forme et de même diamètre que la précédente, mais haute de 2$^m$,50 environ. ‖ *Moyen âge.* Chapelle Notre-Dame de Quelven (paroisse de Guern) : restaurations modernes ; grand et moyen appareil. Forme de croix latine ; les transepts sont peu profonds. Deux bas-côtés qui ne vont que du chœur au milieu de la nef. Chœur polygonal. Contre-forts adhérents, surmontés de pinacles à crosses et faux trilobes. Charpente de 1582, réparée en 1633 et 1634 par I. Gicquel. Chaque fenêtre est surmontée extérieurement d'un pignon à crochets. Aux transepts et au chœur, galeries flamboyantes, à jour ; ailleurs, simple larmier. Animaux en pierre formant gargouilles. A l'angle du transept sud et de la nef, une tourelle, surmontée de clochetons à crochets, contient un escalier de pierre qui conduit à la tribune ci-dessous mentionnée et sur la voûte. La tour principale, placée à l'ouest, s'est écroulée en 1837 ; elle était, dit-on, fort belle. On en voit un croquis, fait quelque temps avant sa chute, chez M. Le Cam, au bourg ; on voit également dans la maison du desservant de la chapelle une pierre qui en provient et qui porte un fragment d'inscription gothique. La nouvelle tour, construite sur l'emplacement de l'ancienne, est très-belle aussi ; quoique peut-être d'une hauteur disproportionnée avec le reste de l'édifice ; malheureusement elle est inachevée. Au sud, porche carré voûté en pierre sur croisée d'ogives ; de chaque côté, cinq niches en trilobes, hautes et peu profondes ; communication avec l'intérieur par deux baies à anse de panier surmontées d'une accolade à chou et crosses et enfermées toutes les deux dans un grand cintre brisé, à retraites, ornées de rinceaux de vigne et de chêne ; le tympan a été bouché, et le dais que portait le trumeau, brisé ; communication avec l'extérieur par une grande arcade à cintre brisé, à plusieurs retraites, bordé de trilobes à jour et surmonté d'une accolade et d'un faux pignon à chou et crosses ; les retraites également ornées de rinceaux. Au transept sud, portail à deux baies séparées par un trumeau dont le dais a été aussi brisé ; les baies ornées comme celles du porche ; tympan à jour, mais privé de ses meneaux ; pilastres à pinacles aux côtés. Autre porte au sud, plus petite, à anse de panier et accolade. Dimensions dans œuvre : 32 mètres sur 16 environ, y compris les bas-côtés. Hautes arcades à cintre brisé, à plusieurs retraites pénétrant des colonnes cylindriques. Voûtes en pierre sur croisées d'ogives ; à la clef du chœur, écusson d'hermines plein (Bretagne) ;

à la nef et au bas-côté septentrional, la voûte est inachevée et remplacée par un lambris. Fenêtres à cintre brisé
et meneaux flamboyants. Au transept septentrional,
fenêtre bordée à l'intérieur d'un rinceau de vigne. Au
sud, baies aveugles de style Renaissance, plein cintre
et coquilles. Restes de vitraux à compartiments variés,
fonds d'architecture à trilobes et quatrefeuilles ; plusieurs écussons : 1° d'argent à cinq fasces de gueules (Rimaison) ; 2° parti au 1 d'azur à 8 billettes d'or, 3, 2, 3 ;
au 2 de sable au lion rampant d'argent ; 3° parti au 1
d'azur à huit billettes d'or, au 2 d'argent à cinq fasces de
gueules (Rimaison) ; 4° écartelé, dont on ne distingue
plus qu'une partie, de gueules à 9 mâcles d'or (Rohan) ;
5° d'azur au chevron d'argent accompagné de trois billettes de même ; 6° parti au 1 d'azur à trois coquilles d'or,
au 2 de gueules à dix besants d'or. Vitraux assez bien
conservés à deux fenêtres du chœur ; personnages de
0$^m$,70 à 0$^m$,80 environ ; devises gothiques ; on reconnaît, d'une part, l'arbre de Jessé ; de l'autre, la Vierge
tenant l'Enfant Jésus, saint Christophe le transportant
au milieu des eaux, etc. Au bas-côté sud, tribune en
pierre qui rappelle celle de Saint-Nicodème, supportée
par une voûte sur croisées d'ogives et par des arcades
à cintre brisé, à plusieurs retraites, pénétrant des colonnettes cylindriques sur le devant desquelles sont engagés
des piliers polygonaux, dont deux chargés d'ornements
Renaissance, losanges, circonférences ; écusson à cinq
fasces deux fois répété. Dans la tribune, personnage
sculpté passant sa tête entre ses jambes. Au transept
sud, petit dais à jour en trilobes. Le blason à cinq fasces
est plusieurs fois sculpté à l'extérieur de la chapelle.
Cadran solaire. — Non loin de la chapelle, fontaine à
plein cintre, à retraites, dans lesquelles court un rinceau de vigne surmonté d'une accolade et d'un pignon
à chou et crosses ; aux côtés, pilastres à pinacles ornés
de crochets et de faux trilobes ; à l'intérieur, niche à
coquille, et, en guise de cul-de-lampe, ange présentant un écusson uni. — Tout auprès, pratiquée dans le
mur d'enceinte, autre fontaine de la même époque,
plus petite et moins ornée que la précédente. — A côté
encore, hangar sous lequel les laveuses peuvent se mettre
à l'abri, et dont la toiture est soutenue par quatre
colonnettes de pierre cylindriques. — Chapelle de
Lomeltro (paroisse de Guern) : petites fenêtres à cintre
brisé avec des restes de meneaux rayonnants. Quelques
fragments de vitraux, parmi lesquels l'on reconnaît
des écussons : 1° de gueules à 9 mâcles d'or (Rohan) ;
2° d'argent à 3 fasces de gueules. Bénitier cylindrique qui
peut avoir été une borne milliaire coupée dans sa hauteur
et creusée au sommet pour cet usage. — Chapelle Saint-
Michel (paroisse du Sourn, autrefois église paroissiale) :
grand et moyen appareil. Forme de croix latine ; chevet
plat. Chou et crosses aux rampants du toit. Gargouilles
en pierre, animaux. Au sud, porche orné de crosses et

d'animaux avec une tête de moine en guise de chou ;
et de petits piliers à pinacles sur les côtés ; communication avec l'extérieur par un cintre brisé, avec l'intérieur par deux baies à cintre brisé séparées par un
trumeau polygonal, dont les sculptures sont inachevées
et qui porte bénitier et deis ornés de trilobes et accolades ; les deux baies encadrées d'un autre cintre brisé
à plusieurs retraites et colonnettes à base simple et
chapiteau sculpté ; rinceaux de vigne dans les retraites.
Dimensions dans œuvre : 13 mètres sur 6 environ. Des
colonnes cylindriques engagées, au chœur, étaient destinées à recevoir une arcade. Au chœur, entraits à têtes
de crocodiles et sablières sculptées : figures humaines,
fleurons, écussons unis. Fenêtres à cintre brisé et meneaux flamboyants ; celle du chœur est très-large ; au
sud, fenêtre à cintre brisé et trilobe, haute et très-
évasée à l'intérieur. Restes d'écussons au sommet des vitraux de la fenêtre du chœur : 1° d'azur à trois coquilles
d'or (on retrouve ce blason à Notre-Dame de Quelven,
même commune) ; 2° parti au 1 d'azur à trois coquilles
d'or, au 2 d'azur à trois besants d'argent. Fonts baptismaux polygonaux portant un écusson sculpté à trois
coquilles (comme ci-dessus), la date 1642 et une inscription. Piscine à anse de panier et accolade à chou et
crosses. Bénitier cylindrique à cuve circulaire, dont le
bord, en saillie, est relié à la base par huit petits piliers
polyèdres dont la plupart détachés du pied de la cuve.
Écusson mutilé au-dessus de la fenêtre du chœur, à
l'extérieur. — Près de la chapelle, dans le cimetière,
croix à chapiteau corinthien supportant, d'un côté, le
Christ, de l'autre la Vierge ; au-dessous du chapiteau,
écusson à trois coquilles (comme ci-dessus) et la date
1626. ‖ *Ép. moderne.* Égl se paroissiale de Saint-Julien
(paroisse du Sourn) : écussons sculptés à l'extérieur :
1° à cinq fasces (Rimaison ; voir à Notre-Dame de Quelven, même commune) ; 2° parti au 1 à cinq fasces, au
2 à un chevron, accompagné de trois billettes (voir aussi
à Notre-Dame de Quelven). Quelques autres écussons
mutilés. — Non loin de l'église, sur la route de Napoléonville, croix de pierre de 1708.

KERFOURN. *Moyen âge.* Église paroissiale de Saint-
Éloi : restes d'une ancienne construction. Portes à
cintre brisé surmonté d'une accolade à chou et crosses.
Fenêtres à cintre brisé. Fragments de vitraux. Petit
retable en bois dont la partie supérieure est sculptée
à jour, en style flamboyant (comme celui de l'église
voisine de Gueltas).

NAPOLÉONVILLE ou PONTIVY. *Ép. celtique.* Dans
le mur du cimetière de Napoléonville, sur le chemin
de la Houssaye, se trouve encastré un menhir en pou-
dingue de 4 mètres de hauteur environ sur 3 mètres
de largeur et 2$^m$,60 d'épaisseur ; il est plus étroit à la
base qu'au sommet. Suivant la tradition, ce menhir
va chaque année, pendant la nuit de Noël, se bai-

gner dans le Blavet, laissant pendant quelques instants à découvert un trésor sur lequel il repose depuis des siècles. — Un kelte en jade, de 0$^m$,11 de longueur, a été trouvé près du village de Signan, vers 1829, par M. Le Barre (C. D.). ‖ *Ép. romaine.* M. Le Barre trouva en 1829, près du même village de Signan, cent vingt-deux médailles romaines, dont quelques-unes à l'effigie d'Auguste et de Tibère; elles étaient dans un vase qui contenait aussi des cendres et des fragments de charbons (C. D.). ‖ *Moyen âge.* Église paroissiale de Notre-Dame de la Joie (autrefois chapelle Saint-Ivy) : construction attribuée aux Anglais. Grand, moyen et petit appareil. Croix latine; deux bas-côtés; chevet plat. Gargouilles à la tour. A l'ouest, large tour carrée en pierre, bordée d'une galerie flamboyante, flanquée de clochetons à crochets et surmontée d'une tourelle polygonale en pierre amortie en ardoises, et sans doute inachevée; baies à plein cintre, hautes, étroites à la tour; à gauche, une autre tourelle. Portes à anse de panier et accolade. Le portail occidental est divisé par un trumeau en deux baies à anse de panier et accolade à chou et crosses; pilastres à colonnettes ornées de sculptures réticulées et de torsades; rinceaux de vigne et de chêne dans les retraites; mâcles des Rohan aux pinacles; au sommet, inscription gothique en relief indiquant que la tour fut commencée en 1533. Dimensions dans œuvre : 45 mètres sur 18 environ. Six travées d'architecture. Arcades à cintre brisé, à plusieurs retraites, retombant par pénétration sur des colonnes cylindriques, à base simple et peu élevée, engagées sur des piliers carrés. L'intertransept est voûté sur croisée d'ogives en pierre. Restes d'entraits sculptés, ornements fleuris et figures humaines. Fenêtres à cintre brisé avec pignons. Au chœur, à l'extrémité des arcs ogives, anges portant des blasons unis ou mutilés; on voit des écussons semblables au portail occidental. Calice provenant de l'ancienne église paroissiale, en argent battu, à pied circulaire très-large; coupe semi-ovoïde, légèrement évasée. — Chapelle de l'hospice : on y conserve un reliquaire d'argent qu'on appelle, à cause de sa forme, la *cloche de saint Germain*, et qui supporte une vertèbre de saint Germain d'Auxerre. — Église paroissiale de Saint-Mériadec (paroisse de Stival, autrefois chapelle) : grand et moyen appareil. Croix latine; chevet plat. Gargouilles en pierre au portail ouest, figurant des têtes d'animaux. Tour octogonale, en pierre, sur le portail occidental, contenant un escalier, surmontée d'une flèche en pierre, flanquée à droite d'une petite tourelle; les baies de la tour sont à linteau sur consoles. Porche sur croisée d'ogives en pierre. Portes à cintre brisé surmonté d'une accolade à crochets et chou épanoui; colonnettes et pilastres; rinceau de vigne entre les colonnettes du portail sud. Dimensions dans œuvre : 22 mètres sur 6$^m$,50 environ. Lambris peint sur arceaux de bois avec clefs

pendantes. Têtes de crocodiles aux extrémités des entraits; sur l'un d'eux, blason où l'on distingue une bande d'or accompagnée de six besants de même, 3, 2, 1. Sablières sculptées : figures humaines plus ou moins saillantes. Fenêtres à cintre brisé et meneaux flamboyants. Vitraux assez bien conservés, sur un fond tantôt uni, tantôt chargé de sculptures ou de draperies; armatures formant des dessins variés; la fenêtre du fond du chœur représente, en personnages de 0$^m$,70 à 0$^m$,80, la généalogie des rois de Juda, dont les noms sont quelquefois indiqués; au sommet, la Vierge assise, tenant sur ses genoux l'Enfant Jésus; des banderoles portent diverses inscriptions latines tirées de l'Écriture sainte. La fenêtre du transept méridional reproduit, en douze tableaux, la Passion de Jésus-Christ, en commençant par le bas; les personnages ont ici 0$^m$,30 à 0$^m$,40 environ; chaque tableau est expliqué par une légende en français; à la partie inférieure, inscriptions avec la date 1552. A une autre fenêtre du sud, on voit les mâcles des Rohan. Restes de sculptures en pierre à l'extérieur; singe accroupi à gauche de la porte occidentale, au-dessus du larmier. Sur les murs du chœur, de mauvaises peintures modernes représentent, à l'aide de légendes, la vie de saint Mériadec. Traces d'un cadran solaire sur la tourelle. — Fontaine de Saint-Mériadec, en pierre, à anse de panier, surmontée d'une accolade à crosses; pour ornements, trois figures grimaçantes, écusson à neuf mâcles (Rohan) et deux grandes lettres capitales, H, L., l'une à droite, l'autre à gauche de l'accolade. — On conserve à la sacristie une ancienne clochette de cuivre battu, aplatie de manière à présenter quatre faces; elle est surmontée d'une large poignée en forme d'anse; le battant est en fer. Sa hauteur totale est de 0$^m$,25 environ; sa largeur, à l'orifice, de 0$^m$,20 dans un sens et de 0$^m$,12 dans l'autre. Elle porte une inscription, gravée dans le sens vertical, sur une de ses petites faces, à l'extérieur. Cette cloche est connue dans le pays sous le nom de *bonnet de saint Mériadec.* Les sourds viennent se la faire poser sur la tête pour obtenir leur guérison. Suivant M. de La Villemarqué, dans un mémoire lu à l'Académie des inscriptions et belles-lettres (mai 1860), la fabrication de cette cloche remonterait au moins au VII$^e$ siècle, et l'inscription, qu'il déchiffre de cette manière, PIR TURFIC IS TI, daterait du premier âge de la langue celto-bretonne, et doit se traduire par : *Suaviter sonans es tu,* tu sonnes doucement ou agréablement. (*Journal général de l'instruction publique,* 23 juin 1860.) — Dans le cimetière de Stival, auprès de l'église paroissiale, lec'h de 1$^m$,80 de hauteur environ, portant en creux plusieurs traits qui semblent figurer une croix au sommet carré. Du côté opposé, on voit l'empreinte d'une patte qui passe pour celle du diable lorsqu'il tenta saint Mériadec sous la forme d'une chèvre. — Chapelle Saint-Pierre (paroisse de Stival) :

construite, il y a quelques années, sur l'emplacement de l'ancienne église paroissiale du même nom. On y a conservé une pierre tumulaire de $1^m,80$ sur 1 mètre environ, sans inscription ; la bordure est toute brisée ; au milieu, on reconnaît le dessin en creux d'un personnage en prières. Sous cette pierre ont été trouvées deux médailles, dont l'une a été communiquée à la Société par M. Cadio, recteur de Stival ; c'est une monnaie d'argent frappée sous Philippe le Bon, duc de Bourgogne, comte de Flandre (1419-1467).— Chapelle Notre-Dame de la Houssaye (paroisse de Noyal-Pontivy) : restaurée en 1730. Grand et moyen appareil. Croix latine. Un bas-côté au sud ; chevet plat. Contre-forts surmontés de pinacles à chou et crochets. Chou, crosses et animaux aux rampants du toit. Gargouilles en pierre figurées par des têtes d'animaux. Tour de 1730 sur le portail occidental. Portes à cintre brisé et anse de panier surmontées d'une accolade à chou et crochets. Dimensions dans œuvre : 28 mètres sur 12 environ. Deux travées au bas-côté. Piliers flanqués de colonnettes engagées, ornés de petits chapiteaux en feuillage à la naissance des arcs, à bases plates et simples ; de grandes arcades à cintre brisé séparent la nef principale du bas-côté ; celles du carré du transept sont inachevées. Lambris ; le bas-côté méridional est voûté en pierre sur croisée d'ogives. Têtes de crocodiles aux extrémités des entraits. Restes de figures sculptées sur les sablières. Fenêtres à cintre brisé, avec meneaux flamboyants et colonnettes aux côtés. La fenêtre du fond du chœur est très-grande. Restes de vitraux ; armatures à dessins variés. Sur le vitrail du transept sud, on voit un chevalier tenant une épée de la main droite et de la gauche un écu blasonné, d'azur à la croix d'argent cantonnée de quatre fleurs de lis d'or. Les vitraux de la fenêtre du chœur ont été enlevés et remplacés par des panneaux de bois. Un beau retable en pierre représente les différentes scènes de la Passion : personnages nombreux, mais qui presque tous ont été mutilés. Piscines à accolade, à chou et crochets ; celles du chœur sont ornées de pinacles et de rinceaux. Chancel en bois, sculpté à jour, en trilobes, avec faisceaux de colonnettes à bases simples et petits chapiteaux feuillés. Restes de culs-delampe sculptés : l'un représente deux chiens liés ensemble par le cou ; un autre, deux anges tenant entre eux une colombe. Niches avec culs-de-lampe et dais sculptés à jour, dans les bras du transept. A l'extérieur, traces de blason au-dessus de la fenêtre du chœur. Le bas-côté méridional semble avoir porté des peintures. — Château de Pontivy : restauré en 1485. Habité et entretenu aujourd'hui par une communauté religieuse. Douves ; traces de pont-levis. Poterne. Quatre tours, dont trois rondes ; ces tours, très-larges, offrent des murs de 3 mètres à 3 mètres et demi d'épaisseur ; une seule, en ruines, celle *du Connétable*, est plus ancienne que les autres et d'un plus petit diamètre. On y voit (comme à Sucinio, en Sarzeau) les restes d'une cheminée très-élevée. Les courtines, hautes de 18 à 20 mètres, ont été restaurées en partie à une époque moderne. Mâchicoulis surmontés d'accolades ; corbelets à trois retraits ornementés. Souterrains. Fenêtres carrées couronnées de pignons à choux, crosses, personnages et animaux. Sculptures, animaux formant gargouilles à l'extrémité de tuyaux en pierre. Ce château a toujours appartenu aux Rohan. — Château de la Villeneuve : près de la porte principale, surmontée d'un écusson, s'élève un chêne séculaire qui a 2 mètres de diamètre environ. Tour cylindrique à archères droites ou en croix, terminées par une ouverture circulaire. Fenêtres à accolade et fronton triangulaire, à chou et crosses ; quelques-unes sont fermées par des barreaux ornés de croissants et de fleurs de lis. Porte à anse de panier. Contre-forts en talus derrière la maison. || *Moyen âge* et *Ép. moderne.* Des quatre portes par lesquelles on entrait autrefois à Pontivy, une seule est restée debout ; elle fait aujourd'hui partie du bâtiment même de l'hôpital et présente les caractères de l'architecture du $xvii^e$ siècle. — Dans la ville, sont quelques maisons du $xvi^e$ et du $xvii^e$ siècle, avec tourelles, pignons, étages surplombants, niches et culs-de-lampe ; frontons triangulaires ou demi-circulaires, pilastres ; une, entre autres, rue du Pont, porte la date 1677. — On voit encore sur la façade de l'hôtel de la Grandmaison, ancien rendez-vous de chasse, dit-on, des ducs de Rohan, cette inscription en caractères gothiques, et qui a passé jusqu'à présent pour une inscription anglaise : cette : maison : cét : en Noyal (Noyal-Pontivy), avec la date 1512, renseignement utile pour la délimitation de cette ancienne paroisse, qui comprenait également le château de Pontivy et était fort étendue. Porte à anse de panier. Grandes cheminées ; poutres sculptées, aujourd'hui masquées en partie. Au sommet d'une tourelle cylindrique renfermant un escalier de pierre a été reléguée une statue du Christ, en bois, haute de $1^m,55$, vêtue d'une simple bande d'étoffe. — Place du Marché, maison dont le premier étage est supporté par trois colonnes en pierre formant galerie au-dessous ; colonnes cylindriques, à base simple et chapiteau formé d'une ligne de denticules et d'un tore ; feuillage sculpté sur la poutre qui borde la partie inférieure du premier étage. — De quelque côté qu'on s'éloigne de Napoléonville, à un kilomètre ou deux de la ville, on rencontre, sur le bord des routes, même des routes nouvelles, de petites pierres rectangulaires qui s'élèvent du sol sur une hauteur de $0^m,60$ à $0^m,80$ et une épaisseur de $0^m,25$ à $0^m,30$ ; ces pierres, taillées au siècle dernier, portent invariablement sur une de leurs faces quelques lettres capitales, avec ou sans chiffres, et la mâcle des Rohan : ce sont les bornes de délimitation du siége principal de leur duché. ‖ *Ép. moderne.* On voit, encastrée dans un mur de l'ancien enclos des Récollets, une pierre portant une inscription qui indique l'époque de la reconstruction du couvent (1664). — Chapelle Sainte-Trifine (paroisse de Napoléonville) : le lambris, peint en 1704, représente, en plusieurs tableaux, accompagnés de légendes, la vie de sainte Trifine, fille de Guérok, femme de Comorre et mère de saint Trémeur (C. D. art. Camors). Sur les entraits sont peintes les mâcles des Rohan.

NOYAL-PONTIVY. *Moyen âge.* Église paroissiale de Sainte-Noyale : vaste édifice. Grand et moyen appareil. Croix latine ; deux bas-côtés ; chevet plat. Contre-forts surmontés de pinacles. Choux, crosses et animaux aux rampants du toit. Gargouilles à la tour, figurées par des moines ou par des animaux. Tour carrée, en pierre, sur le transept sud, avec de hauts contre-forts, une galerie flamboyante à jour, et au-dessus une flèche polygonale en pierre ; une petite tourelle polygonale accolée à la tour contient un escalier, également en pierre, qui conduit au clocher. Au sud, porche carré avec des naissances d'arcs pour une voûte inachevée ; aux côtés, les statues des apôtres entre deux bandeaux de feuilles de vigne ; en outre, à gauche, large bénitier en pierre ; communication avec l'extérieur par une arcade à cintre brisé, à retraites, surmontées d'une accolade et d'un double pignon à chou et crosses ; le pignon est flanqué de contre-forts à crochets et animaux et surmonté d'un ange tenant un calice ; grosses têtes servant de culs-de-lampe aux côtés ; communication avec l'intérieur par deux baies à cintre brisé ; sur le devant du trumeau qui les sépare, colonnette striée ; au-dessus, ange en guise de cul-de-lampe supportant une statue de la Vierge et dais sculpté ; l'ange est entouré d'une banderole portant l'inscription gothique : *ave maria* ; d'autres anges ou personnages, sculptés sur le tympan, de chaque côté de la Vierge et sur l'arcade à cintre brisé qui enveloppe le tout. A l'ouest, portail à deux baies, à anse de panier, surmontées chacune d'une accolade à chou et crosses ; colonnettes dans les retraites ; pinacles ; rinceaux de vigne ; sur le devant du trumeau polygonal, dais sculpté et colonnette striée destinée à supporter une statue. Au nord, porte à accolade, à chou et crosses ; personnages sculptés aux côtés. Dimensions dans œuvre : 42 mètres sur 17 environ. Cinq travées d'architecture jusqu'aux transepts inclusivement. Larges et hautes arcades à cintre brisé, à retraites, portées par pénétration sur des colonnes cylindriques ou des piliers polygonaux, à base simple et peu élevée ; naissances d'arcs aux transepts, voûte inachevée. Au transept nord, lambris chargé de peintures sur arceaux, à clefs pendantes. Entraits sculptés, têtes de crocodiles, fleurons, rinceaux, personnages Les sablières sont de même grossièrement travaillées ; on y remarque des têtes d'hommes avec des oreilles

d'âne, deux lions couchés tenant entre eux un blason à une fleur de lis ; des animaux fantastiques ; des jouvencelles entre des diables ; des sirènes ; des crocodiles luttant ; des personnages dans diverses postures ; des moines sortant à demi de la gueule d'un serpent ; un ange présentant un écusson (de gueules) à sept mâcles d'argent, 3, 3, 1 (Molac) ; des bêtes liées par le cou ; enfin une chasse. Grandes fenêtres à cintre brisé et meneaux flamboyants : celle du fond du chœur, aujourd'hui bouchée, est très-remarquable, vue de l'intérieur ; celle du transept nord est surmontée, à l'extérieur, d'une accolade à chou et crosses, terminée d'un côté par un animal, de l'autre par une figure humaine. Vitraux à compartiments variés, personnages de 0$^m$,30 à 0$^m$,40 ; on distingue surtout, au transept sud, le Massacre des Innocents, la Fuite en Égypte, Jésus imprimant son visage sur le voile de la femme pieuse, etc. Plusieurs panneaux manquent. Dans les compartiments supérieurs, blasons mutilés ; un, entre autres, vairé d'or et d'azur. Piscine à accolade, à chou et crosses. Plusieurs blasons unis. Culs-de-lampe : à l'un, grosse figure de la bouche de laquelle s'échappe un rinceau ; à un autre, un homme réunit la patte d'un chien à celle d'un lièvre. Dans l'ancienne sacristie, statue en pierre de saint Mériadec, haute de 1$^m$,20 ; la tête manque. Cadran solaire sur pierre. — Dans le cimetière se trouve un cercueil de granit, long de 2$^m$,40, large de 0$^m$,90 à la tête et de 0$^m$,40 aux pieds ; il est taillé de manière à figurer en creux la place de la tête ; on le connaît dans le pays sous le nom de *tombeau de saint Mériadec.* — Non loin de l'église, croix de pierre dont il ne reste que le socle, à plusieurs pans sculptés en fausse architecture d'accolades à crosses et de petits pilastres à base et chapiteau simples. — A un kilomètre du bourg environ, fontaine monumentale de Sainte-Noyale, datée de 1690 ; niches et pignons à crochets. — Chapelle Sainte-Noyale (appelée dans le pays, en breton : *Santès-Malhuen*) : restes d'une ancienne construction. Non loin de la chapelle on montre deux rochers ; la légende fait de l'un le lit de la sainte, et de l'autre son prie-Dieu. Grand et moyen appareil. Forme de croix latine ; la longueur de la nef n'est point proportionnée à sa largeur. Chœur restauré en 1719 ; inscription de cette époque à l'extérieur. Contre-forts adhérents ; de chaque côté du porche méridional il y a un double contre-fort orné de pinacles à chou et de crosses. Des deux côtés du porche sud, larmier chargé de rinceaux de vigne. Au-dessus du portail ouest, tour carrée, en pierre, terminée par une flèche en ardoises ; on y monte par un petit escalier tournant, en pierre. Porche carré à l'ouest, communiquant avec l'extérieur par une arcade à cintre brisé, à retraites et colonnettes, dont la base est simple et le chapiteau feuillé, et avec l'intérieur par une haute arcade à cintre brisé ; cette arcade n'est pas dans l'axe de la nef : elle est portée vers le nord. Au sud de la chapelle, autre porche carré, voûte inachevée, naissances d'arcs retombant sur des colonnettes à chapiteau feuillé; à droite et à gauche, une ligne d'ornementation en feuilles de vigne; communication avec l'intérieur par deux baies à plein cintre séparées par un trumeau orné d'un bénitier et d'un dais trilobé, le tout encadré d'arcades à anse de panier et accolade soutenue par des anges; à gauche de cette porte, on remarque une inscription gravée à l'envers dans la muraille et donnant la date 1423; communication avec l'extérieur par une arcade plein cintre, à retraites ornées de rinceaux de vigne, surmontées d'une accolade à chou et crochets, avec colonnettes et pilastres à pinacles aux côtés, et amortie en pignon, également orné de chou, crosses et animaux sculptés. Dimensions dans œuvre : 30 mètres sur 5 environ. Lambris chargé de peintures modernes qui représentent en plusieurs tableaux, dans la nef, la vie de sainte Noyale; au chœur, les principaux traits de la vie de Jésus-Christ. Au carré du transept, croisée d'ogives en bois avec clef pendante et figures sculptées aux extrémités. Fenêtres à cintre brisé; meneaux en fleurs de lis. Trois statues de bois reléguées, l'une dans la tour, les deux autres dans un petit réduit de décharge, à droite du porche occidental, paraissent assez anciennes. Une croix processionnelle en argent, qui peut remonter au xvii⁰ siècle, porte en relief les différents instruments de la Passion. — A côté de la chapelle Sainte-Noyale, une autre chapelle toute petite, dédiée à saint Jean, présente quelques sculptures grossières sur les sablières, et sur les entraits et de mauvaises peintures au lambris, rétraçant, comme ci-dessus, la vie de la sainte. — Auprès de ces deux édifices s'élève une croix de pierre : on voit au sommet, d'un côté, le Christ, de l'autre, la Vierge tenant l'Enfant; au-dessus, un petit pignon avec quatre anges; aux côtés, les quatre évangélistes; au-dessous, têtes d'anges formant chapiteau. La croix repose sur un large socle, dont un des côtés offre une petite niche sculptée en accolade et trilobe; on lit autour de ce socle une inscription datée de 1424. — Chapelle Sainte-Barbe; grand et moyen appareil. Plan rectangulaire. Peintures sur les lambris, représentant les divers traits de la vie de sainte Barbe. Entraits à têtes de crocodiles et fleurons; feuilles de vigne sur les sablières. Fenêtres à cintre brisé et à meneaux flamboyants. Vitraux à compartiments variés, avec légendes en caractères gothiques : on reconnaît à la fenêtre du sud l'histoire de sainte Barbe; personnages de 0ᵐ,40 à 0ᵐ,60; malheureusement une partie est cachée par une boiserie. Fragments de vitraux seulement à la fenêtre du fond du chœur; les blasons qui ornaient les panneaux supérieurs sont mutilés.

SAINT-GÉRAN. *Moyen âge.* Église paroissiale de Saint-Géran : forme de croix latine. Portes à cintre brisé. Colonnes cylindriques engagées aux angles du carré du transept, comme pour supporter une voûte inachevée. Grande fenêtre au chœur, à cintre brisé et meneaux flamboyants, aujourd'hui bouchée. Animaux sculptés au bas des rampants des pignons. Cadran solaire de 1677. Croix processionnelle d'argent plaqué portant les instruments de la Passion (grande analogie avec celle de la chapelle voisine de Sainte-Noyale, en Noyal-Pontivy). — Chapelle Saint-Drédeno : restaurée en 1704. Forme de croix latine. Porte occidentale à anse de panier, surmontée de traces d'écusson. Restes d'un ancien lambris sur arceaux à clefs pendantes. Entraits à têtes de crocodiles; sablières grossièrement sculptées : fleurs, figures humaines, animaux; dans le transept nord, écusson à six mâcles, 3, 3. Fenêtres à cintre brisé et meneaux flamboyants. Restes de vitraux à devises gothiques. Chancel en bois sculpté, à accolades supportées deux à deux par de petites colonnettes en faisceau, à base simple et chapiteau feuillé.

SAINT-GONNERY. *Moyen âge.* Église paroissiale de Saint-Gonnery : à l'extérieur, écusson de Rohan, à neuf mâcles, 3, 3, 3. — Dans le cimetière, croix de pierre, représentant d'un côté le Christ, de l'autre la Vierge, anges aux flancs; le tout surmonté d'un pignon à trilobe, chou et crosses, soutenu par quatre angelots; rinceaux de vigne au chapiteau.

SAINT-THURIAU. *Moyen âge.* Église paroissiale de Saint-Thuriau : restes d'une ancienne construction; le chœur et le bas de la nef ont été refaits. Moyen et petit appareil. Croix latine. Chou et crosses aux rampants du toit. Restes de gargouilles en pierre, figurées par des animaux. Au sud, porche carré, à plein cintre, donnant accès dans l'église par une porte à cintre brisé, à retraites et colonnettes. Porte méridionale à cintre légèrement brisé, à plusieurs retraites et colonnettes simples, surmontée d'une accolade à chou et crosses, flanquée de pilastres et d'animaux sculptés. Au carré du transept, restes de colonnes cylindriques engagées qui semblent avoir été préparées pour supporter une voûte. Lambris à clefs pendantes, sur lequel de mauvaises peintures de 1779 représentent la vie de saint Thuriau. Les entraits ont été coupés. Sculptures aux sablières : dans la nef, deux lions couchés tenant entre eux un blason uni, personnage entre deux monstres qui s'avancent pour le dévorer; dans les transepts, monstres liés deux à deux par le cou et personnages dans diverses positions indécentes; d'autres faisant saillie aux extrémités. Fenêtres à cintre brisé et meneaux flamboyants. Celle du transept nord est divisée par un meneau simple en deux baies, à cintre brisé; celle du transept sud est flanquée extérieurement de deux animaux sculptés. Au transept sud, vitraux assez bien conservés; compartiments variés; personnages de 0ᵐ,40 à 0ᵐ,50; tableaux représentant les différentes scènes de la Passion, avec des légendes françaises, en lettres gothiques. Quelques vitraux aussi au transept nord, figurant la sainte Trinité, l'Annonciation, la Circoncision; au sommet, à gauche, deux anges tiennent un écusson d'azur au canton de gueules; autre écusson à droite. Piscine à anse de panier surmontée d'une accolade à chou et crosses. Cadran solaire de 1636. — Chapelle de Cohazé (paroisse de Napoléonville): cette chapelle était autrefois l'église paroissiale de Pontivy. Grand et moyen appareil. Croix latine; chevet plat. Chou, crosses et animaux aux rampants du toit. Sur le portail occidental, tour carrée en pierre, surmontée d'une flèche en ardoises; au bas, porche et porte légèrement brisée. Au sud, porte à cintre brisé, à retraites et colonnettes, surmontée d'une accolade à chou et crosses, flanquée de pilastres; enroulement de feuilles de vigne; sur le tympan, qui est plein, niche à dais sculpté en trilobes et cul-de-lampe figuré par un ange qui présente un blason; têtes d'animaux. Dimensions dans œuvre: 20 mètres sur 6 environ. Lambris; croisée d'ogives en bois et clef pendante au carré du transept. Entraits à

têtes de crocodiles et écussons unis. Sur les sablières, figures grossièrement sculptées; au transept sud, inscription en creux avec la date 1610. Fenêtres à cintre brisé et meneaux flamboyants; rayonnants à celle du chœur. Fragments de vitraux à compartiments variés; personnages de 0m,40 environ. A la fenêtre du chœur, on distingue le Christ et les différents traits de la vie de la sainte Vierge, avec quelques inscriptions gothiques. Chancel en bois sculpté en trilobes, à jour, posés deux par deux sur des colonnettes à base simple et chapiteau feuillé (comme à la chapelle Notre-Dame de la Houssaye, en Napoléonville). — Près de la chapelle, croix de pierre présentant le Christ d'un côté, de l'autre la Vierge et l'Enfant; sur les flancs, anges en prières. Quatre têtes d'anges, placées au chapiteau, supportent quatre colonnettes à pinacles sur lesquelles repose une espèce de baldaquin qui recouvre le tout; chou et crochets à la partie supérieure. — Dans l'intérieur de la chapelle, on voit un grand coffre à panneaux sculptés dans le style flamboyant.

# ARRONDISSEMENT DE PLOERMEL.

### CANTON DE GUER.

#### ( Chef-lieu : Guer. )

**AUGAN.** *Ép. celtique.* Près de la *grotte de Saint-Couturier*, débris d'une roche-aux-fées (C. D.).— Autres semblables dans le bois de Lémo et auprès du village de la Ville-Marquer (*ibid.*). — Sur le mamelon de Quénédau, on trouva en 1820 un dépôt de plus de deux cents haches en bronze (*ibid.*). || *Moyen âge.* Église paroissiale de Saint-Marc: petit appareil irrégulier. Contreforts simples, peu saillants (romans). Flèche en ardoises sur le milieu de la nef. Portes à cintre brisé simple.

**BEIGNON.** *Moyen âge.* Église paroissiale de Saint-Pierre : petit appareil irrégulier. Plan en forme de croix latine; deux bas-côtés; contre-forts simples, adhérents. Tour carrée, à l'ouest, avec flèche en ardoises. Dimensions dans œuvre : 24 mètres sur 15 environ. Arcades à cintre brisé, sans chapiteaux. Lambris sur arceaux à clefs sculptées. Sculptures aux sablières : anges, rinceaux; inscriptions nombreuses en caractères gothiques, dont une porte la date de 1539. Les sablières du chœur sont chargées de sculptures : nombreux personnages et animaux représentant, en plusieurs tableaux, la vie de saint Pierre, dont les diverses scènes

sont expliquées par des inscriptions gothiques; chaque personnage porte son nom. Aux quatre angles de l'intertransept descendent, en guise de pendentifs, d'autres boiseries habilement travaillées : on reconnaît, entre autres, une Salutation angélique. Fenêtres à cintre brisé et meneaux flamboyants, chacune formant pignon à l'extérieur. Vitraux remarquables : au nord de la nef, un saint Michel; au transept nord, l'arbre de Jessé, avec devises gothiques; au sommet, concert d'anges et écusson d'or au lion rampant d'azur, au chef de gueules. La fenêtre de l'est représente au bas la vie de saint Pierre; au-dessus, la trahison de Judas, l'arrestation du Sauveur, le crucifiement et la mise au tombeau; au sommet, le Père-Éternel et le même écusson que plus haut. Un grand nombre des compartiments de ce dernier vitrail ont été dérangés de leur place véritable; les panneaux inférieurs sont, en outre, en partie masqués par une boiserie : cette verrière porte la date de 1540. (Voir aux arch. de la Soc. une notice de M. Jaquemet sur ces vitraux.) Calice, dont la base ( seule partie ancienne) est large et terminée par dix lobes arrondis. Grande croix d'enterrement, en argent plaqué sur bois : d'un côté, le Christ; de l'autre, l'Agneau; ornements en rinceaux; les symboles des évangélistes dans des quatrefeuilles aux extrémités; celles-ci terminées en trilobe formé d'accolades aiguës.

GUER. *Ép. romaine.* Voie de Rennes à Carhaix (C. D.). — A Saint-Étienne, débris de briques (Catal.). || *Moyen âge.* Église paroissiale de Notre-Dame (autrefois Saint-Gurval) : petite cloche datée de 1630. Trois reliquaires en argent : le premier, en forme de châsse, de 0<sup>m</sup>,20 de longueur environ, petites statuettes couchées sur le couvercle, inscriptions gothiques sur banderoles indiquant le contenu du reliquaire; le deuxième a la forme d'un quatrefeuille; le troisième, celle d'une petite croix ornée de losanges et quatrefeuilles, à bras terminés en trilobes. || *Ép. moderne.* Au Tertre, croix portant le nom de J. Masson et la date 1605. — Au nord de l'église est une maison en bois appelée *la Claire Fontaine*, avec une inscription de 1630 au-dessus de la porte.

MONTENEUF. *Ép. celtique.* Au nord de la commune, sept ou huit menhirs de 3 à 4 mètres de hauteur (C. D.). || *Ép. romaine.* A la Ville-au-Comte, traces de la voie de Rennes à Carhaix et camp retranché (*ibid.*). — Au nord de la Chaussée, se voit une construction romaine, enfouie; on y a trouvé des monnaies, dont une de Vespasien (Catal.). || *Moyen âge.* Dans le cimetière, grande croix en schiste, dont le sommet est taillé en trèfle. — A la sortie du bourg, sur la route de Réminiac, croix également en schiste, haute, peu épaisse, à bras pattés.

SAINT-MALO-DE-BEIGNON. *Moyen âge.* Église paroissiale de Saint-Malo : restes de construction romaine. Petit appareil irrégulier. Contre-forts simples. Clocheton d'ardoises sur le milieu de la nef. Portail occidental formé de trois cintres brisés en retraite sur simples tailloirs. Fenêtres hautes et étroites, à plein cintre. — Dans le chœur, plusieurs tombes d'évêques avec écussons et inscriptions : l'une des plus anciennes, très-bien conservée, de 2 mètres sur 0<sup>m</sup>,80, est chargée de sculptures en relief, croix fleuronnée au sommet, enfermée dans un quatrefeuille; deux divisions à la partie inférieure : d'un côté, inscription gothique donnant le nom de Guillaume Hamon et la date 1412 (Ogée n'indique point d'évêque de Saint-Malo portant ce nom au xv<sup>e</sup> siècle); de l'autre côté, écusson où l'on peut reconnaître des annelets (armes des Hamon), calice et autre objet dont nous ignorons la destination.

### CANTON DE JOSSELIN.
#### (Chef-lieu : JOSSELIN.)

CROIX-HELLÉAN (LA). *Moyen âge.* Église paroissiale de l'Invention-de-la-Sainte-Croix : reconstruite en 1690. A l'est, fenêtres à cintre brisé. — Deux tombes levées, en granit, toutes deux rectangulaires, de 2 mètres sur 0<sup>m</sup>,80, recouvrant les restes des sieur et dame du Broutay : on voit au-dessus leurs statues couchées, les mains jointes, la tête posée sur un coussin, les pieds appuyés, ceux du seigneur sur un lion, ceux de sa femme sur une levrette; le seigneur est armé du haubert; sa femme est voilée; sur chaque tombe se trouvent, en outre, deux écussons, à chacun desquels se voient les armes du Broutay (aigle à deux têtes). — Chapelle Saint-Maudé : construite, suivant la tradition, sur l'emplacement où les Bretons morts au combat des Trente ont été enterrés. Forme rectangulaire. Grand et moyen appareil aux pignons; le reste en schiste irrégulier. Crosses aux pignons; celui de l'est surmonté d'une petite croix percée. Contre-forts. Clocheton d'ardoises sur le milieu de la nef. Portes à cintre brisé avec retraites et colonnettes; le portail ouest, divisé en deux baies avec bénitier au trumeau, tympan plein, écussons unis, feuillage dans les retraites. Dimensions dans œuvre : 16 mètres sur 7 environ. Écussons sur les sablières : 1° à six macles; 3, 2, 1; 2° semé d'hermines (Bretagne); 3° fleurs de lis (France). Fenêtres à cintre brisé et meneaux flamboyants; celle de l'est très-grande; toutes bouchées en partie à l'ouest, belle rose de style rayonnant. Piscines à trilobe et accolade; l'une d'elles avec fronton orné de trèfles et écusson à trois pommes de pin. — Au bourg, croix ancienne, très-épaisse, à bras pattés, haute de 2<sup>m</sup>,60 au-dessus de la base et large de 0<sup>m</sup>,30.

CRUGUEL. *Ép. romaine.* Monnaie de Néron (auj. au Mus.). || *Moyen âge.* Église paroissiale de Saint-Brieuc : restes d'architecture gothique au nord, dans les fenêtres. || *Ép. moderne.* Château et chapelle des Timbrieux : imitation de l'architecture de la Renaissance; l'une des fenêtres du château porte le nom de Louis Dubot et la date 1735.

GRÉE-SAINT-LAURENT (LA). *Moyen âge.* Église paroissiale de Saint-Laurent : double arcade à cintre brisé de chaque côté du chœur. Cloche de moyenne grandeur avec inscription gothique, en vers, indiquant son poids, son nom, le lieu et l'époque où elle fut fondue.

GUÉGON. *Ép. romaine.* Aux Couëts, fortifications appelées *Camp de Lezcouët*; autres nommées *la Redoute*, à 2,400 mètres au sud-est des précédentes (O. nouv. édit.). || *Moyen âge.* Église paroissiale de Saint-Pierre et Saint-Cado : petit appareil irrégulier, avec des reprises en grand et moyen appareil. Plan primitif en forme de croix latine; un bas-côté de l'époque gothique au sud du chœur, à l'aisselle du chevet et du bras. Contre-forts simples; crosses aux rampants du toit, au sud. Gargouilles en pierre, personnages et animaux. Tour carrée sur l'intertransept, en pierre, de petit appareil, avec flèche en ardoises; une tourelle circulaire accolée au nord-est renferme l'escalier. Au sud du chœur, porte de la Renaissance, à anse de panier avec pilastres et entablement. Dimensions dans œuvre : 32 mètres sur

8 environ. Le carré du transept est formé par quatre grandes arcades à cintre brisé et doublé, portées sur colonnes cylindriques engagées à chapiteaux romans (pertes, feuilles recourbées). Lambris sur arceaux à clefs pendantes. Sablières sans sculptures, avec une inscription gothique en relief au nord de la nef, qui fixe la date de la charpenterie à l'année 1456. A la nef et aux transepts, petites fenêtres romanes, très-évasées à l'intérieur; la fenêtre du fond du chœur a été bouchée. Au transept sud, où est la chapelle du Couesby, restes de vitraux; on voit encore un chevalier et sa dame agenouillés, sans doute les sieur et dame du Couesby, avec leurs armes: d'or à deux fasces de gueules et d'argent à trois tourteaux de gueules (voir un dessin de M. de Bréhier aux arch. de la Soc.). Le bas-côté sud du chœur, où est une chapelle dédiée à la Sainte Vierge, et dont la toiture forme un pignon distinct de celui du transept, est relié au reste de l'édifice par de grandes arcades plein cintre pénétrant des colonnes cylindriques; sur la sablière de cette chapelle, date de 1560 et quelques sculptures, anges, personnage dans la gueule d'un monstre; dans la même chapelle, fenêtre à cintre brisé et meneaux flamboyants, ornée d'un vitrail représentant, sous des figures de 0<sup>m</sup>,60 environ, les apôtres avec les paroles du *Credo* sur phylactères en lettres gothiques et capitales romaines; on y voit aussi une inscription, en bas, la date 1563. Comme pendant à cette dernière chapelle, à l'aisselle du bras nord et du chevet, sacristie voûtée en pierre, éclairée par une fenêtre à cintre brisé et quatrefeuille, et communiquant avec le chœur par une porte à cintre brisé avec tores; on y voit une piscine à plein cintre et trilobe. Dans la chapelle du Couesby, deux pierres tumulaires avec dessins en relief aujourd'hui très-usés; sur l'une d'elles on distingue encore, au sommet, une croix florencée dans un trilobe (dessin de M. de Bréhier). Trois autres pierres semblables, près de la chaire, où sont représentées des têtes de morts; la présence de deux têtes sur une même tombe semblerait indiquer qu'elle recouvre les restes de deux personnes; ces cinq pierres, de forme rectangulaire, ont une longueur qui varie de 1<sup>m</sup>,70 à 2 mètres, sur une largeur de 0<sup>m</sup>,60 à 0<sup>m</sup>,70. Dans la chapelle de la Vierge, tableau du Saint-Rosaire, daté de 1646. Calice à base large, circulaire et ciselée, nœud sculpté, coupe à paroi presque droite. — Église paroissiale de Saint-Mélèce et Notre-Dame (paroisse de Trégranteur): plan en croix latine dont les bras sont assez larges pour former deux bas-côtés à la nef principale; le chevet est moderne. Grand et moyen appareil. Chacun des bras ou bas-côtés a deux pignons perpendiculaires à la toiture de la nef; crosses aux rampants; gargouilles en pierre. Clocheton en ardoises sur l'intertransept. Portail occidental à deux baies à anse de panier et accolade avec chou et crochets; autres portes à plein cintre. Dimen-

sions dans œuvre: 15 mètres sur 4 environ, pour la nef seulement. Arcades, dont trois à chaque bas-côté, à cintre plein ou brisé, pénétrant des colonnes cylindriques; l'une d'elles est à chapiteau simple surmontant une torsade. Fenêtres romanes à plein cintre; une fenêtre à cintre brisé avec meneaux en fleur de lis et restes de vitraux. Traces de litre extérieure. Au haut de la nef, pierre tumulaire de 0<sup>m</sup>,90 de largeur (une des extrémités est cachée sous le pavage du chœur); personnage sculpté en relief: c'est un chevalier avec une épée au côté et deux écussons à la tête, le tout très-fruste (voir aux arch. de la Soc. un dessin de M. de Bréhier). — Dans le cimetière, devant le portail, colonne qui peut remonter au xvi<sup>e</sup> siècle. — Chapelle Notre-Dame-ès-Brières et Saint-Barthélemy (paroisse de Guéhenno): fenêtres à cintre brisé, meneaux en flammes et quatrefeuilles. Fragments de vitraux. Retable en pierre grossièrement sculpté; on y voit, entre autres, la Salutation angélique. — A un kilomètre et demi environ de Lantillac, au milieu d'une lande, croix *Forhan*, de forme ordinaire: sur le fût est sculpté en relief un couteau, et au-dessous, sur une banderole, inscription gothique qui semble composée de deux vers. Suivant les uns, cette croix aurait été élevée par un boucher; d'après les autres, elle rappellerait le souvenir d'un crime commis en ce lieu. *Forhan* paraît être le nom de celui qui l'a érigée.

GUILLAC. *Moyen âge.* Église paroissiale de Saint-Bertin: elle avait, il y a une douzaine d'années, la forme d'un *tau*, avec double arcade au transept. Moyen et petit appareil. Crosses aux rampants du toit. Fenêtres à cintre brisé et meneaux flamboyants. Restes de vitraux à l'est: apôtres, avec leurs noms en lettres gothiques. Dans le cimetière, croix ancienne à gros bras pattés, haute de 2<sup>m</sup>,90 et large de 0<sup>m</sup>,60. — A 500 mètres du bourg environ, croix semblable à celle du cimetière, de 2<sup>m</sup>,60 hors de terre sur 0<sup>m</sup>,60 de largeur; on l'appelle *la croix de la Brassée*, parce qu'on peut à peine l'entourer des deux bras. — A côté de la pyramide de Mi-Voie, à peu près à moitié chemin entre Ploërmel et Josselin, croix moderne dans la base de laquelle est encastrée une pierre provenant d'un monument plus ancien et portant une inscription destinée à conserver le souvenir de la bataille des Trente, qui eut lieu en 1351 dans cet endroit. (Voir dans Ogée, à l'art. *la Croix-Helléan*, toutes les discussions relatives à ce glorieux combat.)

HELLÉAN. *Moyen âge.* Église paroissiale de Saint-Samson: deux cloches de moyenne grandeur avec inscriptions en capitales romaines, toutes deux de 1599. — Près du bourg, sur la route de Josselin, large croix à bras pattés, haute de 1<sup>m</sup>,70.

JOSSELIN. *Ép. celtique* et *Ép. romaine.* Chez M. de Bréhier, dans la ville, collection d'instruments celtiques et de poteries romaines. || *Moyen âge.* Église paroissiale de Notre-Dame du Roncier : le vocable de cette église, autrefois chapelle, provient de la découverte faite il y a plusieurs siècles, dit-on, en ce lieu, d'une statue de la Vierge sous des ronces toujours vertes. Différentes époques de construction. Grand et moyen appareil; irrégulier au chœur. Plan primitif en forme de croix latine; plan actuel à peu près rectangulaire; deux bas-côtés, maisons accolées encore à l'édifice. Contre-forts surmontés de pinacles ornés de choux et crosses, ainsi que les pignons du toit. Gargouilles en pierre, animaux, personnages, monstres engoulant des moines. Au nord de la nef et obstruant le bas-côté, tour carrée, massive, amortie en ardoises, postérieure au reste de la construction. Au sud, porte à anse de panier et accolade avec colonnettes et rinceaux; à l'ouest, sont deux baies à accolade séparées par un trumeau chargé de dais et cul-de-lampe; le tout dans une grande accolade flanquée de pilastres à pinacles, avec feuilles de vigne, de houx, de chêne et de chou dans les retraites. Dimensions dans œuvre : 35 mètres sur 18 environ. Sept travées d'architecture. Colonnes cylindriques engagées sur piliers, supportant de grandes arcades à cintre brisé, les unes par pénétration, les autres sur des chapiteaux simples ou ornés de volutes, de feuillage et d'animaux; au bas de la nef, la symétrie n'a pas été observée entre les piliers de droite et ceux de gauche. Chœur voûté en pierre sur arcs ogives; voûte semblable au-dessous de la tour, dans la salle de l'ancienne trésorerie. Grandes fenêtres à cintre brisé et meneaux flamboyants, formant pignon à l'extérieur; petite fenêtre romane à droite du chœur. Vitraux mutilés à compartiments variés; personnages de $0^m,60$ à $0^m,70$, fonds d'architecture, devises gothiques; écusson d'azur au sautoir engreslé d'or, cantonné de quatre besans de même, un écu en abîme, le tout surmonté d'une crosse et d'une mitre (Jean l'Épervier, évêque de Saint-Malo, xv° siècle : voir à l'église de Ploërmel); saint André, saint Avertin, saint François; concert d'anges. Piscines à accolade trilobée ou polylobée. Dais et culs-de-lampe sculptés. Deux chapelles latérales, au nord-est et au sud-est. La première, dite chapelle de Clisson, autrefois dédiée à sainte Catherine, communique avec le chœur par deux grandes arcades à cintre brisé et doublé, reposant sur des colonnes à chapiteaux chargés de sculptures grossières, personnages, animaux et enroulements; niches, piscines, et même (ce qui est très-rare) une fenêtre à accolade; traces de litre et de fresques qui ont été couvertes de badigeon : on y reconnaît encore une danse macabre avec inscriptions gothiques; au milieu de la chapelle est le tombeau (autrefois placé dans le chœur) du connétable de Clisson et de Marguerite de Rohan, sa femme, récemment restauré en partie, de $2^m,70$ de longueur sur $1^m,60$ de largeur, en marbre noir sur lequel se détachent les sculp-

ptures de marbre blanc; à la partie supérieure, les deux personnages, en haut-relief, sont couchés les mains jointes, la tête sur un coussin : le connétable, revêtu d'une cotte de mailles et d'un surcot, l'épée au côté, les pieds appuyés sur un lion, ceux de Marguerite reposant sur une levrette accompagnée de ses petits; dais et bordure de style flamboyant; bas-reliefs d'un seul côté du socle, moines mutilés sous des arcatures de même style; à la bordure, inscription gothique en creux qui apprend que le connétable mourut le jour de la fête de saint Georges, au mois d'avril 1407. Dans la deuxième chapelle, celle de droite, on voit également des traces de fresques, entre autres des marguerites, des M couronnés et la devise de Clisson : *Pour ce qu'il me plest;* plusieurs fois répétée sur des phylactères en lettres gothiques; communication avec le chœur par une porte à cintre brisé et par deux trefoires aussi à cintre brisé, dont les meneaux sont disposés en rosaces et quatre-feuilles : l'un d'eux est orné, en outre, à son sommet, d'une fleur de lis et l'autre d'un M (souvenir du connétable de France et de Marguerite sa femme). Cette chapelle est désignée sous le vocable de Sainte-Marguerite; c'est de là sans doute, que les seigneurs de Josselin entendaient la messe; piscine à cintre brisé et trilobe; restes de stalles en bois sculpté du xve ou du xvie siècle provenant, dit-on, de l'abbaye de Saint-Jean des Prés. Caveau sépulcral des seigneurs de Porhoët, dans lequel on descend par la chapelle de Clisson; deux enfeus à plein cintre, au haut de la nef. Ancien cadran solaire. Jolie chaire à prêcher en fer battu, moderne. Inscriptions gothiques à l'extérieur, sur des contre-forts : la première fixe la date de construction de la chapelle de la Vierge à l'année 1491; deux autres inscriptions; au portail occidental, portent les dates de 1470 et 1461, celle-ci accompagnée d'un écusson. (Voir une notice de M. de Brélier sur les fresques de Josselin, Bull. arch. de l'Ass. bret. congrès de 1853; un travail du même auteur sur l'église de Notre-Dame du Roncier, Revue de Bretagne et de Vendée, février et avril 1858.) — Rue Saint-Michel, restes de l'ancienne église paroissiale et prieuré du même nom. Construction en appareil irrégulier; portes à cintre brisé et plein cintre; petites fenêtres romanes. — Chapelle Saint-Martin (ancien prieuré et paroisse) : plan primitif en forme de croix latine; il ne reste que le chœur tronqué et le bras sud avec son absidiole; les arrachements de l'ancienne nef permettent d'en mesurer la largeur. Petit appareil irrégulier. Grande élévation. Contre-forts simples élevés, peu saillants. Doubles colonnes frêles, engagées. Arcades plein cintre avec ou sans tailloirs; un chapiteau à volutes a été creusé pour servir de bénitier. Chapelles voûtées en pierre avec culs-de-four. Fenêtres plein cintre, hautes et étroites, un peu évasées à l'intérieur. Traces de litre extérieure. (Voir l'Essai sur l'histoire de l'archi-

tecture religieuse en Bretagne, par M. de La Monneraye, et un art. de M. L. Galles dans le Bulletin de la
Soc. arch. du Morb. pour 1858.) — Chapelle Sainte-
Croix (autrefois prieuré et paroisse) : plan primitif en
forme de croix latine; il reste un bras au nord. Petit
appareil irrégulier. Contre-forts peu saillants. Portes et
arcades à plein cintre sans tailloirs. Fenêtres, hautes
et étroites, à plein cintre, évasées à l'intérieur. (Voir
l'Essai sur l'histoire de l'architecture, etc.) — Rue
Saint-Michel, ancienne maison de retraite, en bois au
sommet; le bas, en pierre, percé de six ouvertures
à cintre brisé avec retraites formées par des tores.
— Restes de l'ancienne enceinte de la ville, poterne,
fossés. — Château de Josselin : ancienne demeure
de Clisson; mais il ne reste rien de la construction
primitive, ou du donjon, qu'un souterrain conduisant
au gué de la rivière; réédifié à la fin du xv* siècle ou
au commencement du xvi*; démoli en partie au xvii*
et au xviii* siècle; ce qui reste est bien entretenu et
habité aujourd'hui par M. le prince de Léon. Enceinte
et fossés. Architecture militaire du côté de la rivière :
trois tours rondes, très-élevées, couvertes en ardoise,
reliées entre elles par des courtines couronnées de corbelets et mâchicoulis à accolade, et contre lesquelles
est adossée la maison d'habitation, avec fenêtres carrées, celles de l'étage supérieur surmontées de pignons
à chou et crochets; tout ce côté, en petit appareil de
schiste irrégulier, est bâti sur le roc à une assez grande
hauteur; ruines d'autres fortifications à droite. Du côté
de la cour intérieure, bâtiments d'habitation avec une
grande tour, isolée aujourd'hui, semblable aux précédentes; croisées de pierre aux fenêtres, richesse de
sculptures, grand et moyen appareil de granit, toit
très-aigu, animaux en gargouilles et longs tuyaux en
pierre terminé par des têtes de monstres (voir au château de Pontivy); portes à anse de panier ou à plein
cintre avec accolade; beaux escaliers de pierre; grande
salle autrefois divisée en deux étages, avec cheminées en
pierre larges de 4 mètres environ sur 4 mètres également
de hauteur (c'est la hauteur des étages eux-mêmes); la
cheminée du rez-de-chaussée, qui est la plus riche, est
sculptée de feuillages de chêne et de vigne, de personnages et d'animaux, au milieu desquels, en grosses
capitales ornementées, l'inscription : A PLVS, devise
des Rohan; fenêtres carrées à angles adoucis et accolade,
avec meneaux en pierre : celles de l'étage supérieur, au
nombre de dix, décorées de pignons et pinacles à chou
et crosses; galerie découpée à jour avec une extrême
variété, ornements flamboyants, fleurs de lis (armes
de France), mouchetures d'hermines (Bretagne) surmontées d'hermines au naturel, rinceaux, écusson de
Rohan (sept mâcles), partout la lettre A (initiale d'Anne
de Bretagne), sous une couronne ducale, et la devise
A PLVS; les trois dernières fenêtres de droite semblent

faire partie d'un bâtiment ajouté, qui n'est pas aligné
dans la direction du précédent. (Voir album de C. D.
et art. de M. de Brébier, Bull. de l'Ass. bret. 1853.) ‖
*Moyen âge* et *Ép. moderne.* Nombreuses maisons en bois
à pignon du xv* et du xvi* siècle : une datée de 1552;
une autre de 1538, couverte de sculptures, personnages, animaux, feuillages, écussons mutilés. — Chez
M. de Brébier, collection de sceaux et de monnaies;
portrait de Simone d'Avaugour (1483), femme de
Louis le Sénéchal de Carcado.

LANOUÉE. *Ép. celtique.* A l'est de Pontmeleuc,
près du pont, tumulus assez élevé où ont été trouvés
des fragments de vases en terre (C. D.). ‖ *Ép. romaine.*
Voie de Vannes à Corseul (*ibid.*). — Au sud du Pas-
ès-Biches, vestiges d'un poste retranché d'environ
50 ares (*ibid.*). — Près de la Bodinais, restes d'une
fortification circulaire de 107 mètres de diamètre (*ibid.*).
— A Quelneuc, briques romaines (Catal.). ‖ *Moyen
âge.* Église paroissiale de Saint-Pierre : cloche de
grandes dimensions, avec longue inscription en capitales romaines, renfermant la date de 1600, les noms
des parrains et celui du fondeur, Jean du Parc; tous
les mots de cette inscription sont séparés alternativement par une fleur de lis et par une hermine; elle est,
en outre, accompagnée de l'écusson de Rohan (mâcles)
deux fois répété. Armoire à panneaux chargés d'ornements flamboyants; on y voit, entre autres sculptures,
un saint Pierre sous une accolade à chou et crosses, et
dans un autre compartiment les deux lettres BR.—Chapelle Saint-Melec (à Pontmeleuc, autrefois paroisse) :
siége d'une commanderie de l'ordre de Malte. Additions et restaurations au xvii* et au xviii* siècle. Plan
en forme de croix latine. Appareil irrégulier. Contre-
forts simples, peu saillants. Clocheton d'ardoises sur
le milieu de la nef. Deux petites cloches, dont une avec
inscription datée de 1650; l'autre sans inscription, mais
de forme allongée. Porche au sud. Portes simples à
cintre plein ou brisé. Petites fenêtres romanes à plein
cintre.

QUILY. *Ép. romaine.* Aux Châtelets, restes de retranchements (C. D.). ‖ *Moyen âge.* Église paroissiale de
Saint-Nicodème : sous le porche, coffre à panneaux
sculptés de style flamboyant.

SAINT-SERVAN. *Moyen âge.* Chapelle Saint-Gobrien : ancien ermitage de saint Gobrien, évêque de
Vannes, où il se réfugia, suivant la tradition, pour
échapper aux persécutions des habitants de Vannes.
Trois époques de construction : nef romane; le reste
du xv* et du xvi* siècle. Grand et moyen appareil en
partie; la nef en petit appareil irrégulier. Plan en forme
de croix latine. Contre-forts simples, quelques-uns peu
saillants. Crosses au pignon du bras méridional. Grosse
tour carrée en pierre sur le transept nord, avec flèche
en ardoises. Au sud, porte à cintre brisé, à plusieurs

retraites et colonnettes à chapiteaux garnis d'un côté de feuillage, de l'autre d'écussons : 1° à six mâcles; 2° à une fasce; 3° à une croix; 4° vairé; 5° à trois chevrons renversés; 6° écartelé aux 1 et 4 à deux fasces, aux 2 et 3 losangé ou fuselé; 7° à six besants ou tourteaux. Niche de chaque côté, à cintre brisé et trilobe. Dimensions dans œuvre : 28 mètres sur 6. Arcades à cintre brisé et doublé sur piliers à chapiteaux simples. Voûte en pierre sur croisée d'ogives au transept nord; lambris sur arceaux à clefs pendantes au transept sud. Dans ce dernier, sablières sculptées : anges tenant des écussons unis. Fenêtres à cintre brisé, avec meneaux en quatrefeuilles; celle de l'est toute en quatrefeuilles (rare); meneaux flamboyants à une fenêtre de la nef. Restes de vitraux; à l'est, écussons : 1° de gueules au lion rampant d'argent (Clisson); 2° parti de Clisson et de Rohan (de gueules à sept mâcles d'or); lettre M plusieurs fois répétée dans cette vitre, en souvenir de Marguerite de Rohan, femme du connétable de Clisson (voir à l'église paroissiale de Josselin); dans le transept sud : *saint Goubrien* (lettres gothiques) et sainte Catherine, puis saint Pierre, saint Thomas, saint Paul, saint André. Deux autels latéraux avec baldaquins en bois sculptés à jour, de style flamboyant. Dans le chœur, tombe-levée dite de saint Gobrien; pierre plate sur maçonnerie, sans inscription, de 1 mètre sur 2 environ, entourée d'une balustrade en bois, dont un côté est sculpté à jour en arcades à cintre brisé et trilobes, animaux, fleurons, feuillages, trèfles et quatrefeuilles. Piscines à cintre brisé et trilobe. La nef (qui sert aujourd'hui de décharge) est séparée du chœur par un chancel en bois sculpté comme les autels. A côté, tronc de Saint-Gobrien, en chêne, avec une ancienne serrure. Mauvaises peintures sur le lambris du chœur, renouvelées de plus anciennes et rappelant la légende ci-dessus mentionnée. Inscription gravée en capitales romaines à l'extérieur du bras sud, et qui en fixe la construction à l'année 1548-1549. Dans le cimetière, croix de pierre à base ancienne ornée de mâcles; près de la barrière est un bas-relief provenant d'un tympan de porte. Calice en argent doré, coupe très-ouverte à paroi presque droite, gros nœud à quatrefeuilles, base très-large terminée par huit accolades; au-dessous, en lettres gothiques : *sanct Gobrien;* sur la patène, main du Christ d'où s'échappent des rayons. Croix de procession, en argent plaqué sur bois, terminée aux extrémités par des quatrefeuilles aigus dans lesquels sont les Évangélistes; au milieu, d'un côté le Christ, de l'autre saint Gobrien, l'un et l'autre surmontés d'un dais; ornementation en feuillages. Plat aux offrandes, en argent, avec écusson à la face supérieure, à une étoile accompagnée de trois croissants (de Trégouet), et au-dessous, inscription gothique qui fait connaître que cet objet a été légué en 1507 à la fabrique de Saint-

Gobrien par J. Trégouet, sieur de Kermahéas. (Voir dans la Revue de Bretagne et de Vendée, mai 1860, un art. de M. H. du Noday sur Saint-Gobrien.) — Dans le cimetière de l'église paroissiale, croix ancienne de 2 mètres de hauteur environ, et dont le pied va en s'élargissant par le bas. — Sur le chemin du bourg à Saint-Gobrien, sommet de croix en forme de quatrefeuille; sur la base, on voit un calice sculpté et, en lettres gothiques, le nom de D. Olivier Duval.

### CANTON DE MALESTROIT.
#### (Chef-lieu : MALESTROIT.)

CARO. *Ép. celtique.* Près de Bodel, menhir (C. D.). — Collection d'objets celtiques chez M. Ch. de La Monneraye, au Cleyo. ‖ *Ép. romaine.* Voie de Rennes à Carhaix (C. D.). — Dans le cimetière de l'église paroissiale, borne milliaire (signalée pour la première fois par M. de Keranflech), à peu près cylindrique, de 1<sup>m</sup>,20 de hauteur sur 0<sup>m</sup>,70 de diamètre, avec cette inscription gravée : ✝ NOB CAES CV MAXIMIANO P FI. — Près du village de la Gageat, traces de construction romaine (O. nouv. éd. note de M. Marot), constatée aussi par les fouilles de M. de La Monneraye. — Traces analogues à la Pommeraie, Bodel, la Butte-à-l'Argent (C. D.). — Collection d'objets romains chez M. de La Monneraye. ‖ *Moyen âge.* Église paroissiale de Saint-Hervé : petit appareil irrégulier. Au sud, contrefort simple, peu saillant. Porte sud, à cintre brisé, avec tore. Au nord de la nef, petites fenêtres étroites, à plein cintre, évasées à l'intérieur; une géminée à trilobes au sud. Traces de litre extérieure. — Sur la borne qui se trouve dans le cimetière a été implantée une croix pattée, gracieusement évidée aux aisselles, portant elle-même, gravée sur chaque côté, une autre croix pattée simple. — Sur la fontaine de Saint-Hervé, près du bourg, croix en forme de trèfle. — Près du grand village, sur le chemin du bourg, se voit une croix de schiste, de 2<sup>m</sup>,50 de hauteur, en forme de trèfle, portant le dessin d'une autre petite croix. — Sur le chemin du bourg à Saint-Yves, croix en trèfle avec une petite croix pattée, sculptée de chaque côté, l'une d'elles dans un cercle, avec les cinq trous figurant les plaies du Sauveur, et au-dessous, sorte d'écusson dans lequel sont figurés un couteau et une pierre à aiguiser; cette croix porte le nom de *croix Boucher.* — Un peu plus loin, sur la même route, près d'un moulin, autre croix dite *croix de l'Étang*, à bras pattés arrondis, ou trèfle moins accusé : d'un côté, dessin d'un personnage en costume ecclésiastique, bénissant d'une main, et tenant de l'autre une crosse, ou plutôt une clef (saint Pierre ou saint Yves); de l'autre côté, petite croix et les cinq trous. — Au nord du bourg, sur l'ancienne route de Ploërmel, à un demi-kilomètre environ, *croix de*

*Haut*, dont le sommet rappelle celle du cimetière, avec le Christ d'un côté, et au-dessous, en lettres gothiques, sur banderole, le mot *blādī* (il existait encore à Caro, il y a une vingtaine d'années, une famille du nom de Blandin). — A la sortie du bourg, dans la lande, à droite du chemin de Monterrein, large croix en forme de trèfle, avec les cinq trous, comme plus haut. — Collection numismatique chez M. de La Monneraye.

CHAPELLE (LA). *Ép. celtique.* Sur la lande de Saint-Méen, plusieurs menhirs, petit tumulus et ruines d'une roche-aux-fées (C. D.). — A la Ville-au-Voyer, beau dolmen dit *la Maison trouée*, dont la table est longue de 6 mètres, large de 2 mètres 66 et épaisse de 0^m,50, au milieu d'une enceinte circulaire de pierres hautes de 1 mètre environ (*ibid.*). || *Moyen âge.* Église paroissiale de Notre-Dame : additions ou restaurations en 1711. Petit appareil irrégulier. A l'ouest, contre-forts très-simples, peu saillants. Petite cloche portant le nom de Pierre Rogier, sieur du Crévy, et la date 1639. Au sud de la nef, petite fenêtre à cintre brisé avec des restes de meneaux flamboyants. Croix processionnelle en bois plaqué d'argent ; quatrefeuilles aux extrémités, où sont des personnages saints portant sur phylactères leurs noms en gothique ; au milieu, le Christ avec la légende INRI, aussi en gothique ; de l'autre côté, dans les quatrefeuilles, symboles des évangélistes avec leurs noms comme ci-dessus (entre autres, S MACE pour Mathieu), et au milieu, le monogramme du Christ : IHS ; ornements en fleurons. — Château du Crévy : forteresse au temps de la Ligue. A l'un des angles de l'habitation moderne, grosse tour ronde avec corbelets et mâchicoulis, amortie en ardoises. Autre tour ronde, isolée, sur le bord de la rivière.

LIZIO. *Ép. romaine.* Découverte, il y a quelques années, dans une lande au nord du bourg, d'un kelte en silex, d'un fer de lance et d'une urne cinéraire, le tout dans un retranchement à peu près carré (*ibid.*). — Dans une lande nommée *la Tombe-aux-Morts*, sur le chemin de Cruguel, à 2 kilomètres du bourg, enceinte fortifiée d'environ 150 pas de côté (*ibid.*). — Près du village de Sainte-Catherine, au lieu dit *Mangouer* (murailles), au milieu de briques romaines, découverte, en 1842, d'une statuette en bronze représentant un personnage en costume de chasse, accompagné de son chien (auj. chez M. l'abbé Marot, à Rochefort-en-Terre : voir aib. de C. D.). || *Moyen âge.* Église paroissiale de Notre-Dame : restes de gothique du xvii^e siècle dans les arcades, les sablières et les fenêtres. Calice d'argent, à pied rond, ciselé ainsi que le nœud ; coupe sans évasement. — Chapelle Sainte-Catherine : ancien prieuré, ayant appartenu, suivant la tradition, aux Templiers. Grande arcade à cintre brisé, séparant le chœur de la nef et reposant, d'un côté, sur la muraille, de l'autre, sur un simple tailloir.

MALESTROIT. *Ép. celtique.* Près de Bois-Solon, deux menhirs, hauts de 2 mètres et de 3 (C. D.). || *Ép. romaine.* A l'entrée de la ville, près du faubourg de Sainte-Anne, au Bois-Solon-d'en-Haut, est un retranchement circulaire d'environ 100 pas de diamètre (*ibid.*). || *Moyen âge.* Église paroissiale de Saint-Gilles : diverses époques de construction : 1° Époque romane (carré du transept, chœur et bras méridional). Plan primitif en croix latine. Petit appareil irrégulier. Hauts contre-forts peu saillants. Dans le transept, petite abside à cintre brisé et cul-de-four. Sur l'intertransept, tour carrée en pierre, couverte en ardoise. Toute cette partie est voûtée sur arcs ogives, avec arcades à cintre brisé portées sur des faisceaux de colonnettes engagées à chapiteaux ornés de volutes et de feuilles de refend ; d'autres chapiteaux chargés d'animaux fantastiques se voient encastrés dans la façade sud de la nef. Au transept, fenêtre haute et étroite à plein cintre, évasée à l'intérieur, en partie bouchée. 2° Époque gothique : styles rayonnant et flamboyant réunis (côté nord de l'édifice et nef du sud) ; grand et moyen appareil. Plan rectangulaire pour la nef septentrionale accolée à l'église primitive, et qui forme une construction distincte. Chevet incliné vers le sud. Puissants contre-forts avec retraites et pinacles, ornés au sud de personnages grotesques et des symboles de deux évangélistes, un lion et un bœuf. Corniche à retraites. Animaux en gargouilles. Entre les deux pignons de l'ouest, tourelle polygonale en pierre. Portes à anse de panier et accolade avec chou, crosses et colonnettes, divisées par un trumeau chargé de dais, cul-de-lampe et entrelacs ; tympan à jour à celle du sud. Dimensions dans œuvre : longueur, 30 mètres ; largeur, 8 mètres pour chacune des deux nefs. Cinq travées d'architecture, y compris le chœur. Les deux nefs reliées par des arcades à cintre brisé et retraites pénétrant des piliers polygonaux. Lambris simple, très-élevé. Entraits à têtes de crocodiles ; sculptures sur les sablières : personnages dans des positions bizarres, chasse, figures grossières, écussons isolés ou tenus par des anges : 1° au lambel à trois pendants ; 2° de gueules à neuf besants d'or (Malestroit) ; 3° à huit mâcles ou losanges, 4, 4, un croissant en abîme ; 4° écartelé aux 1 et 4, à cinq mâcles (ou losanges), aux 2 et 3 à un lambel de trois pendants. A l'ouest de la nef méridionale, rose de style rayonnant ; fenêtre de même époque au transept ; les autres fenêtres, en partie bouchées, à cintre brisé avec meneaux en trèfles, quatrefeuilles et flammes mélangés ; celle de l'est, très-grande. Vitraux à compartiments variés, personnages de 0^m,50 à 0^m,70 ; scènes empruntées à la Bible : Jésus parmi les docteurs, le Baptême du Sauveur, la Passion, etc. quelques écussons : 1° celui de Malestroit (voir ci-dessus) ; 2° de gueules à une croix d'argent cantonnée de quatre épis de même (La Morlaye); 3° parti au 1 de La Morlaye, au 2 de gueules à trois bandes (ou chevrons) d'or. A la porte du sud, vantaux sculptés du xvii° siècle. Cadran solaire sur ardoise, de 1617. Au nord de l'église, croix de pierre dont la base, plus ancienne, présente plusieurs faces trilobées. — Chapelle Sainte-Madeleine (autrefois paroisse sous le nom de prieuré, dépendant de l'abbaye de Saint-Gildas-de-Rhuis) : passe pour avoir appartenu aux Templiers. Le plan primitif de ce monument, qui est aujourd'hui à peu près rectangulaire, semble avoir été celui d'un *tau* renversé par rapport à l'orientation habituelle des églises, la traverse se trouvant à l'ouest. Restes de construction romane au nord et à l'ouest, gothique à l'est et au sud, l'ensemble formant comme trois nefs, dont deux parallèles, allant de l'est à l'ouest, et la troisième à l'ouest, perpendiculaire aux deux autres; celle-ci avec une toiture particulière. Petit appareil irrégulier. Contre-forts simples, adhérents, très-épais. Au sud-ouest, restes de clocher en pierre soutenu, indépendamment des contre-forts, par deux petits arcs jumeaux à plein cintre; tour carrée à droite du portail occidental. Au-dessous du clocher roman, porte à cintre brisé simple dans un plein cintre. Dimensions dans œuvre : 18 mètres de longueur environ sur 13 mètres de largeur, tout compris. Trois travées d'architecture de l'est à l'ouest. Les nefs reliées entre elles par de larges arcades à cintre brisé portées par pénétration sur piliers cylindriques ou polygonaux. Entraits à têtes de crocodiles dans la nef du sud. Au nord, fenêtre étroite, à plein cintre, visible aujourd'hui de l'extérieur seulement; au sud et à l'est (partie septentrionale), fenêtres de style flamboyant. Vitraux à compartiments variés : personnages de 0<sup>m</sup>,60 environ; au chœur de la nef septentrionale, scènes de la vie de sainte Madeleine, en partie masquées par un mauvais retable : chaque tableau est expliqué par une légende, tantôt en caractères gothiques, tantôt en capitales romaines; au sommet : écussons : 1° de gueules à neuf besants d'or (Malestroit); 2° de gueules à une croix d'argent cantonnée, etc. (voir à l'église de Saint-Gilles). Autres vitraux à deux fenêtres du sud, avec des restes d'inscriptions gothiques : à l'une d'elles, le Père Éternel tenant la croix où est attaché le Christ, la Vierge portant l'Enfant; à l'autre fenêtre : *S. Gregroayr*, une autre inscription et un écusson dans un compartiment où est figuré un évêque en prières, avec un autre personnage qui tient un calice dont la forme rappelle celui de Bréhardec, en Questembert. Croix semblable également à celle de Bréhardec, de 0<sup>m</sup>,56 de longueur environ, en bois plaqué de cuivre, à branches ornées de feuillages et de dessins assez grossiers, symboles des évangélistes; croix pattée au revers. — Quelques vestiges des anciennes murailles de la ville (C. D.). ‖ *Moyen âge* et *Ép. moderne.* Nombreuses maisons du xv° et du xvi° siècle,

en bois, à pignon et à étages surplombants, avec ou sans sculptures. L'une d'elles, près de l'église de Saint-Gilles, présente des scènes grotesques : une truie qui file, un chasseur qui sonne de la trompe, et à côté de lui, comme pour le narguer, un lièvre jouant du biniou; enfin un homme qui bat sa femme : on appelle ce dernier groupe *Malestroit et sa femme* (voir à Vannes et à Questembert). — Au coin d'une autre maison, non loin de la précédente, se voient trois personnages, dont un homme en costume du temps et deux femmes, ou plutôt deux sirènes, et, au-dessous, une inscription avec la date 1588. — Dans une ruelle, au nord de l'église de Saint-Gilles, sur un linteau de porte, on lit, gravées en creux, trois sentences en trois langues différentes, hébreu, grec et latin; la forme des lettres de la dernière les ferait remonter au plus au xvii° siècle.

MONTERREIN. *Ép. celtique.* Près du Piperay, deux grands menhirs (C. D.). ‖ *Ép. romaine.* Entre le bourg et les moulins de la Haute-Touche, petit retranchement elliptique (*ibid.*). ‖ *Moyen âge.* Église paroissiale de Saint-Malo : plan en forme de croix latine; le bras sud très-court; un bas-côté au nord. Petits contre-forts adhérents, simples, peu saillants. A l'aisselle du bras nord et de la nef, tour carrée avec flèche en ardoises, et tourelle circulaire contenant l'escalier. Au sud, porte plein cintre avec tore. Arcades plein cintre sans tailloirs; on voit les traces de celle qui séparait la nef du chœur. Fenêtres romanes, plein cintre, évasées à l'intérieur. On retrouve des traces de litre extérieure. Entre le bras nord et le chœur, petite construction circulaire servant de sacristie, avec une arcade, aujourd'hui bouchée à l'intérieur. Groupe en albâtre figurant le Père Éternel qui tient le Christ, le Saint-Esprit entre eux. Deux calices, un grand et un petit, tous deux à base circulaire ciselée; coupe du petit à paroi droite; celle du grand a été changée. — Dans le cimetière, croix à bras pattés sécuriformes. — A la sortie du bourg, sur le chemin de la Chapelle, croix à bras pattés de forme gracieuse.

RÉMINIAC. *Ép. romaine.* Voie de Rennes à Carhaix, connue sous le nom de *Voie Ahès* (O. nouv. éd.).

ROC-SAINT-ANDRÉ (LE). *Ép. romaine.* Découverte en 1824, près de l'écluse de la Ville-ès-fils-Glins, d'une lance en cuivre (C. D.). — Au sud du moulin à vent de la Ville-Der, vaste retranchement; nombreux fragments de briques romaines aux environs (*ibid.*). ‖ *Moyen âge.* Église paroissiale de Saint-André : bâtie sur le sommet d'un roc élevé. Le plan primitif semble avoir été en forme de demi-*tau*; aujourd'hui bras de transept, court et étroit au nord, large au sud. Petit appareil irrégulier. A l'ouest, clocheton carré en pierre, à deux baies. Porte à anse de panier au bras sud; autres portes à cintre brisé avec tore. Arcades reliant le chœur, savoir : une au transept nord, trois au transept sud, à cintre brisé et doublé, pénétrant des piliers polygonaux ; le bras sud était, en outre, divisé en deux parties dans sa profondeur par une double arcade. Fenêtres à cintre brisé. Piscines et niche extérieure à cintre brisé et trilobé. Nombreux écussons mutilés, intérieurement et extérieurement. Trois tableaux du peintre breton Lhermitais. ‖ *Ép. moderne.* Beau pont en pierre de treize arches, construit en 1760.

RUFFIAC. *Ép. celtique.* Sur le chemin du bourg à Malestroit, dans le champ de *la Roche piquée,* menhir haut de 4 mètres (C. D.). ‖ *Ép. romaine.* Voie indiquée par M. Bizeul (O. nouv. éd.). ‖ *Moyen âge.* Église paroissiale de Saint-Pierre : restes d'une ancienne construction ; petit appareil irrégulier. Contre-forts simples, peu saillants. Au sud, portail plein cintre à trois retraites, avec colonnettes à chapiteaux simples. Entre le chœur et la nef, grande arcade à cintre brisé, sur simples tailloirs. Au nord de la nef, petite fenêtre romaine, très-étroite, à plein cintre, évasée à l'intérieur ; au sud, fenêtre à cintre brisé, avec des écussons sculptés sur les côtés : 1° à trois bourdons en pal (La Bourdonnaye), plusieurs fois répété à l'extérieur ; 2° à trois feuilles de rue (de La Ruée). Traces de litre extérieure. — Dans le cimetière, croix à bras recroisetés et avec les cinq trous. Calice à large pied circulaire ciselé ; coupe très-ouverte, à paroi presque droite. ‖ *Ép. moderne.* A côté de l'église paroissiale, maison portant le nom de Pierre Lores et la date 1630.

SAINT-ABRAHAM. *Ép. celtique.* Près de la ferme du *Coin de l'or,* deux petites tombelles et débris d'un dolmen (C. D.). ‖ *Ép. romaine.* Voie dite *Chaussée Ahès* (O. nouv. éd.). — Au *Coin de l'or,* nombreux fragments de briques et de poteries (alb. de C. D.). ‖ *Moyen âge.* Église paroissiale de Saint-Étienne : croix latine irrégulière ; un bas-côté au nord. Petit appareil mélangé. Contre-fort très-simple, peu saillant, au sud. Grosse tour carrée au nord-ouest, avec une flèche en ardoises. Au sud, porte à cintre brisé simple. Arcades semblables, quelques piliers polygonaux. Fenêtres à cintre également brisé ; meneaux flamboyants. Restes de vitraux. Petit calice d'argent doré battu, coupe très-ouverte à paroi presque droite, pied et nœud sculptés ; large base à dix lobes arrondis, sur lesquels sont gravés les instruments de la Passion ; au-dessous, inscription en caractères grossièrement faits, avec la date de 1604.

SAINT-GUYOMARD. *Ép. celtique.* Sur le chemin de Molac, dans le bois de Saint-Maurice, menhir de 5 mètres de hauteur sur 3 mètres de largeur, appelé *la Pierre droite* (C. D.). — Près de Coëtnely, menhir haut de 6$^{m}$,30 et large de 4 mètres ; un autre renversé tout auprès ; à côté, un galgal, et un peu plus loin, autre menhir renversé (*ibid.*). — Près de la grande route de Malestroit, menhirs renversés (Catal.). — Entre le bourg et la forêt de Molac, trois dolmens détruits

(Catal.). ‖ *Ép. romaine.* Au sud du bourg, vaste camp à double enceinte, avec un cromlech à l'intérieur, et, à l'extérieur, un ouvrage en terre en forme de parallélogramme (C. D.). — Près de la Ville-Mango, au bord de la route de Vannes à Rennes, dans la lande *du Camp* ou *des Caillibottes,* petit retranchement carré, de 50 mètres de côté environ (*ibid.*). ‖ *Moyen âge.* Église paroissiale de Saint-Maurice : plan en forme de *tau ;* un bas-côté au sud. Petit appareil irrégulier. Contre-fort roman au nord. Clocheton en ardoises sur le milieu de la nef. Au sud, porchet avec deux colonnettes cylindriques à rang de perles au chapiteau. Du même côté, porte à anse de panier et accolade avec chou et crosses ; au bras nord est une petite porte à cintre brisé avec tore. Dimensions dans œuvre : 18 mètres sur 7, y compris le bas-côté. Six travées d'architecture. Au transept nord, arcade à cintre brisé sur simples tailloirs ; au sud, arcades (dont deux au transept), cintre brisé à retraites pénétrant des colonnes, sauf quelques-unes à chapiteau simple. Fenêtres à cintre brisé, pignonnées à l'extérieur ; deux petites, au nord, évasées, à plein cintre. Traces de litre extérieure. Statue de saint Maurice, en pierre, avec son nom en gothique sur l'écusson du cul-de-lampe qui la supporte. — Château de Brignac : au flanc de la maison moderne, tour circulaire avec corbelets, mâchicoulis et animaux en gargouilles ; tourelle polygonale accolée à la précédente, et contenant un bel escalier de pierre : toutes deux amorties en ardoises ; fenêtres carrées, avec accolade à chou et à crosses ; celles de la tour ronde plus grandes que les autres et divisées par une croisée de pierre ; ornements en rinceaux et torsades ; porte de la tourelle à anse de panier avec accolade et pilastres à pinacles ; au-dessus, inscription gothique en relief indiquant les noms des propriétaires en 1510, année où fut construite cette partie du château (voir aux arch. de la Soc. un dessin de cette inscription par M. Ch. de Fréminville).

SAINT-NICOLAS-DU-TERTRE. *Moyen âge.* Église paroissiale de Saint-Nicolas : plan en forme de croix latine irrégulière. Petit appareil mélangé. A chaque bras du transept, deux arcades plein cintre sans tailloirs. Sur un entrait, écusson (de gueules) à trois bourdons (d'argent) en pal (La Bourdonnaye). Au bras sud, fenêtres plein cintre, très-évasées ; une géminée au bras nord. Fragments de vitraux ; on y voit, entre autres, l'écusson ci-dessus. Cadran solaire de 1730, sur ardoise, avec une sentence. — Dans le cimetière, grande croix de schiste, au sommet gracieusement découpé, avec les cinq trous figurant les plaies de Jésus-Christ.

SÉRENT. *Ép. celtique.* Dans la lande du Fovéno, vingt-quatre tombelles d'environ 2 mètres de hauteur, sur quatre rangs parallèles (C. D.). — A l'est du Glétin, sur la lande du Guerno, une vingtaine de tombelles réunies en groupes de trois et formant des triangles semblables (C. D.). — Près du château de la Rivière, cromlech de 2<sup>m</sup>,70 de diamètre (*ibid.*). || *Ép. romaine.* Voie de Rennes à Carhaix (*ibid.*). — A Trégaro, tuiles à rebord, vases funéraires, fragments de verre et de poteries, fondations de murailles (*ibid.*). — A Pouzmélan et à la Ville-ès-Bretz, nombreux débris romains (*ibid.*). — Près du Crouézio, petit retranchement (*ibid.*). — Entre la chapelle Sainte-Geneviève et le village de la Ville-au-Rouge, autre retranchement plus considérable (*ibid.*). — Près du manoir de Bot-Hurel, retranchement en forme de trapèze, bordé de parapets de 3 à 4 mètres (*ibid.*). — Au sud de la Vieille-Ville, retranchement (*ibid.*). — Au sud des Glétins, camp du *Madry* (*ibid.*). (On doit à M. l'abbé Marot la connaissance de presque toutes les antiquités romaines de cette paroisse.) || *Moyen âge.* Église paroissiale de Saint-Pierre : plan en forme de croix latine; deux bas-côtés. Grand et moyen appareil. Chaque fenêtre forme, à l'extérieur, un pignon orné de crosses, dont quelques-unes assez modernes. Contre-forts à retraites, surmontés de pinacles à l'ouest; sculptures en torsades de ce côté et du côté nord. Gargouille figurée par un animal chargé d'un moine. Un peu en avant de l'intertransept, tour carrée avec flèche en ardoises (qui menace ruines) et tourelle polygonale renfermant l'escalier. Porte sud divisée par une colonnette en deux baies à anse de panier, le tout dans une arcade à cintre brisé; meneaux flamboyants dans le tympan. A l'ouest, porte plein cintre à retraites avec accolade à chou et crosses et pilastres à pinacles; porte à anse de panier et accolade, au nord. Dimensions dans œuvre : 30 mètres sur 16 environ. Cinq travées d'architecture. Grandes arcades à cintre brisé et doublé, portées, au chœur, sur des colonnettes cylindriques engagées dans de forts piliers; pénétrant, à la nef, des piliers polygonaux. Lambris élevé sur arceaux. A l'un des entraits du chœur, écusson vairé contre-vairé, une crosse passée derrière; autres entraits à têtes de crocodiles et à ornements feuillés. Quelques sculptures sur les sablières : figures, personnages, animaux. Date de 1601 sur une charpente du bas-côté nord. Fenêtres à cintre brisé, meneaux flamboyants. Au dedans et au dehors, plusieurs écussons mutilés; on reconnaît encore à l'un d'eux trois quintefeuilles (Sérent). — Chapelle Sainte-Suzanne : plan rectangulaire avec trois faces pignonnées au chevet. Grand et moyen appareil. Contre-forts simples. Animaux en gargouilles. Petit clocheton en pierre, à l'ouest. Portes plein cintre avec tore. Dimensions dans œuvre : 13 mètres sur 6 environ. Fenêtres à cintre brisé et meneaux flamboyants. Restes de vitraux; on voit encore le fondateur de la chapelle agenouillé, avec une devise gothique et l'écusson de gueules à trois quintefeuilles d'hermines (Sérent). Sorte de baldaquin ou de retable en bois sculpté dans le style flamboyant, dont les panneaux, grossièrement peints, représentent diverses scènes de la Passion de Jésus-Christ et de la vie de sainte Suzanne. Piscine à plein cintre et accolade. A côté de la chapelle, grand calvaire de la fin de la Renaissance : croix élevée à fût écoté, flanquée de quatre colonnettes, deux de chaque côté; le devant de l'autel orné d'écussons unis ou mutilés. Non loin de là, petite borne cylindrique (lec'h ou borne milliaire). — Ruines du château de Rohéan; murs du bastion avec meurtrières, sur une hauteur qui domine la route.

### CANTON DE MAURON.

(Chef-lieu : MAURON.)

BRIGNAC. *Moyen âge*. Église paroissiale de Saint-Barthélemy : plan en forme de croix latine à un seul bras, au nord, séparé de la nef par une arcade à cintre brisé sur chapiteaux simples. Fenêtres à cintre brisé; celle de l'est, à meneaux flamboyants et vitraux mutilés : on y voit le Crucifiement, sainte Barbe, une *pitié*, le fondateur de l'église tenant un phylactère avec la devise gothique : *O mater dei memento mei;* deux écussons : 1° de gueules à 3 besants d'hermines (Bodégat); 2° d'argent à la fasce de sable accompagnée de 3 fleurs de lis de gueules (Coué). Fonts baptismaux à pied polygonal orné de petits pilastres séparés entre eux par des trilobes.

CONCORET. *Moyen âge*. Église paroissiale de Saint-Laurent : la tradition rapporte que cette église a été bâtie par deux seigneurs rivaux qui s'étaient réconciliés dans le lieu où elle s'élève; dédiée d'abord à Notre-Dame de la Concorde, elle aurait donné son nom à la paroisse. Plan en forme de croix latine. Petit appareil irrégulier; appareil en feuilles de fougère au pignon de l'est. Contre-forts simples. Clocheton d'ardoises sur le milieu de la nef. Porche au sud. Portes à cintre brisé; au bras sud, petite porte plein cintre conduisant aux cloches. Arcades à cintre brisé avec retraites pénétrant des colonnes cylindriques; au transept sud, les colonnes ont un chapiteau : l'un d'eux chargé de figures grossières, les autres simples. Fenêtres à cintre brisé et meneaux flamboyants; quelques-unes petites à trilobe. Fragments de vitraux. Nombreux écussons sculptés, à l'intérieur et à l'extérieur. Sur un des piliers du chœur, inscription qui fixe l'époque de la construction de cette église à l'année 1406. Dans le cimetière, pierre tumulaire de 2<sup>m</sup>,15 de longueur sur 1<sup>m</sup>,10 de largeur à la tête, 0<sup>m</sup>,90 aux pieds, portant en creux deux grandes croix de forme ordinaire, séparées par une simple ligne; cette pierre recouvre sans doute deux personnages. — Château de Comper : ancien manoir des seigneurs de Montfort, en ruines, sauf la maison d'habitation, qui a été restaurée à une époque moderne. Plan général à peu près carré; quatre tours, une à chaque angle, reliées entre elles par des courtines très-élevées. Petit appareil de schiste irrégulier; feuilles de fougère près de la porte d'entrée. Celle-ci est à cintré brisé, avec meurtrières et traces d'une herse. Douves profondes creusées dans le roc et alimentées par l'eau d'un étang qui borde la maison. Murs épais, vastes salles, grandes cheminées, fenêtres carrées à croisée de pierre, large embrasure intérieure et bancs. (Voir dans les *Veillées de Larmor*, de M. Dulaurens de La Barre, des légendes sur ce château).

MAURON. *Ép. celtique.* Près de la Saudraie, dolmen détruit nommé *Pierres-Gouffier* (Catal.). ‖ *Ép. romaine.* Pièce d'argent trouvée au bourg, dans le jardin du sieur Hervot, qui est semé de briques romaines; on y distingue une tête de cheval, avec la légende : *Silanus* (note de M. l'abbé Piéderrière, aux arch. de la Soc.). ‖ *Moyen âge.* Église paroissiale de Saint-Pierre : le plan primitif a été altéré; chevet à cinq pans. Petit appareil irrégulier. Contre-forts massifs. Dans la terre moderne, à l'ouest, a été encastrée une fenêtre du xvi° siècle. Portail sud plein cintre à retraites, divisé par une colonne cannelée en deux baies à anse de panier; au-dessus et de chaque côté du portail, niches à cul-de-lampe et dais sculptés à accolades; dans les retraites, anges et personnages saints, feuilles de vigne et de chou; tympan plein dans lequel est gravée une inscription gothique en vers mal alignés, qui donne la date de 1525 et le nom du sculpteur P. Mœnerie (il existe encore dans le pays une famille de ce nom). Au transept sud, porte à anse de panier avec pilastres et entablement. Dimensions dans œuvre : 36 mètres sur 7 mètres environ. Dans les transepts, grandes arcades à cintre brisé pénétrant des colonnes cylindriques; le bras sud est divisé en deux parties dans sa longueur et forme deux pignons à l'extérieur. Lambris très-élevé sur arceaux à clefs pendantes. Entraits et sablières chargés de sculptures : animaux, figures, scènes grotesques, inscriptions gothiques; on y trouve la date 1521 et les noms de P. Mœnerie, de Guillaume Dupré, charpentier, et de Guillaume Danour, menuisier. Au transept sud, sur les sablières, anges tenant des phylactères, écussons unis ou mutilés, date de 1552 avec les noms des trésoriers à cette époque et celui du menuisier Clément Jossel. Fenêtres à cintre brisé et meneaux flamboyants; une, au sud, est ornée d'un quintefeuille et flanquée, à l'extérieur, de deux animaux fantastiques. Vitraux dont les compartiments ont été, pour la plupart, dérangés de leur place primitive; scène de la Pentecôte entremêlée avec le crucifiement de saint Pierre. Au portail sud, vantaux sculptés du xvi° siècle, représentant, en plusieurs panneaux, la création de la femme, la tentation, Adam et Ève chassés du paradis, avec le meurtre d'Abel, l'Annonciation, la naissance du Sauveur, l'adoration des bergers, saint Nicolas, les symboles des évangélistes, sainte Barbe, sainte Catherine, le martyre de saint Pierre, etc. A la sacristie, tableau du crucifiement signé MOVRAVD, 1682, et portant en alliance les écussons : 1° de gueules au lion d'or (Bréhant), 2° burelé d'argent et de gueules (Volvire) (voir un article de M. S. Ropartz, dans la *Revue de Bretagne et de Vendée*, septembre 1861). — Au bourg, croix épaisse, à bras pattés, très-larges. ‖ *Moyen âge et Renaissance.* Maisons en bois avec porchet. — Autres avec portes de la Renaissance, anse de panier et pilastres; l'une d'elles, près de la halle, est ornée d'un écusson à une bande accostée d'un lion (Du Plessis). — Monnaie carolingienne donnée au Musée par M. Piéderrière.

NÉANT. *Ép. celtique.* Au *Jardin des Moines*, chaussée et menhirs (Catal.). ‖ *Moyen âge.* Église paroissiale de Saint-Pierre : connue aussi dans le pays sous le vocable de sainte Anne, du nom d'Anne-Toussainte de Volvire du Bois de la Roche, dite *la sainte de Néant*, morte en 1694, et dont on voit à l'église le portrait et le tombeau. Plan en forme de croix latine irrégulière, le bras sud lui donnant l'aspect d'un demi-*tau*. Petit appareil mélangé. Toit particulier pour le transept sud, dont le faîte est parallèle à celui de la nef. Contre-forts simples. Tour carrée de 1720, au sud-ouest. Portes à cintre brisé simple; celle de l'ouest, à anse de panier avec accolade à chou et à crosses et pilastres. Dimensions dans œuvre : 24 mètres sur 6 mètres environ. Arcades plein cintre ou cintre brisé sans chapiteaux; autres à chapiteaux simples; autres doublées pénétrant des colonnes cylindriques. Lambris à clefs pendantes. Entraits et sablières sculptés : anges tenant des banderoles, animaux fantastiques. Fenêtres plein cintre, évasées à l'intérieur; autres à cintre brisé; celle de l'est, avec meneaux et vitraux : le Père Éternel tenant sur ses genoux le corps du Sauveur, le Christ, la Vierge et quelques apôtres. Dans le transept nord, deux pierres tumulaires, de 2 mètres sur 0<sup>m</sup>,60 environ, portant chacune en relief une grande croix à bras pattés. Deux croix dans le cimetière, dont une avec un écusson quatre fois répété, à 7 macles (Montauban, sieur du Bois de la Roche). — A un kilomètre environ du bourg, sur le chemin de Tréhorenteuc, croix moderne sur une base ancienne, portant en caractères gothiques le nom : *R. Houdart*. — Château du Bois-de-la-Roche. Plan en forme de fer à cheval; la maison d'habitation est moderne. A l'un des angles de la maison, grosse tour ronde en moyen appareil régulier, avec corbelets à 3 retraites et mâchicoulis ornés de fausses sculptures en trilobes et accolades; amortissement en ardoises. Ruines du chevet de la chapelle : contre-forts, fenêtres hautes et étroites à cintre brisé; toutes les pierres sculptées de grand appareil provenant de cette chapelle ont été encastrées dans deux petits pavillons voisins :

elles sont de style flamboyant. Quelques autres pans de murs avec d'épais contre-forts. || *Ép. moderne.* Chapelle Saint-Fiacre (au Bois-Bily) : datée de 1666 (peut-être époque d'une restauration). Six pierres encastrées dans le mur à l'extérieur, symétriquement, et sur chacune desquelles est gravée une croix pattée inscrite dans une circonférence.

SAINT-BRIEUC-DE-MAURON. *Moyen âge.* Église paroissiale de Saint-Brieuc : petit appareil irrégulier, feuilles de fougère au nord. Contre-forts simples, peu saillants. Clocheton en ardoises sur le milieu de la nef. Portes simples à cintre plein ou brisé. Fonts baptismaux dont le pied polygonal est formé de petits pilastres séparés par des trilobes.

SAINT-LÉRY. *Ép. celtique.* Deux tumulus voisins l'un de l'autre et élevés d'environ 4 mètres (C. D.). || *Moyen âge.* Église paroissiale de Saint-Léry : passe pour avoir été construite avec les pierres provenant d'un lieu appelé *le Moinet,* en Concoret. Le plan primitif semble avoir été en forme de *tau ;* le chœur est neuf. Appareil irrégulier. Contre-forts simples. Clocheton en ardoises sur le milieu de la nef. A l'ouest, porte à cintre brisé, surmontée d'une niche à plein cintre avec feston trilobé ; au sud, deux portes à anse de panier et accolade avec chou et crosses ; dans les retraites, rinceaux, personnages, le Père Éternel, saint Pierre, anges tenant les instruments de la Passion ou des écussons mutilés ; on reconnaît cependant encore un sautoir cantonné de 4 besants (Jean l'Épervier, évêque de Saint-Malo). Ces portes sont, en outre, entourées de sculptures (noyées dans le badigeon) : d'une part, un personnage dévoré par les vices, sous la forme de monstres ; saint Michel terrassant le démon, la Salutation angélique, et au-dessus, dans une niche, l'écusson de Bretagne avec cimier et supports ; d'autre part, la naissance du Sauveur. Chaque bras du transept s'ouvre sur le chœur par deux arcades à cintre brisé et doublé sur colonnes cylindriques ou piliers polygonaux à chapiteaux simples ; autres arcades semblables pénétrant la muraille. Lambris sur arceaux à clefs pendantes. Entraits et sablières grossièrement sculptés : têtes de crocodiles, fleurons, personnages, figures, animaux, anges tenant des écussons unis. Fenêtres à cintre brisé ; meneaux en quintefeuille au bras sud ; au nord de la nef, rose à sept feuilles. Une chapelle particulière, placée à l'aisselle de la nef et du transept sud, passe pour avoir été construite par ordre de la duchesse Anne ; bâtie en grand et moyen appareil, couverte d'une toiture spéciale avec chou et crosses au pignon et animaux en gargouilles, flanquée de contre-forts à pinacles sculptés, elle est, en outre, décorée, dans les compartiments d'une large fenêtre à meneaux flamboyants, de beaux vitraux à devises gothiques dont il reste huit panneaux ; ces vitraux, qui semblent figurer les principaux traits

de la vie de la sainte Vierge, représentent en réalité l'union de la duchesse Anne avec Charles VIII, roi de France, car dans le bas se voient, en effet, les armes de France, seules ou unies à celles de Bretagne ; on y lit aussi une inscription qui contient la date 1493 et le nom de Berman, *vitrier* à Rennes. Aux deux portes du sud, vantaux sculptés avec soin ; à l'une se voient quelques apôtres, à l'autre des arabesques et, dans des cartouches, des figurines en partie mutilées. Petit bas-relief en bois, du XVIᵉ siècle, représentant la mort de saint Léry, la translation de ses reliques et son exaltation. Au nord de la nef, tombeau de saint Léry, haut de plus de 1 mètre, long de 1ᵐ,70 et large de 0,ᵐ60 ; au-dessus est couchée la statue du saint en costume d'abbé, tenant la crosse d'une main et un livre de l'autre ; ses pieds reposent sur un lévrier ; à la bordure, inscription gothique en relief, indiquant que là fut mis le corps de saint Léry ; sur le devant du socle sont sculptés quatre anges en prières, séparés par des colonnettes. Au chœur, pierres tumulaires dont la largeur se rétrécit vers les pieds ; deux d'entre elles portent un écusson fruste ; l'une de ces tombes provient, à ce qu'il paraît, du transept nord. (Voir aux arch. de la Soc. un mémoire de M. L. Galles, accompagné de dessins, et dans la *Revue de Bretagne et de Vendée ;* septembre 1861, un article de M. S. Ropartz.) — A côté du château du Lou, motte féodale où ont été trouvées, il y a quelques années, une cotte de mailles et une longue épée espagnole, sans doute du temps de la Ligue (voir chez M. de La Morlais, propriétaire du château).

TRÉHORENTEUC. *Ép. celtique.* Monument trapézoïdal de 24 mètres sur 5 mètres, formé d'une soixantaine de pierres de 1ᵐ,30 à 1ᵐ,60 de hauteur, en partie renversées (C. D.). — Sur le sommet d'un mamelon nommé *Butte des tombes,* restes de 3 tumulus dont l'un surmonté d'un petit menhir (*ibid.*). — A peu de distance de ce lieu, monument nommé *Jardin des tombes,* sorte de plate-bande élevée d'environ 0ᵐ,60, accompagnée de 12 pierres (*ibid.*). — Deux ou trois autres monuments de la même espèce en divers points de la commune (*ibid.*). || *Ép. romaine.* A un demi-kilomètre au nord du bourg, dans le champ *des Mazeries,* nombreux fragments de briques. Suivant la tradition, ce serait l'emplacement du château de sainte Onenne, patronne de la paroisse (*ibid.*). Une fontaine voisine, dédiée à cette sainte, est un lieu de pèlerinage pour les hydropiques. || *Moyen âge.* Maison noble dite *les Rues neuves,* en bois, avec galerie au 1ᵉʳ étage ; portail et poterne à plein cintre avec écusson mutilé ; au-dessus d'une porte intérieure, trois figurines de la Renaissance sculptées sur bois dans de petits médaillons. — Tout auprès, autre maison noble appelée *le Gautro ;* portail plein cintre, tourelle polygonale, fenêtres à accolade avec pignon.

CANTON DE PLOERMEL.

(Chef-lieu : PLOERMEL.)

**CAMPÉNÉAC.** *Ép. celtique.* Débris d'une roche-aux-fées, près du village de Brambelec ( C. D. art. *Augan*). ‖ *Moyen âge.* Église paroissiale de Notre-Dame : plan en forme de croix latine; deux bas-côtés. Appareil irrégulier. Petits contre-forts. Tour carrée sur l'intertransept. Portes à cintre brisé simple ou avec tore. Au chœur, arcades plein cintre sur colonnes cylindriques massives, sans chapiteaux; deux autres petites arcades à cintre brisé sur chapiteaux simples relient le chevet à un collatéral nord. Fenêtres à cintre brisé et meneaux flamboyants; celle du fond du chœur a été bouchée; au sud, petite fenêtre géminée à trilobes, ornée de dessins en trèfles et quatrefeuilles; d'autres semblables ont été mutilées. Traces de litre extérieure. — Château de Trécesson, transformé aujourd'hui en ferme-école : douves; le pont-levis a disparu. Construction en grand et moyen appareil. Portail composé de deux portes à cintre brisé réunies par une voûte, défendu par deux tourelles rondes sur encorbellement et par une autre polygonale; mâchicoulis avec corbelets grêles à six retraites, baies étroites et carrées, amortissement en ardoises. Sous la voûte, porte à linteau sur consoles donnant accès dans la maison d'habitation. A l'intérieur, chambre dite *du Châtelain*, voûtée en pierre sur croisée d'ogives avec belles peintures plus modernes. Petite chapelle avec porte et fenêtre à cintre brisé, celle-ci ornée de meneaux formant fleur de lis.

**LOYAT.** *Moyen âge.* Au point de jonction de la route de Loyat et de celle de Ploermel, vieille croix mutilée, à bras pattés très-larges, haute de 1<sup>m</sup>,30 environ. — Près de l'église paroissiale, restes d'une croix de 1428 et d'une ancienne pierre tumulaire portant le dessin d'une croix. — Ruines du château de Lézonnet; porte à cintre brisé avec tores; tourelle polygonale couverte en ardoises, avec escalier de pierre qui conduit à une petite cloche sur laquelle est un écusson avec la date 1660.

**MONTERTELOT.** *Moyen âge.* Église paroissiale de Saint-Lor : petit crucifix en cuivre d'une longueur de 0<sup>m</sup>,25 environ, ouvrage au repoussé du XIV<sup>e</sup> ou du XV<sup>e</sup> siècle.

**PLOERMEL.** *Ép. celtique.* Au Haut-Bezon, dolmen (C. D.). — A la Ville-Bouquet, dolmen ruiné (Catal.). — Au nord de la métairie du Chêne, deux dolmens bouleversés (*ibid.*). — Au Hino, nord-ouest de Ploermel, près du vieux moulin, dolmen (*ibid.*). ‖ *Moyen âge.* Église paroissiale de Saint-Armel : passe pour avoir été bâtie par les Anglais. Réparations au XVII<sup>e</sup> et au XVIII<sup>e</sup> siècle. Grand et moyen appareil. Plan en forme de croix latine, avec inclinaison vers le sud au chevet; une nef et deux bas-côtés. Contre-forts surmontés de

pinacles festonnés à jour et chargés, surtout au nord, de sculptures grotesques. Crosses et animaux aux rampants du toit. Nombreuses gargouilles figurées par des animaux ou des têtes grossières. A l'ouest, tour carrée en pierre, postérieure au reste de l'édifice, avec gargouilles et balustrade, et flanquée d'une tourelle polygonale renfermant l'escalier; date de 1740. Grosse cloche avec une inscription gothique portant la date de 1553; autre, petite, hors de service, avec la même date; une troisième, semblable à la précédente, avec une inscription en capitales datée de 1582. Au nord, portail formé de deux baies à anse de panier et accolade à retraites et colonnettes, séparées par un trumeau, le tout richement sculpté de feuillages, fruits, personnages, images grotesques et scènes de la Bible, avec devises gothiques; dais aux côtés sur trois étages, mais les statues manquent; les sculptures, qui mériteraient une monographie particulière, se prolongent dans l'encadrement des fenêtres qui surmontent les deux baies. Porte occidentale à plein cintre avec retraites et accolade. Dimensions dans œuvre : 40 mètres sur 20 environ, y compris les bas-côtés. Six travées d'architecture. Grandes arcades à cintre brisé, portées par pénétration sur piliers que masquent des colonnes engagées à bases larges et sans chapiteaux; nombreux culs-de-lampe. Naissances d'arcs ogives pour les voûtes restées inachevées. Entraits à têtes de crocodile; quelques sculptures sur les sablières : anges tenant des phylactères, animaux. Fenêtres à cintre brisé et meneaux flamboyants, surmontées chacune extérieurement d'un pignon; au nord une fenêtre porte sur un de ses meneaux la date 1556. Beaux vitraux assez bien conservés, dont chacun mériterait également une description particulière; le plus beau, dit de Saint-Armel, récemment restauré, au bras nord, représente en plusieurs tableaux la vie de ce saint; des devises gothiques placées au-dessous de ces tableaux, dont l'ordre a été malheureusement interverti, expliquent les différents sujets de cette verrière (voir la description donnée par M. Le Coq, Bull. de l'Ass. bret. congrès de 1853). A la chapelle de la Vierge, tableau de la Cène avec la date 1602; à celle de sainte Marguerite, dates de 1570 et de 1602; au-dessus du portail nord, scènes de la Pentecôte, avec une inscription gothique datée de 1533. Un des panneaux enlevés portait aussi la date de 1602. Au sud, restes de vitraux figurant l'arbre de Jessé. Le tout entremêlé d'écussons : 1° parti d'hermines et d'azur à dix étoiles d'argent (Kernéno); 2° d'hermines au greslier de sable enguiché, lié et virolé de gueules (Rogier); 3° parti de Rogier et d'azur à une fleur de lis d'argent, au chef vairé d'argent et de gueules; 4° d'hermines plein (Bretagne); 5° d'azur au sautoir engrêlé d'or cantonné de quatre besants de même, un écu en abîme (peut-être Jean l'Épervier représenté lui-même à une fenêtre voisine du vitrail de Saint-Armel : voir à l'église de Josselin). Piscine à accolade. Au sud, bénitier polygonal, sculpté de feuillage et d'animaux. Dans le transept sud, statues tumulaires en albâtre des ducs de Bretagne Jean II et Jean III provenant du couvent des Carmes : grandeur plus que naturelle, mains jointes, lions aux pieds, dais à la tête, qui repose sur un coussin ; épées et écusson échiqueté au franc canton d'hermines pour Jean II, hermines plein pour Jean III. ( Ces deux statues ont été réunies sur un même socle lors de leur restauration en 1821.) Animaux sculptés et nombreux écussons muti- lés, à l'extérieur de l'église. Vantaux du portail nord du XVI<sup>e</sup> siècle, avec les figures des apôtres. — Chapelle Saint-Antoine: plan de forme rectangulaire. Contre- forts à simples retraites. Larges portes à cintre brisé. Fenêtres de style flamboyant, à moitié bouchées. — Chapelle Saint-Marc (au château de Malleville): de forme presque carrée, avec trois faces pignonnées au chevet. Petit appareil irrégulier. Grosses et animaux aux pignons du toit. Contre-forts adhérents à retraites. Portes à plein cintre. Dimensions dans œuvre : 7 mètres sur 5 environ. Lambris sur arceaux à clefs pendantes. Entraits et sablières sculptés : rinceaux, figures, anges tenant des écussons unis. Fenêtres hautes et étroites à cintre brisé et trilobe. Vitraux : au milieu, le crucifiement, avec la devise gothique : *Vere filius dei erat iste*; l'enseve- lissement, saint Pierre et sainte Barbe; à la fenêtre de gauche, saint Claude avec deux écussons : 1° d'hermines à une fasce de gueules accompagnée en chef de trois merlettes de sable; 2° parti du précédent et d'hermines au greslier de sable (Rogier); on voit sur des dessins de piliers les lettres DA et IM; la fenêtre de droite est divisée en deux compartiments : dans le haut, la Résurrection; en bas, saint Armel et une inscription gothique qui fixe l'époque de la construction de la cha- pelle à l'année 1520. — Dans le cloître de l'ancien couvent des Carmes gisent les débris de plusieurs tom- beaux provenant de la chapelle démolie il y a une cin- quantaine d'années, et dont on voit encore l'emplace- ment dans le jardin. C'est là que se trouvent quatre statues tumulaires, de grandeur plus que naturelle, entre autres, celles, en granit, de Philippe de Montau- ban et de sa femme, Anne du Chastelier, le premier en armes avec son épée couchée sur lui, tous les deux les mains jointes, un ange de chaque côté de la tête. Le tombeau de Philippe de Montauban, élevé sur un large socle orné de feuillage, est bordé d'une galerie de moines en prières, statuettes en relief de 0<sup>m</sup>,70 en- viron de hauteur, séparées entre elles par de petits contre-forts; au-dessus de leur tête se lit une inscrip- tion gothique renfermant tous les titres du chevalier et l'année de sa mort, 1514. Ces statues, devenues pro- priété particulière, ne sont pas conservées avec tout le soin désirable. — Croix de la Mare-Faraud, aujour-

d'hui renversée ; sommet formé d'un demi-cercle poly- lobé (voir à la chapelle de Saint-Léon en Glénac). — Croix de Roulains; il n'en reste que le sommet carré, sculpté de chaque côté ( voir la croix de Castric en Saint-Avé), et la base, représentant sur deux de ses faces la passion de Notre-Seigneur, et sur les deux autres, dans des cartouches, un chevalier armé et une châtelaine. — A la sortie de la ville, sur le bord de la route de Mauron, sommet de croix renversée, carré avec accolade. — Il ne reste de l'ancienne enceinte de la ville que quelques pans de murs à mâchicoulis avec corbeaux minces à retraites (voir une note de M. l'abbé Guilloux, Bull. de l'Ass. bret. congrès de 1853, et un dessin du même auteur aux arch. de la Soc.). — A 1 ki- lomètre de la ville, près de l'étang au Duc, ruines d'un château féodal sur une hauteur. || *Moyen âge* et *Ép. mo- derne.* Maisons en bois à étages surplombants, sculptées de feuillage ou de figures grimaçantes; l'une d'elles, chargée de sauvages et de personnages dans le cos- tume du règne de Henri III, porte la date 1586, et au-dessous, le nom de I. CARO. — Hôtel du duc de Mercœur, cheminée sculptée avec un monogramme.— Autres maisons en pierre, avec modillons et fenêtres à pilastres. — Hôtel où descendit Jacques II d'Angleterre ; croissant au-dessus de la porte. || *Ép. moderne.* Au cou- vent des Ursulines (ancien couvent des Carmélites), retable en bois, du XVII<sup>e</sup> siècle, richement sculpté, à trois étages.

TAUPONT. *Moyen âge.* Église paroissiale de Saint- Golven : nef romane avec des additions et restaurations au XV<sup>e</sup> et au XVI<sup>e</sup> siècle. Plan en forme de croix latine; un bas-côté au nord, escalier au couchant à cause de l'élévation du sol extérieur. Grand et moyen appareil à l'ouest; au sud de la nef, souvenir de l'appareil romain, pierres de moyenne dimension taillées et juxtaposées régulièrement avec des cordons de pierres plates hori- zontaux équidistants; pour le reste, petit appareil irré- gulier. Grosses aux pignons. Contre-forts simples. Tour carrée massive au nord-ouest, amortie en ardoises. Por- tail occidental à accolade avec chou, crosses et pilastres à pinacles, divisé en deux baies à anse de panier et accolade semblable par un trumeau sculpté, surmonté de dais et cul-de-lampe; tympan plein avec un écusson moderne en marbre blanc; dans les retraites, rinceaux de vigne et de chêne, angelots, personnages et ani- maux. Dimensions dans œuvre : 24 mètres sur 10 en- viron, y compris le bas-côté. Arcades à cintre brisé sur colonnes cylindriques à chapiteau simple. On voit ce- pendant aux chapiteaux du chœur du feuillage et des moines qui tiennent des écussons unis; double arcade à chaque transept; celle qui sépare le chœur de la nef est très-élevée, à plein cintre. Lambris sur arceaux à clefs pendantes. Entraits et sablières grossièrement sculp- tés : feuillages, animaux. Fenêtres à cintre brisé dont une, au sud de la nef, formant pignon de même époque que celui de l'ouest; du même côté, petite fenêtre à trilobe, évasée à l'intérieur; à la sacristie, qui remplit l'aisselle entre le chevet et le transept nord, fenêtre ornée d'un quatrefeuille. Piscine à cintre brisé et trilobé. Au portail occidental, vantaux et serrure du xvie siècle. Traces de litre extérieure. Dans le cimetière, calvaire dont le fût présente plusieurs serpents sculptés avec des mouchetures d'hermine; colonnettes au socle; sommet de forme ordinaire : d'un côté, le Christ entre la Vierge et saint Jean; de l'autre, la Vierge portant l'Enfant, le tout sous une accolade. Reliquaire d'argent doré battu en forme de quatrefeuille, contenant les reliques de saint Golven (voir aux arch. de la Soc. un mémoire de M. l'abbé Mouillard). ‖ *Ép. de la Renaissance.* Dans le bourg, maison offrant la date de 1588 et le nom de F. ROVLIN. Porte avec pilastres et entablement sculptés; à une cheminée, écusson à deux étoiles accompagnées en chef d'un croissant, en pointe d'un besant ou tourteau.

CANTON DE ROHAN.

(Chef-lieu : Rohan.)

BRÉHAND-LOUDÉAC. *Moyen âge.* Église paroissiale de Notre-Dame : plan en forme de croix latine. Petit appareil irrégulier. Clocheton en ardoises sur le milieu de la nef, avec grosse tour carrée accolée au nord. Portes plein cintre à retraites. Petites fenêtres romanes. Restes de jubé ou de tribune, douze panneaux en bois où sont sculptés les apôtres. Litre extérieure. Tableau du Saint-Rosaire (comme dans les paroisses environnantes). — Chapelle Saint-Yves : plan primitif en forme de croix latine; aujourd'hui une dépression sensible au nord indique la place du transept, qui, suivant la tradition locale, s'appelait *la Huguenoterie*, et aurait été *détruit à la suite des guerres de religion; nef très-courte* par rapport au chœur et au transept sud. Petit appareil irrégulier. Portes plein cintre à retraites; autres à anse de panier. Arcades plein cintre sur colonnes cylindriques à chapiteaux ornés de simples moulures; deux arcades au transept; de même entre le chœur et la nef, une grande et une petite; le pilier central du bras sud porte une inscription gothique en relief qui fixe la date de la construction de la chapelle à l'année 1538. Entraits à têtes de crocodile; sablières sculptées : anges tenant des écussons unis, personnages engoulés, figures grotesques, animaux, mâcles (armes de Rohan); inscription gothique au transept, datée également de 1538. Fenêtres à cintre brisé, en partie bouchées. Près du chœur, pierre tumulaire de 2m,25 de longueur sur 0m,90 de largeur à la tête et 0m,80 aux pieds, offrant en creux le dessin d'une croix de forme ordinaire avec une épée à droite. — Au couvent des Trap-

pistes de Thymadeuc, calice d'argent à base large terminée par six lobes arrondis en anse de panier (rare), coupe très-ouverte à paroi presque droite; croix pattée gravée sur le pied.

CRÉDIN. *Ép. romaine.* On voit à Kerhué une enceinte quadrilatérale d'environ 70 mètres de côté (C. D.). — Retranchements à Kerfily, à Keraudran, au Gras et à Kergouet (*ibid.*). ‖ *Moyen âge.* Église paroissiale de Saint-Pierre et Saint-Paul : petit appareil irrégulier. Cloche en bronze de moyenne grandeur, portant une inscription en vieilles capitales qui donne la date de 1582 et le nom du fondeur, Nicolas Le Cervoisier. Portes à cintre brisé simple ou avec tores; au sud, porche et porte plein cintre à retraites. Sablières du transept méridional grossièrement sculptées : animaux, rinceaux. A la nef, fenêtres à cintre brisé simple, quelques-unes petites et très-évasées à l'intérieur, une à plein cintre et trilobe. Dans l'église, pierre portative, basse et cylindrique, de 0m,30 de diamètre environ, avec quatre petits compartiments creusés de manière que le plein forme une croix pattée; cette pierre sert de bénitier.

LANTILLAC. *Ép. romaine.* Voie de Vannes à Corseul (C. D.). ‖ *Moyen âge.* Église paroissiale de Notre-Dame : petite cloche avec inscription gothique datée de 1553 ou de 1556. Une arcade à cintre brisé sur simples tailloirs sépare la nef du transept sud. A l'est, fenêtre (aujourd'hui bouchée) à cintre brisé, avec meneaux en trèfles et quatrefeuilles. Calice d'argent battu, à base large, terminée par dix lobes arrondis, nœud sculpté, coupe très-ouverte à paroi droite.

PLEUGRIFFET. *Ép. celtique.* A 2,000 mètres à l'est du bourg, près de la Haye, tumulus de 4 mètres environ de hauteur (C. D.). ‖ *Ép. romaine.* A 4,000 mètres au nord-ouest du bourg, près du chemin vicinal de Rohan, retranchement (*ibid.*). ‖ *Moyen âge.* Église paroissiale de Saint-Pierre : nef romane. Contre-forts adhérents, peu saillants. Porche au sud. Portes à cintre brisé avec retraites. Fenêtres à cintre brisé simple. Deux calices : un petit à base ciselée, coupe très-large à paroi droite; un autre plus grand et plus orné, sculpté sur la base, au nœud, et jusqu'au milieu de la coupe. — Au fond du vallon traversé par la rivière d'Oust, ruines du château de Griffet, qui a donné son nom à la paroisse (C. D.).

RADENAC. *Ép. romaine.* Au village des Rivières, à 1,200 mètres à l'est du bourg, restes considérables de retranchements; maçonneries (C. D.). ‖ *Moyen âge.* Chapelle Saint-Fiacre : elle passe pour avoir appartenu aux Templiers. On y vient en pèlerinage pour demander la guérison des coliques. Plan en forme de *tau* à un seul bras, au sud; un bas-côté également au sud. Construction partie en grand et moyen appareil, partie en appareil irrégulier. Toiture particulière pour le bas-côté, avec crosses au pignon. Contre-forts simples, adhérents. Gargouilles en pierre. Flèche en ardoises sur le transept, un peu à droite du chœur. Portes à plein cintre ou cintre brisé avec tores, colonnettes et accolade à chou et crochets. Dimensions dans œuvre : 16 mètres sur 12 mètres environ, y compris le bas-côté. Trois travées d'architecture. Arcades plein cintre ou cintre brisé sur chapiteaux simples ou pénétrant des colonnes engagées. Sur la sablière du transept, inscription peinte en caractères gothiques (quelques mots sont encore cachés par le badigeon). Il ressort de cette inscription qu'il y avait des peintures sur le lambris ou sur le mur de ce transept, peut-être une danse macabre; l'auteur semble, en outre, faire allusion à un procès qui, à ce qu'il paraît, durait depuis longtemps, et dans lequel les deux parties déployaient une égale fourberie. Fenêtres à cintre brisé et meneaux flamboyants; celle de l'est, en partie masquée par un mauvais retable, est toute en quatrefeuilles (rare). Restes de vitraux, nombreux écussons : 1° de gueules à l'épée d'argent en pal, pointe en bas (Lantivy); 2° parti de France et de Bretagne; 3° écartelé aux 1 et 4 de gueules à 9 mâcles d'or (Rohan), aux 2 et 3 d'or à 3 chabots de gueules (Chabot); 4° d'azur aux billettes sans nombre d'or, au franc canton de gueules chargé d'une épée d'argent (Lantivy); 5° parti de Rohan et de Rieux (d'azur à 9 besants d'or); 6° écartelé aux 1 et 4 d'argent au lion rampant de sable au chef d'hermines, aux 2 et 3 de sable à l'aigle éployée d'argent; 7° d'azur à 10 étoiles d'argent (Kerméno); 8° d'argent à un arbre de sinople accompagné de deux tourteaux de gueules. Piscine à cintre brisé avec trilobe et accolade, surmonté d'une sorte de clocheton festonné. Bénitier extérieur au transept, à cintre brisé et trilobé. Statue en pierre de la Sainte Vierge, avec dais et cul-de-lampe, xvi⁰ siècle. Un des piliers à droite du maître-autel portait des fresques avec inscription gothique; découvertes en partie en 1857 par M. de Bréhier, de Josselin, elles ont été depuis cette époque entièrement *rebadigeonnées*. Statuette de saint Fiacre, en argent, haute de 0ᵐ,20 environ, contenant des reliques du saint; écusson au bas avec le nom en gothique de M. G. de Kerméno (cette famille avait fait une fondation au profit de la chapelle; voir les armes ci-dessus). Main en cuivre renfermant des reliques de saint Guillaume, avec le nom du saint en lettres de la fin du xvi⁰ siècle. Deux dalmatiques du xvi⁰ siècle (auj. au Musée). Deux devants d'autel en cuir du xviii⁰ siècle (voir aux archives de la Soc. une notice et des dessins de MM. de Bréhier et L. Galles).

**RÉGUINY.** *Ép. romaine.* A Locmalo et à la Villeneuve, traces de fortifications (C. D.). ǁ *Moyen âge.* Église paroissiale de Saint-Pierre. Crosses aux pignons. Portes à cintre brisé simple ou à retraites. Fenêtres à cintre brisé; celle du fond du chœur (aujourd'hui bouchée) a encore des meneaux disposés en flammes et quatrefeuilles. — Chapelle Saint-Clair (tout auprès de l'église paroissiale) : grand et moyen appareil en partie; en partie appareil irrégulier. Chevet à 3 faces pignonnées de la Renaissance, avec crosses, gargouilles et fenêtres plein cintre à retraites intérieurement et extérieurement; une fenêtre à cintre brisé avec meneaux en trilobes et quatrefeuilles. Portes à cintre brisé simple ou à retraites; une à anse de panier. Tombeau dit *de saint Clair,* composé d'une pierre plate supportée par quatre petits piliers polygonaux reposant eux-mêmes sur un socle en pierre peu élevé; sur la pierre supérieure, longue de 1ᵐ,85 et large de 0ᵐ,90 à la tête, 0ᵐ,70 aux pieds, est couchée la statue du saint en costume d'évêque avec la mitre et la crosse; on lit à côté une inscription en capitales romaines contenant le nom de saint Clair et la date du 10 octobre 96. Cette pierre était primitivement plus épaisse; la face qui porte la statue a été retaillée, et l'on voit encore à la bordure la partie inférieure de lettres également capitales qui composaient une première inscription; on lit assez facilement quelques mots, parmi lesquels le nom de saint Clair évêque. — Dans le cimetière, croix avec accolade au sommet. Lec'h (ou colonne milliaire) cylindrique, de 1ᵐ,80 environ hors de terre.

**ROHAN.** *Moyen âge.* Église paroissiale de Saint-Gobrien : petit appareil irrégulier. Portes à plein cintre simple ou à cintre brisé avec tores. Arcade plein cintre simple. Petites fenêtres romanes évasées à l'intérieur; l'une d'elles taillée en partie dans une pierre tumulaire dont la tête était plus large que les pieds. — Vestiges de l'ancien château de Rohan.

**SAINT-GOUVRY.** *Moyen âge.* Église paroissiale de Saint-Gouvry : porte à cintre brisé simple. Fenêtre, à l'est, à meneaux formant fleur de lis, avec quelques écussons : 1° de Bretagne; 2° de gueules à 9 mâcles d'or (Rohan); 3° parti de Rohan et de Bretagne; 4° de sable à 7 mâcles d'argent; 5° de gueules au lion passant d'argent (Bréhant), etc.

**SAINT-SAMSON.** *Moyen âge.* Église paroissiale de Saint-Samson : cloche en bronze de moyenne grandeur, avec une inscription en vieilles capitales. — Chapelle Notre-Dame de Bonne-Encontre, sur une hauteur, tout auprès de la ville de Rohan, dont elle est séparée par la rivière d'Oust; elle servait sans doute de chapelle au château dont les ruines sont voisines. Appareil irrégulier. Plan en forme de croix latine. Crochets aux pignons et petite croix formée de quatre portions de cercle tangentes deux à deux. Contre-forts adhérents à retraites. Double larmier. Clocheton en ardoises sur l'intertransept, avec une tourelle cylindrique au nord pour l'escalier. Portes plein cintre à retraites, avec colonnettes et accolade à chou, crosses et animaux aux extrémités; point de porte à l'ouest, qui donne sur la rivière. Dimensions dans œuvre : 18 mètres sur 6 environ. Trois travées d'architecture, non compris le chevet à cinq pans. Arcades plein cintre à retraites pénétrant des colonnes engagées. Voûte en pierre sur croisées d'ogives pénétrant également les colonnettes ; on remarque aux clefs l'écusson de gueules à 9 mâcles d'or (Rohan) et la lettre *A*. Au-dessus de la voûte, charpente à cintre brisé. Fenêtres hautes à cintre brisé et meneaux flamboyants (quelques-unes aujourd'hui bouchées). Piscines à accolade. A l'extérieur, traces d'écussons et la grande lettre *A* couronnée (initiale d'Anne, duchesse de Bretagne et reine de France : voir au château de Josselin). Au sud, inscription gothique en creux, contenant la date 1510 et le nom du fondateur Jehan de Rohan (Jean II, duc de Rohan, fils d'Alain IX, était précisément oncle de la reine Anne). Tableau du Saint-Rosaire, du xvii° siècle, où l'on pense que sont représentés, outre la vie de Notre-Seigneur en plusieurs médaillons, différents personnages de la famille de Rohan ; on retrouve ce tableau dans quelques-unes des paroisses environnantes.

CANTON DE SAINT-JEAN-BRÉVELAY.

(Chef-lieu : Saint-Jean-Brévelay).

**BIGNAN.** *Ép. celtique.* Près de Kergonfalse, tumulus et dolmen (C. D.). — Au Bézo, menhir (*ibid.*). ‖ *Ép. romaine.* Voie de Vannes à Corseul (*ibid.*). — Au Petit-Clésio et à Kerviguennio sont les restes d'un camp romain d'une certaine importance (*ibid.*). ‖ *Moyen âge.* Chapelle Notre-Dame des Trois-Fontaines et Saint-Laurent : suivant la tradition, cette chapelle aurait été autrefois l'église paroissiale de Bignan, et le bourg actuel était occupé par un couvent de *moines rouges.* Fers et clous plantés dans les vantaux de la porte principale, en reconnaissance de la guérison des chevaux malades qu'on y amène. Plan en forme de croix latine à un seul bras, au sud ; ce bras est plus ancien que la nef. Grand et moyen appareil à la nef seulement. Élévation différente de la toiture pour chaque partie de l'édifice ; crosses aux pignons. Contre-forts simples ou inachevés. Clocheton en ardoises sur le milieu de la nef. Portail ouest à cintre brisé et accolade à chou et crosses, flanqué de niches à dais et à culs-de-lampe ; feuillages dans les retraites ; à gauche, autre porte plus petite à accolade. Dimensions dans œuvre : 18 mètres sur 8 environ. Arcades à cintre brisé et doublé pénétrant la muraille. Lambris sur de nombreux arceaux ; il y a des restes de peintures sur celui du transept : anges jouant de divers instruments, devises gothiques sur phylactères. Entraits et sablières sculptés : têtes de crocodiles, fleurons, médaillons, animaux et figures grossières ; fragment d'inscription, au sud, en grandes capitales ornées, où se trouve le mot : EGLISE, qui seul confirmerait la tradition ci-dessus rapportée. Fenêtres à cintre brisé et

meneaux flamboyants ; une petite à quatrefeuille, dans le transept. Restes de vitraux ; la maîtresse vitre datée de 1550 ; écussons : 1° à une fenêtre du nord, losangé d'or et de gueules ; 2° à une fenêtre du transept, de gueules à 3 coquilles d'argent (Morice ou La Haye). Piscines à accolade. A l'extérieur, plusieurs écussons unis ou mutilés ; animal grossièrement sculpté, à l'ouest. Une fontaine moderne et des sources avoisinantes entretiennent dans cette chapelle, qui n'est point pavée, une perpétuelle humidité ; c'est de là, du reste, qu'elle a tiré son nom. Reliquaire de forme rectangulaire, en bois couvert de plaques d'argent et de cuivre, ornements en feuillage, et inscription gravée en caractères gothiques portant la date de 1396 et le nom de l'ouvrier, Jehan Tresvault. — Chapelle Sainte-Noyale (au Bézo) : bâtie, d'après la légende, sur le lieu où fut décapitée sainte Noyale. Porte à cintre brisé avec un gros tore ; autre à anse de panier. Fenêtre de l'est à cintre brisé, avec meneaux en trèfles et quatrefeuille. Restes de vitraux, entre autres, un écusson qui se voit encore, sculpté, sur une poutre datée de 1593. — Sur le chemin du bourg au Bézo, croix en forme de quatrefeuille : d'un côté, le Christ ; de l'autre, une pitié ; de ce dernier côté, le chapiteau porte la date 1583 et un nom en caractères grossièrement gravés où nous croyons lire : *le Bézo.* Cette inscription, ainsi que la date, doit être postérieure à la croix.

**BILLIO.** *Ép. romaine.* Au sud-sud-ouest du bourg, grand retranchement en forme de parallélogramme, sur un mamelon assez élevé (C. D.). ‖ *Moyen âge.* Église paroissiale de Notre-Dame : dans l'église, qui est toute neuve, a été encastrée, à droite du chœur, une pierre provenant de l'ancienne construction et qui porte une inscription gothique datée de 1553. Il y avait sur les anciennes sablières des sculptures, signées de Nivel (voir en Plumelec), où était représentée, entre autres, une danse au biniou, qu'on désignait dans le pays sous le nom de *jeux de Billio.*

**BULÉON.** *Moyen âge.* Église paroissiale de Saint-Georges (autrefois Sainte-Brigitte) : petite cloche en bronze avec une inscription gothique (en partie cachée par le bois du levier). Calice d'argent battu et doré, à large base, terminée par 8 lobes arrondis, nœud sculpté, coupe très-ouverte à paroi droite ; au-dessous, inscription en capitales romaines datée de 1606. Dans le cimetière, lec'h bas, arrondi, et à côté, lec'h cylindrique (ou borne milliaire), de 1ᵐ,60 environ, aujourd'hui renversé. — Chapelle Sainte-Anne : plan en forme de gamma, l'aile placée au sud s'ouvrant sur le grand vaisseau par une double arcade. Appareil mélangé à la nef ; grand et moyen appareil au transept sud et à l'ouest. Crosses et animaux fantastiques aux pignons. Clocheton en ardoises sur le milieu de la nef. Portes plein cintre ; une à accolade avec chou et crosses, au bras sud. Arcades plein cintre portées sur colonnes engagées, soit par pénétration, soit avec des chapiteaux simples. Fleurons et figures grossièrement sculptés sur les sablières. Fenêtres à cintre brisé; une petite romane à trilobe, au sud de la nef. Retable en pierre sculpté: au milieu, le Christ entre la sainte Vierge et saint Jean; à droite, saint Roch, saint Laurent et saint Fiacre; à gauche, sainte Anne tenant la sainte Vierge qui porte elle-même l'Enfant Jésus, sainte Catherine et saint Guillaume. Piscine à accolade. — Près du bourg, sur le chemin de la Ferrière, fût de croix portant une épée sculptée en relief, pointe en haut (peut-être pour rappeler l'écusson de la famille de Lantivy, anciennement propriétaire du château de la Ferrière).

**GUÉHENNO.** *Ép. celtique.* Sur la lande du Crano, plusieurs tumulus assez peu élevés. || *Moyen âge.* Église paroissiale de Saint-Pierre: nouvellement reconstruite. Quelques restes de l'ancienne église. Au sud, sacristie avec pignon à crochets, de grand et moyen appareil, dans lequel est percée une porte à anse de panier et accolade. Piscine à trilobe et accolade, avec un écusson d'évêque ou d'abbé. Bas-relief en pierre provenant de l'ancien porche, d'un seul morceau, long de 3$^m$,30 et large de 0$^m$,90, représentant différentes scènes de la Passion de Jésus-Christ, la flagellation, le portement de croix, le crucifiement, la descente de croix et la mise au tombeau. Une inscription extérieure, en capitales romaines, fait dater le portail de l'année 1547. Dans le cimetière, riche calvaire récemment restauré: il se compose de trois croix portées sur deux socles superposés assis eux-mêmes sur un gradin; les socles chargés de bas-reliefs sur les côtés et de personnages en ronde bosse à la partie supérieure; le tout en granit; hauteur totale: 9$^m$,60; tige de la croix principale, monolithe de 3$^m$,66. A cette croix est sculpté le Christ avec la Vierge et saint Jean à ses pieds; au-dessous, un personnage couronné à demi couché, qui peut figurer la synagogue endormie ou pleurant; au-dessous encore, une *pitié;* aux autres croix sont attachés les deux larrons. Au bas, un groupe représente Jésus portant la croix entre des soldats et sainte Véronique; aux angles sont les quatre évangélistes. Sur les côtés du socle supérieur sont figurés la prière au jardin des Oliviers, la flagellation, le couronnement d'épines et l'ensevelissement; sur le devant du socle inférieur, la descente aux enfers; autour se dressent les statues des quatre grands prophètes; enfin sur la corniche des socles on voit des figures de démons, du feuillage, plus une inscription gothique contenant le nom de l'ouvrier J. Guillouic et la date 1550. L'ensemble produit un très-bel effet. (V. aux arch. de la Soc. un dessin avec légendes de ce monument et un rapport de M. H. Jaquemet.) || Chapelle Saint-Michel (sur le mont Guéhenno): plan rectangulaire. Grand et moyen appareil en partie. Crosses aux

rampants; animal. Contre-forts adhérents, inachevés. Clocheton en pierre, à l'ouest. Portes et fenêtres à cintre brisé. Dimensions dans œuvre: 15 mètres sur 6 environ. Au-dessus d'une des portes, flanquée de chaque côté d'une figure, statuette de saint Michel terrassant le démon. — Chapelle Saint-Marc (à côté de celle de Saint-Michel, sur le mont Guéhenno): en ruines. Plan rectangulaire. Grand et moyen appareil en partie. Contre-forts simples, adhérents. Portes et fenêtres à cintre brisé: l'une de ces dernières est avec meneaux en flammes et quatrefeuille. Dimensions dans œuvre: 10 mètres sur 6 mètres environ. Bénitier extérieur à trilobe et accolade. Traces d'écussons. — Près du bourg, sur le chemin de Guégon, petite croix percée à jour, à bras pattés. Près de l'église, croix haute de 2$^m$,50 environ, semblable pour le sommet à la précédente, avec cette différence que le trou central est circulaire. Non loin du cimetière, croix moderne plantée sur une base ancienne portant une inscription gothique datée de 1527. || *Moyen âge et Ép. moderne.* Au bourg, maison dite *du Buron;* sur une pierre qui provient de l'ancien bâtiment et qui sert aujourd'hui de linteau à une fenêtre, fragment d'inscription gothique datée de 1527. Sur une autre maison du bourg, au-dessus d'une porte à plein cintre, inscription de 1675, avec les dessins en relief de tenailles et d'un marteau. — Château de Lémay: construction inachevée de la Renaissance: portes plein cintre; fenêtres carrées, avec pilastres et entablement; cheminées extérieures sculptées; quelques personnages, animaux et torsades; modillons à la corniche; toiture aiguë.

**PLUMELEC.** *Ép. celtique.* Dans le retranchement de Château-Blanc, dolmen (C. D.). — A 800 mètres du bourg, sur la route de Saint-Jean-Brévelay, dolmen en schiste (*ibid.*). — Sur la lande de Penclen, deux dolmens détruits, dont un dit *roche Bigot*, et à côté, un autel brisé nommé *roche Morvan* (Fouquet, *Guide des touristes, etc* ). — Entre Penclen et Kermado, dolmen bouleversé nommé *Rohy* (*ibid.*). — Taille de Cadoudal, pierre à bassins, dite *roche des Coupes* (*ibid.*). — Dans la même taille, petit dolmen et plusieurs autels druidiques (*ibid.*). — A la Grée-aux-Cerfs, pierre sonnante (*ibid.*). — Entre Trégouet et Kersimon, dolmen (Catal.). || *Ép. romaine.* Voie de Rennes à Carhaix (C. D.). — A 2,000 mètres au nord du bourg, entre l'ancien prieuré de Locmaria et les villages de Carasteville et de Trévozan, vastes retranchements avec de petites tombelles (*ibid.*). — A 4 ou 500 mètres sud-est de Cadoudal, près de Château-Blanc, retranchement dit *Camp de Château-Blanc* (*ibid.*). || *Moyen âge.* Église paroissiale de Saint-Melec: additions en 1683. Quenouilles en *ex-voto.* Plan en forme de croix latine, à un seul bras, au sud; un bas-côté au nord. Petit appareil irrégulier. Contre-forts élevés, simples, peu saillants, avec d'autres plus modernes. Grosse tour carrée sur le transept sud, portant la date de 1626; flèche en ardoises. Porche au sud, communiquant avec l'église par une arcade à cintre brisé enclavée dans une autre semblable, avec gros tores et colonnettes cylindriques à chapiteaux romans (figures, personnages). Dimensions dans œuvre : 32 mètres sur 12 environ, y compris le bas-côté. Arcades à cintre brisé et doublé sur piliers à simples tailloirs; l'un d'eux est orné d'une dentelure et d'une ligne de perles. Lambris à clefs pendantes. Entraits à têtes de crocodiles. Sculptures sur les sablières : personnages, fleurons, écussons unis, animaux fantastiques; date de 1672 au chœur; inscription gothique en relief au nord de la nef, donnant la date 1502 et le nom de l'ouvrier J. Nivet; dans le bas-côté, autre inscription gothique sur un phylactère tenu par des anges : date de 1554 et nom d'Antoine Nivet. Fenêtres à cintre brisé et doublé; une petite à trèfles et à quatrefeuille; une autre romane, à plein cintre (aujourd'hui bouchée); ces deux dernières au nord. A une fenêtre du même côté, écusson d'argent à une croix de sable (Cadoudal). Restes de litre extérieure. — Chapelle Saint-Aubin. Vieux ifs dans le cimetière. Nombreuses quenouilles chargées en *ex-voto*. Grand et moyen appareil. Plan en forme de croix latine; nef restaurée à une époque moderne. Chœur plus élevé que le reste de l'édifice; crosses au pignon. Contre-forts simples. Double larmier. Sur le transept septentrional, tour carrée en pierre; flèche en ardoises. Porche au sud, qui communique avec la chapelle par une porte à cintre brisé et retraites. Dimensions dans œuvre : 6 mètres de largeur au chœur. Entre la nef et le chœur, grande arcade plein cintre à retraites, ornée d'écussons mutilés; on y reconnaît encore un sautoir (Brignac). Lambris sur arceaux à clefs pendantes sur lesquelles les armes de Bretagne sont plusieurs fois répétées. Entraits et sablières chargés de sculptures très-remarquables, quoiqu'elles aient souffert quelques mutilations : animaux fantastiques engoulants, anges tenant des écussons, armes de Callac : (d'or) à 2 fasces nouées (de sable) accompagnées de 9 merlettes (de même) 4. 3. 2., fleurons, phylactères, rinceaux de vigne, nombreux personnages figurant plusieurs tableaux de la Passion, animaux, scènes grotesques, entre autres celle du renard qui prêche aux poules, etc. Au-dessous des sablières, des deux côtés du chœur, inscription gothique en creux, portant la date de 1513, le nom du fondateur Jehan de Callac et celui des ouvriers Jehan et Guillemot Nyvet. (La famille Nivet existe encore à Plumelec; suivant une légende répandue dans le pays, les habiles sculpteurs de cette chapelle demeuraient au village de la Ville-Heu, à 2 kilomètres environ de Saint-Aubin; ils en venaient chaque matin et y retournaient chaque soir, après leurs travaux, montés sur un cheval de bois construit par

eux.) Fenêtres à cintre brisé (celle du fond du chœur est en partie bouchée); meneaux en fleur de lis à une fenêtre du bras sud; sur une autre sont sculptées les armes de Callac et de Brignac; la même présente, dans son vitrail, un écusson parti au 1 vairé d'or et d'azur, au chef de gueules, au 2 de Callac. Piscine à accolades et pilastres. Les divers écussons ci-dessus décrits sont partout répétés, séparément ou en alliance. Devant l'autel, pierre tombale rectangulaire, portant en creux une petite croix pattée. A l'extérieur du chœur, au-dessous de la corniche, inscription gothique qui n'est autre que celle de l'intérieur répétée en partie. Ossuaire de 1690. Dans le cimetière, croix à larges bras pattés, haute de 1$^m$,80 environ. — Chapelle Saint-Maudé : petite, rectangulaire. Portes et fenêtres à cintre brisé; restes de meneaux à la fenêtre de l'est (aujourd'hui bouchée). A l'extérieur, au sud, grand écusson sculpté aux armes de Callac (à 9 merlettes, etc.); le cimier se termine par une tête de bête et porte lui-même un écusson dont on ne voit plus que 5 merlettes : cette sculpture a donné lieu à une légende d'après laquelle le pays, autrefois tout couvert de bois, aurait été délivré par saint Maudé d'une bête féroce qui le dévastait; comme témoignage, on montre sur le mur de la chapelle la bête et ses *quatorze* petits. — A la sortie du bourg, sur la route de Vannes, croix à bras pattés très-larges, dite *croix Plate*. — A Locmaria, ruines d'un prieuré de femmes. — Près du manoir de Callac, motte féodale appelée *le Vieux-Château* (C. D.). ‖ *Moyen âge et Ép. moderne.* Château de la Sauldraye : en ruines; à la porte d'entrée, mâchicoulis sur corbelets, avec une tourelle polygonale à gauche; corps de logis du xvi$^e$ siècle, personnages et animaux sculptés à la corniche, fenêtre carrée avec accolade à chou et crosses; au milieu, écusson porté par trois anges où figurent les armes de Callac et de la Sauldraye (à trois haches). Autre écusson à gauche parti de Callac et de 3 quintefeuilles (Sévent ou Estimbrieuc); autre encore, à droite, parti de Callac et de Brignac (de gueules au sautoir d'argent). — Château de Callac : fenêtres à accolade avec pignon orné de chou, crosses et animaux; très-riche collection de portraits historiques (C. D.) — Château de Cadoudal : portails à plein cintre de la Renaissance, corbelets et mâchicoulis.

SAINT-ALLOUESTRE. *Ép. celtique.* Quelques monuments celtiques, entre autres deux menhirs (O. nouv. éd.). ‖ *Moyen âge.* Chapelle Sainte-Barbe (au bourg): plan rectangulaire. Grand et moyen appareil. Crosses aux pignons. Contre-forts simples. Larmier. Clocheton en pierre, à l'ouest. Porte à anse de panier et accolade. Dimensions dans œuvre : 10 mètres sur 6 environ. Lambris sur arceaux à clefs pendantes. Quelques rinceaux sculptés sur les sablières. Fenêtres à cintre brisé; celle de l'est avec meneaux flamboyants. Restes

de vitraux; entre autres, un écusson de gueules à neuf
besants d'or.

**SAINT-JEAN-BRÉVELAY.** *Ép. celtique.* A Souiran,
deux menhirs (C. D.). — A Kerjagu, un dolmen (*ibid.*).
— Près de la chapelle de Kerdroguen, dans la lande de
Lanvaux, une centaine de menhirs, debout ou renversés,
entremêlés de pierres à bassins (*ibid.*). ‖ *Ép. romaine.*
La voie de Vannes à Corseul traverse cette commune
(C. D.) et est elle-même croisée par celle de Rennes
à Carhaix (O. nouv. éd.). ‖ *Moyen âge.* Église paroissiale de Saint-Jean-Brévelay. Appareil mélangé. Plan en
croix latine. Contre-forts avec ou sans pinacles; quelques-uns élevés, peu saillants. Crosses aux rampants du
toit. Au sud, porche carré, voûté en pierre; à droite,
bas-relief représentant le Christ et six apôtres; communication avec l'intérieur par une porte plein cintre à
trois retraites massives sans autre ornement qu'un tailloir. Autre porte à cintre brisé et retraites formées par
de gros tores. Arcades à cintre brisé sur simples tailloirs
ou sur piliers polygonaux; autres à plein cintre sans
tailloirs. Fenêtres à cintre brisé. Au milieu de l'église,
pierre plate dite *tombeau de saint Jean-Brévelay* (ou
mieux de Béverley), de 2 mètres sur 0ᵐ,70 environ,
élevée à une certaine hauteur au-dessus du sol; elle nous
semble très-moderne et destinée uniquement à servir
de porte-châsse fixe. Au presbytère, se voit un écusson
à une croix engrêlée (Cadoudal). — Chapelle Notre-
Dame de Kerdroguen : nombreux pèlerinages. Grand
et moyen appareil. Plan rectangulaire. Crosses aux
pignons. Contre-forts à pinacles. Larmier. Clocheton en
pierre à l'ouest. Petite cloche en bronze avec inscription gothique datée de 1583. Portes plein cintre à
pilastres. Dimensions dans œuvre : 18 mètres sur 7
environ. Quelques sculptures sur les sablières; sur
celle du nord, inscriptions en capitales; sur la sablière
du sud, date de 1605. Fenêtres à cintre brisé et à
retraites; celle de l'est (aujourd'hui bouchée), avec
meneaux flamboyants. Banc de pierre à l'extérieur.
Cadran solaire gravé sur pierre, de 1599.

### CANTON DE LA TRINITÉ-PORHOËT.

(Chef-lieu : LA TRINITÉ-PORHOËT.)

**GUILLIERS.** *Moyen âge.* Église paroissiale de
Saint-Pierre : un bas-côté au nord; chevet à cinq pans.
Contre-forts adhérents à retraites. Cloche de moyenne
grandeur avec une inscription gothique dont les mots
sont séparés alternativement par une hermine et par
une fleur de lis; elle donne la date 1516 et le nom de
l'ouvrier J. Hurel. Arcades à cintre brisé et doublé,
pénétrant des piliers cylindriques ou polygonaux. Fenêtres à cintre brisé formant pignon à l'extérieur.
Bénitier de forme à peu près cylindrique, à cuve poly-
lobée, de 0ᵐ,80 de diamètre environ, sans pied. Dans

le pavage, pierre tumulaire de 1ᵐ,60 de long sur 0ᵐ,70
de large à la tête et 0ᵐ,55 aux pieds, portant le dessin
d'une épée. Calice en argent battu, à large base circulaire ciselée, nœud sculpté; la coupe est ouverte, à paroi
presque droite.

**MÉNÉAC** *Ép. celtique.* A 1,000 mètres à l'ouest du
bourg, deux menhirs de 3 mètres de hauteur, contigus
l'un à l'autre (C. D.). — Près du château de Bellouan,
menhir d'environ 6 mètres d'élévation (*ibid.*). ‖ *Ép.
romaine.* A 1,000 mètres à l'ouest du bourg, double
enceinte circulaire dont la circonférence extérieure a
230 mètres de diamètre (*ibid.*). ‖ *Moyen âge.* Chapelle Sainte-Anne (près du château de la Riaie) : petit
appareil irrégulier. Plan rectangulaire. Contre-forts
simples. Flèche en ardoises sur le milieu de la nef. A
l'ouest, porche et porte à cintre brisé. Dimensions
dans œuvre : 12 mètres sur 5 environ. Lambris sur
arceaux à clefs pendantes. Entraits à têtes de crocodiles.
Sculptures sur les sablières : figures, animaux, anges
tenant des écussons unis ou mutilés; au sud, inscription gothique donnant la date 1504 et le nom du fondateur, Cado de Bodégat. Les sablières du porche,
sculptées comme celles de la nef, ont aussi une inscription gothique. Fenêtres à cintre brisé et meneaux
flamboyants. — A 1 kilomètre environ du bourg, sur
le chemin de Guilliers, lech bas, creusé postérieurement pour recevoir une croix.

**MOHON.** *Ép. romaine.* A Bodieuc, enceinte fortifiée
de forme elliptique, à côté d'une autre pentagonale, le
tout appelé *le Camp des Rouëts;* au centre de la première enceinte est une butte conique artificielle dite
*le Trohanier* (C. D.). ‖ *Moyen âge.* Église paroissiale
de Saint-Pierre et Saint-Paul : plan rectangulaire;
un bas-côté au nord. Contre-forts simples. Gargouilles
de pierre en forme de monstres. Au sud, porte à cintre
brisé avec tores; à l'ouest, porte plein cintre à retraites
avec accolade à chou et crosses. Six travées d'architecture jusqu'au chœur. Arcades à cintre brisé et doublé pénétrant des colonnettes engagées sur piliers.
Fenêtres à cintre brisé simple; celles du nord forment
chacune pignon à l'extérieur. Deux tableaux donnés
par Mᵐᵉ de Sévigné représentent *la Flagellation* et
une *Descente de croix.* Calice à large base circulaire
ciselée, nœud sculpté, coupe ouverte à paroi presque
droite. — Quelques vestiges du château de Bodégat
(C. D.), qui a été la propriété de Mᵐᵉ de Sévigné.

**TRINITÉ-PORHOËT (LA).** *Moyen âge.* Église paroissiale de la Trinité : ancien prieuré dépendant de
l'abbaye de Saint-Jacut; passe aussi pour avoir appartenu aux Templiers. Le mur méridional menace ruine.
Différentes époques de construction. Grand et moyen
appareil; irrégulier au sud. Plan en forme de croix
latine; deux bas-côtés. Le plan primitif était celui
d'une croix en *tau* à un seul bras, au nord; la sacristie

actuelle, placée de ce côté, présente en effet les traces d'une double arcade à cintre brisé donnant sur le chœur. Pignon particulier, au nord, pour chacune des divisions de l'intérieur (porche, chapelle du xvi° siècle, transept et sacristie). Contre-forts simples; romans au sud. Sur l'intertransept, grosse tour carrée en pierre, amortie en ardoises, avec baies à meneaux formant quatrefeuille; un escalier, dont on voit encore les restes, conduisait à un autre clocher placé sur le pignon occidental. Cloche en bronze, de grandes dimensions, avec l'écusson de Rohan et une inscription gothique qui porte la date de 1495 et les noms des fondeurs, Raoul et Robert Guilbert, avec J. Hurel leur *compaignon*. Au nord, porche carré voûté sur croisée d'ogives, communiquant avec l'intérieur par une arcade à cintre brisé simple et avec l'extérieur par une arcade également brisée à retraites; à droite, deux faisceaux de colonnettes, avec chapiteaux ornés de feuillage, sont disposés pour supporter des statuettes; à gauche, arcade brisée, d'abord bouchée, et dans laquelle on a percé plus tard une porte à anse de panier et accolades, avec rinceau de vigne et ange tenant un écusson uni au sommet; cette porte donne dans une chapelle de la même époque. Petite porte plein cintre (aujourd'hui bouchée), à l'ouest. Du même côté est un portail plein cintre à plusieurs retraites formées par des tores, sur colonnettes ornées de chapiteaux à volutes, feuilles de refend, animaux et figures grimaçantes; ce portail, divisé par une colonnette formant trumeau en deux baies à cintre brisé et tore, bordées de violettes; trèfles à jour dans le tympan. Dimensions dans œuvre : 35 mètres sur 14 mètres environ, y compris les bas-côtés. Six travées d'architecture pour la nef seulement; deux étages au sud. Entre la nef et le bas-côté nord, arcades plein cintre doublé sur gros piliers cylindriques ou polygonaux avec ou sans tailloir; quelques chapiteaux ornés de simples moulures; volutes et figures à l'un d'eux. A l'intertransept et au sud, arcades à cintre brisé et doublé, avec cha-piteaux simples ou feuillés. Par une bizarrerie étrange, ou plutôt par suite d'un vice de construction, les arcades de la nef ne sont pas alignées, ce qui produit un assez mauvais effet. La base des piliers est cachée sous le dallage actuel. Lambris très-élevé à la nef et au chœur. Entraits et sablières sculptés à une partie du bas-côté nord : fleurons, enroulements, anges portant les instruments de la Passion. Fenêtres à cintre brisé; quelques-unes, au chœur et à l'ouest, sont fort grandes; celle de l'ouest, flanquée de deux fenêtres géminées avec trèfle. D'autres fenêtres géminées éclairent la nef principale au-dessus du bas-côté sud. De ce même côté, petite fenêtre plein cintre, évasée à l'intérieur. Dans la sacristie, piscine trilobée. Quelques têtes grotesques sculptées à l'intérieur. Dans le transept sud, pierre tumulaire, longue de 2 mètres, large de $0^m,70$ à la tête et $0^m,60$ aux pieds, avec traces d'écusson. Une pierre employée dans la base de la croix du cimetière, auprès de l'église, porte quelques dessins en creux, entre autres une sorte de hache; c'est sans doute un fragment de pierre tombale. Calice en argent battu et doré, à base large, terminée par huit lobes arrondis, sur la bordure desquels sont répétés plusieurs fois en lettres capitales ces mots : RECOVRS·A DIEV; nœud sculpté à médaillons où sont gravées les figures des apôtres; coupe très-ouverte à paroi presque droite; sur le pied, petit crucifix en émail. — Dans la ville, croix au sommet carré avec trilobe et pignon: d'un côté, le Christ; de l'autre, Jésus dans sa gloire; sur le pied, la sainte Vierge portant l'Enfant, et un écusson. ǁ *Moyen âge et Ép. moderne.* Tout autour de la place, les maisons, en bois, avaient un porchet sur colonnes cylindriques en pierre formant galerie; quelques-unes de ces colonnes existent encore; un chapiteau qui gît à terre porte la date 1604; une de ces maisons a été habitée par M^me de Sévigné; une autre offre quelques sculptures, telles qu'animaux fantastiques, fleurons, figures grotesques.

# ARRONDISSEMENT DE VANNES.

CANTON D'ALLAIRE.

### CANTON D'ALLAIRE.
(Chef-lieu : ALLAIRE.)

**ALLAIRE.** *Ép. romaine.* La voie romaine de Vannes à Angers traverse cette commune (C. D.). ǁ *Moyen âge.* Église paroissiale de Saint-Gaudens : il ne reste de la construction ancienne que le transept sud. Arcade à cintre légèrement brisé reliant le transept à la nef. Fenêtres à cintre brisé, dont une aujourd'hui bouchée; meneaux de style flamboyant. La chapelle du transept sud, dite *de Vaudequy,* renfermait autrefois une pierre tumulaire, probablement de cette famille; elle a été déplacée il y a quelques années et ne porte point d'inscription. On conserve au presbytère deux bannières qu'on croit avoir été données jadis par un seigneur de Rieux.— Chapelle Sainte-Barbe : grand et moyen appareil. Forme rectangulaire. Portes à anse de panier et accolade; celle de l'ouest ornée d'anges qui présentent des écussons unis ; au sommet, double blason surmonté d'une couronne de comte, celui de droite à un chevron et une merlette en chef, celui de gauche à un chevron accompagné de trois pommes de pin (on voit le même écusson au château de Deil). Dimensions dans œuvre : 16 mètres sur 7 environ. Fenêtres à cintre brisé; meneaux rayonnants et flamboyants. Piscine à accolade ornée d'un rinceau de vigne et de deux écussons chargés de lettres enlacées. Plusieurs écussons mutilés, à l'intérieur. — Chapelle Saint-Eutrope : petit appareil, sauf pour les contre-forts. Forme rectangulaire. Clocheton sur le milieu de l'édifice. Portes à cintre brisé; celle de l'ouest est ornée de deux figures et d'un écusson uni. Dimensions du monument dans œuvre : 21 mètres sur 8 mètres environ. Fenêtre du chevet à cintre brisé; autres fenêtres étroites, à plein cintre et trilobe; dimensions de 1 à 4 environ. — Chapelle Notre-Dame des Landes : en partie ruinée. Forme rectangulaire. La porte occidentale est à anse de panier. Dimensions du monument dans œuvre : 13 mètres sur 6 environ. A l'est, fenêtre à cintre brisé; traces de meneaux. ‖ *Ép. moderne.* Château du Vaudequy : tourelle cylindrique à l'une des encoignures. Fenêtres surmontées d'un fronton triangulaire; on y voit des écussons : 1° à une bande; 2° à neuf besants (Rieux); 3° à trois chevrons, avec une couronne de comte (de Kervérien). Les deux premiers, de forme elliptique, sont certainement modernes; d'ailleurs, on voit sur le fronton qui les porte la date 1724. On montre dans le château deux énormes chenets ou landiers en fonte, hauts de 2 mètre environ et ornés de curieuses sculptures.

BÉGANNE. *Ép. romaine.* Dans la lande des Maunys, retranchements et débris romains (C. D.). ‖ *Moyen âge.* Église paroissiale de Saint-Hermeland : quelques restes d'une ancienne construction au nord et à l'est. Le bas-côté septentrional est séparé de la nef par des arcades à cintre brisé et doublé, portées sur des colonnettes cylindriques engagées. Entrait à têtes de crocodiles. Sur la sablière droite du chœur, date de 1450, en caractères gothiques. Fenêtres à cintre brisé; celle du chevet aujourd'hui bouchée; celle du côté nord ornée, à l'intérieur, d'un rinceau de vigne habilement sculpté. Au-dessous de cette dernière fenêtre, enfeu à accolade avec chou, colonnettes et pinacles, flanqué de deux écussons frustes, l'un carré, l'autre en losange; cet enfeu fait saillie à l'extérieur de l'édifice. Dans la cour du presbytère, cercueil en granit d'un seul morceau, long

de 2<sup>m</sup>,50, large de 0<sup>m</sup>,5c à la tête, de 0<sup>m</sup>,30 aux pieds environ. — Château de l'Étier : restauré et habité. Porte principale à accolade et colonnettes, avec traces de sculptures à la partie supérieure; les autres portes, à cintre brisé. A l'un des angles de l'édifice, tourelle à larmier et encorbellement; du côté de la cour, tourelle polygonale en moyen appareil, renfermant un grand escalier de pierre. Fenêtres carrées à croisée de pierre, avec banc de chaque côté à l'intérieur; celles du dernier étage surmontées de frontons triangulaires. Larges cheminées à plein cintre et accolade, dont le chambranle a 4 mètres de longueur environ, avec colonnettes engagées. Quelques salles dallées et voûtées en pierre; dans l'une d'elles on remarque une piscine à cintre brisé et accolade. Ce château appartenait, avant la Révolution, à la famille de La Houssaye, et précédemment à celle de Rieux. Suivant la tradition, il aurait été aussi la propriété de moines noirs, et toutes les nuits, disent les fermiers, ils viennent encore réciter des prières dans l'une des salles basses.

PEILLAC. *Ép. romaine.* Dans le bois de la Chauvaille, enceinte dite *le Camp romain*, de 200 mètres de longueur sur 70 mètres de largeur environ, avec des parapets de 3 mètres de hauteur; le point de la rivière d'Oust auquel aboutit ce retranchement se nomme encore aujourd'hui *Passage des Romains* (C. D.). — Près du château de la Gros, vestiges d'un camp (*ibid.*). ‖ *Moyen âge.* Au milieu du cimetière de l'église paroissiale, lec'h à trois pans, haut de 1<sup>m</sup>,80, large de 0<sup>m</sup>,50 à 0<sup>m</sup>,80 environ, creusé postérieurement au sommet. Dans le mur du cimetière, lec'h encastré, de mêmes dimensions que le précédent. Dans le cimetière également, croix de pierre à branches pattées, de forme élégante. — Près de la métairie de Cranhac, lec'h à plusieurs faces, aujourd'hui renversé, haut de 1<sup>m</sup>,80, y compris 0<sup>m</sup>,40 pour la partie qui était en terre.— Au village de l'Épinette, lec'h bas, arrondi. — Au village de Maubran, près de la chapelle Notre-Dame-de-la-Garde, lec'h bas, arrondi, encastré dans un mur.

RIEUX. *Ép. romaine.* La voie romaine de Vannes à Angers traverse cette commune (C. D.). — Dans un champ voisin de celui de la Maladrerie on a trouvé des urnes remplies de cendres et des médailles qui sont aujourd'hui chez M. Mazot, à Rochefort; les pommiers plantés en ce lieu portent le nom de *Pommiers romains.* — Ruines romaines autour du bourg (Catal.). ‖ *Moyen âge.* Église paroissiale de Saint-Melaine : quelques restes de l'ancienne construction. Contre-forts peu saillants. Portail sué de 1668. Au chœur, arcades à cintre brisé et doublé reposant sur de gros et courts piliers cylindriques engagés avec torsade au chapiteau. Autres arcades plein cintre à simple tailloir. Entraits à têtes de crocodiles. Inscription sur la sablière gauche du chœur, indiquant les noms du recteur et du curé de Rieux en 1608. Fenêtres à cintre brisé. Cadran solaire de 1643, gravé sur ardoise, portant un écusson à dix besants (Rieux), surmonté d'une couronne de comte, et la devise : *Dies hominis sic prætereunt.* Au nord de l'église était autrefois un prieuré. — Chapelle Saint-Sébastien : porte occidentale à cintre brisé, avec une figure de chaque côté. A l'est, fenêtre à cintre brisé ; meneaux flamboyants. — Empreinte sur soufre du sceau des Trinitaires de Rieux, donnée au Musée par M. Aubry de Lorient ; matrice entre les mains de M. l'abbé Gauder, directeur du collège des Eudistes, à Redon. — Château de Rieux : en ruines ; quelques pans de mur de 2 mètres d'épaisseur environ ; blocs énormes de pierres de petit appareil irrégulier qu'on brise sans les désunir, tant est dur le ciment qui les relie : le tout sur une grande motte de terre en partie rapportée. Môles de pont-levis ; douves d'un côté du château ; de l'autre, rivière de la Vilaine, dans laquelle on aperçoit, à marée basse, des traces de pont à cet endroit. Grand portail avec tour carrée, légèrement talutée, dont la largeur et la construction soignée indiquent une époque relativement moderne. A droite du portail s'élevait, il y a une quarantaine d'années, une autre grande tour dont les débris jonchent aujourd'hui le sol. Meurtrières longues, étroites, terminées à la partie inférieure par une large ouverture. Fenêtres à plein cintre, de 1 mètre sur 1<sup>m</sup>,50 environ. Des chambranles de cheminées, de plus de 4 mètres de longueur, ont aujourd'hui disparu. Vers la fin du xvii<sup>e</sup> siècle, la seigneurie de Rieux passa aux mains des Guénégaud de Plancy, puis de la maison de la Bédoyère, qui la revendit à celle de Rieux. La tradition a conservé le souvenir d'une bataille sanglante qui se serait livrée près du château ; au nord est un pré nommé *pré de la Bataille,* où, dit-on, les combattants avaient du sang jusqu'à la cheville. Les archives du comté de Rieux furent en grande partie brûlées dans la cour du château pendant la Révolution. Une déclaration rendue au roi en 1681 par M. de Guénégaud de Plancy, dont une copie est déposée aux archives de la Société, renferme quelques détails intéressants sur le château, sur les droits du seigneur de Rieux, et principalement sur les potiers du pays.

SAINT-GORGON. *Ép. romaine.* La voie romaine de Vannes à Angers traverse cette commune (O. nouv. éd.). ‖ *Moyen âge.* Église paroissiale de Saint-Gorgon : pèlerinage le 25 août, pour la surdité. Quelques restes de l'ancienne construction. Porte à cintre brisé simple. A l'est, fenêtre à cintre brisé ; meneaux rayonnants.

SAINT-JACUT. *Moyen âge.* Église paroissiale de Saint-Jacut (ou Jagut) : restaurations du xvii<sup>e</sup> et du xviii<sup>e</sup> siècle. A l'est, fenêtre à cintre brisé, aujourd'hui bouchée. A l'intérieur, écusson à une croix cantonnée de quatre croissants. — Chapelle Notre-Dame-du-Pont-d'Arz : petits contre-forts simples et adhérents. Cloche-

ton carré en ardoises sur le milieu de l'édifice. Portes à cintre légèrement brisé. A l'est, fenêtre à cintre brisé ; traces de meneaux.

SAINT-JEAN-LA-POTERIE. *Moyen âge.* Église paroissiale de Saint-Jean-des-Marais (autrefois trève de Rieux) : restes d'une ancienne construction ; restaurations du xvii<sup>e</sup> siècle. Portail sud à plein cintre reposant sur de petites colonnettes cylindriques engagées à chapiteau simple ; autres portes à cintre brisé. Arcades à plein cintre sur piliers carrés massifs. Fenêtres à cintre brisé ; traces de meneaux. Dans le cimetière, lec'h bas, arrondi.

SAINT-PERREUX. *Ép. celtique.* Au sud de la commune est un tumulus (O. nouv. éd.). ‖ *Moyen âge.* Église paroissiale de Saint-Perreux : restaurations au xvii<sup>e</sup> siècle. Forme de croix latine. A l'est, contre-forts simples, adhérents, courts et peu saillants. Clocheton carré sur l'intertransept. Petites fenêtres simples à cintre brisé ; celle de l'est, géminée, à trilobes. Restes de vitraux.

SAINT-VINCENT. *Ép. romaine.* Voie romaine traversant cette commune (Assoc. bret. Bull. de 1857). — Pièce d'or de Dioclétien trouvée, en 1856, près d'une butte circulaire de 3 mètres de diamètre, remplie de pierres liées par un mortier rouge. De semblables buttes ont été remarquées dans les environs, sur le parcours de la rivière d'Arz. ‖ *Ép. moderne.* Église paroissiale de Saint-Vincent : transept sud de 1629. Entrait à têtes de crocodiles ; figures sculptées sur la sablière. Fenêtre à cintre brisé simple. Cadran solaire de 1730.

### CANTON D'ELVEN.
(Chef-lieu : Elven.)

ELVEN. *Ép. celtique.* Nombreux menhirs, dolmens et pierres à bassins aux environs des villages de Kerblay, Saint-Germain, le Clestro, les Princes, Panistrel, Cornebo, Herzéach, Kermahéo, le Grazo (C. D.). — En face du village des Princes, pierre branlante, dite *la Roche Binet (ibid.).* ‖ *Ép. romaine.* La voie de Vannes à Rennes traverse cette commune *(ibid.).* — Retranchements à Keranderf, Mérianec, la Haie-Dréan, Lez-Castel, Coh-Castel, le Feuvy, Lesvis, Quélenec, Truélan *(ibid.).* — A Saint-Christophe, borne votive qui a longtemps servi d'auge, découverte en 1842 par le capitaine Than ; haute de plus de 2 mètres, large de 0<sup>m</sup>,35 ; elle porte cette inscription en creux : MAGN IMP · CAES AVRELIA INVICT TRIB · PO · III · P · P · AD · I · (les dernières lettres douteuses). Non loin de cette borne, villa gallo-romaine, fouillée et décrite par le capitaine Than. (Voir C. D. ; mémoires et dessins aux arch. de la Soc. ; objets divers au Mus.) — Nombreux débris romains à la Boissière (C. D.). — Médaille de Valens, en or, trouvée en 1857 à la maison des Trois-

Alouettes (au Musée). || *Moyen âge.* Église paroissiale de Saint-Alban : grand et moyen appareil. Forme de croix latine, les deux bras plus modernes que le reste de l'édifice ; celui du sud, de 1666. Chœur polygonal, plus haut que la nef. Contre-forts adhérents, surmontés de pinacles à chou et crosses, ornés de trilobes et accolades ; ceux de la tour très-élevés. Ours sculpté sur l'un des contre-forts. Chou et crosses aux pignons. Corniche ornée de modillons au nord, de torsades à l'est ; de plus, galerie à jour au chœur. Gargouilles en pierre, animaux. Sur le transept nord, tour carrée surmontée d'une flèche en ardoises, avec la date 1642, qui peut se rapporter aussi au nord de la nef. Porche au sud, à cintre brisé, avec pignon orné de crochets et d'animaux. Au sud du chœur, porte (aujourd'hui bouchée) à anse de panier et accolade, avec chou, crosses, pilastres à pinacles, rinceau de vigne dans les retraites. A l'ouest, porte divisée en deux baies semblables à la précédente, avec torsade au lieu de rinceau, le tout dans une grande arcade plein cintre ; tympan plein. Dimensions dans œuvre : 40 mètres sur 10 environ. Grosses colonnes cylindriques engagées, supportant une grande arcade à cintre brisé, à retraites, qui sépare le chœur de la nef. Lambris sur arceaux à clefs sculptées. Entraits à têtes de crocodiles. Sablières ornées de sculptures : anges, personnages, feuillages, inscriptions. Celle du chœur, en latin, indique que cette partie de l'édifice a été construite en 1526 par Bertrand de Quifistre, chanoine de Vannes et recteur d'Elven ; les autres, que la charpente de la nef a été placée en 1536, sous le rectorat de Guy de Quifistre, et réparée en 1625. Fenêtres à cintre brisé, meneaux de style flamboyant ; formerets terminés en colonnettes. A gauche du chœur, enfeu à anse de panier et accolade avec chou et crosses : au sommet et à chaque extrémité, un ange tient un écusson uni ; entre l'anse et l'accolade, inscription gravée de trois mots dont le premier en capitales romaines, le dernier en caractères grecs, et celui du milieu figuré par un soleil entouré de rayons ou un Jéhovah : TIMENTIBVS (soleil) ΑΦΘΑΡΚΥΑ ; peut-être faut-il lire : Timentibus (Deum) ἀφθαρσία (immortalitas) ; chaque côté offre une corne d'abondance ; on retrouve cette devise accompagnant les armes de Cholant au château de Coëtcandec en Grand-Champ et à Rosnarho en Crach (les Cholant étaient seigneurs de Coëtcandec, de Rosnarho et de Kerleau en Elven). Cadran solaire sur ardoise, de 1700. Dans le cimetière, ossuaire de 1626, avec inscription empruntée au psalmiste. Parmi les pierres tumulaires posées sur champ qui servent d'échaliers au cimetière, on en voit une, assez moderne, au nord, qui porte le nom de Descartes ; la famille du philosophe habitait, en effet, le manoir de Kerleau, près d'Elven (voir ci-après). A côté de l'église, sur la route de Vannes, plusieurs lech's bas, plus ou moins mutilés.

— Chapelle Saint-Germain : appareil mélangé. Forme rectangulaire. Portes plein cintre ; celle de l'ouest est à retraites en tores et colonnettes, avec pilastres à pinacles. Dimensions dans œuvre : 18 mètres sur 6 environ. Sur les sablières, écusson, plusieurs fois répété, à neuf besants (Rieux). Fenêtres à cintre brisé, meneaux flamboyants. Écussons à celle de l'est, parmi lesquels on reconnaît les armes de Rieux, de Rochefort et de Callac. Au sud de la chapelle, à l'extérieur, cercueil en pierre dit *tombeau de saint Germain*, long de 2 mètres, large de 0^m,80 à la tête, 0^m,40 aux pieds, peu profond, avec une place réservée pour la tête et taillée à angles droits : on y vient demander la guérison de la fièvre. Tout auprès, lec'h quadrangulaire de 1 mètre de hauteur hors de terre et incliné ; il semble avoir été renversé de sa position primitive et replanté la tête en bas. Du même côté, croix au sommet carré à pignons et à colonnettes : d'une part, le Christ ; de l'autre, la Vierge soutenant le corps de son fils ; fût cylindrique surmonté d'une torsade. — Près du moulin de Saint-Christophe, deux croix anciennes, peu élevées, sur une même base ; l'une d'elles surtout à bras très-larges et un peu pattes. — Château d'Elven ou de Largouet : en ruines. Douves profondes, de 20 mètres de largeur environ, sauf du côté du nord, défendu par un marais. Porte d'entrée au sud-ouest, avec poterne, pont-levis et mâchicoulis. Tour principale ou donjon à l'est, pouvant s'isoler au besoin, fortement talutée, large diamètre, grand et moyen appareil, murs très-épais, forme octogonale, six étages, 36 mètres de hauteur plus un édicule de 8 mètres ; mâchicoulis à cintre brisé et trilobe avec corbelets à cinq retraites ; des animaux fantastiques forment gargouilles. La tour est divisée par des murs de refend en trois parties, qui communiquent entre elles ; porte à cintre brisé formé par un gros tore terminé en colonnettes et ouvrant sur un couloir voûté aussi à cintre brisé ; autres portes intérieures à linteau sur consoles ; grand escalier bien conservé ; grandes fenêtres carrées à croisée de pierre, avec bancs sur les côtés à l'intérieur ; nombreuses archères donnant tant sur les douves que sur la cour ; cheminées à colonnettes cylindriques engagées, ornées d'un réglet sur le devant. Oratoire où l'on remarque une piscine surmontée de deux petites baies aveugles trilobées. Nombreuses marques d'ouvriers. Sur une cheminée du rez-de-chaussée, écusson à dix besants (Rieux). Au nord-ouest, tour également talutée, ronde à l'extérieur seulement ; on y voit des embrasures percées pour l'usage du canon. Une autre tour semblable, aujourd'hui en ruines, existait au sud de la porte d'entrée. Au nord, protégés par le marais, bâtiments d'habitation à larges fenêtres ; ruines d'autres bâtiments analogues au sud : le tout relié par des courtines aux tours et à la porte d'entrée. A l'ouest, à l'extérieur, restes d'une chapelle de même époque que le château; on retrouve dans ses débris l'écusson de Rieux avec cimier. Propriété des seigneurs de Rieux dès le xiii° siècle, le château d'Elven fut détruit en partie pendant les guerres du xv°; il fut restauré vers la fin de ce siècle ou au commencement du xvi°. Au xvii° siècle, il appartenait au surintendant Fouquet, et au xviii°, à la famille de Cornulier. (Voir aux archives de la Soc. les mémoires de MM. L. Galles et Arrondeau.) — Château de Kerfily : quelques restes de l'ancienne construction, à côté d'un bâtiment plus moderne. Enceinte extérieure très-élevée, avec contre-forts épais, sur le bord de la rivière d'Arz; grosse tour circulaire du même côté. Portail principal à cintre brisé, avec une poterne semblable à droite; arcades retombant sur des colonnettes à chapiteaux ornés de feuillages et d'animaux grossièrement sculptés; au sommet, écusson à un sautoir surmonté d'un lambel; le portail est bordé, à sa partie supérieure, de pierres cubiques formant créneaux et chargés de sculptures, torsades, couronnes, armes de France et de Bretagne, unies ou séparées. Autre porte, à côté de la précédente, à anse de panier, et accolade à chou et crosses, avec l'écusson à un sautoir. En face de la maison principale, tourelle octogonale, de moyen et petit appareil, avec porte à anse de panier, fenêtres carrées surmontées d'une accolade à chou et crosses et ornées de colonnettes et de rinceaux de vigne. Une autre tourelle de même forme, mais plus simple, est accolée à la maison. On voit dans l'intérieur du bâtiment moderne l'écusson de Sérent, à 3 quintefeuilles, plusieurs fois répété, et à l'encoignure gauche du même bâtiment, sur des pierres qui proviennent sans doute de l'ancien château, des marques d'ouvriers qu'on retrouve à la tour d'Elven. Ce château appartenait, suivant Ogée, en 1400, au seigneur de Coëtquen; plus tard il devint la propriété de la famille de Sérent, dont il renferme encore les archives. — Château de Kerleau : en ruines. Portes à anse de panier à retraites, surmontée d'un plein cintre ou d'un linteau afin de diminuer la charge de la muraille. Tourelles cylindriques; encorbellements. L'un d'eux présente un personnage accroupi qui fait mine de le soutenir avec ses épaules, et qui s'appuie lui-même sur une colonne cylindrique engagée ornée de cannelures et d'une torsade. Cheminées intérieures à pilastres et consoles. Près du château, entre une magnifique avenue et un étang, chapelle aujourd'hui découverte, mais qu'on est en train de restaurer. Grand, moyen et petit appareil. Forme rectangulaire, sauf le chevet à trois faces; grande élévation. Contre-forts adhérents, à pinacles ornés de crosses et de trilobes. Crosses également aux pignons. Double larmier. Au sud, porte à anse de panier à retraites et accolade avec chou et crosses. Dimensions dans œuvre : 10 mètres sur 6 environ. Fenêtres à cintre brisé et formerets; quelques-unes ont été bouchées.

Banc de pierre extérieur. Ce château appartenait à la famille Descartes.

**MONTERBLANC.** *Ép. romaine.* La voie de Vannes à Corseul et celle de Vannes à Rennes traversent cette commune (C. D.). — A Mangolérian, ruines romaines (Catal.). || *Moyen âge.* Chapelle Notre-Dame (à Mangolérian) : restaurations modernes. Appareil irrégulier. Plan rectangulaire. Sur le pignon occidental, clocheton carré en pierre, portant la date 1565; baie à anse de panier, avec pilastres aux côtés; animaux aux angles. Porte sud à cintre brisé avec tore et colonnettes; deux écussons, dont un à dix besants (Rieux). Porte occidentale aussi à cintre brisé et plusieurs retraites en tores. Dimensions du monument dans œuvre : 18 mèt. sur 8 environ. Inscriptions gothiques en relief sur les sablières, indiquant qu'elles furent faites et placées en 1463 et 1464, par Pierre le Ny et Donalt, et donnant en même temps le prix du froment, du seigle et de l'avoine en 1463. A l'est, fenêtre à cintre brisé, meneaux flamboyants. Bénitier carré de 0m,80 de côté, monolithe, sauf le pied, qui est en maçonnerie; sculptures grossières sur le bord extérieur, représentant une chasse au sanglier; écusson de Rieux. Cadran solaire sur ardoise, de 1720. — Sur le bord de la route de Vannes à Josselin, non loin de Bel-Air, petite croix à bras pattés. — Découverte, il y a quelques années, de monnaies du temps de la Ligue (Mémoire de M. Lallemand aux arch. de la Soc.).

**SAINT-NOLFF.** *Ép. romaine.* La voie de Vannes à Angers et celle de Vannes à Rennes traversent cette commune (C. D.). — Près du moulin du Petit-Luban, retranchement nommé *Er Fordeu* (les forts) (*ibid.*). — Au sud-est du bourg, près la route de Vannes à Rennes, retranchement (*ibid.*). — A Kerboulard, retranchement (Catal.). — A Saint-Colombier, ruines romaines (*ibid.*). || *Moyen âge.* Église paroissiale de Saint-Mayeul : restaurations au xvii° siècle (1646 et 1677). Grand et moyen appareil. Plan en croix latine. Crochets et animaux aux rampants du toit. Porte à anse de panier au sud, aujourd'hui bouchée. Dans le transept méridional, restes de sablière sculptée : truie jouant du biniou; écussons : 1° à une aigle éployée; 2° parti au 1 à une aigle éployée; au 2 à une croix engreslée. A l'est, fenêtre à cintre brisé, meneaux flamboyants. Celle du transept nord présente un écusson vairé d'or et de sable (Gourvinec). Dans le transept méridional, pierre tumulaire où sont gravés une épée et un écusson. Restes de cadran solaire sur pierre. Au presbytère, porte à anse de panier, fenêtres ornées de torsades, pierre tumulaire employée comme marche d'escalier, offrant le dessin d'une grande croix pattée. — Chapelle Sainte-Anne (au bourg) : grand et moyen appareil. Plan rectangulaire. Contre-forts à pinacles inachevés. Crosses aux rampants du toit. Clocheton carré en pierre sur le pignon ouest.

Portes à anse de panier et accolade; celle du sud est surmontée de l'écusson de Gourvinec. Dimensions dans œuvre : 12 mètres sur 6 environ. Lambris à clefs pendantes. Écusson de Gourvinec sur les sablières; celle du nord porte une inscription gravée en caractères gothiques, par laquelle on voit que la chapelle a été terminée en 1493 par Olivier du Gourvinec, sieur du Beizit. Fenêtres à cintre brisé, dimensions de 1 à 2; meneaux flamboyants. A celle de l'est, en partie bouchée, vitraux à compartiments variés, personnages de 0<sup>m</sup>,50 à 0<sup>m</sup>,60 : divers saints et saintes, tête du Christ, anges portant les instruments de la Passion; au sommet, plusieurs écussons : vairé d'or et de sable (Gourvinec); et le même, allié à Carné (d'or à deux fasces de gueules), au Sénéchal (d'azur à cinq mâcles d'or), à Camarec (de gueules à neuf besants d'or). Piscine à trilobe et accolade avec chou et pilastres à pinacles. Banc de pierre tout autour de la chapelle, à l'extérieur. — Près de la chapelle Saint-Colombier, lec'h bas, arrondi. — Non loin de là, calvaire dont la base, élevée sur un socle auquel on arrive par plusieurs marches, est chargée de personnages sculptés représentant différentes scènes de la vie du Sauveur; le fût, surmonté d'une grosse torsade, a été brisé; sommet carré avec accolade à chou et crosses : d'un côté, le Christ; de l'autre, la sainte Vierge soutenant le corps de son fils; personnages saints sur les côtés. — Dans la lande, non loin de Ranuec, croix à pied polyèdre surmonté d'une grosse torsade, sommet carré à colonnettes, accolade et pignon : d'un côté, le Christ; de l'autre, la sainte Vierge soutenant sur ses genoux le corps de son fils; personnages saints aux côtés; quelques sculptures sur la base; inscription sur le socle.

SULNIAC. *Ép. celtique.* Dans le cimetière de Saint-Jean-Gorvello, deux menhirs (C. D.). || *Ép. romaine.* La voie de Vannes à Angers traverse cette commune (*ibid.*). — Sur la *Butte du Tostal*, retranchement en forme de parallélogramme, de 65 mètres sur 53 environ (*ibid.*). — Au village du *Château*, retranchement de 200 mètres de circonférence, avec une motte tout auprès (*ibid.*). — A Kerado, débris de constructions antiques dans une étendue de 170 mètres sur 100; nombreux débris de briques et de poteries (*ibid.*). — Traces du séjour des Romains à Kerbertho, Trévégan, Kerpeltier, le Pessun, Kergatté (*ibid.*). — Autres à Sainte-Marguerite, la Ferrière (Catal.). || *Moyen âge.* Église paroissiale de Saint-Pierre-ès-Liens : plusieurs époques de construction. Restaurations modernes. Petit appareil. Plan en forme de *tau.* Un toit particulier à deux rampants pour la nef et pour chacun des transepts. Animaux en gargouilles. Au sud de la nef, porchet formé de cinq larges retraites à cintre brisé retombant sur des pieds-droits à simple tailloir, le plus petit arc seul bordé de deux gros tores et orné de colon-

nettes avec des figures aux chapiteaux; communication avec la nef par une porte à cintre brisé simple. Double arcade de chaque côté du chœur. A l'intertransept, arcades plein cintre ou brisées sur colonnes cylindriques engagées à chapiteaux romans (treillis, feuillage, volutes); à la retombée de quelques arcades, anges tenant un écusson uni, grosses figures, personnages dans une posture indécente (le tout noyé dans le badigeon). Lambris sur arceaux à clefs pendantes. Entraits à têtes de crocodiles. Au nord, sablières chargées de figures et feuillages sculptés; écusson à treize besants, 5, 4, 3, 1. Au sud, près du porchet, fenêtre romane; à l'est du transept nord, restes d'une grande fenêtre à cintre brisé avec meneaux rayonnants. Cadran solaire sur ardoise, de 1652. Dans le cimetière est un calvaire au sommet carré avec accolades et colonnettes : d'un côté, le Christ; de l'autre, la Vierge soutenant le corps de son fils sur ses genoux; fût cylindrique. Dans le cimetière également, lec'h incliné de 0<sup>m</sup>,70 de hauteur environ, portant en creux une croix pattée. Calice à base large terminée par ces lobes arrondis, nœud sculpté, coupe peu évasée; sur le pied, écusson écartelé. (Voir au Mus. de la Soc. une plaque armoriée provenant d'une chasuble de cette église, et aux Arch. une note de M. l'abbé Mouillard sur cet objet.) — Église paroissiale de Saint-Jean-Baptiste (au Gorvello) : passe pour avoir été bâtie par les Anglais; c'est en réalité une ancienne chapelle des chevaliers de Saint-Jean. Grand et moyen appareil. Plan en forme de *tau.* Contre-forts surmontés de pinacles à crosses. Chou, crosses et animaux aux rampants des pignons; le chœur et les bras du transept plus élevés que la nef. A l'ouest, tour carrée, en pierre, à deux baies sur la face principale et une de chaque côté; ces baies, à anse de panier, sont surmontées chacune d'un fronton triangulaire à crochets, avec animaux ou personnages en saillie. Cloche de 1608; autre de 1532, fondue par Hurel. Portes à anse de panier et accolade à crochets; celle de l'ouest, très-large, avec pinacles. Dimensions dans œuvre : 15 mètres sur 6 environ. Les bras du transept sont séparés du chœur chacun par une large arcade plein cintre à retraites, portant sur des colonnes cylindriques engagées. Lambris à clefs pendantes. Entraits à têtes de crocodiles. Sculptés sur les sablières : animaux fantastiques, l'un avec une tête humaine, un autre avalant un moine, un troisième portant une hallebarde, d'autres enfin jouant du biniou, puis trois têtes sous un même bonnet, un moine avec des oreilles d'âne tenant une marotte terminée par une tête semblable, etc. Le tout est entremêlé d'inscriptions en caractères gothiques qui apprennent que la charpente du chœur fut faite en 1523, par Jehan Thébault, et celle du transept nord en 1547, par Nicollazo. Fenêtres à cintre brisé, dimensions variables; meneaux du style flamboyant; celle du chœur surmontée à l'extérieur d'une accolade avec chou, crosses et anges aux extrémités. Fragments de vitraux. Piscine à cintre brisé et trilobe. Restes d'ossuaire à colonnettes, au sud. — Église paroissiale de Saint-Isidore (autrefois chapelle du Temple) bâtie, suivant la tradition, par les Templiers; restaurée entièrement au xvii° siècle (date de 1691 au-dessus de la porte occidentale). Fenêtres à cintre brisé simple. Cloche en bronze de moyenne grandeur, qui porte une inscription en caractères gothiques avec la date de 1523; en outre, écusson à dix besants, 3, 3, 3, 1. — Chapelle de la Vraie-Croix : cette chapelle a été reconstruite presque entièrement au xvii° siècle (une porte du nord est datée de 1611); elle est bâtie en partie au-dessus d'une voûte sous laquelle passe le chemin de Larré (voir dans C. D. la légende qui explique la bizarrerie de cette position). Les deux arcades qui forment la voûte, au nord et au sud, sont à cintre brisé. Sous la même voûte, à l'ouest, portail formé par cinq retraites à cintre brisé et simples tailloirs (comme le porche de l'église paroissiale de Sulniac), la plus petite arcade seule ornée de colonnettes à chapiteau feuillé; au fond, porte à cintre brisé formé d'un tore : c'est par cette porte qu'on arrivait autrefois dans l'intérieur de la chapelle. Calice d'argent à coupe légèrement évasée, nœud sculpté, base large qui se termine par dix lobes arrondis; au-dessous, une inscription plus moderne indique que cet objet provient de Saint-Gildas en Berric. Croix renfermant, suivant la tradition, un fragment de la vraie croix (d'où le vocable de la chapelle); en cuivre plaqué sur bois et doré, dessins gravés en feuilles de chêne, torsade à la bordure, neuf pierres précieuses; hauteur, 0ᵐ,20; double traverse, toutes les branches pattées, un petit Christ fixé à la partie supérieure est plus moderne. — A l'entrée du bourg de Sulniac, sur le chemin de Treffléan, vieille croix de forme ordinaire. — Découverte, en 1860, d'un grand nombre de monnaies bretonnes dans cette commune.

TRÉDION. *Ép. celtique.* Dans le bois de Kerfily, menhir renversé de 7 mètres de longueur (C. D.). — Dans le parc de Trédion, deux menhirs, l'un de 3ᵐ,50 de hauteur, l'autre renversé, de 5 mètres (*ibid.*). — Sur la lande de Beauchêne, menhirs renversés et pierres excavées (*ibid.*). — Entre le bourg et la Grande-Villeneuve, menhir de 4 mètres (*ibid.*). — A l'entrée du bois de Hanvaux, deux pierres fiches, l'une debout, haute de 1ᵐ,30, l'autre gisante, longue de 3 mètres; figures humaines grossièrement sculptées, que l'on connaît sous les noms de *Jean Babouin* et de *Jeanne Babouine* (dessins de M. Richard aux arch. de la Soc.). — Dans le bois de Kerfily, au bord du chemin d'Elven à Trédion; dolmen de 15 mètres de longueur, entouré de petits menhirs (C. D.). — Pierre colossale avec excavations, à 500 mètres vers l'est du précédent monument (C. D.). — Dans le parc de Trédion est un dolmen de 6ᵐ,50 de longueur (*ibid.*). ǁ *Ép. romaine.* La voie de Vannes à Rennes, ainsi que celle de Rennes à Carhaix, traverse cette commune (*ibid.*). — A l'entrée de la lande de Beauchêne, sur le bord de la voie de Vannes à Rennes, colonne milliaire ou votive sans inscription, de 1ᵐ,36 de hauteur (*ibid.*). ǁ *Moyen âge.* A l'église paroissiale, calice en vermeil à coupe très-ouverte, légèrement évasée par le haut, nœud sculpté, rayons et flammes en relief sur la partie inférieure de la coupe, et sur la base large et bordée de huit lobes arrondis, écusson fascé. — Château de Trédion. Il ne reste d'ancien que la façade du sud; à l'étage supérieur, fenêtres carrées à pignon, ornées chacune d'une accolade avec chou et crosses; celle du milieu est, en outre, flanquée de deux animaux et surmontée d'un petit personnage accroupi. C'était autrefois un rendez-vous de chasse de la famille de Rieux. — Au milieu du bois de Hanvaux, ruines d'un ancien château (C. D.).

TREFFLÉAN. *Ép. celtique.* Sur la lande de la Justice, pierre excavée, de 2 mètres de longueur sur 1ᵐ,40 de large (C. D.). Non loin de là, grand nombre de petites tombelles (*ibid.*). ǁ *Ép. romaine.* La voie de Vannes à Angers traverse cette commune (*ibid.*). — Près de Cran, sur la butte de Coh-Castel (vieux château), restes de retranchement (*ibid.*). — Vestiges de fortifications au nord de Cran (*ibid.*). — A Kerallec, retranchement (C. D. art. *Elven*). ǁ *Moyen âge.* A l'église paroissiale de Saint-Léon, calice provenant de la chapelle de Bizole, base large bordée de lobes arrondis, nœud sculpté, coupe légèrement évasée; sur le pied, écusson à sept mâcles, 3, 3, 1 (le Sénéchal); au-dessous, inscription rappelant que cet objet avait été donné à la chapelle Saint-Jean de Bizole par Tanguy le Sénéchal, sieur de Tréduday. — Chapelle Notre-Dame de Bon-Secours (à Cran) : elle passe pour avoir été bâtie par les Templiers. Grand et moyen appareil. Plan en croix latine. Contre-forts adhérents, surmontés de pinacles à chou et crosses. Même ornementation aux rampants du chœur. Tour carrée en pierre sur l'intertransept, avec flèche en ardoises, baies à cintre brisé. Portes à cintre brisé ou anse de panier; portail ouest, de la Renaissance. Dimensions dans œuvre : 20 mètres sur 6 mètres environ. Au carré du transept, grandes arcades doublées à cintre brisé reposant sur des colonnettes cylindriques engagées dont les chapiteaux manquent ou sont remplacés par de grosses figures. Lambris sur arceaux à clefs pendantes. Entraits à têtes de crocodiles au chœur; sculptures sur les sablières : têtes humaines, fleurons, animaux, renard qui joue du biniou, truie qui file, écussons unis, inscriptions donnant pour la charpente de la chapelle les dates 1524, 1551, 1556, et comme noms d'ouvriers à ces deux dernières époques A. Ryo et Jehan Madec. Fenêtres à cintre brisé, celle de l'est à meneaux rayonnants. Piscines à anse de panier et accolade. Une grosse sphère de pierre, creusée au sommet, sert de bénitier. Banc de pierre au sud de la chapelle, à l'extérieur. — Chapelle Saint-Mathieu : grand et moyen appareil. Forme rectangulaire. Contre-forts avec pinacles. Crosses aux rampants des pignons. A l'ouest est un clocheton carré en pierre. Portes à anse de panier ou plein cintre. Dimensions dans œuvre : 15 mètres sur 6 mètres environ. Entraits à têtes de crocodiles. Sablières grossièrement sculptées : chasses, rinceaux, anges tenant des banderoles; inscriptions indiquant que le bois de la chapelle fut fait en 1584 par Jacques Lemal; on remarque, en outre, un écusson à un cerf, et les mots : LEVRIER, CHIENS, RENARD, accompagnant les divers animaux d'une chasse (précaution très-nécessaire, en effet). Fenêtres à cintre brisé, dimensions de 1 à 1 et demi, meneaux flamboyants. Vitraux à compartiments variés, personnages de $0^m,30$ à $0^m,40$; à la fenêtre du fond du chœur, le Père éternel, le Christ, la sainte Vierge, apôtres et martyrs; sur celle de droite, inscription qui fixe la pose du vitrail à l'année 1618, sous messire Sébastien Thomas, recteur. Piscine à trilobe et accolade avec chou, crosses et pilastres. Banc de pierre tout autour de la chapelle, à l'extérieur. ‖ *Ép. moderne.* Chapelle Sainte-Julitte (autrefois Saint-Jean) (à Bizole). A l'extérieur, dates de 1622 à l'est et 1686 à l'ouest. Dans le porche, écusson à neuf mâcles, 3, 3, 3 (le Sénéchal), accolé à un autre fruste. Sur la sablière du transept sud, écusson à neuf besants (Rieux). Près de la chapelle, croix au sommet carré : d'un côté le Christ, de l'autre une *pitié;* au-dessous du Christ, écusson à deux fasces nouées accompagnées de huit merlettes en orle (Callac); cette croix présente un fût cylindrique surmonté d'une grosse torsade.

### CANTON DE LA GACILLY.

(Chef-lieu : La Gacilly.)

CARENTOIR. *Ép. celtique.* Au sud du *camp des Romains*, menhir (C. D.). — Près du village du Gage, menhirs disposés en patte d'oie (Catal.). ‖ *Ép. romaine.* La voie romaine de Rennes à Carhaix traverse cette commune (C. D.). — Près du château du Mur, retranchement appelé *Camp des Romains*, de 600 mètres de tour environ (*ibid.*). ‖ *Moyen âge.* Église paroissiale de Saint-Marcou (paroisse de Carentoir) : restes d'architecture romane. Petit appareil irrégulier. Deux bas-côtés. Au sud, contre-forts simples, adhérents, peu saillants. Au sud, portes plein cintre; l'une est retraites, l'autre encadrée d'un gros tore. Cinq travées d'architecture. Les bas-côtés sont reliés à la nef par des arcades plein cintre doublées et portées sur piliers à simple tailloir ou sur colonnettes cylindriques enga-

gées à chapiteau simple ou à feuillage (masqué par le badigeon). Au sud, fenêtres à cintre brisé, dont une géminée à trilobes. Calice à base large terminée par neuf lobes arrondis; sculptures sur le nœud; coupe large à paroi presque droite. — Église paroissiale de Saint-Jean-Baptiste (paroisse du Temple) : chef-lieu de la commanderie de Saint-Jean de Carentoir. Ruines de la communauté à l'est de l'église. A gauche du chœur, dans un enfoncement pratiqué dans le mur comme une sorte d'enfeu, et que la tradition nomme *le Tombeau du Templier,* statue en chêne, longue de $1^m,80$ environ; c'est un personnage, sans doute un chevalier de Saint-Jean, couché sur une planche en biseau qui a dû recouvrir une tombe; il a le corps enveloppé d'une longue robe, les mains jointes sur la poitrine, la tête appuyée sur un coussin, les cheveux bouclés; il porte une épée fixée à sa ceinture; ses pieds sont mutilés. Cette statue est grossièrement sculptée. A la sacristie, petite croix de bois couvert de cuivre doré, à double traverse, haute de $0^m,20$; le Christ y est couronné, revêtu d'une robe jusqu'aux genoux, à membres grêles; les yeux et la robe sont émaillés; neuf trous, circulaires ou ovales, enchâssent des pierres précieuses sur le côté principal de la croix; l'autre côté est orné de fleurons au repoussé. Petite cloche datée de 1490. — Non loin de l'église du Temple, croix de pierre haute de $1^m,80$ environ, dont le sommet est taillé en forme de trèfle; un peu au-dessous, cinq petits trous figurent les cinq plaies.

COURNON. *Ép. celtique.* Près de la Gacilly, dolmen nommé *Tablette de Cournon,* long de 5 mètres, large de $2^m,70$ et haut de $1^m,50$ (C. D.). ‖ *Moyen âge.* Église paroissiale de Saint-Amand (ancienne trêve de Glénac). Porte à cintre brisé simple; petites fenêtres, dont une à trilobe. Calice en argent battu doré; large base circulaire, nœud sculpté, coupe très-ouverte à paroi presque droite.

FOUGERETS (LES). *Moyen âge.* Église paroissiale de Notre-Dame. Forme de croix latine. Clocher en ardoises sur le milieu de la nef. Portes à cintre brisé. Dans le chœur, grandes arcades à cintre brisé simple. Fenêtres à cintre brisé; meneaux rayonnants. Piscines trilobées. A l'intérieur et à l'extérieur, écusson sculpté à une croix cantonnée de quatre besants ou tourteaux. Dans le cimetière, croix de pierre à pignon : d'un côté, le Christ; de l'autre, la sainte Vierge tenant le corps de son fils sur ses genoux. Calice à base large terminée par dix lobes arrondis; instruments de la Passion et autres sculptures sur la coupe, le nœud et le pied; coupe ouverte à paroi presque droite. Autre calice de même genre, moins orné, à base circulaire.

GACILLY (LA). *Ép. celtique.* Près de la Gacilly, sur le bord de la route de Malestroit, menhir appelé *la Roche piquée,* haut de 5 mètres et large de 4 mètres

(C. D.). — Tout auprès, autre menhir de même longueur, renversé (*ibid.*). || *Ép. romaine.* Sur la lande de Sigré, retranchement circulaire de quarante à quarante-cinq pas de diamètre (*ibid.*) || *Moyen âge.* Traces de l'ancien château dit *du Houx*, dont la construction remontait, dit-on, au vi⁰ siècle, et qui fut détruit pendant la Ligue (*ibid.*) — Vieux pont de pierre, arches à plein cintre.

GLÉNAC. *Moyen âge.* Chapelle Saint-Léon (reste de l'ancienne église paroissiale). On voit à l'est une arcade à cintre brisé retombant sur des colonnettes engagées, à chapiteau feuillé. Fenêtre à cintre brisé; meneaux flamboyants. Deux niches, une à plein cintre et colonnettes, l'autre à cintre brisé avec pignon à crochets. — Près de la chapelle, croix de pierre figurant un *tau* surmonté d'un demi-cercle polylobé; sculptures très-grossières; cinq petits trous au-dessous des bras. — Château de Sourdéac : tourelle octogonale construite en grand et moyen appareil, à quatre étages, amortie en ardoises; porte à anse de panier et accolade à chou et crochets avec pilastres à pinacles; fenêtres géminées à accolade; celles du reste du château sont semblables, mais plus grandes. Ce château, encore habité aujourd'hui, appartenait avant 1789 à la famille de Rieux. || *Ép. moderne.* Église paroissiale de Saint-Michel : cloche de 1661. — Non loin du château de Sourdéac, sur le chemin du bourg, croix de pierre haute de plus de 2 mètres, portant la date de 1607; son sommet est une croix grecque à bras pattés, sans ornements. — Près du bourg, sur le chemin des Fougerets, dans une lande, croix monolithe haute de 2ᵐ,75, dite *croix de Justice;* forme ordinaire.

SAINT-MARTIN. *Moyen âge.* Église paroissiale de Saint-Martin : porte à cintre brisé simple; fenêtre à cintre brisé, meneaux rayonnants.

TRÉAL. *Ép. celtique.* Dans la partie septentrionale du camp ci-dessous mentionné, menhir haut de 1 mètre et tumulus elliptique de dix pas de longueur (C. D.) — Tout auprès, dolmen en ruines (*ibid.*). || *Ép. romaine.* La voie romaine de Rennes à Carhaix limite cette commune (O. nouv. éd.). — Sur une lande au nord du presbytère, dans un enclos nommé *le Madry*, retranchement, à peu près carré, de deux cents pas de côté (C. D.). || *Moyen âge.* Église paroissiale de Sainte-Zéphyrine : restaurations et additions modernes. Petit appareil irrégulier. A l'ouest, tour carrée en pierre amortie en ardoises. Portail sud à cintre brisé, à plusieurs retraites en tores et colonnettes à chapiteau feuillé. Dimensions du monument dans œuvre : environ 26 mètres sur 8. Au chœur, fenêtre à cintre brisé, meneaux rayonnants et flamboyants; au sud, fenêtre à deux baies à cintre brisé et trilobé. La fenêtre du nord présente, sur une vitre incolore, une inscription qui rappelle la restauration faite à cette fenêtre en

1606 par les prêtres de la confrérie de Notre-Dame et de Saint-Sébastien. Piscine à cintre brisé et trilobe. Large bénitier d'une seule pierre, à six pans inégaux, de 0ᵐ,70 à 1 mètre de largeur environ : une des faces est appuyée contre le mur, une autre a été mutilée; celles qui restent présentent des sculptures en relief, des arcs de style flamboyant séparant les mots d'une inscription gothique qui nous semble donner la date 1509. Écusson plusieurs fois répété à l'intérieur et à l'extérieur, à un croissant (armes de la famille de Tréal). Autres écussons à l'intérieur : 1° à une croix pattée chargée de cinq croissants (peut-être encore Tréal); 2° à trois bourdons en pal (La Bourdonnaye). Dans le cimetière, deux croix de pierre à bras pattés.

## CANTON DE GRANDCHAMP.

(Chef-lieu : GRANDCHAMP.)

GRANDCHAMP. *Ép. celtique.* A 1 kilomètre au nord de Locperhet, beau dolmen (C. D.). — Au sud du cabaret de *la Croix-de-Bois*, grand nombre de menhirs et pierres excavées (*ibid.*). — Près de Larcuste, nombreux peulvans et pierres à cuvettes (*ibid.*). — Près de Moustoirac, pierres sonnantes. || *Moyen âge.* Église paroissiale de Saint-Tugdual : contre-forts simples, adhérents, peu saillants. Au carré du transept, arcade à cintre brisé, à plusieurs retraites, portée sur grosses colonnes cylindriques engagées. Entraits à têtes de crocodiles. Inscriptions sur les sablières qui en fixent la pose et la restauration aux années 1428 et 1621. Fenêtres à cintre brisé simple. Au fond du chœur, stalles bien sculptées, de style flamboyant. Cadran solaire sur pierre, de 1748, avec inscription. Dans le cimetière, lec'h de 0ᵐ,80 environ de hauteur hors de terre, creusé postérieurement au sommet. Tout auprès, croix percée à jour, peu ancienne. — Chapelle Notre-Dame-du-Burgo : remarquable par sa position sur une hauteur et son isolement. Grand et moyen appareil. Plan en forme de croix latine. Contre-forts adhérents, surmontés de pinacles à crochets. Choux, crosses et animaux aux pignons. Sculptures sur le larmier : feuilles de vigne, animaux fantastiques, personnages. Sur l'intertransept, grosse tour carrée en pierre amortie en ardoises; tourelle polygonale accolée au nord, renfermant l'escalier; grossière statue à l'un des angles. Au sud, porte à double baie, à anse de panier et accolade avec chou et crosses, le tout dans un cintre brisé à retraites, rinceaux de feuilles de chêne et de vigne, et au-dessus encore autre accolade avec pilastres à pinacles. Autres portes à plein cintre ou anse de panier. Dimensions dans œuvre : 32 mètres sur 7 environ. Au carré du transept, grandes arcades à cintre brisé pénétrant des piliers polygonaux engagés. Lambris très-élevé sur arceaux à clefs pendantes sculptées. Entraits à têtes de crocodiles. Sculptures sur les sablières : personnages tenant des banderoles ou affectant diverses positions bizarres, animaux fantastiques, feuillages, écusson parti où se voient au 2 les armes de Rohan. Inscriptions gothiques qui apprennent les dates des travaux de la charpente et les noms des ouvriers : Jehan Thébault (1528) et Jehan Laiec (1538). Fenêtres à cintre brisé, dimensions de 1 à 2, meneaux à arcades plein cintre superposées. Restes de vitraux à celle du fond du chœur, compartiments variés, personnages de 0$^m$,30 environ, scènes de l'Écriture sainte : d'un côté, la date 1615 ; de l'autre, inscription en capitales romaines de la même date ; écussons au sommet : l'un d'eux parti au 1 d'or à la croix d'azur, au 2 de gueules à neuf mâcles d'or (Rohan) (cet écusson se voit encore sculpté à l'extérieur). Retables en bois grossièrement sculptés aux transepts. Piscines à anse de panier et accolade avec chou, crosses et pilastres à pinacles. A l'extérieur, banc de pierre, et deux inscriptions gothiques, au sud et à l'ouest, que nous n'avons pu déchiffrer : toutes deux sont en latin ; la deuxième semble composée de deux vers hexamètres. Cette curieuse chapelle est remplie d'humidité et n'est même pas entièrement pavée. Non loin de la chapelle, fontaine à plein cintre surmonté d'une accolade avec chou et crosses et d'un pignon flanqué de colonnettes ; banc extérieur et inscription en capitales romaines qui donne le nom de l'ouvrier, G. Carteron. — Chapelle Sainte-Brigitte (à Locperhet) : grand et moyen appareil. Forme rectangulaire, sauf le chœur à 3 faces. Contre-forts adhérents, surmontés de pinacles à crochets. Crosses et animaux aux rampants du toit ; un pignon pour chaque face du chevet. Rinceaux, fleurons et figures sur le larmier du chœur. Gargouilles en pierre. Clocheton carré en pierre sur le pignon occidental. Portes à anse de panier avec ou sans accolade ; celle de l'ouest large à plusieurs retraites. Dimensions dans œuvre : 20 mètres sur 6 environ. Lambris à clefs pendantes. Entraits à têtes de crocodiles. Figures, fleurons et denticules sur les sablières du chœur. Fenêtres à plein cintre à plusieurs retraites au chœur ; une à cintre brisé avec traces de meneaux au sud de la nef ; un oculus circulaire est au-dessus de la porte occidentale. Restes de vitraux ; écusson renversé d'argent à 3 mâcles de gueules chargés chacun d'une billette d'or. Piscine à plein cintre avec coquille et pilastres. Banc de pierre à l'extérieur ; figures sculptées au chevet, à l'extérieur. Inscriptions à l'est et au sud, où l'on trouve les deux dates 1569 et 1588, et avec cette dernière le nom du tailleur de pierres L. Cartron. — Chapelle du Moustoir-des-Fleurs : moyen appareil. Forme rectangulaire. Animaux sculptés aux pignons. A l'ouest, clocheton carré en pierre. Écusson plusieurs fois répété sur les sablières. Fenêtre du chœur à cintre brisé, meneaux de style flamboyant. Quelques vitraux.

Près de la chapelle, lec'h bas, arrondi. — Église paroissiale de Locmaria : traces d'ancienne construction au sud ; porte bouchée à anse de panier et accolade avec chou, crosses et pinacles ; on lit à droite, en caractères gothiques, la date 1550. Dans le transept sud, tombeau en pierre, long de 2 mètres et large de 0$^m$,90 environ ; sur ce tombeau est couché un chevalier, les mains jointes, la tête posée sur un coussin, les pieds sur deux lionceaux ; tout auprès est un casque. A la tête, écusson à un cerf (Chohant) ; aux pieds, autre écusson plusieurs fois répété, à une croix ancrée (Kaer) (voir à Rosnarho en Crach) ; des inscriptions à la bordure indiquent que c'est la tombe de messire Jean-Baptiste de La Bourdonnaye, décédé à Coëtcandec en 1769, et de dame Marie-Françoise Bidé, veuve de messire Julien de La Bourdonnaye, conseiller au parlement de Bretagne, décédé de même à Coëtcandec en 1771. Calice d'argent, coupe très-ouverte et légèrement évasée ; au-dessous, une inscription rappelle que c'est un don du S$^r$ Jehan Le Broc, S$^r$ de Pendeloc. — Église paroissiale de Saint-Aubin (à Brandivy) : brûlée en 1728 et relevée en 1731, ainsi que l'indique une inscription extérieure, au sud. Stalles à ornements flamboyants, statuettes sur le devant des accoudoirs ; les stalles du nord présentent, sous les sièges, l'histoire sculptée du renard et des poules (comme à Saint-Fiacre du Faouët) (voir dans C. D. la description détaillée de ces sculptures). Restes d'une ancienne croix dans le mur du cimetière. — Chapelle Saint-Barthélemy (paroisse de Meucon) : moyen appareil. A l'ouest, clocheton carré en pierre. Porte occidentale à cintre brisé. Au chœur, fenêtre à cintre brisé avec meneaux rayonnants. Restes de vitraux ; écussons : 1° d'hermines à une fasce de gueules chargée de 3 besants d'or ; 2° à une croix d'argent chargée au centre d'un tourteau de gueules. Près de la chapelle, lec'h arrondi au sommet. — Ruines de l'abbaye de Lanvaux : il ne reste que des pans de mur et des décombres. — Château de Coëtcandec : portes à anse de panier et accolade avec chou et crosses. Grandes fenêtres également ornées d'une accolade. Animaux sculptés au toit. Belle cheminée en pierre dans une grande salle du rez-de-chaussée, haute de 5 mètres environ et large de 3$^m$,50, chargée d'écussons et de devises ; on en trouve également à la cheminée du premier étage, et, du reste, dans toute la maison ; nous signalerons seulement les principaux : 1° d'argent au cerf passant de gueules (Chohant), avec plusieurs devises, dont une assez curieuse (voir à l'église paroissiale d'Elven) ; 2° de gueules à 3 bourdons d'argent posés en pal (La Bourdonnaye). La cheminée du premier étage, large de 3 mètres et chargée d'écussons comme la précédente, porte également une devise. ‖ *Ép. moderne.* Sur la place, au bourg, croix percée à jour, à bras pattés et ancrés ; fût écoté. — Monnaie d'argent de Charles X (1594) trouvée à Pratelmat et donnée au mus. de la Soc. par M. Élie de la Primaudaie.

MEUCON. *Ép. romaine.* Près de la fontaine de Meucon, retranchement elliptique (C. D.). ‖ *Moyen âge.* Église paroissiale de Sainte-Madeleine : sur la sablière gauche, inscription gothique qui en fixe la date au temps de dom G. Du Clérigo, recteur. Tout auprès, sur le mur, écusson en partie détérioré. Fenêtre de l'est (visible seulement à l'extérieur) à cintre brisé et meneaux flamboyants. — Dans le cimetière est une croix à bras pattés, aux angles évidés en lobes arrondis et à pied polyèdre.

PLAUDREN. *Ép. celtique.* Au nord de Poulgat, menhir haut de 5<sup>m</sup>,50 (C. D.). — Au nord de Botquinan, deux peulvans (*ibid.*). — A l'est de ceux-ci, dolmen entouré d'un cromlech dit *Men Gouarech* (*ibid.*). — A l'est encore, plusieurs autres dolmens ruinés (*ibid.*). — Au nord-est du bourg sont deux menhirs, dont l'un de près de 6 mètres de hauteur; tout autour, débris de menhirs, de dolmens, cromlech (*ibid.*). ‖ *Ép. romaine.* Voies romaines de Vannes à Corseul et de Rennes à Carhaix (*ibid.*). — A Kerfloch, camp retranché, carré, de 104 mètres de côté (*ibid.*). — A Goh-Ilis (vieille église), ruines romaines (*ibid.*). — Au nord-ouest de Kergulion, enceinte rectangulaire de 62 mètres sur 50 (*ibid.*). — A 500 mètres au nord de ce point, retranchement en forme de losange (*ibid.*). — A 1 kilomètre à l'est du bourg, enceinte dite *les Salles* (*ibid.*). — Au nord-est du moulin à eau de Lohan, fortifications (*ibid.*). ‖ *Moyen âge.* Église paroissiale de Saint-Bily : portes, fenêtres et arcades à cintre brisé. A l'extérieur, à l'est, écusson à 10 besants (Rieux). Dans le cimetière, trois lech's bas, arrondis. Calice à base large, circulaire et ciselée. — Église paroissiale de Saint-Gildas (à Locquéltas) : grand et moyen appareil. Forme de croix latine. Chou, crosses et animaux aux pignons des transepts. Clocheton en ardoises un peu en avant de l'intertransept. Porche au sud. Portes à anse de panier avec ou sans accolade. Dimensions dans œuvre : environ 20 mètres sur 6. Lambris sur arceaux à clefs sculptées. Figures, animaux et fleurons sur les sablières. Fenêtres à cintre brisé; celle du transept nord est à meneaux formant fleur de lis. Deux dates au porche : 1591 et 1662. — Dans le cimetière est une croix chargée de personnages. — Près de Locqueltas, sur le chemin de Coëtcandec, croix aux angles évidés en lobes arrondis. — Château de Guervazy : grande cheminée avec accolade à chou et crosses, colonnettes cannelées et pinacles; au chambranle, personnages sculptés, sirènes et animaux fantastiques portant des écussons, dont le principal, surmonté d'un cimier, est celui de Guervazy : (de gueules) à 8 besants (d'or), 2, 3, 3, au franc-canton d'hermines. ‖ *Ép. moderne.* A Saint-Bily,

calvaire au sommet carré, qui semble une imitation de la forme ancienne.

PLESCOP. *Ép. romaine.* La voie de Vannes à Hennebont traverse cette commune (C. D.). ‖ *Moyen âge.* Église paroissiale de Saint-Pierre-ès-Liens : fenêtres à cintre brisé simple. Le plancher du chœur recouvre, nous a-t-on assuré, des tombes d'évêques. A gauche de la porte du sud, à l'extérieur, petit bénitier à pans coupés, encastré dans le mur, orné d'une rosace et de deux torsades, avec inscription qui donne sa date : 1629. Près de l'ossuaire, statuette en pierre figurant un moine qui tient un bréviaire : elle peut être du XV<sup>e</sup> siècle; on ignore sa provenance. — Dans le cimetière, deux lech's bas, arrondis, tous deux mutilés; un troisième renversé près d'une maison voisine. — Inscription à la porte d'entrée du presbytère, qui indique la date de sa construction : 1643. Inscription semblable à une fenêtre de la maison. — Non loin du bourg, sur le chemin de Mériadec, croix ancienne à bras pattés, haute de 1<sup>m</sup>,90 environ, peu épaisse. — Chapelle Notre-Dame (à Lézurgan). On y conduit les enfants malades de la fièvre ou de la colique. Moyen et petit appareil. Plan rectangulaire. Clocheton en pierre sur le pignon occidental. A l'ouest, porte plein cintre à retraites et colonnettes; porte à cintre brisé au sud. Dimensions dans œuvre : 16 mètres sur 6 environ. Belle et haute charpente à cintre brisé pour soutenir la toiture, avec clefs sculptées en figures ou fleurons; une représentant un écusson à une fasce chargée de 3 besants et accompagnée de 6 mouchetures d'hermines, une crosse passée derrière (Pontsal). Entraits à têtes de crocodiles. Figures, fleurons, écussons unis, animaux, sur les sablières; sur celle du nord, inscription gothique donnant la date de 1455. Fenêtres à cintre brisé, meneaux rayonnants et flamboyants mélangés, dimensions de 1 à 1 ½ et à 2. Fragments de vitraux. Piscine à trilobe et accolade. Banc de pierre tout autour de la chapelle, à l'intérieur. ‖ *Ép. moderne.* Ruines de la maison de plaisance des évêques de Vannes, à Kerango; rebâtie au XVIII<sup>e</sup> siècle sur l'emplacement d'une plus ancienne (la commune a tiré son nom de cette résidence).

CANTON DE MUZILLAC.

(Chef-lieu : MUZILLAC.)

AMBON. *Ép. celtique.* Sur le chemin d'Ambon à Pénerf, menhir (C. D.). — Près du bourg, dans le champ de Rohel, dolmen bouleversé (*ibid.*). — Près de la fontaine Sainte-Julitte, dolmen assez bien conservé (*ibid.*). — Dans la lande de Borne, deux tumulus (O. nouv. éd.). ‖ *Ép. romaine.* La voie de Nantes à Vannes traverse cette commune (C. D.). — Près du village du Cosquer, sur une élévation de terrain, enceinte circulaire, de 45 mètres environ de diamètre, avec douves et remparts. || *Moyen âge.* Église paroissiale de Saint-Cyr et Sainte-Julitte : plusieurs époques de construction. Dans les parties les plus anciennes, petit appareil mélangé. Forme primitive.en *tau* grec; deux bas-côtés. Tour carrée sur l'intertransept, avec flèche en ardoises. Portes à plein cintre simple; celle de l'ouest est précédée d'une sorte de porchet (comme à Saint-Goustan d'Auray). Dimensions du monument dans œuvre : 28 mètres sur 12 environ, y compris les bas-côtés. Huit travées d'architecture, avec le chœur. Nef séparée des bas-côtés par des arcades massives à plein cintre, portées sur de gros piliers carrés et surmontées de petites arcades romanes à plein cintre, éclairant autrefois la nef et aujourd'hui bouchées. Au carré du transept, les arcades, également romanes, reposent sur des colonnes cylindriques engagées à simples tailloirs ou chapiteaux ornés d'oves. Au chœur, double arcade de chaque côté, à cintre brisé à doubleaux portés sur piliers polygonaux. Au chœur, fenêtres à cintre brisé, meneaux de style rayonnant; celle du fond, fort belle et très-rare, toute en trèfles et trilobes, aujourd'hui masquée à l'intérieur. Fenêtres romanes à la nef. Piscine à cintre brisé et trilobe. Diverses inscriptions, à l'intérieur et à l'extérieur, indiquant les époques des additions ou restaurations : ainsi, au nord, la chapelle dite du Saint-Rosaire fut bâtie en 1636-1637; une autre chapelle, du même côté, dédiée à Notre-Dame-de-Pitié, porte la date du règne de Louis XIV, sous le pape Innocent, après la mort de Sébastien de Rosmadec, évêque de Vannes. On lit encore plusieurs inscriptions modernes à l'extérieur. Crypte sous le chœur (C. D.). — Chapelle Notre-Dame-de-Bon-Secours (à Brouel) : passe pour avoir appartenu aux Templiers. Grand et moyen appareil. Forme rectangulaire. De chaque côté du pignon de la façade, contre-forts surmontés de pinacles à crosses et à trilobes. Clocheton en ardoises sur le milieu de la nef. A l'ouest, portail à cintre brisé à retraites, surmonté d'une accolade à chou et crosses, tympan plein, pilastres à pinacles aux côtés; divisé en deux baies à anse de panier et accolade (dont une aujourd'hui bouchée) par un trumeau qui porte en cul-de-lampe un écusson mutilé et en guise de dais un animal accroupi. Sur la sablière de droite, écusson losangé. Tableau de pierre : belle tête du Christ chargé de sa croix. — Sur la route d'Ambon à Billiers, restes du château de Trémelgou; petite tour circulaire, colonnettes, tête grossièrement sculptée. — Deux vases et une cuiller en argent, du xvi⁰ siècle, ont été récemment trouvés en terre près des ruines du château du Listy, avec d'autres objets et trois pièces de monnaies d'argent, l'une de Charles IX, une autre de Henri III et enfin la troisième bretonne, illisible; tous ces objets sont chez M. Le Goueff d'Ambon (communication de M. le docteur Fouquet).

ARZAL. *Ép. romaine.* La voie de Nantes à Vannes traverse cette commune (C. D.). || *Moyen âge.* Église paroissiale de Saint-Martin-de-Vertou et Saint-Pierre. A l'est, deux fenêtres à cintre brisé. Bénitier carré d'une seule pierre, de 0ᵐ,80 de côté, portant en relief, sur une de ses faces extérieures, des sculptures en quatrefeuille et trèfles aigus. Il existe sous le sol du cimetière plusieurs cercueils de granit (communication de M. l'abbé Mouillard, recteur d'Arzal). — Chapelle Saint-Jean-Baptiste (à Lantiern) : elle passe pour avoir appartenu aux Templiers. Les moines de Prières s'y rendaient en procession deux fois par an. Petit appareil irrégulier, excepté à l'ouest. Forme de *gamma* grec, avec un bas-côté sur une partie du flanc septentrional. Au nord, tour carrée en pierre, avec flèche en ardoises, à l'aisselle de la nef et du bas-côté. Au sud, porte à plein cintre simple. Au transept, porte à cintre brisé; une autre de même, à l'ouest, à plusieurs retraites interrompues seulement par de simples tailloirs. Dimensions du monument dans œuvre : 20 mètres sur 5 environ. Au chœur, arcades à cintre brisé, à retraites portées sur piliers polygonaux à chapiteau simple et sur la muraille par pénétration; l'un des chapiteaux présente cependant une grosse figure de moine. Les deux premières arcades de la nef sont en plein cintre reposant sur simples tailloirs. Fenêtres à cintre brisé, simples ou à meneaux flamboyants. Au sud, petites fenêtres à plein cintre; une en trilobe à l'ouest. La plupart des fenêtres ont été restaurées à une époque moderne. Nombreux autels : la table de l'un d'eux est soutenue en avant par deux petits piliers polygonaux. Piscine à plein cintre. Tribune à l'ouest, à laquelle on accède par un couloir pratiqué dans l'épaisseur du mur. A l'intérieur, écusson à un lion passant (armes de Brouel). || *Moyen âge et Ép. moderne.* Nombreuses maisons du xvi⁰ siècle dans toute la commune; une, entre autres, de 1575, à Lantiern. On trouve dans la commune plusieurs bornes de délimitation des terres dépendantes de l'abbaye de Prières; elles ont été placées au xviii⁰ siècle; hautes de 1 mètre, elles portent sur une de leurs faces une losange, et sur la face opposée une hermine sculptée en relief, dont la partie inférieure, grossièrement exécutée, ressemble à une main dont les doigts seraient écartés : aussi les paysans ces environs ne désignent-ils ces bornes que par le nom de *Patte du moine* (C. D.).

BILLIERS. *Ép. celtique.* A la baie des Granges, deux dolmens, l'un bouleversé, l'autre à demi ruiné (C. D.). || *Ép. romaine.* Une médaille de Posthume, trouvée à Billiers, a été connée à la Société par M. le docteur Jégo de Muzillac. || *Moyen âge.* Abbaye de Prières : il ne reste rien des anciennes constructions. Dans la chapelle neuve a été conservée, outre plusieurs dalles tumulaires du xviii⁰ siècle. une tombe, de 1 mètre sur 2 environ, portant en creux la figure d'un abbé, les mains jointes, la tête posée sur un coussin, les pieds sur deux chiens; la crosse appuyée sur le bras droit; ornements à la bordure; cintre brisé et accolade au sommet; traces d'écussons. D'après une note communiquée par M. Le Masne, propriétaire actuel de l'abbaye, et rédigée d'après les indications de dom Louis, dernier moine de Prières, cette tombe serait celle de Jean Raoul, docteur en théologie, mort en 1439; elle a été trouvée, en effet, à l'emplacement de l'ancienne salle capitulaire, où l'on sait qu'il avait été inhumé. L'abbaye possédait les restes de son fondateur, le duc Jean I<sup>er</sup>, et d'Isabelle de Castille, épouse de Jean III; ils ont été réunis, au XVIII<sup>e</sup> siècle, dans le même tombeau, d'après une inscription qui subsiste encore. — Dans le bois voisin est une pierre portant la date de 1688 et un écusson sculpté, parti de Bretagne (hermines plein) et de Sérent (à trois quintefeuilles) : l'abbé était, en effet, à cette époque, dom Melchior de Sérent. Ces armes sont surmontées d'une couronne ducale et accompagnées de la crosse et de la mitre, dont avaient le droit de se servir les abbés de Prières depuis le XV<sup>e</sup> siècle. (Voir aux archives de la Société le travail de M. l'abbé Piéderrière sur cette abbaye; au Musée, l'empreinte envoyée par M. Piéderrière d'un sceau en cuivre trouvé dans les ruines de l'abbaye, et qui porte cette légende : S·CONVENTVS BEATE MARIE DE FAYZIA; chez M. de La Fruglaye, à Moustoirac, le portrait de dom de La Fruglaye, abbé de Prières au XVIII<sup>e</sup> siècle; chez M. Galles, à Vannes, une vue de l'abbaye, après sa reconstruction en 1716; plans de la même époque aux archives départementales.) || *Ép. moderne.* Église paroissiale de Saint-Maixent : Christ en ivoire, provenant de l'abbaye de Prières.

DAMGAN. *Ép. romaine.* Médaille de Trajan trouvée dans cette commune, aujourd'hui au Musée (don de M. Piéderrière). || *Moyen âge.* Monnaie de Charles V recueillie dans la commune (don de M. Piéderrière au Musée).

GUERNO (LE). *Ép. romaine.* A un kilomètre au nord du bourg, sur le chemin de Questembert, se trouvent de nombreux débris romains (C. D.). || *Moyen âge.* Église paroissiale de Notre-Dame, autrefois Sainte-Anne (ancienne trêve de Noyal-Muzillac). Elle a remplacé, au XVI<sup>e</sup> siècle, une chapelle du Temple et appartenait à la commanderie de Carentoir. La voûte de l'ouest et l'ossuaire du nord, dont parle M. Cayot-Delandre, n'existent plus. Grand et moyen appareil à l'abside, à la tour et au sud; appareil mélangé au nord. Plan basilical sans bas-côté, l'abside s'ouvrant sur le transept. Contre-forts adhérents; l'un d'eux à pinacle sculpté. Au nord-ouest, accolée au pignon, tour cylindrique amortie en pierre, avec des consoles de la Renaissance qu'on remarque aussi à l'intérieur du chœur. A l'aisselle du bras nord et de la nef, sorte de tour

basse et carrée, couverte en ardoises. Portes en plein cintre à retraites. Dimensions du monument dans œuvre: 28 mètres sur 6 environ. Au-dessous de la tour carrée, arcades plein cintre sur simples tailloirs. De chaque côté du chœur, à l'ouverture des bras, une colonne cylindrique supporte un entrait : l'une d'elles offre des volutes au chapiteau; base un peu élevée formant banc. Sur la sablière du nord de la nef, date de 1580. Fenêtres plein cintre à la nef et à l'abside, à retraites; dans les transepts, fenêtres à cintre brisé, meneaux rayonnants et flamboyants (restes d'une construction plus ancienne). Fenêtre à clochetons, faisant pignon sur le toit au sud; il y en avait de semblables à la voûte qui a disparu. Vitraux aux fenêtres de l'abside: compartiments variés; personnages de 0<sup>m</sup>,20 à 0<sup>m</sup>,30, représentant les différentes scènes de la vie de Notre-Seigneur et de sa passion; plusieurs écussons : 1° d'hermines plein (Bretagne); 2° de gueules à une croix d'argent; 3° d'or à deux fasces de gueules (Carné); 4° vairé d'or et d'azur (Rochefort); autres écussons au transept nord, parmi lesquels celui de Rieux, d'azur à dix besants d'or. Dans le bras sud, piscine à trilobe. Au sud de la nef, à l'extérieur, chaire en pierre, de même époque que le mur sur lequel elle fait saillie : on y pénétrait de l'intérieur; oculus elliptique à droite et à gauche. Banc avec stalles de pierre le long de la nef, du même côté. Stalles semblables dans le chœur. A l'ouest, tribune en bois à panneaux grossièrement sculptés: animaux, personnages, figures, dans des cartouches; pupitre portant un écusson à trois macles. Niches à plein cintre au chœur. Dans le cimetière, au sud de l'église, calvaire tout en granit, ou plutôt colonne, surmontée d'une croix, d'environ 5 mètres de hauteur, sans y comprendre la base, qui est elle-même assez élevée et à laquelle on arrive par un large escalier tout autour; le fût est cannelé, le chapiteau formé de quatre faces concaves ornées de volutes et de feuilles de refend; à la base, pilastres, fleurons, losanges et couronnes. Dans le tabernacle du transept nord est conservée une croix en argent doré, haute de 0<sup>m</sup>,20 environ, chargée de dessins gravés, figures et fleurons; elle porte cinq pierres précieuses; ses extrémités sont terminées par une sorte de trilobe allongé; le pied est moderne. Cette croix est appelée dans le pays la petite sœur de celle de la Vraie-Croix en Sulniac (voir les titres relatifs à cette église que M. Cayot-Delandre a publiés dans son ouvrage sur *le Morbihan*, ainsi que les dessins qui les accompagnent). — Monnaie de Philippe VI trouvée dans cette commune et donnée au musée de la Société par M. l'abbé Piéderrière, vicaire de Noyal-Muzillac.

MUZILLAC. *Ép. celtique.* Près du Cotihir, dolmen incomplet (C. D.). || *Ép. romaine.* La voie romaine de Vannes à Nantes traverse cette commune (*ibid.*). —

Sur le bord de l'étang de Penmeur, retranchement presque circulaire (C. D.). || *Moyen âge.* Église paroissiale de Saint-Paul (à Bourg-Paul): petit appareil mélangé. Forme primitive en *tau* grec, le chœur un peu incliné au nord par rapport à la nef; deux bas-côtés. Contreforts simples, adhérents; ceux des pignons est et ouest sont élevés et peu saillants. Toit aigu avec des rampants un peu concaves. Tour carrée en pierre accolée à l'aisselle du transept sud et de la nef; baies longues et étroites, têtes sculptées aux encoignures, flèche en ardoises. Au sud, porte plein cintre sans ornements : elle semble avoir servi primitivement d'arcade à ce côté de la nef; autre porte à cintre brisé; à l'ouest, porte plein cintre à doubleau formé par deux gros tores. Dimensions du monument dans œuvre : 38 mètres de longueur environ sur 7 mètres de largeur, sans les bas-côtés. Neuf travées d'architecture, y compris le chœur. Les bas-côtés sont reliés à la nef par des arcades plein cintre sans tailloir; une partie de celles du nord ont été bouchées. Au chœur, grandes arcades à cintre brisé à doubleaux reposant sur de grosses colonnes cylindriques ou sur des colonnettes engagées à chapiteaux simples (un seul à feuillage); il y a double arcade entre le chœur et chacun des bras. Au chœur, lambris sur arceaux à clefs pendantes. Entraits à têtes de crocodiles. Inscription sur la sablière de gauche, donnant la date de 1505. Les sablières offrent, en outre, des sculptures : figures grotesques, personnages dans toutes sortes de postures, jouant du biniou, etc. animaux, anges présentant des écussons, une mitre d'évêque, etc. Fenêtres à cintre brisé; autres plus étroites et à plein cintre, évasées à l'intérieur. — Chapelle Saint-Antoine (à Pénesclus) : restes de l'ancienne chapelle détruite par la rectification de la route de Vannes à Nantes, et qui passe pour avoir appartenu aux Templiers. On y va en pèlerinage pour retrouver les objets qu'on a perdus. On a conservé de la chapelle primitive deux statues de chevaliers généralement regardés comme des Templiers; elles sont encastrées à l'ouest, au-dessus de la nouvelle porte, à l'extérieur, et disposées symétriquement; chaque personnage, haut de 1 mètre environ, est couvert d'une cotte de mailles; il tient un étendard d'une main, une épée de l'autre; ses pieds reposent sur un lion; une de ces statues est mutilée. Piscine à trilobe et accolade. — Ruines du château de Penmeur. Substructions mises récemment à découvert lors de la nouvelle construction élevée par le propriétaire, M. Burgault. (Voir aux archives de la Société le mémoire de M. l'abbé Piéderrière, accompagné de quatre dessins de MM. Marquer et Bézard, octobre 1858; et chez M. Burgault, plusieurs objets en fer, mors, boucle, armes, serrure, ainsi que des boulets de pierre et quelques pièces de monnaie; autres objets divers chez M. Bézard.) Ce château, qui avait succédé sans doute à un retranchement ro-

main, semble avoir été détruit lui-même par un incendie, à une époque qu'on ne peut fixer. — Non loin de Pénesclus, sur les bords de la rivière de Saint-Éloi, restes de l'ancienne Chambre des Comptes qui résida pendant plusieurs siècles à Muzillac. C'est un pignon de 1$^m$,30 de largeur environ, dont les pierres sont liées par un ciment très-dur : on l'appelle dans le pays *le Pignonneau;* il est pris aujourd'hui dans la construction d'une cabane. Dans le jardin voisin, on a trouvé une écuelle et une cuiller en étain qui peuvent remonter à la fin du xvi° siècle; ces objets ont été donnés au musée de la Société par M. l'abbé Piéderrière. — On voit dans la ville, à la maison occupée par les Frères des Écoles chrétiennes, une cheminée polygonale haute et étroite, et sculptée à la partie supérieure; on croit qu'elle provient de l'ancienne abbaye de Prières, dont le dernier moine, dom Louis, est mort dans cette maison il y a quelques années.

NOYAL-MUZILLAC. *Ép. celtique.* Au nord du village de Kerluré, dolmen détruit (Catal.). — Collection d'objets celtiques chez M. l'abbé Piéderrière, vicaire de cette commune. — Hache trouvée dans la lande de Pornin (mus. de la Soc.). || *Ép. romaine.* La voie de Nantes à Vannes traverse cette commune (C. D.). — A l'Elvéno, chambres à hypocauste fouillées par MM. Piéderrière et L. Galles en 1859. — A Keroyant, ruines romaines (Catal.). — Collection d'objets romains chez M. Piéderrière. || *Moyen âge.* Église paroissiale de Saint-Martin : restes de l'ancienne construction au chœur. Forme de croix latine ou de *tau* grec, avec une abside demi-circulaire. Tour carrée sur le transept sud, avec flèche en ardoises et contre-forts élevés, simples et peu saillants. Chœur relié aux transepts par des arcades à cintre brisé, portées sur de lourds piliers entourés de colonnettes engagées à chapiteaux ornés de feuillage et dentelure, à base peu élevée. Arcades plein cintre et petites fenêtres romanes sur les côtés. Écussons : 1° à deux fasces (armes de Carné), plusieurs fois répété; 2° parti au 1 de Carné, au 2 à un sautoir (Boisorhant); 3° écartelé au 1 de Carné, au 2 vairé (Rochefort), au 3 à la croix de mâcles (Larlan), au 4 à 9 besants (Rieux). A l'extérieur du transept sud, date de 1639. Tableaux assez remarquables provenant de Keralio. — Chapelle Notre-Dame de Brangolo : elle passe pour avoir appartenu aux Templiers. Grand et moyen appareil. Forme de croix latine. Clocheton en ardoises un peu en avant de l'intertransept. Portes à anse de panier : celle de l'ouest à pilastres et entablement, avec traces d'écussons et la date 1627; au-dessus, blason à une croix formée de neuf mâcles (armes de Larlan). Au-dessus d'une porte du nord, date de 1590. Dimensions du monument dans œuvre : 13 mètres sur 5 environ. Les transepts séparés du chœur par des arcades plein cintre portées sur colonnes cylindriques engagées. Fenêtres à cintre brisé dans les transepts ; une, au fond du chœur, à plein cintre, de la Renaissance. Restes de vitraux. La peinture du devant d'autel, dont parle M. Cayot-Delandre, a disparu. Piscine plein cintre à pilastres et ornements Renaissance. Niches à coquilles. A l'intérieur, sur le mur septentrional, écusson à deux fasces (armes de Carné) avec la date 1723 ; même écusson à l'extérieur. Non loin de la chapelle, fontaine de 1607, à plein cintre, et, au fond, niche à coquille. Calice à base large, terminée par dix lobes arrondis ; coupe très-courte, à paroi droite. — Près de la chapelle Notre-Dame de Logorenne, lec'h de 1ᵐ,80 environ de hauteur (communication de M. Piéderrière). — Au bourg, croix dont il ne reste que le sommet et la base, tous deux sculptés ; le sommet, à plein cintre et trilobe, présente d'un côté le Christ, de l'autre la Vierge tenant l'Enfant. — Croix de Liniac, de forme ordinaire, avec la date 1582. — Château de Keralio : portes à accolade. A l'une des portes d'entrée, écusson à une croix chargée de neuf mâcles (Larlan) ; un autre écusson, provenant également d'un portail, gît aujourd'hui à terre, brisé en plusieurs morceaux : c'est une pierre de 1 mètre de largeur sur 1ᵐ,50 de hauteur environ ; elle figure, unies dans un collier d'ordre, avec cimier et hercules pour support, les armes de Larlan et celles de Kerouartz (à une roue accompagnée de trois croisettes). Deux tourelles polygonales placées symétriquement, une de chaque côté du principal corps de logis. Fenêtres à accolade avec pignon à chou, crosses et animaux sculptés. Ce château appartenait en 1789 à la famille des Nétumières. ‖ *Ép. moderne.* On voit dans la chapelle Notre-Dame de Bennéguy une belle statue de Vierge en albâtre provenant du château de Keralio.

CANTON DE QUESTEMBERT.

(Chef-lieu : Questembert.)

BERRIC. *Ép. romaine.* Briques romaines aux environs du bourg (Catal.). ‖ *Moyen âge.* Église paroissiale de Saint-Thuriau : moyen appareil. La forme de l'église primitive semble avoir été celle d'un *tau ;* mais le transept sud, restauré au xvııᵉ siècle et prolongé à l'ouest, est devenu aujourd'hui un bas-côté. Toit aigu ; le bas-côté sud a une toiture particulière, à deux rampants, dont le faîte est parallèle à celui de la nef principale. Gargouilles en pierre. Tour carrée en pierre sur l'intertransept, avec flèche pyramidale en ardoises. Au chœur, arcades à cintre brisé reposant sur des piliers cylindriques engagés (excepté un), à base élevée. Sur la sablière méridionale, dans l'ancien transept, on lit, en caractères gothiques, la date 1476, suivie du nom de P. le Nyz. Fenêtres à cintre brisé et trilobe. Fragments de vitraux. Dans le transept nord, pierre tumulaire de 2ᵐ,20 environ sur 0ᵐ,60 à la tête et 0ᵐ,40 aux pieds :

on y voit en relief une croix grêle, à bras terminés en trèfle ou trilobe, flanquée à gauche d'une épée et à droite d'un écusson à 2 fasces (Carné). Au-dessus de la porte de la sacristie, inscription qui en fixe la construction à l'année 1639. Date de 1660 à l'une des portes du sud. — Chapelle Notre-Dame-des-Vertus : construction attribuée aux Anglais ; elle n'a pas été achevée dans sa hauteur. Grand et moyen appareil. Forme rectangulaire. Crosses aux pignons. Clocheton en ardoises sur la nef, un peu vers l'ouest. Porte sud à anse de panier et accolade terminée par deux animaux ou personnages accroupis ; portail occidental à deux baies semblables à la précédente, avec personnage accroupi, cul-de-lampe et autre personnage au trumeau, le tout dans une grande arcade à cintre brisé à plusieurs retraites, surmonté d'une accolade à crosses, pilastres aux côtés, tympan plein. Dimensions du monument dans œuvre : 18 mètres sur 6 environ. Lambris sur arceaux à clefs sculptées. Entraits à têtes de crocodiles. Figures humaines et écussons unis sur les sablières ; sur celle du sud, inscription gothique en relief indiquant que la chapelle fut commencée en 1488. Fenêtres à cintre brisé, meneaux flamboyants ; fenêtre du sud ornée, à l'extérieur, d'une accolade à crosses et animaux ; celle du chœur est masquée en partie par une sacristie de 1681. Tribune qui peut remonter au xvııᵉ siècle ; anges, figures humaines et animaux sculptés. Cadran solaire de 1662. Une pierre gisant à côté de la chapelle paraît avoir été un lec'h à plusieurs faces, long de 1 mètre environ. A quelque distance, fontaine de 1683, avec niche à coquille et pilastres. (Voir au mus. de la Soc. un devant d'autel en pierre provenant de cette chapelle.) — Chapelle Notre-Dame-de-Bon-Secours (à Kercohan) : construction attribuée aux Anglais. Grand et moyen appareil. Forme rectangulaire, avec une abside à trois pans présentant chacun un pignon extérieur orné de crochets. Contre-forts adhérents, inachevés, sauf ceux du chœur, où sont également sculptées des crosses. Clocheton carré en pierre sur le pignon ouest. Portes à plein cintre. Dimensions du monument dans œuvre : 22 mètres sur 7 environ. Le chœur est relié à la nef par une grande arcade qui a été refaite, portée sur colonnes cylindriques engagées. Inscriptions gothiques en creux sur les sablières, rappelant qu'elles furent posées en 1554 et que le fondateur fut Mʳᵉ Bertrand de Quifistre, sieur de Trémouar (le château de Trémouar est voisin). Grandes fenêtres à plein cintre. Piscines plein cintre à coquille. Au-dessus du portail ouest, niche à coquille avec pilastres et fronton triangulaire. A l'extérieur de l'abside, plusieurs écussons : 1° à 3 fasces dans un collier d'ordre (Quifistre) ; 2° écartelé aux 1 et 4 de Quifistre, aux 2 et 3 à 3 mouchetures d'hermines ; un troisième écusson est illisible. Banc de pierre extérieur tout le long de la chapelle. — Chapelle Saint-Marc (à

Cohignac) : la nef a été refaite en partie. Grand et moyen appareil. Forme de croix latine à chevet arrondi. Les bras et le chœur sont plus élevés que la nef. Corniche à modillons au chœur. Sur l'intertransept, tour carrée en pierre amortie en ardoises. A l'aisselle du bras nord et de la nef, une tourelle cylindrique accolée à la tour contient l'escalier. Cloche de 1647. Porte à anse de panier au transept sud ; portes plein cintre au chœur et à l'ouest : celle-ci avec pilastres, fronton triangulaire, écusson à deux fasces dans un collier d'ordre (Carné). Dimensions du monument dans œuvre : 29 mètres sur 6 environ. L'intertransept est séparé des bras par deux grandes arcades à cintre brisé portées sur colonnes cylindriques engagées à base et chapiteau simples, et du chœur par une arcade également brisée à retraites pénétrant la muraille. Aux transepts, fenêtres à cintre brisé ; à l'une d'elles, meneaux flamboyants. Au chœur, fenêtres plein cintre avec formerets. Piscine à anse de panier et coquille, avec colonnettes à volutes. Niche à coquille à l'ouest. Dans le chœur, écusson parti au 1 à 2 fasces (Carné), au 2 vairé (Gourvinec ou Rochefort) ; l'écusson de Carné plusieurs fois répété à l'extérieur, au chœur et aux transepts, une fois seulement avec des alliances. Au sud du chevet, à l'extérieur, inscription en capitales romaines, qui fixe la date de cette partie de la construction à l'année 1565, sous Jérôme de Carné.

BOHAL. *Ép. celtique.* Sur le chemin du bourg au Portal, à peu de distance de la rivière de Claye, dolmen ruiné (C. D.). || *Ép. moderne.* Église paroissiale de Saint-Gildas (ancienne trêve de Saint-Marcel) : cloche de 1700 ; une autre, en bronze, de moyenne grandeur, datée de 1612, avec une inscription dont on ne distingue que quelques mots. Dans le cimetière, croix au sommet carré : d'un côté le Christ, de l'autre une *pitié ;* elle paraît assez moderne. Calice en argent à base large et circulaire, nœud sculpté, coupe légèrement évasée.

LARRÉ. *Ép. romaine.* Près du moulin à vent de la Haie, retranchement carré de 50 mètres de longueur environ sur chaque côté (C. D.). || *Moyen âge.* Dans le cimetière, croix brisée de forme ordinaire ; le bas du pied offre quatre personnages sous piguons ; la base carrée présente également des apôtres et des martyrs grossièrement sculptés. — Tout auprès, autre croix en forme de quatrefeuille où l'on voit, d'un côté, le Christ et au-dessus la Vierge et l'Enfant, de l'autre, Notre-Seigneur entre saint Pierre et saint Paul, et au-dessus saint Christophe portant Jésus (il y a non loin de là un village et une chapelle de Saint-Christophe) ; traces d'écusson sur la base.

LAUZACH. *Ép. celtique.* A peu de distance à l'est de la chapelle Notre-Dame-de-la-Clarté, menhir renversé de 4 mètres de longueur, et, tout auprès, débris d'un dolmen (C. D.). || *Moyen âge.* A la porte du presby-

tère, lec'h bas, arrondi. — Chapelle Notre-Dame-de-la-Clarté : restaurations modernes. Grand et moyen appareil. Forme rectangulaire. Fenêtre de l'est (aujourd'hui bouchée) à cintre brisé, avec meneaux flamboyants. Fontaine de 1710, plein cintre, et au fond, niche à coquille ; on y va en pèlerinage pour les maladies des yeux, ainsi que l'indique le vocable de la chapelle. — A la sortie du bourg, sur le chemin de Berric, croix ancienne, à bras pattés, mutilée.

MOLAC. *Ép. celtique.* Menhirs renversés et pierres à bassins sur la lande de Lanvaux (Catal.). || *Ép. romaine.* Près de Coëdigo, traces d'un vaste retranchement (C. L.). — A Kerbricon, grande quantité de tuiles et de fragments de poterie (*ibid.*). — Idem à Quinquizio (Catal.). || *Moyen âge.* Église paroissiale de Saint-Cyr et Sainte-Julitte : petit appareil mélangé au bas de la nef ; grand et moyen appareil au chœur. Forme de croix latine à un seul bras au nord. Crosses et animaux aux rampants du toit. Tour carrée, en appareil mélangé, à l'aisselle de la nef et du transept ; flèche en ardoises. Sur la tour, deux écussons accolés, un à neuf mâcles (Molac), l'autre émanché de trois pièces. Portes à anse de panier et accolade à crochets ; le portail occidental présente, en outre, des personnages ou des animaux. Dimensions du monument dans œuvre : 24 mèt. sur 6 environ. Entraits à têtes de crocodiles. Écusson sur la sablière du transept, parti au 1 coupé de Rosmadec (palé) et de Molac, au 2 échiqueté. Au bas de la nef, petites fenêtres dont une à cintre brisé et trilobe, dimensions de 1 à 4 environ. Au chœur et au transept, fenêtres à cintre brisé : celle de l'est a été bouchée ; celle du transept est à meneaux flamboyants. Au sommet de cette dernière fenêtre, écusson palé d'argent et d'azur de six pièces (Rosmadec), surmonté d'une couronne de comte, dans un collier d'ordre. Dans le cimetière, cercueil en granit, long de 2 m,20, large de 0 m,60 à la tête, de 0 m,35 aux pieds ; emplacement de la tête réservé ; ce cercueil devait avoir un couvercle en dos d'âne, car il a très-peu de profondeur. Calice d'argent à large base circulaire, pied et nœud sculptés, coupe légèrement évasée, écusson de Molac. Vieux ciboire en argent doré, de 0 m,25 de hauteur sur 0 m,15 de diamètre à la coupe et 0 m,10 à la base, qui est circulaire ; ornements au repoussé depuis la base jusqu'au milieu de la coupe : animaux, fleurons, têtes de satyres ; sur le couvercle, chasses au cerf, au lièvre et aux oiseaux d'eau ; oiseaux gravés sur toute la partie supérieure de la coupe, et, dans le fond, écusson parti au 1 échiqueté, au 2 à l'aigle éployée, dans un collier d'ordre. Ce ciboire passe pour avoir servi primitivement de beurrier aux seigneurs de Molac ; on l'aurait seulement surmonté, en vue de sa nouvelle destination, d'une petite croix qui rappelle, par sa forme, celle des Templiers. Peut-être ce vase provient-il de la chapelle voisine de l'Hermain. — Église paroissiale de Notre-Dame et Saint-Nicodème (paroisse du Cours de Molac) : plan en forme de *tau* à un seul bras, au sud, auquel se relie un petit bas-côté. Appareil irrégulier. Clocheton en pierre à l'ouest. Porte occidentale à cintre brisé. Dimensions dans œuvre : 15 mètres sur 5 environ, sans le bas-côté. Arcades à plein cintre ou à cintre brisé pénétrant les murailles ou des colonnes cylindriques ; une double arcade sépare le chœur du transept. Fenêtres à cintre brisé, avec meneaux en quatrefeuille à l'est, en fleur de lis au transept. Restes de vitraux ; écussons : 1° un écartelé aux 1 et 4 de gueules à la fasce d'hermines (La Chapelle), aux 2 et 3 de gueules aux mâcles d'argent (Molac) ; 2° de chaque côté du précédent, un palé d'argent et d'azur avec la devise des Rosmadec. Au-dessus et au-dessous de l'écusson principal, les deux lettres gothiques A, L, entrelacées. — Chapelle Saint-Marc (à l'Hermain) : elle passe pour avoir appartenu aux Templiers. Grand et moyen appareil aux deux pignons ; ailleurs petit appareil irrégulier. Forme rectangulaire ; un bas-côté au nord. Sur le pignon occidental, clocheton de pierre à deux baies en plein cintre ; traces d'écussons. Portes à cintre brisé. Dimensions du monument dans œuvre : 16 mètres sur 10 environ, y compris le bas-côté. Celui-ci est relié à la nef par trois grandes arcades plein cintre. Fenêtres à cintre brisé à l'est ; à celle du chœur, meneaux de style flamboyant et rayonnant ; à celle du bas-côté, meneaux en fleur de lis. Autre petite fenêtre à cintre brisé, au sud. Fragments de vitraux. Piscines à trilobe aigu. Dans un réduit, à l'intérieur, vieilles statues de bois très-détériorées. A côté de la chapelle, croix ancienne haute de 1<sup>m</sup>,50 environ, de forme ordinaire. — Denier carlovingien trouvé à Quinquizio (chez M. l'abbé Marot, curé de Rochefort).

PÉAULE. *Ép. celtique.* Kelte trouvé dans cette commune et donné au Mus. par M. l'abbé Piéderrière. ‖ *Ép. romaine.* Au village du Château, camp romain signalé en 1861 par M. l'abbé Piéderrière. ‖ *Moyen âge.* Chapelle Saint-Jean-Baptiste (au village du Temple) : ancienne chapelle de Templiers. Porte à cintre brisé simple à l'ouest. A l'est, fenêtre à meneaux rayonnants. — A peu de distance de la chapelle Saint-Jean-Baptiste, ancienne croix de pierre de forme ordinaire, et à côté, deux dalles tumulaires grossièrement taillées, ayant chacune 1<sup>m</sup>,30 de long sur 0<sup>m</sup>,40 de large ; chacune d'elles est accompagnée, à ses deux extrémités, de deux autres pierres verticales, peu élevées, aussi grossièrement travaillées ; celles qui touchent la tombe la plus rapprochée de la croix présentent cependant un petit renflement à leur sommet et une croix pattée en relief. Il existe sur ces tombes deux légendes différentes : suivant l'une, ce serait celles de deux Templiers (tout auprès se trouve le village du Temple) ; suivant l'autre,

celles de deux personnages, l'un catholique et l'autre protestant, qui, se battant en duel en cet endroit, se seraient tués mutuellement, ce qui aurait mis fin dans ce pays aux guerres de la Ligue. La tombe accompagnée des deux pierres chargées d'une croix serait alors celle du catholique. — A un kilomètre environ du bourg, non loin du presbytère, au village de Belon, croix écotée à deux traverses d'égale longueur, avec inscriptions et écusson. Cette croix est aujourd'hui brisée, mais le fût gît à terre ; elle pouvait avoir, au-dessus du socle, 4 mètres de hauteur. Entre les deux traverses de chaque côté, une sorte d'écriteau de pierre porte, d'un côté, les lettres $\overline{\text{MA}}$, de l'autre, $\overline{\text{IHS}}$. De ce dernier côté, un peu au-dessous de la traverse inférieure, autre inscription en capitales romaines comme les précédentes : A MES AFFAIRES DIEV Y SOIT (voir sur une maison de Vannes une inscription analogue). A droite, sur le flanc de la croix, écusson écartelé aux 1 et 4 à une fleur de lis, aux 2 et 3 à une merlette. Enfin, sur un des côtés de la base, on lit : FAIT AN 1542 ; sur l'autre, une date de restauration moderne. — Monnaies françaises de Philippe VI et de François I<sup>er</sup> trouvées dans cette commune (don de M. Piéderrière au Mus.). ‖ *Ép. de la Renaissance.* Au presbytère, siége de l'ancien doyenné de Péaule, créneaux aux murs de l'enclos, portail à plein cintre, cour rectangulaire dallée ; tourelle polygonale en pierre dans un des angles ; portes et fenêtres à plein cintre de la Renaissance. Dans la salle du synode, cheminée dont le chambranle, long de 2<sup>m</sup>,45, présente, en capitales romaines, le nom de Jean Danielo, archidiacre de Vannes, avec la date de 1534. Inscription analogue sur une cheminée extérieure. ‖ *Ép. moderne.* A l'église paroissiale, calice à large base circulaire ; coupe très-ouverte à parois droites ; sculptures et ciselures sur tout le pied.

PLEUCADEUC. *Ép. celtique.* A 500 mètres à l'ouest du bourg, au champ *des Faillis-Clos*, pierre à bassins, de 3 mètres de diamètre sur 1 mètre d'épaisseur (C. D.). — Dans le champ *de la Grée-ny*, pierre de 4 mètres de long sur 1<sup>m</sup>,50 de haut, dite *pierre Méha*, présentant quelques sculptures (*ibid.*). — A 800 mètres au sud-ouest de la pierre précédente, près la *Noé des Saudrettes*, bloc de 1<sup>m</sup>,50 de hauteur sur 4 mètres de diamètre, avec bassin (*ibid.*). — A quelques pas à l'ouest et au nord, deux autres pierres à excavations (*ibid.*). — Près de l'étang de Couédelo, groupe de pierres connu sous le nom de *Chapeau de roche* (*ibid.*). — Entre le même étang et le bourg, nombreuses pierres excavées (*ibid.*). — Pierre dite *pierre des Bassins* (*ibid.*). — A peu de distance de l'auberge de *la Grande-Brousse*, menhir haut de 8 mètres (*ibid.*). — A la Provotaie, deux menhirs dont un renversé (Catal.). — Nombreux menhirs et dolmens mutilés, au milieu des monuments précédents, tous situés dans la lande de Lanvaux (C. D.). ‖ *Moyen âge.* Église paroissiale de Saint-Pierre : petit appareil irrégulier. Forme de *tau* grec. Contre-forts simples, adhérents, peu élevés. Clocher en ardoises un peu en avant de l'intertransept. A l'ouest, porte à cintre brisé. Dimensions du monument dans œuvre : 30 mèt. sur 6 environ. Entrait du transept nord sculpté : figures, fleurons, écusson écartelé aux 1 et 4 à 9 besants (Malestroit), au 2 treillissé, au 3 à 10 coquilles. Inscription en creux : 1586 : LE SIGNEVR DE LIEVZELE. Une sablière du même transept présente plusieurs écussons ; celui de Malestroit, seul ou allié aux armes d'autres familles, mâcles (Molac), coquilles, fleurons, molettes. Fenêtres à cintre brisé, meneaux rayonnants. Au pignon du transept nord, gros animal fantastique. — A côté de l'église, maison qui a pu servir de presbytère ; porte à anse de panier et accolade à chou et crosses aux extrémités de laquelle deux anges tiennent, l'un un livre ouvert, l'autre un calice. — Dans le cimetière, au pied d'un très-vieil if, deux lec'hs bas, arrondis ; un autre encastré dans le mur, au nord. — Dans le cimetière également, croix au sommet carré, à pignon et trilobe : d'un côté le Christ, de l'autre la Vierge portant l'Enfant. — Chapelle Saint-Marc ou des Quatre-Évangélistes : la nef, qui tombait en ruines, a été détruite en partie il y a plusieurs années ; restaurations de mauvais goût. Petit appareil irrégulier. Forme de croix latine. Contre-forts très-simples, adhérents, peu saillants. La nef et le chœur sont plus élevés que les transepts. Le transept sud sert de clocher à sa partie supérieure ; il a une toiture séparée, formant pyramide quadrangulaire. Portes à cintre brisé fait de pierres plates disposées en coins. Dimensions du monument dans œuvre : 6 mètres de largeur. Les transepts reliés au chœur par de larges cintres brisés, sans piliers ni tailloirs ; à l'ouest, une grande arcade semblable, aujourd'hui bouchée, unissait sans doute le chœur à la nef, qui a disparu. Fenêtres à plein cintre, évasées à l'intérieur, dimensions de un à deux et demi ; voussoirs disposés comme ceux des portes. Piscine à cintre brisé et trilobe. Pierre tumulaire en forme de rectangle, 1ᵐ,75 de long sur 0ᵐ,55 de large, présentant un personnage en relief, très-grossièrement sculpté ; autour de la tête, inscription gravée en caractères assez modernes, en grande partie illisibles. — Auprès de la chapelle, calvaire remarquable, dont le fût a été brisé (des fragments, chargés de personnages et de feuilles de chêne, gisent dans la chapelle) ; le sommet, taillé en quatrefeuille, offre d'un côté le Christ, de l'autre Jésus couronné, entouré des symboles des Évangélistes ; au bas du pied, les Évangélistes, placés dans des espèces de niches à pignon et colonnettes, tiennent chacun un écusson chargé de son symbole particulier (l'ange de saint Mathieu est remplacé par un livre ouvert). La base est également sculptée sur ses quatre faces ; on y reconnaît la cène, la descente de croix, la mise au tombeau, enfin le triomphe de la foi (plusieurs personnages plongent la hampe d'une croix dans la gueule du démon, pendant qu'un autre est en prières). — Chapelle Saint-Barthélemy (au Goray) : petit appareil mélangé. Forme de croix latine. Un clocheton en ardoises est un peu en avant de l'intertransept. Portes à cintre brisé. Dimensions du monument dans œuvre : 19 mètres sur 4 environ. Les transepts reliés à la nef par deux grandes arcades plein cintre. Entraits à têtes de crocodiles au bras nord. Fenêtres à cintre brisé ; celle du transept sud à meneaux rayonnants. Restes de vitraux au transept nord : le Père éternel, couronné de la tiare, tenant de ses deux bras la croix qui porte le Fils ; puis saint Barthélemy. Piscines à cintre brisé et trilobe ; une à accolade. Animal sculpé à l'extérieur, au bas d'un des pignons. — Dans le cimetière, lec'h bas, arrondi. creusé postérieurement à son sommet ; on y voit aussi une croix à pignons et trilobes, offrant d'un côté le Christ, de l'autre la Vierge portant l'Enfant. — Croix du *Pont-Oren*, en partie brisée ; sommet carré.

QUESTEMBERT. *Ép. romaine.* La voie de Vannes à Angers traverse cette commune (C. D.). — Au village de Boquignac et dans la lande de la Chaussée, restes de retranchements (*ibid.*). — Entre le Petit-Molac et Questembert, butte nommée *la Bourg-Rouge*, désignée comme l'ancien emplacement de la ville (*ibid.*). — Au Petit-Molac, on a découvert une grande quantité de briques et de poteries romaines, ainsi qu'un puits antique (*ibid.*). — Urnes cinéraires trouvées sur la lande de Talhoue en 1859 (communication de M. l'abbé Piédrerrière). — Monnaies d'Auguste, de Gallien, de Maxence, de Posthume, recueillies dans cette commune (aujourd'hui au mus. de la Soc.). ‖ *Moyen âge.* Église paroissiale de Saint-Pierre : restes d'une ancienne construction, avec des parties restaurées ou ajoutées au xviiᵉ et au xviiiᵉ siècle, ainsi que l'indiquent les dates 1640, 1642, 1650, 1740, 1752, 1777, marquées à l'intérieur. Figures grotesques à l'extrémité des rampants. Grandes arcades à cintre brisé, avec des restes de sculptures aux chapiteaux : figures humaines, animaux, feuillages. Fenêtres à cintre brisé simple ; une, au nord, à meneaux en fleurs de lis ; celle-ci est surmontée d'un pignon à crochets. Plusieurs fragments de colonnettes sculptées gisent à terre, au nord de l'église. Une pierre encastrée dans le mur d'enceinte, au sud du chœur, porte, gravé en caractères gothiques, le nom de J. Coetnours. Au-dessus de la porte d'entrée du presbytère, inscription. — Chapelle Saint-Michel (dans le cimetière : passe pour avoir été bâtie par les Anglais. Grand et moyen appareil. Forme approchant du *gamma* grec retourné. Contre-forts à pinacles sculptés et animaux sur le retrait. Gargouilles en pierre. Clocheton polygonal en ardoises sur le pignon ouest. Portes à anse de panier ou cintre brisé surmonté d'une accolade; celle de l'ouest divisée en deux baies, avec tympan, cul-de-lampe et bénitier à plusieurs faces au trumeau; colonnettes et pilastres à pinacles sur les côtés. Dimensions du monument dans œuvre : 18 mètres sur 8 environ. Entraits à têtes de crocodiles. Écussons unis sur les sablières, l'un d'eux cependant de vair. Fenêtres à cintre brisé, meneaux flamboyants. Petite fenêtre trilobée dans le transept. Piscine à anse de panier et accolade à crochets. Dans le transept, cul-de-lampe figurant deux anges qui supportent un écusson uni. — Beau calvaire dans le cimetière, restauré il y a quelques années, ainsi que l'indique une inscription; base et sommet richement sculptés : à la base carrée, scènes de la vie de Jésus-Christ, triomphe de la croix sur l'enfer représenté par la gueule ouverte d'un énorme animal, etc. (voir le calvaire des quatre Évangélistes en Pleucadeuc); au sommet, également carré, supporté par une torsade, pignons ornés de crochets et colonnettes, d'un côté Jésus crucifié, de l'autre une *pitié*. D'après l'inscription ci-dessus mentionnée, cette croix aurait été élevée, comme toutes celles du pays (voir plus bas), en commémoration de la victoire remportée par Alain, duc de Bretagne, sur les Normands. — Chapelle Saint-Jean-Baptiste : passe pour avoir appartenu aux Templiers; la tradition en fait encore une construction anglaise. Restes d'une ancienne chapelle avec des restaurations du xviii⁰ siècle. Plan en croix latine, dont les bras ne se correspondent pas. Au transept sud, porte basse à cintre brisé à retraites. Le bras nord relié au chœur par deux arcades basses, en plein cintre, reposant par pénétration sur colonnes cylindriques engagées, sauf celle du milieu. Petites fenêtres à trilobe; autres à cintre brisé; dont une à lancette; oculus circulaire au chœur. Piscine à cintre brisé. Sur un cul-de-lampe, écusson à une croix pattée. — Chapelle Notre-Dame (à Bréhardec) : passe pour avoir appartenu aux Templiers. Suivant une inscription que porte le lambris, les murailles de cette chapelle étant tombées, elle fut entièrement restaurée en 1651. Dans la sacristie, calice en vermeil, à pied épaté et coupe demisphérique; au-dessous, inscription plus moderne : D. I. LEDOIEN R. Belle croix de bois plaquée de cuivre, bras terminés en trèfles ou trilobes aigus, ornements en rinceaux, quatrefeuilles, symboles du Sauveur et des Évangélistes, ouvrage du xv⁰ siècle; 0ᵐ,45 de hauteur environ. — Nombreuses croix sculptées : 1° croix *rochue*, gravée d'une lance fleurdelisée; 2° croix du *Pont-Prières*, même dessin; 3° croix *Tuint*, gravée de croisettes et d'une auréole de cinq perles; 4° croix du *Pont à la poêle*, haute de 2 mètres environ, à bras légèrement pattés, sculptée en relief de dessins analogues aux précédents. La tradition veut que ces différentes croix aient été érigées en souvenir de la victoire remportée dans ce pays par Alain et les Bretons sur les Normands. — Près de Coëtbihan, la croix *de l'Isle*, ancienne et mutilée, haute de 1ᵐ,50 environ, porte une inscription qui doit être assez moderne, car on y lit distinctement le mot AMO en capitales, et du côté opposé est gravé le dessin d'un cœur. — A la sortie de Questembert, sur la route de Vannes, croix moderne dite *des Buttes*, sur le côté de laquelle est sculpté l'écusson à 2 fasces de la famille de Carné. — Au Congo, croix du xvii⁰ siècle, affectant la forme de celles du xv⁰ siècle; mauvaises sculptures, inscriptions en capitales romaines, et la date 1662 ou 1669. — Chapelle Saint-Vincent (au village de Saint-Doué) : en partie moderne, grand et moyen appareil. Forme rectangulaire. Contre-forts à l'ouest surmontés de sculptures : d'un côté, figure humaine; de l'autre, personnage dans une posture indécente. Gargouilles en pierre, animaux. Clocheton en ardoises au-dessus du pignon occidental; une tourelle cylindrique, accolée au sud, renferme un escalier de pierre qui conduit à la cloche. Le portail ouest est formé de deux baies plein cintre à retraites, le tout dans une accolade. Au sud, porte également à plein cintre. Dimensions du monument dans œuvre : 14 mètres sur 7 environ. Fenêtres à cintre brisé, meneaux en fleurs de lis; oculus circulaire au nord, avec quelques animaux sculptés tout auprès. Piscines à accolade. — Près de la chapelle, croix du xvii⁰ siècle affectant une forme plus ancienne; sommet carré à pignon; d'un côté Jésus crucifié, de l'autre la Vierge tenant le corps de son fils, personnages saints sur les flancs, le tout grossièrement sculpté; socle orné, à chaque angle, de pilastres à volutes; le pied de la croix a été brisé, on en voit un fragment dans la chapelle. — A côté de la chapelle moderne de Coëtbihan, il y en avait autrefois une plus ancienne dont la construction était attribuée aux Templiers; elle a été détruite il y a une trentaine d'années. — Une grande élévation de terre, de forme carrée, de 55 mètres de côté environ, est tout ce qui reste du château féodal de Coëtbihan, qui semble avoir succédé lui-même à un retranchement romain; traces de maçonnerie et puits; objets divers recueillis dans les environs, monnaies romaines et du moyen âge. On a trouvé dans un champ voisin, au commencement de ce siècle, des cercueils en pierre de cette dernière époque (C. D.). ǁ *Moyen âge et Ép. moderne.* Dans la ville, nombreuses maisons du xvi⁰ et du xvii⁰ siècle, celles-ci presque toutes datées. — Derrière la maison de M. Le Franc, notaire, au sommet d'une tour cylindrique, bustes en pierre de *Questembert et sa femme;* à côté du premier est un animal qu'on peut prendre pour un chien (voir des sculptures analogues à Vannes et à Malestroit). — Halle assez remarquable par sa charpente, datée de 1675. —

A une maison du village de Coëtbihan, on voit au-dessus d'une porte une grosse figure sculptée, avec la bouche ouverte : on l'appelle *le Marmous*. La coutume était, suivant la tradition, de venir, à une certaine époque de l'année, verser dans la bouche du *Marmous* de la bouillie et du vin : était-ce une redevance bizarre payée au seigneur qui avait cette maison sous sa juridiction ? — Moulin à eau de Carné; taluté d'un côté; grand et moyen appareil; portes plein cintre ou anse de panier; au-dessus de l'une d'elles, écusson à 2 fasces (Carné); sur une corniche conservée sans doute d'une construction plus ancienne, inscription gothique en creux donnant la date de 1492. — Six deniers d'argent, de Louis le Débonnaire et de Charles le Chauve, ont été trouvés à Questembert il y a quelques années, ainsi que plusieurs monnaies espagnoles (voir au musée de la Soc.).

SAINT-MARCEL. *Ép. celtique.* Au sud-ouest du bourg, pierres brisées, alignées (Catal.). — Près du bourg, dans la lande de Chassonville, débris d'un cromlech, dolmen, restes d'une roche-aux-fées, tombelles peu saillantes (C. D.). ‖ *Moyen âge.* Église paroissiale de Saint-Marcel : petit appareil mélangé. Au sud, petit contre-fort simple, adhérent, peu saillant. A l'orient, fenêtre à cintre brisé, à meneaux, bouchée en partie. — Dans le cimetière, gros lec'h de 1 mètre de hauteur environ, creusé postérieurement à son sommet, et croix assez moderne, au sommet carré, présentant d'un côté le Christ, de l'autre la sainte Vierge soutenant le corps de son fils.

### CANTON DE LA ROCHE-BERNARD.

(Chef-lieu : La Roche-Bernard.)

CAMOËL. *Moyen âge.* Église paroissiale de Saint-Martin (ancienne trêve d'Assérac) : petit appareil irrégulier. Forme de croix latine, un seul bras au sud. Clocheton en ardoises en avant du chœur. Porte à cintre brisé simple au transept. A l'ouest, porte plein cintre à retraites et crochets; au sommet, ange présentant un écusson uni. Dimensions du monument dans œuvre : 16 mètres sur 6 environ. Grandes arcades à cintre brisé et doublé, supportées par des piliers simples. Fenêtres à cintre brisé simple; autres plus petites à plein cintre. A côté de l'église, croix à pignons et trilobes; d'un côté le Christ, de l'autre la Vierge tenant l'Enfant. — A l'entrée du bourg, du côté de Férel, croix pattée dont le milieu est à jour; forme gracieuse.

FÉREL. *Ép. romaine.* La voie de Nantes à Vannes traverse cette commune (C. D.). ‖ *Moyen âge.* Église paroissiale de Notre-Dame-de-Bon-Garant (ancienne trêve d'Herbignac) : passe pour avoir appartenu aux Templiers. Diverses époques de construction. Petit appareil à la nef et à la tour; ailleurs, grand et moyen appareil. Forme de *gamma* grec retourné, avec une chapelle ajoutée au sud. Toiture particulière pour chaque partie. A l'aisselle de la nef et du bras septentrional, tour carrée avec flèche en ardoises. Portes à cintre brisé; celle de l'ouest à retraites et colonnettes. Dimensions du monument dans œuvre : 27 mètres sur 7 environ. Le transept est relié au chœur par de larges arcades jumelles à cintre légèrement brisé et doublé, reposant sur de petits piliers ou des colonnes cylindriques à chapiteau simple; un des chapiteaux porte cependant des animaux (noyés dans le badigeon). Lambris divisé en plusieurs panneaux couverts d'une couche de mortier et chargés, à la nef et au bras sud, de fresques et d'inscriptions gothiques aujourd'hui fort dégradées, dont une grande partie même a disparu. Dans le transept, on peut reconnaître, comme à Kernascléden en Saint-Caradec, un concert d'anges : ce sont, en effet, des personnages ailés et nimbés, à longues robes et larges chaussures; chacun d'eux est enveloppé d'inscriptions latines dont on ne distingue plus que des fragments, et les paroles sont accompagnées de notes sur portée. A la nef, le lambris offre de chaque côté, dans toute la longueur, trois rangées de tableaux; au-dessous de chacun d'eux est une légende peinte sur la poutre même qui les sépare : ces tableaux n'ont évidemment pas tous rapport au même sujet. Fenêtres à cintre brisé; dimensions de 1 à 2 environ, meneaux rayonnants; celle du fond du chœur présente, dans des compartiments dont la disposition rectiligne n'indique pas une époque bien ancienne, la généalogie de la sainte Vierge en vitraux bien conservés, où les différents personnages, de 0ᵐ,40 à 0ᵐ,50, sont désignés par des légendes en capitales romaines; au sommet, la Vierge tenant l'Enfant et au-dessus encore, la figure du Père éternel. Piscine à cintre brisé simple. A l'extérieur, se voit un écusson mutilé. Cadran solaire sur ardoise de 1757.

MARZAN. *Ép. celtique.* Hache de pierre trouvée dans cette commune (M. l'abbé Piéderrière). ‖ *Ép. romaine.* La voie romaine de Blain à Port-Navalo traverse cette commune (O. neuv. éd.). Nombreux débris romains; médaille de Posthume (M. l'abbé Piéderrière). ‖ *Moyen âge.* Église paroissiale de Saint-Pierre et Saint-Paul. Restes d'une construction ancienne au chœur. Forme approchant du *tau* grec, à cause du peu de saillie du chevet. Au chœur, arcades, les unes à plein cintre, les autres à cintre brisé et doublé, portées sur simple tailloir ou sur colonnettes cylindriques à chapiteaux, dont quelques-uns ornés de feuillage et volutes; l'un d'eux porte en capitales romaines, d'un côté l'inscription IHS, de l'autre MRA. A l'est, grande fenêtre à cintre brisé, meneaux rayonnants. Écusson plusieurs fois répété, mais mutilé, à l'extérieur. — Château de Marzan : toit à crochets et animaux sculptés. Fenêtres ornées de crosses; d'autres sont surmontées d'un fronton triangulaire ou demi-circulaire. Un pavillon carré à corbelets. — On voit tout auprès du château quatre cercueils en pierre trouvés à la ferme de Saint-André, à côté des ruines d'une petite chapelle; ils sont semblables, de 1<sup>m</sup>,80 de longueur, 0<sup>m</sup>,60 de largeur à la tête, 0<sup>m</sup>,30 aux pieds. — Château de l'Isle, tout en ruines, sur le bord de la Vilaine; ancienne forteresse ducale (C. D.). || *Moyen âge et Ép. moderne.* Près du bourg, sur le chemin de Péaule, vieille croix de forme ordinaire, avec cinq petits trous à l'intersection des bras. — Sur la route de la Roche-Bernard, croix de forme ordinaire, mais portant des sculptures en relief : d'un côté, un croissant; de l'autre, une sorte de flambeau. — Sur le chemin d'Arzal, croix dont la base, seule ancienne, offre en creux, sur l'un de ses côtés, la date 1595; sur un autre, une inscription précédée d'un instrument en relief que nous n'avons pu définir. — Sur la même route, un peu plus loin, autre croix de forme ordinaire, et sur la base, la date 1603, avec un fragment d'inscription. — Sur la grande route de la Roche-Bernard à Muzillac, non loin de Lantiern en Arzal, croix ordinaire avec inscription sur le socle.

NIVILLAC. *Moyen âge.* Église paroissiale de Saint-Pierre et Saint-Paul. Petit appareil irrégulier. Plan basilical, avec l'abside ouverte sur le transept, moins élevée que la nef. Contre-forts peu saillants, très-élevés. Sur l'intertransept, grosse tour carrée avec une toiture en ardoises. A l'ouest, porte plein cintre, sans aucun ornement ni tailloir. Dimensions du monument dans œuvre : 30 mètres sur 12 environ. Six travées d'architecture. Arcades plein cintre retombant sur des piliers à simple tailloir, au chœur sur des colonnettes cylindriques engagées. Lambris très-élevé à la nef. Entraits à têtes de crocodiles au transept nord. Fenêtres à cintre brisé, l'une d'elles à meneaux rayonnants. A l'ouest, fenêtres étroites à plein cintre, et au-dessus, oculus circulaire entouré de six petites ouvertures également circulaires. Traces de vitraux. Dans le cimetière, croix dont la base paraît ancienne; elle porte des sculptures grossières. — Chapelle Saint-Quiric (Saint-Cyr) : porte à anse de panier. Arcades plein cintre dans le chœur. Fenêtre à cintre brisé. Piscine trilobée.

PÉNESTIN. *Ép. celtique.* Près de Trébiguier, menhir en quartz haut de 4 mètres, dit *la Pierre blanche* (C. D.). — Dans un champ de Larmor, peulvan de petite dimension (*ibid.*). — Près de la Pierre blanche, dolmen détruit, dont la table a 4 mètres de longueur (*ibid.*). — Entre les pointes de Locmer et du Castelli, roche-aux-fées à demi ruinée, nommée *Men Arzein* (pierre de la défense) (*ibid.*). — A la pointe du Confrene, débris d'un dolmen (O. nouv. éd.). || *Moyen*

*âge.* Église paroissiale de Saint-Gildas (ancienne trève d'Assérac); paraît avoir été allongée à l'est. Petit appareil irrégulier. Forme rectangulaire; deux bas-côtés. Contre-forts simples, adhérents, peu saillants. Toit aigu, dont les rampants présentent une certaine concavité. Flèche en ardoises à l'ouest. Au nord et au sud, portes plein cintre; celle du sud à retraites. 10 mètres de largeur environ dans œuvre, y compris les bas-côtés; ceux-ci sont reliés à la nef, de chaque côté, par quatre arcades plein cintre portées sur piliers à tailloirs, sur lesquels on distingue, malgré le badigeon, des entrelacs et autres sculptures. Lambris très-élevé. Fenêtres plein cintre évasées à l'intérieur.

ROCHE-BERNARD (LA). *Moyen âge.* Maisons du xv<sup>e</sup> et du xvi<sup>e</sup> siècle, en bois, à étages surplombants et pignon; portes et fenêtres à anse de panier ou accolade à chou et crosses. Sur l'une de ces maisons, située au coin de la rue Basse-Notre-Dame, appelée autrefois *le Tour de l'Isle*, on voit l'inscription suivante en caractères gothiques : *voir le luc.* Non loin de là est la rue de l'Isle, et les ruines du château de ce nom se voient encore dans les environs, sur le bord de la Vilaine. || *Ép. moderne.* A l'église paroissiale, calice d'argent à base circulaire assez large et coupe à paroi droite, avec un filet tout autour, à un pouce du bord environ; deux bannières en soie brochée très-larges et très-lourdes.

SAINT-DOLAY. *Moyen âge.* Église paroissiale de Saint-Dolay : portes à anse de panier; grandes arcades plein cintre au chœur; fenêtre à cintre brisé. — Chapelle Sainte-Anne : grand et moyen appareil; forme rectangulaire. Contre-forts surmontés de pinacles à crosses et trilobes; personnages et animaux sculptés à l'est et à l'ouest. Crosses aux rampants du toit. Larmier orné de figures humaines et d'animaux. Sur le pignon ouest, petit clocheton en pierre. Portes à anse de panier et accolade; celle de l'ouest ornée, en outre, de pilastres à pinacles et d'un écusson à une croix. Dimensions du monument dans œuvre : 16 mètres sur 6 environ. Lambris sur arceaux à clefs pendantes. Entraits à têtes de crocodiles. Fenêtres à cintre brisé, meneaux flamboyants; à l'extérieur, formerets terminés par des personnages sculptés. La fenêtre de l'est a été mutilée et bouchée en partie; une autre oculus circulaire à meneaux flamboyants a été également bouché à l'ouest. Piscine à accolade. A l'extérieur, niches, une à trilobé, l'autre à accolade, celle-ci aujourd'hui bouchée. Calice à large base circulaire, nœud sculpté, coupe ouverte à paroi droite.

THÉHILLAC. *Moyen âge.* Église paroissiale de Saint-Pierre et Saint-Paul (ancienne trève de Missillac, sous le nom de *chapelle du Moustoir*), autrefois desservie par les moines de Saint-Gildas-des-Bois. Petit clocheton en pierre sur le pignon ouest. Portes à cintre brisé et colonnettes simples. A l'extérieur et à l'intérieur, écusson sculpté à trois croissants (armes de la famille de Théhillac). A droite du chœur, pierre tumulaire de 2<sup>m</sup>,20 de longueur sur 0<sup>m</sup>,75 de largeur; au milieu, plusieurs écussons; inscription en capitales romaines à la bordure, le tout en creux. Les écussons figurent les armes des seigneurs de Théhillac (à 3 croissants), isolées ou unies à d'autres armes : 1° à 6 feuilles de chêne, 3, 3; 2° à une fasce chargée et accompagnée. L'inscription indique que là repose messire Jacques de Théhillac, mort en 1545. Autre tombe au haut de la nef : c'est celle d'un seigneur de Bec-de-Lièvre; elle est plus moderne que la précédente. Assez beau tableau (*Descente de croix*) dans le retable. Au cimetière, croix dont le sommet, percé d'un quatrefeuille à jour, est bordé par huit arcs égaux et rentrants. — Château de Théhillac : traces de construction ancienne (O. nouv. éd.).

### CANTON DE ROCHEFORT.

(Chef-lieu : Rochefort.)

**CADEN.** *Ép. celtique.* Une monnaie gauloise a été trouvée dans cette commune et attribuée aux Vénètes (Ass. br. Bull. de 1846). || *Ép. romaine.* Fer de lance trouvé, à 10 pouces en terre, dans une lande de cette commune (don de M. Marot au musée de la Soc.). || *Moyen âge.* Église paroissiale de Saint-Pierre-ès-Liens : cadran solaire de 1637, avec dessins, sur ardoise. — Dans le cimetière, fragment de lec'h arrondi. Sur le mur du cimetière, sommet d'une ancienne croix en forme de quatrefeuille, figurant d'un côté le Christ, de l'autre une scène que nous n'avons pu définir, tant la sculpture est grossière. Calice en argent, à base circulaire très-large et coupe légèrement évasée. — Sur la route de Malansac, croix de 1 mètre de hauteur environ, larges bras avec renflement aux aisselles et cinq points dans un cercle à l'intersection. — Plus loin, sur la même route, est une croix ancienne de forme ordinaire, haute de 1 mètre, portant en creux une autre croix avec les cinq trous au centre, mais disposés en losange.

**LIMERZEL.** *Ép. celtique.* Au nord-ouest de Brespan, neuf tombelles dont quelques-unes ont été fouillées (C. D.). — Une hache celtique trouvée dans cette commune a été donnée au mus. de la Soc. par M. l'abbé Piéderrière. || *Ép. romaine.* La voie de Vannes à Angers traverse cette commune. (O. nouv. éd.). || *Moyen âge.* Église paroissiale de Saint-Sixte : sur une borne, dans le cimetière, cadran solaire de 1741. Calvaire dont le sommet carré, à pignon et trilobes, représente d'un côté la sainte Vierge, de l'autre le crucifiement. On a transporté sur le mur du cimetière un léc'h bas, arrondi. Calice en argent à base large terminée par 8 lobes

demi-circulaires sur l'un desquels est un écusson à l'aigle éployée; renflement au milieu du pied; ciselures flamboyantes finement exécutées; coupe très-ouverte, légèrement évasée sur les bords. — Chapelle Saint-Laurent (au bourg) : aujourd'hui abandonnée. Appareil irrégulier à la nef; on y remarque même, au sud, quelques briques; ailleurs grand et moyen appareil. Forme de croix latine à un seul bras, au sud, de même époque que le pignon occidental. A ce transept, contreforts adhérents ornés de niches à trilobes aigus. Porte occidentale à anse de panier et accolade à crosses; portes à cintre brisé au sud et au nord de la nef. Dans le transept, sur une sablière, inscription gothique en creux qui fait remonter la construction de la chapelle à M<sup>re</sup> P. de Coëtlagat, recteur; elle est accompagnée d'un écusson à une bande. A l'est, fenêtre à cintre brisé, aujourd'hui bouchée. — Chapelle Saint-Julien ou du Temple-de-Haut : a appartenu aux Templiers. Appareil irrégulier. Forme rectangulaire. Contre-forts bas, adhérents. Portes à cintre brisé. Dimensions du monument dans œuvre : 12 mètres sur 5 environ. Les fenêtres du chœur sont à cintre brisé, meneaux rayonnants. Au maître-autel, retable en granit grossier, divisé en quatre compartiments trilobés, où sont sculptées la naissance du Christ et sa mort, alternées avec deux personnages saints. Piscine à cintre brisé. Dans un coin de la chapelle, ancienne cuve circulaire, de 0<sup>m</sup>,60 de diamètre, qui a dû servir de bénitier. Banc de pierre tout le long de la nef, à l'intérieur. Peinture moderne sur les murs, plusieurs fois répétée; écusson de gueules à une croix d'argent dans un collier d'ordre, surmonté d'une couronne ducale avec croix de Malte derrière. — Auprès de la chapelle, calvaire au sommet carré à pignon et colonnettes, reposant sur une torsade : d'un côté le Christ, de l'autre la sainte Vierge soutenant le corps du Sauveur; cette croix a été renversée et remise de travers par rapport à la base. — A Créviac (croix du chemin), croix ancienne de granit grossier, haute de 1<sup>m</sup>,90 hors de terre, large de 0<sup>m</sup>,60 au pied, épaisse de 0<sup>m</sup>,20; bras pattés. — Près des ruines de la chapelle du Temple-de-Bas, croix ancienne mutilée. — Près de la chapelle du Temple-de-Haut, croix à bras légèrement pattés, en granit grossier : hauteur, 1<sup>m</sup>,80; largeur, 0<sup>m</sup>.35; épaisseur, 0<sup>m</sup>,25 environ; avec cinq trous à l'intersection des bras. — Château de Pinieuc : porte à anse de panier et accolade. A la chapelle du château, qui sert aujourd'hui de cellier, porte à anse de panier à retraites ornées d'un rinceau de vigne et accolade aux extrémités de laquelle se voient, d'un côté, un moine accroupi, de l'autre, un ange présentant un écusson uni; fenêtre à cintre brisé, meneaux flamboyants; animaux sculptés aux extrémités du pignon principal. || *Ép. moderne.* Sur une maison du bourg, à côté de l'église, écusson détérioré qui ne remonte pas plus haut que le xvii° siècle, portant les armes de plusieurs familles; on y distingue encore celles de Pinieuc et de Rieux.

**MALANSAC.** *Ép. celtique.* Lande de Bodélio, menhir et dolmen ruiné (Catal.). — A la Loulaie, monument de la Butte-aux-Follets (*ibid.*). || *Ép. romaine.* La voie de Vannes à Angers traverse cette commune (O. nouv. éd.). — Aux villages de la Haudraye et de l'Hôpital, nombreux débris romains (C. D.). — Id. au sud de la Ville-Cléraut (Catal.). || *Moyen âge.* Église paroissiale de Notre-Dame : vieil if dans le cimetière. Tout auprès, lec'h bas, arrondi, presque enfoui; un autre à l'angle nord-ouest de l'église. L'ancienne croix du cimetière a été transportée à la sortie du bourg sur la route d'Allaire. Coffre de 1 mètre de hauteur environ sur 1$^m$,60 de largeur et 0$^m$,80 de profondeur, richement sculpté sur la face principale et sur les flancs, le tout divisé en 8 panneaux; rinceaux, colonnettes, figures grotesques, animaux fantastiques, écusson écartelé aux 1 et 4 coupé au 1 échiqueté, au 2 losangé, aux 2 et 3 à 2 têtes humaines accompagnées, sur le tout écu à 3 chevrons; croix grecque florencée plusieurs fois répétée; serrure habilement ciselée à jour, et qui semble plus ancienne que le coffre. — Chapelle Saint-Jean-Baptiste (au village de l'Hôpital) : petite fenêtre à l'est, aujourd'hui bouchée, cintre brisé en lancette, dimensions de 1 à 3. La plupart des lieux-dits, au village de Bas, tout auprès, rappellent le souvenir d'une communauté qui ne peut-être que celle des chevaliers de Saint-Jean. — Chapelle Saint-Fiacre, en ruine. Grand et moyen appareil. Forme rectangulaire. Porte à cintre brisé à colonnettes. Dimensions du monument dans œuvre : 12 mètres sur 6 environ. Deux fenêtres à cintre brisé en lancette, dimensions de 1 à 2; à l'une d'elles, traces de meneaux en trilobes. A terre, statue en bois très-détériorée. — Chapelle Notre-Dame (à Carpehaie), ruinée depuis longtemps, car de très-gros arbres ont déjà poussé dans l'intérieur. Appareil mélangé. Forme rectangulaire. Contre-forts adhérents, intérieurs. Clocheton en pierre sur le portail occidental. Porte à cintre brisé. Dimensions du monument dans œuvre : 12 mètres sur 6 environ. A l'est, fenêtre à cintre brisé, meneaux rayonnants. Piscine à cintre brisé. Tout près de la chapelle, à l'ouest, lec'h bas, arrondi.

**MISSIRIAC.** *Ép. romaine.* Sur la rive gauche et près de la rivière d'Oust, en face de l'écluse de Fohenno, ruines romaines, murs, briques, poteries. (Fouilles opérées, il y a plusieurs années, par M. Ch. de la Monneraye. Voir C. D.) — Dans un champ, à l'est de Bermagois, briques à crochet (*ibid.*). || *Ép. moderne.* Église paroissiale de Notre-Dame : restes d'une construction du xvii° siècle au pignon occidental. Crochets et animaux aux rampants. Tour carrée en pierre

amortie en ardoises, à l'aisselle de la nef et du transept nord. Porte plein cintre avec accolade à crosses et animaux. Au-dessus, petite fenêtre à cintre brisé.

**PLUHERLIN.** *Ép. celtique.* Sur la lande de Lanvaux, au bord de la route de Rochefort à Malestroit, menhir de 5 mètres de hauteur sur 6 de circonférence (C. D.). — Dans la lande du Haut-Brambien, grand nombre de blocs de pierre disposés de main d'homme dans un périmètre de 7 à 8,000 mètres (*ibid.*) (voir aux arch. de la Soc. le mémoire de M. Fouquet). — Entre la Courtile et la Pouperiote, élévation de 12 à 15 pas de diamètre; charbons et pierres de granit (Catal.). || *Ép. romaine.* Au château de Kerfériou, retranchement (*ibid.*). — Des fouilles faites il y a quelques années par M. l'abbé Marot, curé de Rochefort, à la Grée-Mahé, ont mis à découvert les restes d'une construction romaine de petit appareil figurant deux hexagones réguliers concentriques. L'hexagone intérieur a 3 mètres sur chaque côté; les angles sont renforcés par une espèce de contre-fort peu saillant. Une distance de 3$^m$,50 environ sépare les deux enceintes. Nombreux débris de briques à rebords. — A 100 mètres au sud du bourg, dans le champ du Méteno, des fouilles faites également par M. Marot ont amené la découverte d'une villa gallo-romaine (C. D.). — Autre villa à la Ville-Jule (*ibid.*). — Ruines romaines à Carévin (Catal.). — Id. à Carnoguen (*ibid.*). — Cognée trouvée dans cette paroisse et donnée au mus. de la Soc. par M. Marot. || *Moyen âge.* Église paroissiale de Saint-Gentien : traces d'une construction ancienne, avec des additions et restaurations au xvii° siècle. Il y aurait eu là, suivant la tradition, une communauté. A la nef, petit appareil irrégulier jusqu'à une certaine hauteur, puis moyen appareil. Forme de *tau* grec. Collatéraux au chœur, dont une partie sert de transepts. Crosses et animaux aux rampants. Sur l'intertransept, tour carrée de 1616, avec flèche en ardoises, et modillons portant les noms des prêtres et notables de cette époque. Au sud, porte à cintre brisé; la porte de l'ouest, qui offrait une double baie entourée d'animaux, a subi une restauration malheureuse. Dimensions du monument dans œuvre : 32 mètres sur 6 environ. Trois travées d'architecture au chœur, y compris les transepts. Arcades à cintre brisé simple, reposant, au chœur, d'un côté sur une courte colonnette cylindrique, de l'autre sur un pilier polygonal, les deux à simple tailloir. Entraits à têtes de crocodiles. Fenêtres à cintre brisé, meneaux rayonnants ou flamboyants. Restes de vitraux : saint Gentien portant sa tête, saint Sébastien, sainte Barbe, Jésus crucifié; au sud, écusson à 3 croissants. Au maître-autel, retable du xvii° siècle à colonnes torses (rappelant celui de la chapelle Saint-Mériadec en Plumergat). Piscine trilobée. Dans l'ancienne sacristie, au premier étage en montant à la cloche, statue de saint Gentien, en costume de chevalier, tenant sa tête dans ses mains, à chaussures en bec-de-cane. Pierres tumulaires dans l'intérieur : 1° fragment d'une pierre portant en creux une croix un peu pattée; 2° autre pierre dont une partie est couverte par la chaire à prêcher: elle peut avoir 2 mètres de long sur 0m,60 de large à la tête et 0m,40 ou 0m,50 aux pieds, et elle porte en creux une croix pattée; 3° autre pierre de même forme et de mêmes dimensions que la précédente; la tête est cachée sous les marches d'un autel. Celle-ci porte des sculptures en relief : au milieu, une croix pattée; à droite, une courte épée; à gauche, un écusson fruste sur lequel on distingue encore cependant 3 croissants (comme ci-dessus). Au nord, à l'extérieur de l'église, on a encastré une pierre portant en gothique le nom L. Michon, suivi d'une croix. Au sud, ossuaire daté de 1601. — Dans le cimetière, croix assez ancienne, grossièrement sculptée; bras pattés; de chaque côté, le Christ; une autre, plus ancienne, très-épaisse, toute couverte de lierre. Près du cimetière, lec'h bas, arrondi : on y a gravé une croix à une époque moderne; une autre pierre, assez grosse et retaillée, semble avoir été aussi un lec'h. Enfin plusieurs fragments de pierres cylindriques, tant dans l'intérieur de l'église qu'aux environs, pourraient avoir formé primitivement une colonne ou un grand lec'h (voir à Priziac le *canon* de saint Bého). — Chapelle Notre-Dame de Bon-Reconfort : portes, piscine et fenêtre à cintre brisé; celle-ci à meneaux flamboyants.

|| *Ép. moderne.* A côté du cimetière de l'église paroissiale, maison en pierre avec porte à anse de panier; fenêtre à pignon orné de crochets; une autre à pilastres, rinceaux et demi-cercle chargé d'une coquille : celle-ci est datée de 1667.

ROCHEFORT. *Ép. romaine.* Collection de poteries et d'objets divers chez M. l'abbé Marot, curé de cette commune. Quelques-unes de ces poteries portent des *graffiti*. || *Moyen âge.* Église paroissiale de Notre-Dame de la Tronchaye (anc. trève de Pluherlin) : construite sur une pente naturelle du terrain. Grand et moyen appareil. Forme basilicale. L'église ayant été transformée en collégiale au XVI° siècle, un nouveau bas-côté fut ajouté au sud de l'édifice, devenu trop petit, et le chœur séparé de la nef par un mur de clôture. Contreforts adhérents, ornés de niches et de culs-de-lampe. Gargouilles en pierre, têtes de monstres. Au-dessus de l'intertransept, tour carrée amortie en ardoises. Portes à anse de panier et accolade, avec colonnettes; le portail nord, très-large, semble avoir été primitivement à deux baies, le tout encadré dans une grande arcade à cintre brisé à retraites, tympan à meneaux flamboyants. Dimensions du monument dans œuvre : 45 mètres de long, y compris le chœur, sur 14 mètres de large, sans compter la nef ajoutée au sud. Quatre travées d'architecture à la nef. Hautes arcades, les unes à plein cintre,

à la nef, les autres à cintre brisé, reposant les premières sur de grosses colonnes cylindriques avec traces de chapiteau sculpté (feuillage, animaux), base élevée avec une petite pièce avancée aux encoignures, comme pour simuler des pattes; les autres portées par pénétration sur des piliers cylindriques ou polygonaux. Lambris simple à cintre brisé. Entraits à têtes de crocodiles. Quelques sculptures sur les sablières : têtes humaines, ornements fleuris, animaux fantastiques, truie qui file, écusson parti au 1 coupé de Rieux (5 besants) et de Rochefort (vairé), au 2 à 3 fleurs de lis chargées d'une cotice (la Tronchaye). Fenêtres à cintre brisé, meneaux flamboyants; chacune d'elles fait saillie à l'extérieur par un pignon orné de chou, crosses, personnages et animaux sculptés. Une grande fenêtre, à l'ouest, a été bouchée et remplacée par un oculus circulaire; elle surmontait une porte également bouchée. Fragments de vitraux. Dans le chœur, traces de piscine à anse de panier et accolade. Dans le chœur également, stalles en chêne sur lesquelles sont gravés, avec les dates 1590 et 1592, les noms de tous les chanoines qui les occupaient à cette époque. Au-dessus de l'arcade triomphale, on a conservé les restes d'un jubé, seize panneaux en bois habilement sculptés en accolades et flammes à jour. A l'extérieur, à gauche du portail nord, sur un contre-fort, inscription gothique en relief qui fixe l'achèvement de ce portail à l'an 1533. Cette date est évidemment celle d'une restauration. Du même côté, au milieu de l'ancien cimetière, calvaire richement sculpté: au sommet, d'un côté le crucifiement, de l'autre la descente de croix; sur la base hexagonale, différentes scènes de la Passion; ornements en cintres brisés, anses de panier, trilobes et accolades. Deux statues de marbre représentant la sainte Vierge et saint Joseph sont celles de Claude de Rieux et de Catherine de Laval, sa femme, qu'on a entièrement retaillées. Porte-châsse en chêne, de 1630. (Voir aux arch. de la Soc. la copie fournie par M. Marot d'un inventaire, dressé en 1620, des biens meubles de l'église de Rochefort.) — En sortant par le vieux bourg, sur la route de Malestroit, à l'angle d'une des dernières maisons, lec'h bas, arrondi, aujourd'hui hors de terre. Non loin de là s'élevait autrefois une chapelle dédiée à saint Nicolas. — Château de Rochefort : comme la ville; ruines assez considérables, pans de murailles à trois étages dont les ouvertures accusent une reconstruction moderne; murs de 2 mètres d'épaisseur; restes de corbeaux et de mâchicoulis. Grande étendue de l'enceinte. Douves larges et profondes. A droite de l'entrée, restes de grosse tour circulaire en grand et moyen appareil avec de larges fosses de même forme; autre tour du même côté, en schiste comme presque toutes les maisons de la ville: celle-ci a servi de chapelle; au-dessous, caveau et couloir en maçonnerie. On voit encore trois autres tours, dont une habitée. Dans les décombres, fragments de sculptures, entre autres, pierre angulaire figurant un ange qui porte un écusson écartelé de Rieux et de Rochefort. Un second écusson a été encastré dans une construction nouvelle, près des ruines; il est le même que celui qui est sculpté sur une sablière de l'église paroissiale (Rieux, Rochefort et La Tronchaye). Ce château, deux fois ruiné, passa au XVII° siècle de la famille de Rochefort dans celle de Larlan, qui le fit reconstruire en partie, puis dans celle des Nétumières. Quoique la ville n'ait jamais été fermée, on y remarque des portes construites au siècle dernier et un passage étroit assez curieux du côté de la route de Malansac. || *Moyen âge* et *Ép. moderne.* Nombreuses maisons du XV°, du XVI° et du XVII° siècle, une, entre autres, sur la place, de grand et moyen appareil : fenêtres carrées ornées de rinceaux et autres sculptures; celles de l'étage supérieur surmontées d'un fronton demi-circulaire; portes à anse de panier et accolade avec chou et crosses; petite tourelle polygonale, amortie en ardoises et sur encorbellement, faisant saillie sur la façade principale. — Chez M. l'abbé Marot, collection numismatique. — Une monnaie de Charles VIII, en argent, trouvée en 1860 dans une ardoisière près de la ville, à une certaine profondeur, semblerait indiquer que les carrières, si nombreuses en ce pays, étaient déjà exploitées à la fin du XV° siècle ou, au moins, au commencement du XVI°. || *Ép. moderne.* Chapelle Saint-Michel : reconstruite à une époque moderne; cette chapelle, qui renferme une cloche de 1670, passe pour avoir appartenu primitivement aux Templiers; une maison, à l'est, porte encore le nom de *Prieuré.*—Chapelle Saint-Roch : toute moderne, sur l'emplacement d'une ancienne chapelle du même nom dont on a retrouvé et conservé la première pierre, datée de 1527. La construction primitive aurait été, suivant la tradition, le résultat d'un vœu fait à l'occasion d'une peste qui décimait la ville.

SAINT-CONGARD. *Ép. celtique.* Près du bois de Misny, beau menhir (Catal.). — Dans un champ de Bignac, grotte-aux-fées de 14 mètres de longueur, 2 mètres de largeur et 1<sup>m</sup>,50 de hauteur (C. D.) || *Ép. romaine.* Urne cinéraire trouvée récemment dans la lande de Lanvaux et donnée au musée par M. Fouquet. || *Moyen âge.* Dans le mur du cimetière de l'église paroissiale, lec'h bas, arrondi, creusé postérieurement au sommet. — Nombreuses ruines romanes dans les constructions du village de Coëtleu-de-Bas (voir aux arch. de la Soc. le mémoire de M. Fouquet).

SAINT-GRAVÉ. *Ép. celtique.* Dans le bois de Cancoët, près de l'étang, menhir haut de 2 mètres (C. D.). — Sur la lisière du même bois est un beau dolmen (*ibid.*) que l'on appelle la *Maison des follets* (Catal.). || *Ép. romaine.* Dans les landes de Lanvaux, vaste retranchement (C. D.). || *Moyen âge.* Église paroissiale

de Saint-Denis : restes d'une ancienne construction au sud de la nef. Deux fenêtres à cintre brisé, meneaux rayonnants et flamboyants. Croix processionnelle en argent, de 1664.

SAINT-LAURENT. *Moyen âge.* Église paroissiale de Saint-Laurent : petit appareil irrégulier. Forme de croix latine à un seul bras, au nord. Contre-forts simples, adhérents, peu saillants. Clocheton carré en pierre, à l'ouest. Portes à cintre brisé simple; celle de l'ouest a été augmentée postérieurement d'un porche. Dimensions du monument dans œuvre : 16 mètres environ sur 5. Le transept est relié à la nef par une grande arcade à cintre brisé retombant sur de simples abaques. Dans le transept, fenêtre à cintre brisé, meneaux flamboyants aujourd'hui mutilés. Restes de vitraux : le Christ, saint Laurent; écusson de gueules à 10 besants d'or (Malestroit). Cadran solaire sur ardoise, de 1646. Dans le cimetière, croix à bras pattés, de forme élégante. Autre croix de même forme à peu près, non loin du bourg, sur le chemin du presbytère; celle-ci présente en outre, sur le fût, 5 petits trous. A la sacristie, petit reliquaire d'argent, en forme de parallélipipède rectangulaire surmonté d'une croix, porté sur un pied à nœud. La base se rattache, de chaque côté, à deux espèces de socles supportant des personnages debout dont les bras tendus semblent soutenir le reliquaire à ses extrémités. || *Ép. moderne.* A côté de l'église paroissiale, maison de 1604, à fenêtres ornées de denticules.

CANTON DE SARZEAU.

(Chef-lieu : Sarzeau.)

ARZON. *Ép. celtique.* Près du Croesty, galgal dit *le Petit-Mont,* dolmens et deux menhirs (C. D.). — A Tumiac, tumulus magnifique dit *Butte de César,* de 260 mètres de circonférence à la base et 20 mètres de hauteur. Fouillé par la Société en 1853; il surmonte une grotte sépulcrale dans laquelle on a trouvé trente keltes, dont quelques-uns fort beaux en jade, trois colliers en grains de jaspe et quelques fragments d'os humains. (Voir tous ces objets au musée; à la bibliothèque, le rapport sur cette découverte par M. le docteur Fouquet, et aux archives, celui de M. de Fréminville, 1856.) — Au Bourgneuf, peulvan renversé de 3 mètres, un autre de 3<sup>m</sup>,30 et un dolmen ruiné (C. D.). — Menhir sur la butte du Moténo (*ibid.*). — A Locmaria, barrow et grotte-aux-fées de 17 mètres de longueur (*ibid.*). — A Pencastel est un menhir renversé (*ibid.*). || *Ép. romaine.* La voie de Vannes à Port-Navalo, embranchement de celle de Vannes à Nantes, traverse cette commune (C. D.). — A Pencastel, retranchement. Ce lieu passe pour avoir été habité par une communauté de Templiers (*ibid.*). — A Port-Navalo, ruines romaines (Catal.).

**SAINT-GILDAS-DE-RHUIS.** *Ép. celtique.* Près du marais de Kerver, menhir de 4 mètres (C. D.). — Près du village du Net, menhir de 3 mètres de hauteur; autre renversé de 5$^m$,30, dit *Guiguenn-Amonenn* (la moche de beurre); deux autres de 4 mètres; débris d'une roche-aux-fées de 23 mètres de longueur sur 4 mètres de largeur, dans une pièce de terre nommée *Clos-er-by* (le champ du tombeau) (C. D.). — Près de Kerfago, dolmen dit *Men-Platt* (pierres plates) (O. nouv. éd.). — Près de Largueven, menhir renversé de 5 mètres de longueur, dit *Gourhet-Janett* (le fuseau de Jeannette). Dans un champ voisin, découverte, en 1810, d'une trentaine de keltes, la plupart en jade (C. D. art. *Sarzeau*). ‖ *Ép. romaine.* La voie de Vannes à Port-Navalo traverse cette commune (C. D.) ‖ *Moyen âge.* Ruines de l'ancienne église paroissiale de Saint-Goustan, dans le cimetière. Il ne reste de ce monument qu'une arcade massive très-large à plein cintre, qui sert aujourd'hui d'entrée au cimetière. — Église paroissiale de Saint-Gildas (ancienne église de l'abbaye de ce nom). Il ne reste qu'une partie du monument primitif, à l'est et au nord. Petit appareil avec feuilles de fougère au chœur et au transept nord. Plan en forme de croix latine; collatéral tout autour du chœur, avec trois chapelles demi-circulaires; deux chapelles semblables aux transepts. Contre-forts simples, très-élevés, peu saillants. Figures humaines, têtes d'animaux et modillons à la corniche. Porte à cintre brisé. Colonnes romanes appliquées sur piliers, à base peu élevée, supportant des arcades à plein cintre; chapiteaux à feuillage, enroulements et entrelacs. Deux anciens chapiteaux romans très-larges y servent aujourd'hui de bénitiers. Voûtes en pierre. Cul-de-four aux chapelles. Fenêtres à plein cintre, dont quelques-unes très-étroites. A l'extérieur d'une des chapelles du chœur dédiée à la sainte Vierge, on voit, grossièrement sculptés, des chevaliers qui combattent. Grand nombre de tombeaux : 1° Derrière le maître-autel, dans un enfoncement, tombe dite *de saint Gildas*, en granit, longue de 2 mètres, large de 0$^m$,70 à la tête et 0$^m$,80 aux pieds; soulevée en 1856 par M. de Langlais, elle laissait voir quelques ossements réunis dans une espèce de boîte carrée taillée dans la pierre même. 2° à 6° Au milieu du chœur, cinq pierres tumulaires de 1$^m$,80 sur 0$^m$,50 environ; figures et inscriptions en creux, toutes presque frustes; pieds tournés vers l'autel. A la première à droite, couverte en partie par des stalles, on ne distingue plus que la tête posée sur un coussin : c'est la tombe de Nicolas de Bretagne, mort en 1251. A la deuxième, un fragment de date : ..... (M) CC : XL : VI; c'est celle de la mort de Thibaut de Bretagne. La troisième tombe est celle d'Aliénor, morte en 1248; la quatrième, celle d'un autre Thibaut, mort en 1251, tous quatre enfants de Jean I$^{er}$, dit le Roux, duc de Bretagne; la cinquième, celle de Jeanne de Bretagne, morte à la fin du XIV$^e$ siècle, fille de Jean IV et de Jeanne de Navarre (voir aux arch. de là Soc. un mémoire de M. L. Galles). 7° A droite du chœur, tombe offrant des traces de sculptures et d'inscriptions; longueur, 2 mètres; largeur à la tête, 0$^m$,60; aux pieds, 0$^m$,40. 8° Dans le transept nord, tombe de Riocus, attribuée par la tradition à saint Bieuzy, couverte en biseau, avec une croix pattée en relief et l'inscription RIOCVS ABBA; longueur, 2 mètres; largeur à la tête, 0$^m$,70, aux pieds, 0$^m$,45. 9° Tout à côté, tombe de saint Félix; à peu près les mêmes dimensions, couverte de même, croix pattée et inscription : ✝ II. ID. FEBR. OBIIT FELIX ABB. ISTIVS LOCI. Chacun de ces deux derniers tombeaux se trouve sous une arcade romane pratiquée dans la muraille. 10° Tombe de chevalier, 2 mètres de long sur 0$^m$,80 de large; en relief, une épée et un écusson à dix billettes, et sur le tout une bande chargée de cinq besants ou tourteaux. (Voir, pour les tombes n$^{os}$ 8, 9 et 10 les dessins de M. Ch. de Fréminville, aux arch. de la Soc.) 11° Tombe de saint Goustan, en dos d'âne, tête plus large que les pieds. 12° Une tombe de 2$^m$,20 sur 0$^m$,80 environ, inscription fruste en caractères du XIV$^e$ siècle; on distingue encore, au sommet, un écusson à 2 fasces accompagnées de 3 étoiles, une crosse sur le tout. 13° Une de 2 mètres sur 0$^m$,50 à la tête, 0$^m$,40 aux pieds, représentant une croix dont le sommet est formé par quatre doubles circonférences, crosse à côté, inscription en lettres onciales à la bordure : « ✝ Hic jacet Guill : de : Moncontor : ........ : isti' : loci : « aïa ci' requiescat : in pace : Amen. » 14° Une de 2$^m$,20 environ sur 0$^m$,80 au sommet, 0$^m$,60 à la base; offrant une croix aux extrémités, et angles florencés; crosse à côté. 15° Une de 2 mètres sur 0$^m$,60 environ, où sont sculptés en relief une crosse et un écusson à un oiseau. 16° Une de 2 mètres sur 0$^m$,70 environ, sur laquelle sont gravées une croix simple, une crosse et un écusson fruste. 17° et 18° Deux pierres simples en schiste (toutes les précédentes sont en granit), sans dessins ni inscriptions. 19° Une de 2$^m$,20 sur 0$^m$,80 environ, également en schiste, portant en bordure une inscription dont on ne peut plus guère lire que la dernière partie : « ✝ Ci-gist............... de.ceans et. « decebda le XXVII. dapvril lan M V$^c$ L. et IIII. » Nombreuses petites dalles carrées indiquant les tombeaux des simples religieux. A l'extérieur du transept nord, inscription en capitales romaines relatant la mort d'un certain Simon, moine de Saint-Gildas, datée seulement du 5 des ides de septembre. Trésor de l'église : chef de saint Gildas, dans un reliquaire d'argent plaqué; trois autres reliquaires d'ornementation rayonnante, renfermant un os de la jambe, un du bras et un de la cuisse du même saint. Châsse moderne d'argent, semée d'hermines et de fleurs de lis, contenant plusieurs ossements d'origines diverses. Mitre de soie verte brochée d'or et d'argent, avec figures de personnes divines et de saints, ornements appliqués; elle passe pour avoir servi au savant et malheureux Abailard, abbé de Saint-Gildas au commencement du XIIe siècle; mais elle est de trois siècles postérieure. Tableau relatif au meurtre de sainte Triphine (XVIe siècle). (Voir au presbytère un manuscrit du XVIIe siècle, intitulé : *Cæremoniale locale monasterii sancti Gildasii Rhuyensis, etc.*) Il serait bien urgent de prendre les mesures nécessaires pour prévenir la destruction complète des tombes ci-dessus décrites, et qui n'ont été jusqu'à ce jour l'objet d'aucun soin, malgré leur importance au triple point de vue religieux, artistique et historique. L'église elle-même a fort à souffrir de l'humidité qui la pénètre de toutes parts. (Voir aux arch. de la Société les rapports de MM. de Langlais et Jaquemet, 1856; et à la bibliothèque, le *Bull. archéol. de l'Ass. br.* pour 1854, et l'ouvrage de M. de La Monneraye intitulé : *Essai sur l'histoire de l'architecture religieuse en Bretagne aux XIe et XIIe siècles.*)

SARZEAU. *Ép. celtique.* Non loin de Cohporh, peulvan de 4 mètres de hauteur et de 8 mètres de circonférence (C. D.). — A Croen-Linden, cromlech (*ibid.*). — Entre Sucinio et la Noëdic, petit dolmen (*ibid.*). — A Prat-Fetenu, dolmen ruiné dit *Men-Beniguett* (la pierre bénite) (*ibid.*). — Au moulin du Trest, dolmen (*ibid.*). — Entre le Porh et Kergillet, dolmen de *Lannec-er-Men* (*ibid.*). — A Brillac, dolmen brisé (*ibid.*). — Près de Kerblay, dolmen dit *Men-Hiol* (pierre du soleil) (*ibid.*). — Dans le clos Rodus, grotte-aux-fées de 10 mètres de longueur (*ibid.*). ‖ *Ép. romaine.* La voie de Vannes à Port-Navalo traverse cette commune (*ibid.*). — A Toul-er-Serp, restes d'un retranchement (O. nouv. éd.). — Nombreux débris romains à Truscat, Penvins, Benanze (C. D.). ‖ *Moyen âge.* Chapelle Saint-Sébastien (à Kerguet); forme rectangulaire. Portail occidental à double accolade, avec chou et colonnettes à pinacles. Dimensions dans œuvre : 14 mètres sur 6 environ. A l'est, fenêtre à cintre brisé, meneaux de style flamboyant. Piscines à accolade. Petit bénitier sur pied polyèdre, orné de feuillages. — Près de la chapelle de l'ancien château de Coëtdihuel, cercueil en pierre long de 2[m],10, large de 0[m],90 à la tête, de 0[m],60 aux pieds, profond de 0[m],25; place de la tête taillée à angles droits (comme à Saint-Germain en Elven). — Château de Sucinio : plan à peu près quadrilatéral (voir Album de C. D.). En ruines, surtout au sud; ciment rempli de coquillages. Le mur d'enceinte du parc présente en deux endroits, sur la route de Sarzeau, l'appareil en feuilles de fougère. Douves larges et profondes, dans lesquelles l'eau était amenée par un conduit voûté à cintre brisé. Triple pont-levis;

môles en pierres de taille. Porte d'entrée, au sud-est, surmontée d'écussons frustes, dont l'un tenu par un griffon ou chimère armée d'une lance entre deux cerfs. Six tours rondes apparentes à l'extérieur, savoir : une de chaque côté de la porte d'entrée, une autre au sud et trois au nord-est. Bâtiments d'habitation au sud-est et au nord-ouest; le tout relié par des courtines. Petit appareil en général, excepté pour le bas des tours, qui est taluté. Archères et embrasures de canon; mâchicoulis à cintre brisé, avec corbelets à quatre retraites. Tous les escaliers ont disparu, sauf un seul au nord-ouest. Fenêtres carrées à croisées de pierre, le plus souvent surmontées d'un plein cintre destiné à alléger la charge supérieure. Murs épais de 3 mètres environ, avec couloirs. A l'intérieur, portes à cintre brisé, d'autres à accolade avec chou et crosses. Quelques salles voûtées en pierre; larges cheminées à colonnettes; marques d'ouvriers. Des tourelles circulaires, à l'est, et une polygonale, à l'ouest, renfermaient les escaliers. Au deuxième étage de la grosse tour, à droite de l'entrée, chapelle voûtée, éclairée par une fenêtre à cintre brisé de style flamboyant (cette fenêtre est visible de l'extérieur); de chaque côté, réduits servant sans doute l'un de sacristie, l'autre de tribune particulière pour le duc et sa famille; communication, par une large arcade, avec une grande salle où se tenait le reste des habitants du château. Traces d'un puits dans la cour. Construit par les ducs de Bretagne au XIIIe siècle (tour de cette époque au nord), réédifié en grande partie au XVe et au XVIe siècle, ce château fut probablement une habitation de plaisance, ainsi que l'indique son nom (*Soucy-n'y-et*); il joua un grand rôle dans les guerres du XIVe siècle, et, à partir du XVIe, il passa en diverses mains. Suivant la légende, il a été habité par la fée Mélusine, et le serait encore aujourd'hui la nuit par des revenants. ‖ *Moyen âge* et *Ép. moderne.* Au bas de l'église paroissiale de Saint-Saturnin, pierre tumulaire de 1601; inscription fruste; les lettres MIN. feraient penser que c'est la tombe d'un ministre des Trinitaires de Sarzeau. Sur la place qui avoisine l'église paroissiale, gros lec'h bas, renversé. — Autre lec'h sur la route de Saint-Gildas. — Autre à Saint-Armel, route de Vannes, près d'une croix; il est renversé et présente au sommet une ligne creuse formant bourrelet. ‖ *Ép. moderne.* Dans la ville, maison du XVIIe siècle, où naquit le célèbre Lesage.

### CANTON DE VANNES-EST.
#### (Chef-lieu : VANNES.)

HÉZO (LE). *Ép. romaine.* Voie de Vannes à Port-Navalo (C. D.). — Voir dans le musée un fragment de mosaïque trouvé au bourg.

NOYALO. *Ép. celtique.* Menhir dans la lande dite *Toul-er-Menhir* (O. nouv. éd.). — Peulvan, près du bourg, dans le champ du Graloch (O. nouv. éd.). || *Ép. romaine.* Voies de Vannes à Nantes et à Port-Navalo (C. D.) — Débris romains derrière la chapelle Notre-Dame-de-Miséricorde (Catal.). || *Moyen âge.* Près du cimetière, sur la route de Sarzeau, quatre lec'hs bas, arrondis.

SAINT-AVÉ. *Ép. romaine.* Voie de Vannes à Rennes (C. D.).—Voie de Vannes à Corseul, portant le nom de *Vieux grand chemin de Saint-Jean-Brévelay* (*ibid.*).— Au sud de la chapelle de Mangolérian, retranchement considérable à triple enceinte, connu sous le nom de *Castel-Ker-Nevé* (château du village neuf) (*ibid.*). — Au bourg d'en haut, près de la fontaine, débris romains (Catal.) — A Tréalvé, ruines romaines; fouille faite par la Société en 1858 (voir aux archives un plan de MM. Ch. de Fréminville et Grégoire). || *Moyen âge.* Église paroissiale de Notre-Dame (jadis Saint-Gervais et Saint-Protais) (au bourg d'en haut) : on n'a conservé de l'ancienne construction que les transepts; fenêtres à cintre brisé, meneaux rayonnants; une fenêtre plus étroite, à trilobe, au transept sud, dimensions de 1 à 4 environ. Dans le cimetière, calvaire à large base sculptée sur trois de ses faces; sommet carré à pignon : d'un côté, le Christ; de l'autre, la Vierge tenant l'Enfant; le fût, brisé, portait également des sculptures (voir le *Bull. de l'Ass. br.* de 1854). Plusieurs lec'hs autour de l'église. Pierre tumulaire provenant du cimetière, où elle servait d'échalier; elle recouvre à présent le puits du presbytère; mutilée dans sa longueur, elle est large de 0$^m$,90 environ, et offre le dessin d'une grande croix recroisetée, cantonnée de circonférences non fermées.— Chapelle Notre-Dame (autrefois Notre-Dame-du-Loc) (au bourg d'en bas) : grand et moyen appareil. Plan en forme de croix latine. Contre-forts adhérents, surmontés de pinacles sculptés. Chou et crosses aux pignons. Clocheton d'ardoises en avant de l'intertransept. A l'ouest, porte basse à cintre brisé, formé de plusieurs retraites en tores. Dimensions dans œuvre : 28 mètres sur 6 environ. Lambris sur arceaux à clefs sculptées; quelques-unes figurées par l'écusson de Bretagne. Entraits à têtes de crocodiles; sur le premier entrait, à l'ouest, les crocodiles luttent contre des hommes et des animaux. Sculptures aux sablières : animaux fantastiques, anges tenant des écussons dont plusieurs sont unis ou mutilés, feuilles de vigne, personnages dans des positions bizarres ou indécentes, un homme jouant de la viole, un autre appelant à lui un chien qui ronge un os (on voit entre eux deux le mot *aporte* écrit à l'envers en lettres gothiques); toutes ces sculptures sont très-soignées. On relève encore sur les sablières les six écussons suivants : 1° à une fasce accompagnée de trois quintefeuilles; 2° à une fasce qu'accompagnent trois oiseaux; 3° à une fasce nouée, accompagnée de huit merlettes, 4, 4; 4° d'hermines à

trois chevrons chargés de besants sans nombre (Benoist); 5° à une aigle éployée; 6° à trois oiseaux. En outre, inscriptions gothiques indiquant que la charpente du chœur a été faite en 1475, du temps de M$^e$ Olivier de Peillac, chanoine de Guérande, recteur de Saint-Avé, et celle de la nef en 1494, sous M$^e$ André de Coëtlagat. Fenêtres à cintre brisé, meneaux rayonnants et flamboyants; large oculus circulaire à l'ouest. Restes de vitraux; écussons : 1° de gueules à neuf besants d'or (Malestroit); 2° écartelé aux 1 et 4 d'azur à cinq besants d'or, 2, 1, 2 (Rieux), aux 2 et 3 vairé d'or et d'azur (Rochefort); 3° d'argent à la fasce nouée d'azur, accompagnée de huit merlettes de gueules, 4, 4 (voir ci-dessus et en Plunéret); 4° parti au 1 d'argent à la fasce, etc., au 2 d'or à 3 tourteaux d'azur. Dans le transept nord, retable de pierre grossièrement sculpté; un autre semblable, représentant l'Annonciation, faisait pendant au premier dans le transept sud; il gît à terre et a été remplacé sur l'autel par un beau retable de marbre en plusieurs morceaux, qui peut remonter au xv$^e$ siècle : on y voit le Père éternel et le Christ; à droite et à gauche, sous de petits dais bien fouillés, de nombreux personnages de l'Ancien et du Nouveau Testament, le tout habilement sculpté. On ignore la provenance de ce dernier retable. Au chœur, piscine à trilobe et accolade avec chou et crosses, pilastres à pinacles, et au sommet deux écussons : 1° au franc canton; 2° à trois merlettes accompagnées d'un franc canton. Bénitier à cuve octogonale de 0$^m$,90 de diamètre environ, pied orné de trilobes, deux écussons : 1° au franc canton; 2° à une bande. Culs-de-lampe à feuillages et à écussons; celui à une bande et celui au franc canton plusieurs fois répété. Au haut de la nef, calvaire en bois finement découpé, sculptures flamboyantes, accolades à chou, crosses et festons trilobés, le Christ entre la Vierge et saint Jean, au sommet un clocheton tout à jour; sur la traverse de la croix, du côté du chœur, inscription gothique rappelant que cette œuvre a été faite sous M$^e$ André de Coëtlagat, recteur, en l'an 1500. A l'ouest de la chapelle, calvaire auquel on accède par plusieurs marches, base à quatre faces chargées de personnages (entre autres, scène de l'Annonciation), sommet carré bordé par quatre accolades : d'un côté, le Christ; de l'autre, la Vierge tenant l'Enfant. Tout auprès, fontaine plus moderne, entourée d'un banc de pierre. Non loin de là, sur la route de Vannes, croix dont il ne reste plus guères que le sommet, de forme hexagonale allongée, auquel on a donné pour base un gros lec'h bas, arrondi. (Voir, sur cette église, les mémoires de MM. Galles et de La Faye, aux arch. de la Soc., et, à la bibliothèque, le *Bull. de l'Ass. br.* de 1854.) — Chapelle Saint-Michel : additions modernes à l'est. Moyen et petit appareil. Plan rectangulaire. Contre-forts inachevés.

Clocheton carré en pierre, à l'ouest. Portes à anse de panier et accolade à chou et crosses; en outre, à la porte du sud, personnages sculptés : d'un côté un homme qui de ses mains replie ses jambes en arrière, de l'autre une sirène; celle de l'ouest, plus large et flanquée de colonnettes engagées, est surmontée de trois statuettes, dont les têtes sont couvertes par des coquilles; l'une d'elles tenue par deux anges. Dimensions dans œuvre : 15 mètres sur 6 environ. Entraits à têtes de crocodiles. Sablières grossièrement sculptées : figures, fleurons, personnages, animaux; inscription gothique sur celle de gauche, indiquant que la charpente fut posée au temps de M° Pierre Cholian, chanoine de Vannes et recteur de Saint-Avé. Fenêtres à cintre brisé, aujourd'hui bouchées en partie. Piscine à anse de panier et accolade. A l'extérieur, au sud, animaux sculptés et écusson à un sautoir accompagné en pointe d'une fleur de lis. — Sur le chemin de Rulliac à Tréhonte, croix de pierre grossièrement sculptée et mutilée; surmontée d'un petit toit aigu avec chou et crosses. — A Castric, calvaire qui n'offre plus, en guise de croix, que le sommet carré, mutilé : d'un côté le Christ, de l'autre une *pitié;* anges sur les flancs; la base porte une inscription gothique qui date cette croix de 1476. — A une petite distance du bourg, sur le chemin de Keroset, deux petites croix sur une même pierre; l'une d'elles a ses bras, de forme ordinaire, inscrits dans un cercle plein. — A Coëtdigo-Kerilis, deux lec'hs bas, arrondis. (Il y a eu là une chapelle; *Kerilis* signifie place de l'église). ‖ *Ép. de la Renaissance.* Château de Rulliac : porte à anse de panier avec pilastres et fronton triangulaire; fenêtres également ornées de pilastres et frontons triangulaires ou demi-circulaires avec coquille, figures, personnages, animaux sculptés, écussons : 1° à trois oiseaux (comme à la chapelle Notre-Dame du bourg d'en bas); 2° parti au 1 de billettes sans nombre accompagnées d'une épée en franc canton (Lantivy), au 2 à 3 coquilles.

SÉNÉ. *Ép. celtique.* Près de Gornevez, dolmen ruiné (C. D.). — Dans l'île de Boued, débris de monuments celtiques, cromlech et dolmens (*ibid.*). ‖ *Ép. romaine.* Voie de Vannes à Nantes (*ibid.*). ‖ *Moyen âge.* A l'église paroissiale de Saint-Patern, calice en vermeil à base terminée par six lobes arrondis, coupe à parois droites; écusson parti au 1 de Bretagne, au 2 au lion rampant; inscription gothique qui semble indiquer que ce calice était destiné à la paroisse d'Arradon. Plaque en cuivre de 0<sup>m</sup>,15 sur 0<sup>m</sup>,10 environ, offrant au repoussé la scène de la Présentation au temple, nombreux personnages (xvi° siècle) : cet objet a été trouvé dans l'église; on ignore quelle était sa destination. (Voir chez l'un des vicaires le portrait de Pierre le Névé, recteur de Séné, mort en 1749, fait à cette époque par le peintre breton Lhermitais.) — Chapelle Saint-Vital (île de Boued) : appareil irrégulier. Plan

rectangulaire. Porte occidentale à cintre légèrement brisé avec de courtes colonnettes cylindriques engagées à chapiteau grossièrement sculpté; on distingue d'un côté des volutes; au nord, porte plein cintre sans ornements. Dimensions dans œuvre : 8 mètres sur 4 environ. Traces d'une fenêtre à cintre brisé, à l'est. Bénitier creusé dans la muraille avec sculptures. — Chapelle Saint-Laurent, récemment restaurée; fenêtres à cintre brisé et meneaux rayonnants. — Près de la chapelle, route de Vannes à Nantes, croix monolithe de 4 mètres de hauteur environ, à bras légèrement pattés. — A Montsarah, croix au sommet carré, à pignon orné de chou et crochets : d'un côté le Christ, de l'autre la mise au tombeau; personnages saints et colonnettes sur les faces latérales; pied polyèdre couronné d'une grosse torsade.

SURZUR. *Ép. celtique.* Trois menhirs de 5 mètres chacun; non loin de Bergord (C. D.). — Deux roches-aux-fées, en ruines, dans le grand taillis de Talhouët (*ibid.*). ‖ *Ép. romaine.* Voie de Vannes à Nantes, aux abords de laquelle, près de Lescorno, a été trouvée, il y a quelques années, une borne milliaire (aujourd'hui au musée) en forme de cône tronqué renversé, de 1 mètre environ sur 0<sup>m</sup>,30, avec l'inscription : IMP CAES PIAVONIO VICTORINO PIO FELICI AVG. Traces d'une station au lieu de la découverte (C. D.). ‖ *Moyen âge.* Église paroissiale de Saint-Symphorien : plusieurs additions à différentes époques; sud-est du xvi° siècle. Plan en forme de croix latine; deux bas-côtés. Contre-forts simples, élevés, peu saillants; autres surmontés d'animaux. Chou et crosses aux pignons. Tour carrée sur l'intertransept, avec petites baies romanes; flèche en ardoises. Portes à plein cintre : celle de l'ouest à trois grosses retraites formant porchet; une autre à anse de panier et accolade. Dimensions dans œuvre : 30 mètres sur 12 environ. Quatre travées à la nef. Au carré du transept, grande arcade plein cintre retombant sur colonnettes cylindriques engagées à chapiteaux romans (feuillages appliqués, oves et volutes); la nef est séparée des bas-côtés par des arcades plein cintre reposant sur piliers à simple tailloir. Fenêtres romanes au-dessus des arcades de la nef et aux murs de clôture; quelques-unes sont bouchées. A l'extérieur, à l'ouest, on voit à terre un bénitier de 1 mètre de diamètre environ, à pans coupés et cuve circulaire, flanqué d'un autre bénitier plus petit, de même forme, communiquant avec le premier et taillé dans la même pierre. Près de l'église, au sud, lec'h bas, mutilé, hors de terre. — Chapelle Notre-Dame : grand et moyen appareil. Contre-forts adhérents, avec pinacles inachevés. Chou et crosses aux pignons. Portes à plein cintre ou anse de panier avec accolade. Au nord, arcade à cintre brisé, aujourd'hui bouchée, comme pour rappeler l'existence d'un transept. Fenêtres à cintre brisé. ‖ *Ép. moderne.* La plupart des maisons du bourg sont datées, xvii<sup>e</sup> ou xviii<sup>e</sup> siècle; l'une d'elles, de 1771, présente, sculptés en relief, les principaux instruments d'un cordonnier.

THEIX. *Ép. celtique.* Près du cabaret du *Poteau rouge*, menhir haut de 2 mètres (C. D.). — Menhir de 1<sup>m</sup>,5o au sud du précédent (*ibid.*). — Près de Kerrec, deux menhirs, dont l'un de 4 mètres (*ibid.*). — A Saint-Léonard, plusieurs pierres à bassins (Catal.). ‖ *Ép. romaine.* Voie de Vannes à Nantes (C. D.). — Au sud de Salarun, deux bornes : l'une, haute de 1<sup>m</sup>,70, large de 1<sup>m</sup>,5o, épaisse de o<sup>m</sup>,6o, a deux faces parallèles et le sommet taillé en arc plein cintre (voir en Crach); l'autre, renversée, longue de 2<sup>m</sup>,2o, large de 1<sup>m</sup>,25 et épaisse de o<sup>m</sup>,8o, est taillée en pyramide quadrangulaire. — A Talhouët, retranchement de 200 pas de diamètre (C. D.). — A Brangolo, retranchement, mortier et meule à bras (*ibid.*). ‖ *Moyen âge.* Près de l'église paroissiale, lec'h bas, arrondi, hors de terre; un autre de même genre, mais plus gros, a été transporté, non loin du bourg, au point de jonction des deux routes de Nantes et de Questembert. — Au presbytère, vieille peinture représentant Moïse sauvé des eaux. — Chapelle Notre-Dame-Blanche (au bourg) : restaurations en 1742. Grand et moyen appareil. Forme de croix latine, à un seul bras, au nord. Contre-forts adhérents, surmontés d'animaux. Au sud, porte à accolade avec chou et crosses. Dimensions dans œuvre : 20 mètres sur 7 mètres environ. Le transept séparé de la nef par une grande arcade plein cintre surbaissé à plusieurs retraites pénétrant la muraille. Lambris sur arceaux. Entraits à têtes de crocodiles. Sablières sculptées : figures humaines, animaux fantastiques, truie qui file, autre qui joue du biniou, écussons : 1° à une bande chargée de mouchetures d'hermines (Salarun); 2° parti : 1 de Salarun, au 2 à 3 croissants; en outre, inscriptions qui rappellent que cette chapelle, fondée en 1439 par un seigneur de Salarun, fut réédifiée par M<sup>re</sup> Dominique de Salarun; qu'en 1536 fut placée la nouvelle charpente, sous Rolland de Salarun, à l'époque de son mariage avec Marguerite de Rohan; on y trouve également les noms des charpentiers Jehan et Pierre Nicolazo. A l'est, fenêtre à cintre brisé, aujourd'hui bouchée. Banc de pierre extérieur. Écusson de Salarun deux fois répété. Sculptures au sud. Cadran solaire sur ardoise. — Chapelle Notre-Dame (à Brangolo) : plan rectangulaire. Crosses et animaux aux pignons. Clocheton carré en pierre, à l'ouest. Inscription gothique sur la cloche; mais on ne peut la lire entièrement, à cause de sa position. Porte à cintre brisé au sud; autre à anse de panier, à l'ouest, avec accolade à chou et crochets. Entraits à têtes de crocodiles; l'un d'eux porte 2 écussons, l'un à une fleur de lis, l'autre à une moucheture d'hermines (France et Bretagne).

Fenêtre à cintre brisé, meneaux verticaux reliés par des arcs plein cintre. Piscine à cintre brisé et trilobe. Au sud de la chapelle, quatre lec'hs, bas, arrondis, disposés en parallélogramme.

TRINITÉ-SURZUR (LA). *Ép. moderne.* Chapelle Saint-Servais : moyen appareil. Plan rectangulaire. Fenêtre à cintre brisé. Piscine à trilobe et accolade. A l'ouest, écusson à une bande. Fontaine à laquelle on vient demander la guérison des bestiaux.

VANNES[1]. *Ép. celtique.* Débris de monuments celtiques près de Bohalgo (Catal.). — Pierres à bassins près de l'auberge des Trois-Rois, près de Saint-Guen, près du Grador, au Hesquéno (*ibid.*). ‖ *Ép. romaine.* Six voies partent de Vannes pour aller à Corseul, à Angers, à Hennebont, à Locmariaquer, à Rennes et à Nantes (C. D.). — Plusieurs monnaies romaines trouvées à Vannes, aujourd'hui au musée. — Au Rohic, villa; on voit à Bourgerel, chez M. Chanon, quelques briques et une meule qui en proviennent. — Établissement gallo-romain de Saint-Symphorien, fouillé par la Soc. en 1857. (Voir aux arch. le texte et les dessins de MM. Ch. de Fréminville et Grégoire et au mus. différents objets en provenant.) — Nombreux débris romains à Saint-Guen, à l'étang du Duc, à l'étang de l'Évêque, au port (Catal.), au cimetière. — Statuette en cuivre, haute de o<sup>m</sup>,15, trouvée à l'extrémité du faubourg de Pontivy, aujourd'hui au musée (dessin dans l'album de C. D.). — Portion de l'enceinte romaine. (Voir plus loin.) ‖ *Moyen âge.* Cathédrale Saint-Pierre : diverses époques de construction depuis le xiii<sup>e</sup> jusqu'au xviii<sup>e</sup> siècle; maisons encore accolées à l'ouest, arrachements à l'est. Grand et moyen appareil. Plan en forme de croix latine; additions, au nord une chapelle circulaire de la Renaissance, à l'est deux chapelles bout à bout en prolongation du chevet : collatéral autour du chœur arrondi; toute cette partie est moderne. Larges et épais contre-forts séparant les côtés de la nef en plusieurs chapelles, surmontés, à l'extérieur, de doubles clochetons ornés de choux, crosses et trilobes et reliés par des arcs-boutants. Toit très-aigu, avec crochets aux pignons; les chapelles de l'est beaucoup moins élevées que le reste de l'édifice. Double galerie extérieure à jour, en flammes et quatrefeuilles mélangés. Animaux de pierre en gargouilles. Deux tours en pierre à l'ouest, carrées; celle de gauche plus large et plus élevée que celle de droite; terminées par des flèches modernes; ornées de petites arcades à cintre brisé et doublé en tores, à jour ou de fausse architecture, reposant sur de hautes et minces colonnettes à chapiteau formé de feuilles de refend; la plus grande tour est percée, en

---

[1] Bien que la ville de Vannes soit, ainsi que la campagne environnante, divisée en deux cantons, nous avons cru devoir réunir en un seul article tous les monuments de cette commune dans le canton de Vannes-Est.

outre, de trèfles et de quatrefeuilles. A l'ouest, porche large et peu profond, voûté sur croisée d'ogive et surmonté d'une galerie, communiquant avec la nef par une grande arcade à cintre brisé, à plusieurs retraites ornées de rinceaux de vigne, feuilles de chêne et de chou, niches à dais sculptés, accolade, pilastres à pinacles, bordure intérieure festonnée de pleins cintres et trilobes à jour; communication avec l'extérieur par une arcade semblable à la précédente, surmontée, en outre, d'un faux pignon et flanquée de deux piédestaux et dais dont les statues manquent. Au transept nord, double baie (bouchée) à anse de panier et accolade, dans une arcade à cintre brisé de même style que celles de l'ouest; porte semblable (également bouchée) au transept sud; autre au nord de la nef. Dimensions dans œuvre pour la nef seulement : 44 mètres sur 25, y compris les chapelles latérales. Deux étages d'architecture et cinq travées jusqu'aux transepts, formées par des arcades à cintre brisé, à plusieurs retraites, pénétrant les murs qui servent de base aux contre-forts; la nef reliée au chœur par trois arcades, celle du milieu très-élevée et à cintre brisé, flanquée sur le devant de lourds piliers fort laids, malgré les cannelures et les personnages ou animaux grotesques qui les couvrent; celles qui séparent le chœur du collatéral sont à plein cintre. Voûte d'arêtes en tuffeau à la nef, faite à une époque moderne, et masquant une belle charpente du xviiᵉ siècle beaucoup plus élevée; croisées d'ogives aux chapelles latérales. Hauteur primitive de la nef, 30ᵐ,50. Galerie intérieure en flammes et quatrefeuilles à jour, à la hauteur du premier étage, avec couloir faisant tout le tour de l'église. Fenêtres à cintre brisé à la nef, dimensions variables, meneaux flamboyants détruits pour la plupart, accolade à l'extérieur; fenêtres du chœur et de la chapelle circulaire à plein cintre. Le pignon occidental présente, à l'extérieur, trois baies bouchées semblables à celles des tours, mais plus grandes. Fragments de vitraux. Dans la dernière chapelle de l'est, tombeaux de Sébastien de Rosmadec (1646) et de François d'Argouges (1716); dans une chapelle du sud, celui de Charles-Jean de Bertin (1777) : tous les trois évêques de Vannes. Dans le transept nord, tombeau de saint Vincent-Ferrier, érigé en 1777. Autres tombes épiscopales plates et sans inscription. Pierre tumulaire en ardoise, brisée en plusieurs morceaux et très-mutilée, offrant, au milieu de personnages, des inscriptions gravées en capitales romaines, presque toutes incomplètes : la plus importante est entière et indique que cette pierre fut posée, en 1560, en l'honneur de François Séné et de Marie Guillemot, sa femme, par François Séné, leur fils, chanoine de Vannes; elle provient des décombres d'une maison voisine de l'ancienne psallette et a été donnée au musée par M. l'abbé Gaudin. Une autre, tirée de la chapelle circulaire dite *du Saint-Sacrement*, également brisée, de 1ᵐ,80 sur 0ᵐ,80, porte une inscription qui nous apprend que Jean Daniélo et Pierre Daniélo, tous deux archidiacres et chanoines de Vannes, moururent, le premier en 1540 et le second en 1557. Une autre inscription, provenant de la chapelle Saint-Jean, détruite il y a quelques années, au nord de l'église, en deux fragments, longue de 1ᵐ,70, large à la tête de 0ᵐ60, aux pieds de 0ᵐ,50 environ, présente, en creux, un personnage revêtu du costume ecclésiastique, tenant de la main gauche un ciboire ou calice et bénissant de la main droite; à la bordure, inscription en caractères du xivᵉ siècle, dont une partie est effacée ou a été brisée : c'est également la tombe d'un chanoine de Vannes (voir au musée). Personnages et animaux sculptés à l'extérieur, aux contre-forts, aux portes et aux fenêtres. Dans la chapelle des fonts, beau bas-relief de la Renaissance, en pierre, de 1 mètre sur 1ᵐ,50 environ, représentant la Cène. Dans la salle du chapitre, écusson dudit chapitre, au sénestrochère tenant une clef à double panneton posée en pal. Belles statues de marbre, modernes, au maître-autel et aux autels de Saint-Pierre et Saint-Paul. Quelques tableaux, également modernes, d'une bonne exécution. La chapelle circulaire, ornée de niches, colonnes appliquées et autres sculptures de la Renaissance, et divisée dans sa hauteur en deux étages, comme le reste de l'édifice, porte, à l'extérieur, une inscription en grandes capitales dont le temps a effacé quelques lettres; elle se compose de deux lignes, une au sommet, l'autre au-dessous des huit fenêtres qui forment le premier étage, et rappelle que Jean Daniélo construisit cette chapelle à ses frais en l'honneur du saint Sacrement, en 1537. (Voir l'une des pierres tumulaires mentionnées plus haut, et rapprocher cette construction du doyenné de Péaule, bâti sous les mêmes auspices.) Du même côté de l'église, restes d'un cloître également de la Renaissance, arcades plein cintre reliées par des colonnettes cylindriques à chapiteaux ornés de feuillages et de volutes. Sous le chœur de la cathédrale, petit caveau voûté. Calice en vermeil très-élevé, à large base circulaire et grande coupe à paroi droite; sculptures sur tout le pied et jusqu'au milieu de la coupe. Fragments d'anciens missels à belles lettrines, dont la plupart lacérées. Aux archives, quelques titres relatifs aux constructions et aux restaurations de la cathédrale. (Voir, aux archives de la Soc. une *Histoire de la cathédrale de Vannes*, par M. l'abbé Mouillard (1856), et dans le *Bull. de l'Ass. br.* congrès de 1853, une *Monographie de la cathédrale*, par M. Charier, architecte du diocèse.) La restauration de la cathédrale a été commencée il y a quelques années, mais il reste encore beaucoup à faire avant qu'elle soit entièrement démasquée et consolidée à sa partie occidentale. —Dans le cimetière, calvaire au sommet taillé en quatrefeuille, offrant, d'un côté, le Christ, de l'autre, une *pitié*; quatre personnages saints sous pignons au pied du fût; sur la base carrée, scènes de la Passion : le tout grossièrement sculpté. — En face de la cathédrale, ancienne chapelle du Présidial, porte à cintre brisé, avec colonnettes et retraites, dont une ornée d'une denticlure; au-dessus, fenêtre haute et étroite à plein cintre. (Voir au mus. une tapisserie d'Aubusson, de 1671, qui proviendrait du Présidial.) — Ruines du monastère des Trois-Maries du Bondon (voir au musée une empreinte du sceau de ce couvent, portant les armes de la fondatrice, Françoise d'Amboise). — Sur le chemin de Vannes au Bondon, est une croix de pierre offrant un marteau sculpté en relief, en souvenir, suivant la tradition, du meurtre, accompli en ce lieu, de sainte Triphine par le farouche Comorre (voir C. D. art. *Camors*). — (Voir au musée les fragments des trois statues tumulaires en marbre d'Arthur II, duc de Bretagne, de Jean de Malestroit et de sa femme, provenant de l'ancien couvent des Cordeliers de Vannes; et chez M. Mauricet, des pièces de monnaie trouvées dans son jardin, à l'emplacement dudit couvent.) — Chapelle Notre-Dame (au Rohic, paroisse Saint-Patern). Grand et moyen appareil. Plan rectangulaire. Grosse figure sculptée au bas d'un des pignons. Portes à cintre brisé simple. Dimensions dans œuvre : 20 mètres sur 5 environ. Lambris à clefs pendantes sculptées. Entraits à têtes de crocodiles; sur les sablières, figures humaines, écussons, dont un écartelé aux 1 et 4 à 4 mâcles, aux 2 et 3 à une fasce d'hermines (Molac et la Chapelle), plusieurs fois répété. Inscription gothique au nord, qui fixe à l'année 1466 la date de la reconstruction de la chapelle. Fenêtres à cintre brisé, en partie bouchées. Retable de 1695, avec écusson écartelé au 1 palé (Rosmadec), au 2 échiqueté, au 3 à 9 mâcles (Molac ou le Sénéchal), au 4 à l'aigle à 2 têtes. Près de la chapelle, calvaire élevé sur plusieurs marches; sommet carré avec accolade à chou et crosses; d'un côté se voit le Christ, de l'autre la mise au tombeau; personnages saints sur les flancs; fût polyèdre. — Sur la route de Sainte-Anne, près de Kergrain, reste d'un pied de croix où sont gravées des armes. — Enceinte de murailles de diverses époques, avec larges douves; traces de construction romaine en trois points; petit appareil cubique avec des cordons de briques horizontaux et équidistants. Les restaurations les plus modernes sont du xviii<sup>e</sup> siècle. Sept portes, dont trois ont disparu; neuf tours et cinq bastions reliés par des courtines; mâchicoulis dont la forme varie suivant les époques. Au sud-ouest, au milieu des travaux faits par le duc de Mercœur (aujourd'hui dans les magasins de M. Desgoulle), inscription portant la date de 1593. La plus remarquable des tours est celle dite *du Connétable* (voir album de C. D.), dont la cons-

truction remonte à la fin du xiv<sup>e</sup> siècle (et qui renferme aujourd'hui le musée archéologique); elle se rattachait à l'ancien château de l'Hermine, dont il reste peu de traces. (Voir aux arch. les Mémoires sur les murailles de Vannes, de MM. Lelièvre et L. Galles, et au musée le plan en relief qui a été dressé par ce dernier.) Les murailles et les tours de Vannes sont, depuis la Révolution, devenues propriétés particulières; masquées et dégradées sur plusieurs points, elles n'en forment pas moins aujourd'hui un ensemble encore imposant, qui ne laisse pas que d'éveiller les regrets des archéologues. || *Moyen âge* et *Ép. moderne*. Nombreuses maisons du xv<sup>e</sup> et du xvi<sup>e</sup> siècle, en bois, à pignon et étages surplombants (voir aux arch. de la Soc. quelques dessins de M. Marquer); rues étroites et tortueuses; quelques inscriptions.—Maison de la rue de l'Ouest, inscription moitié latine, moitié française, avec la date de 1560; ornementation simple, feuilles de vigne, denticules, colonnettes engagées à chapiteaux ornés de volutes et de figures grimaçantes. Même rue, autre maison où se voient deux colonnettes cylindriques cannelées en torsades, surmontées chacune d'un animal fantastique; feuilles de vigne. — Rue du Port, sur une maison formant encoignure, d'un côté, appareil en feuilles de fougère, de l'autre, inscription avec la date de 1565. Nombreuses sculptures; animaux bizarres, figures humaines. Dans une niche ornementée, saint Yves, patron du fondateur. Plusieurs maisons présentent, à l'extérieur, une petite niche semblable, pour une statuette de la Vierge ou d'un saint. — Rue des Orfévres, maison dite *de Saint-Vincent-Ferrier*, portant la date de 1574 (sans doute d'une restauration), et renfermant une chapelle en l'honneur de ce saint, dans une petite salle qui passe pour avoir été sa chambre; on y voit une vieille toile figurant son portrait et une jolie statuette de la sainte Vierge en ivoire. — Rue Noë, deux grosses figures appelées communément *Vannes et sa femme* (voir à Questembert, Malestroit). Même rue, maison dite *Château-Gaillard*, ancienne demeure, suivant la tradition, des nourrices des ducs de Bretagne, ou plutôt lieu de plaisance; tour contenant l'escalier; vastes salles, larges cheminées; sculptures en bois modernes; cabinet dont la boiserie, divisée en plusieurs panneaux, porte la vie des différents Pères du désert, peinte probablement à la fin du xvi<sup>e</sup> siècle. —Rue de la Monnaie, maison en pierre, de 1573. — Plusieurs autres maisons datées, en divers points, 1585, 1598, 1602, 1603, 1604, 1611, 1612, etc. quelques-unes avec des instruments de métier sculptés, marteau, navette, etc. — Rue de l'Étang, personnage dans une posture indécente. — Rue des Chanoines, deux têtes se regardant : l'une, coiffée de la barrette; l'autre, du côté opposé de la rue et plus élevée d'un étage, pressée entre les mains du personnage à qui elle appartient. — Monnaies bretonnes trouvées à Vannes, aujourd'hui au mus. ainsi que d'autres objets recueillis dans l'étang des Lices. — Collége fondé en 1577 par René d'Arradon; aux fenêtres, armes de cette famille et l'hermine de Vannes : dans la crypte de la chapelle, pierre tumulaire du P. Vincent Huby (1706). (Mém. de M. Lallemand aux archives de la Soc.) — Hôtel de ville : beffroi carré récemment démoli; une pierre qui en provient (auj. au mus.) porte la date de 1583. (Mém. de M. Lallemand et dessin de M. Marquer, aux archives de la Soc.) — Moulin à eau de Camsquel, en pierre de grand et moyen appareil; large porte à anse de panier, avec la date de 1510 : fenêtres carrées avec quelques sculptures; au bas des rampants, animaux sculptés, enfant accroupi sur l'un d'eux; larmier avec petits corbelets; au sommet d'un des pignons, *sonneur* jouant du biniou; talus en guise de contre-fort; à l'intérieur est un petit escalier tournant en pierre. — Chapelle de l'ancien couvent des Jacobins, bâtie en 1634 et récemment démolie; fenêtres à cintre brisé. — A 2 kilomètres de Vannes, sur la route de Rennes, borne de délimitation de la banlieue de Vannes, datée de 1739 (voir à Napoléonville et à Plœmeur). — Musée archéologique (chacun des objets qu'il renferme a été signalé au lieu de sa provenance). — Collection de numismatique de M. L. Chauffier. — Objets d'art de toute nature et de toute origine chez M. Chanu de Limur. — Voir, pour tout ce qui concerne les monuments de Vannes, l'*Annuaire statistique, historique et administratif du Morbihan*, par M. A. Lallemand.

### CANTON DE VANNES-OUEST.
(Chef-lieu : VANNES.)

ARRADON. *Ép. celtique*. Entre la Chénaie et Kervadec, menhirs et dolmens ruinés (C. D.). — Entre la Chénaie et Pont-Dinan, dolmen dit *Er Roch* (le rocher) (*ibid.*); poteries, au musée. — A Saint-Galles, tombelle (Catal.). — A Pont-Dinan, médailles gauloises trouvées dans un talus (*ibid.*). ‖ *Ép. romaine*. Voie de Vannes à Locmariaquer (C. D.), avec un embranchement sur le Lodo (mémoire de M. Fouquet, aux archives). — Au Lodo, à Manné-Bourgerel et à Keran, ruines romaines; fouilles faites par la Société (voir au musée les nombreux objets qui en proviennent et aux arch. les mémoires et plans de MM. Jaquemet, Ch. de Fréminville, Grégoire et Lallemand). — A Saint-Galles, débris gallo-romains (au mus.). ‖ *Moyen âge*. Église paroissiale de Saint-Pierre : restaurations modernes. Petit appareil irrégulier. Plan en forme de croix latine. Sur l'intertransept s'élève un clocher carré en pierre amorti en ardoises. Le carré du transept est formé par quatre arcades à cintre brisé doublé, reposant sur des colonnettes cylindriques engagées, à base et à chapiteau simples. Au transept sud, fenêtre à cintre brisé simple; au transept nord, baie romane, haute, étroite, évasée à l'intérieur. — Dans le cimetière, près de l'ossuaire, lec'h bas, arrondi; un autre, hors de terre, sur la route de Vannes, à côté de l'église. — Chapelle Notre-Dame (au Vincin, paroisse de Plœren) : pèlerinage, le lundi de la Pentecôte, pour les nourrices qui n'ont pas de lait. Grand et moyen appareil. Tour restaurée à une époque moderne et surmontant l'intertransept, formé par quatre grandes arcades à cintre brisé reposant sur des piliers polygonaux; sur l'un des piliers on voit des traces d'écusson. Fenêtre, en partie bouchée, à meneaux flamboyants. (Voir au mus. des bas-reliefs en marbre provenant de cette chapelle.) — A côté de la chapelle Saint-Martin (au Moustoir), quatre lech's bas, arrondis. — A Bourgerel, lec'h bas employé dans la construction d'une maison qui appartient à M. Rallier. ‖ *Ép. de la Renaissance*. Château de Keran (ou d'Arradon) : grand et moyen appareil, avec des restes de constructions plus anciennes. Portail à cintre brisé simple. Tourelles circulaires. Fenêtres surmontées d'un fronton en demi-cercle, flanquées de pilastres et chargées d'écussons : 1° à 7 mâcles, 3, 3, 1 (Arradon); 2° parti au 1 d'Arradon, au 2 à 3 tourteaux (Guého), et deux autres partis d'Arradon et d'une alliance. Cadran solaire. Ce château était la propriété de la famille d'Arradon.

BADEN. *Ép. celtique*. A Gavrinnis, galgal et grotte remarquable par ses sculptures (description détaillée et dessins dans C. D. et Mérimée, *Notes d'un voyage arch. dans l'Ouest de la France*). — A l'île Longue, galgal (C. D.). — A Toulvern, dolmen (Catal.). — A Craffel, dolmen (*Guide des touristes*, par M. Fouquet). — Fragments de statuette en terre trouvée sous un dolmen (au mus.). ‖ *Ép. romaine*. Voie de Vannes à Locmariaquer (C. D.). — Retranchement au Major, près Locmiquel (Catal.). — A Toulindac, débris romains (*ibid.*). — A Kergarenno, débris romains, médailles (*ibid.*). ‖ *Moyen âge*. Dans l'île de Gavrinnis, crucifix de 0m,25 de longueur environ, en cuivre; de forme byzantine, peu épais, à bras très-larges et pattés, orné des deux côtés de dessins gravés curvilignes; Christ à membres grêles et anguleux, le corps couvert d'une courte jupe. Au sommet, l'inscription ordinaire mutilée postérieurement par le percement d'un large trou pratiqué pour suspendre l'objet. Il doit provenir d'une chapelle qui s'élevait autrefois dans l'île même et dont on trouve encore des débris à la porte de la ferme où se voit ce crucifix. — A Toulvern, ruines d'un couvent de *moines rouges*, suivant la tradition. — Ruines d'un château à Kerplous; pierre portant inscription (voir aux arch. de la Soc.).

ILE-AUX-MOINES (L'). *Ép. celtique*. A Penhapp, dolmen, menhir et tombelles ruinées (C. D.). — Entre Penhapp et Kerno, dolmen et menhir (*ibid.*). — A

Kergrahiec, dolmen ruiné (C. D.). — A Kerno, dolmen (*ibid.*). — A Broël, dolmen ruiné (Catal.). — A Kergonan sont les restes d'un magnifique demi-cromlech composé de pierres peu épaisses présentant toutes leur plus grande face au centre de l'arc qu'elles forment. — Chez M. Luco, on voit divers objets trouvés vers 1825 dans un champ au milieu du bourg (keltes, statuette, etc. Album de C. D.). ‖ *Moyen âge.* Ruines d'un couvent de *moines rouges*, d'après la tradition; ils auraient donné leur nom à la paroisse.

ILE-D'ARZ (L'): *Ép. celtique.* A Gréavaud, reste de tumulus (C. D.). — Au cap de Broël, deux menhirs et débris de deux dolmens (*ibid.*). — Près de là sont les débris de dolmens appelés *Maison des Poulpiquets* (*ibid.*). — A Penraz, débris d'un cromlech (*ibid.*). ‖ *Moyen âge.* Église paroissiale de Notre-Dame (ancien prieuré dépendant de Saint-Gildas de Rhuis) : grand et moyen appareil. Plan en forme de croix latine. Chœur à plusieurs pans. Contre-forts adhérents et surmontés de pinacles inachevés. Crosses aux rampants des pignons. Tour sur l'intertransept. Dimensions dans œuvre : 35 mètres sur 8 environ. Au carré du transept, grandes arcades à cintre brisé reposant sur des colonnes cylindriques engagées à chapiteaux romans (masqués par le badigeon). Entraits à têtes de crocodiles. Inscriptions gothiques sur les sablières; elles fournissent pour la nef deux dates : 1396 et 1412, avec le nom de Jehan Piers, charpentier; et pour le chœur, la date 1553. Fenêtres à cintre brisé. A l'intérieur, anges sculptés portant sur des écussons des devises empruntées à la Bible.

PLOEREN. *Ép. romaine.* Près de Kermurier, retranchement en forme de parallélogramme (C. D.). — Près de Cliscoët, reste de retranchement (*ibid.*). ‖ *Moyen âge.* Église paroissiale de Saint-Martin : additions en 1753. Tour carrée, à l'ouest, avec flèche en ardoises. Portes à cintre brisé formé de plusieurs retraites en tores et colonnettes. Fenêtre à cintre brisé au nord; à l'ouest, petite baie en quatrefeuille. Écussons à la fenêtre du transept nord : 1° d'argent à 2 fasces de sable (le Garo); 2° écartelé au 1 d'argent au maillet de gueules, au 2 d'hermines plein (Bretagne), au 3 d'azur (ou sinople) à la fasce d'argent, au 4 de gueules à 6 besants d'or. Dans le transept septentrional, pierre tumulaire, cachée en partie, longue de 2 mètres environ, large de 0ᵐ,50 à la tête, 0ᵐ,40 aux pieds, présentant en relief une grande croix au sommet cantonné de circonférences, avec une épée d'un côté, et de l'autre un poignard, ou couteau de chasse, et un greslier. — Près du cimetière, lec'h bas, arrondi, mutilé; un autre encastré dans le mur même du cimetière, à l'ouest. — Chapelle Notre-Dame de Bethléem (ou Béléan) : lieu de pèlerinage fréquenté; grand et moyen appareil. Forme rectangulaire. Animaux aux pignons. Clocheton carré, en pierre, à l'ouest. Pour les portes, emploi simultané du plein cintre, du cintre brisé et de l'accolade, avec colonnettes, pilastres et rinceaux. A celle du nord, figures grotesques et écussons : 1° à 2 fasces (le Garo); 2° à une fasce chargée de 3 besants et accompagnée de six mouchetures d'hermines, une crosse passée derrière (Pontsal). Dimensions dans œuvre : 18 mètres sur 7 environ. Lambris à clefs pendantes. Entraits à têtes de crocodiles. Quelques sculptures sur les sablières : figures humaines, ange tenant l'écusson du Garo; inscription gothique au nord, donnant la date de la charpente, 1407 ou 1457, et le nom de l'ouvrier, Jehan Thébaud de Moustoir-Radenac. A l'est, fenêtre très-large, à cintre brisé, qui n'a conservé d'ancien qu'un énorme meneau polyèdre, les autres formant arcs plein cintre superposés. Autre fenêtre à meneaux flamboyants; oculus circulaire. Deux écussons dans les vitraux : 1° écartelé dont on ne distingue plus qu'une partie, de gueules à 3 macles d'argent (Kerméno); 2° palé. Autel de 1619, avec l'écusson écartelé de Kerméné et du Garo. Banc de pierre au nord, à l'intérieur. Deux tableaux sur bois rappellent la légende curieuse relative à la construction de la chapelle (voir C. D.). — Château du Garo : en ruines. Restes de l'enceinte, avec créneaux. Porte d'entrée large, à plein cintre, avec débris de sculptures; poterne à droite, à anse de panier et accolade avec chou et crosses. A droite, restes d'une tourelle ronde. Vu de l'intérieur, le portail présente des piliers polygonaux et des nervures d'arcs indiquant qu'il y avait là une salle voûtée; écusson de Kermeno et du Garo. Au fond de la cour, ruines d'une construction carrée en petit appareil avec porte à cintre brisé. Traces d'un puits intérieur. — A Penhouet, près de Luscanen, butte féodale (Catal.).

---

[1] Cette table ne renferme pas les noms des communes où il n'y avait rien à signaler.

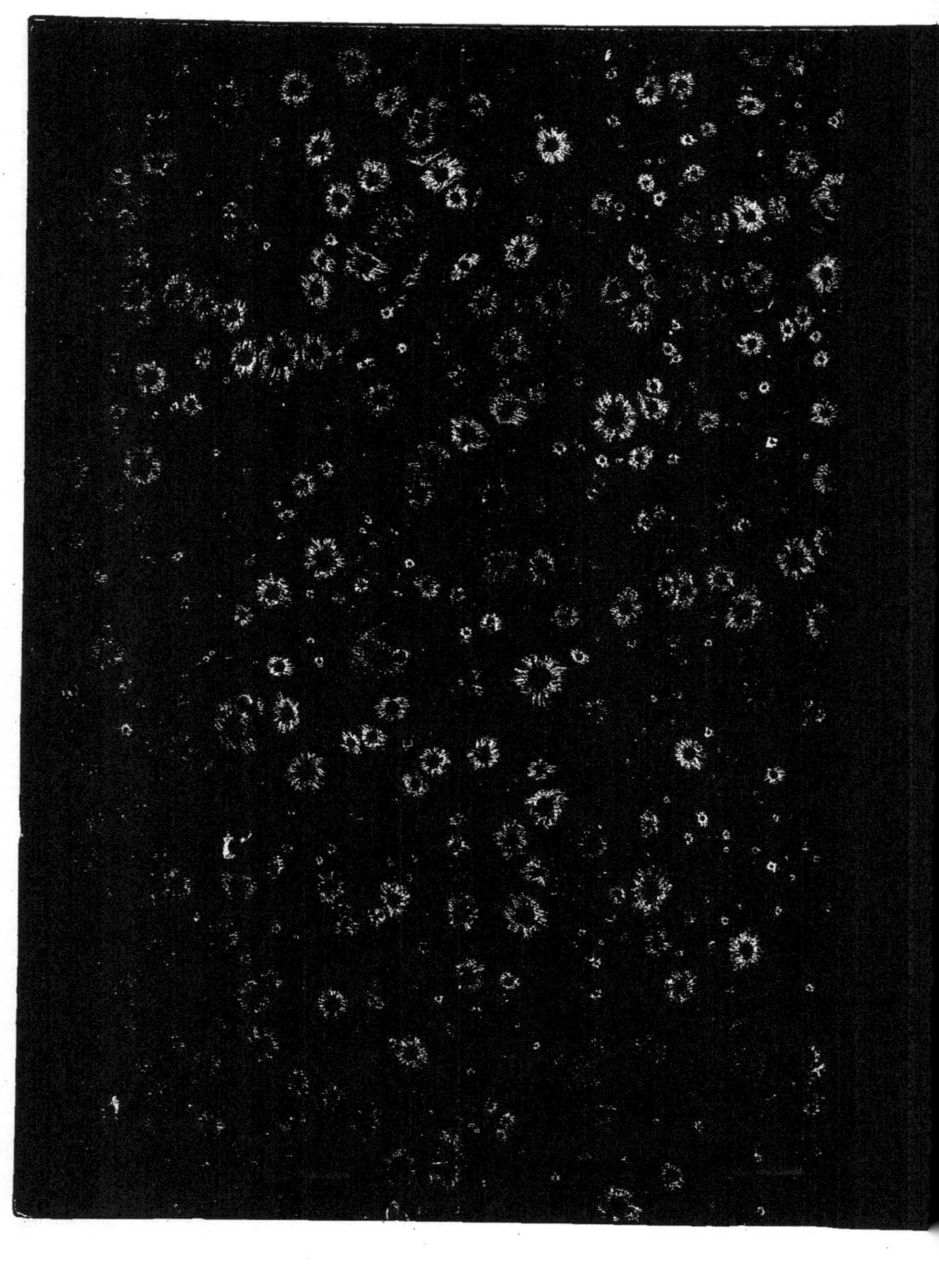

9 782014 445923